심양장계

瀋陽狀啓

심양장계

瀋陽狀啓

1637~1643년
심양에서의 긴급 보고

심양관 저 | 김남윤 역해

규장각
새로 읽는
우리 고전
007

아카넷

'규장각 고전 총서' 발간에 부쳐

고전은 과거의 텍스트이지만 현재에도 의미 있게 읽힐 수 있는 것을 이른다. 고전이라 하면 사서삼경과 같은 경서, 사기나 한서와 같은 역사서, 노자나 장자, 한비자와 같은 제자서를 떠올린다. 이들은 중국의 고전인 동시에 동아시아의 고전으로 군림하여 수백 수천 년 동안 그 지위를 잃지 않았지만, 때로는 자신을 수양하는 바탕으로, 때로는 입신양명을 위한 과거 공부의 교재로, 때로는 동아시아를 관통하는 글쓰기의 전범으로, 시대와 사람에 따라 그 의미는 동일하지 않았다. 지금은 이들 고전이 주로 세상을 보는 눈을 밝게 하고 마음을 다스리는 방편으로서 읽히니 그 의미가 다시 달라졌다.

그러면 동아시아 공동의 고전이 아닌 우리의 고전은 어떤 것이고 그 가치는 무엇인가? 여기에 대한 답은 쉽지 않다. 중국 중심의 보편적 가치를 지향하던 전통 시대, 동아시아 공동의 고전이 아닌 조선의 고전이 따로 필요하지 않았기에 고전의 권위를 누릴 수 있었던 우리의 책은 많지 않았다. 이 점에서 우리나라에서 고전은 절로 존재하였던 과거형이 아니라 새롭게 찾아 현재적 가치를 부여하면서 그 권위가 형성되는 진

행형이라 하겠다.

　서울대학교 규장각한국학연구원은 법고창신의 정신으로 고전을 연구하는 기관이다. 수많은 고서 더미에서 법고창신의 정신을 살릴 수 있는 텍스트를 찾아 현재적 가치를 부여함으로써 새로운 고전을 만들어가는 일을 하여야 한다. 그간 이러한 사명을 잊은 것은 아니지만, 기초적인 연구를 우선할 수밖에 없는 현실로 인하여 우리 고전의 가치를 찾아 새롭게 읽어주는 일을 그다지 많이 하지 못하였다. 이제 이 일을 더 미룰 수 없어 규장각한국학연구원에서는 그간 한국학술사 발전에 큰 기여를 한 대우재단의 도움을 받아 '규장각 새로 읽는 우리 고전 총서'를 기획하였다. 그 핵심은 이러하다.

　현재적 의미가 있다 하더라도 고전은 여전히 과거의 글이다. 현재는 그 글이 만들어진 때와는 완전히 다른 세상이다. 더구나 대부분의 고전은 글 자체도 한문으로 되어 있다. 과거의 글을 현재에 읽힐 수 있도록 하자면 현대어로 번역하는 일은 기본이고, 더 나아가 그 글이 어떠한 의미가 있는지를 꼼꼼하고 친절하게 풀어주어야 한다. 우리 시대 지성인의 우리 고전에 대한 갈구를 이렇게 접근하고자 한다.

'규장각 새로 읽는 우리 고전 총서'는 단순한 텍스트의 번역을 넘어 깊이 있는 학술 번역으로 나아가고자 한다. 필자의 개인적 역량에다 학계의 연구 성과를 더하여, 텍스트의 번역과 동시에 해당 주제를 통관하는 하나의 학술사, 혹은 문화사를 지향할 것이다. 이를 통하여 우리의 고전이 동아시아의 고전, 혹은 세계의 고전으로 발돋움할 수 있기를 기대한다.

기획위원을 대표하여 이종묵이 쓰다.

차례

❁

무인년(인조16, 1638)

기묘년(인조17, 1639)

『심양장계』의 편찬과 내용

1. 『심양장계』의 편찬과 보존

『심양장계(瀋陽狀啓)』는 병자호란(1636~37) 직후 소현세자(昭顯世子)를 배종하여 심양에 간 재신(宰臣)들이 보낸 장계를 모아 등록(謄錄)한 것이다. 현재 규장각한국학연구원에는 2건의 『심양장계』가 소장되어 있다. 등록 원본과 그것을 다시 정서한 정서본이다.[1] 둘 모두 10책이며, 청포 표지에 붉은색 실끈으로 장정되어 있다. 그중 등록 원본(奎貴 9918)은 백지에 행·초서로 씌어 있고 행수가 일정하지 않으며, 책의 크기

---

[1] 규장각한국학연구원의 홈페이지에서 『심양장계』 원본과 정서본의 원문이미지를 열람할 수 있다. 규장각의 해제에는 원본을 정본(正本), 정서본을 부본(副本)이라고 하였다.

(대체로 26×26.6cm)가 각각 다르다. 각 책 서두에는 '侍講院' 인장이 찍혀 있다. 이에 비해 정서본(奎貴 1878)은 11행의 인찰판이 있는 종이에 해서로 정서되어 있고, 책의 크기(35×22.9cm)도 거의 일정하다. 곧 원본을 정서하여 만든 것인데, 원본에 간혹 글자를 지우거나 고쳐 적은 것을 반영하여 정서하였다. 또 원본의 장계 날짜가 뒤섞여 있는 부분이나 같은 장계가 겹쳐 실려 있는 것도 바로잡아 연월일 순으로 정리하고, 1637~40년은 1년 1책씩, 1641~43년은 1년 2책씩으로 묶었다. 원본과 정서본 각 책에 수록된 기간을 비교하면 다음 표와 같다.

책	원본(奎貴 9918)	정서본(奎貴 1878)
1	정축년(1637) 2월~12월 28일 무인년(1638) 1월 7일~9월 3일	정축년 2월~12월 28일
2	무인년 9월 3일~12월 23일 기묘년(1639) 1월 8일~9월 10일	무인년 1월 7일~12월 23일
3	경진년(1640) 2월 25일~11월 2일	기묘년 1월 8일~9월 10일
4	경진년 11월 10일~12월 19일 신사년(1641) 1월 10일~4월 12일	경진년 2월 25일~12월 19일
5	신사년 4월 19일~8월 28일	신사년 1월 10일~8월 28일
6	신사년 9월 2일~12월 25일	신사년 9월 2일~12월 25일
7	임오년(1642) 1월 5일~8월 10일	임오년 1월 5일~8월 10일
8	임오년 8월 17일~12월 26일 10월 10일~11월 10일	임오년 8월 17일~12월 26일
9	계미년(1643) 1월 4일~11월 28일	계미년 1월 4일~5월 14일
10	계미년 3월 2일~12월 15일	계미년 6월 9일~12월 15일

그런데 이러한 원본과 정서본의 모양은 『심양일기(瀋陽日記)』와 완연히 같다. 『심양일기』는 소현세자가 심양에 볼모로 있던 8년간(1637년 1월 30일~1644년 8월 18일) 시강원에서 기록한 것으로 현재 규장각에 2건이 소장되어 있다.[2] 즉 원본과 정서본이 있고, 청포 표지이며, 원본은 책 크기가 각각 다른 데 비해 정서본은 일정하다. 정서본은 원본의 순서를 다시 정리하여 연도별 1책씩 8책으로 제책하였다. 또 규장각에 소장된 역대 동궁일기 가운데 유일하게 『심양일기』만 정서본이 있다.

『심양일기』와 『심양장계』의 원본과 정서본은 모두 시강원 장서로 보존되었다. 그것은 1905년(광무9) 무렵에 편찬된 춘방(春坊, 시강원) 소장 장서 목록인 『춘방장서총목』에서 확인된다. 『춘방장서총목』의 '열성조동궁일기' 항목 첫 부분에 소현세자의 동궁일기들과 함께 '심양일기 2건—1건 11책 초본(草本), 1건 8책 정본(正本)' 및 '심양장계 2질 각 10책—1질 초본, 1질 정본'이라고 적혀 있다.[3] 여기서 『심양일기』의 초본은 원본, 『심양장계』의 초본은 장계를 등록한 원본이고, 정본은 정서본을 가리킨다. 이 책들은 1645년 소현세자의 귀국 이후에 만들어졌을 것이다.

그러면 심양에서 보낸 장계를 모아 등록한 원본은 어떻게 만들어졌을까? 그 과정을 전해주는 기록은 나타나지 않지만, 『심양장계』에는 승

---

2 김남윤, 2006, 「『瀋陽日記』와 昭顯世子의 볼모살이」, 『규장각』 29, 47~50쪽 참조.

3 『春坊藏書總目』(奎 11871) 列聖朝東宮日記 중 昭顯世子東宮日記·分朝日記 다음에 "瀋陽日記貳件–壹件拾一册草本 壹件捌册正本 自丁丑正月至甲申六月" 그리고 "瀋陽狀啓貳帙各拾册–壹帙草本 壹帙正本 自丁丑六月至癸未"라고 나온다.

『심양장계』 원본(위)과 정서본 표지

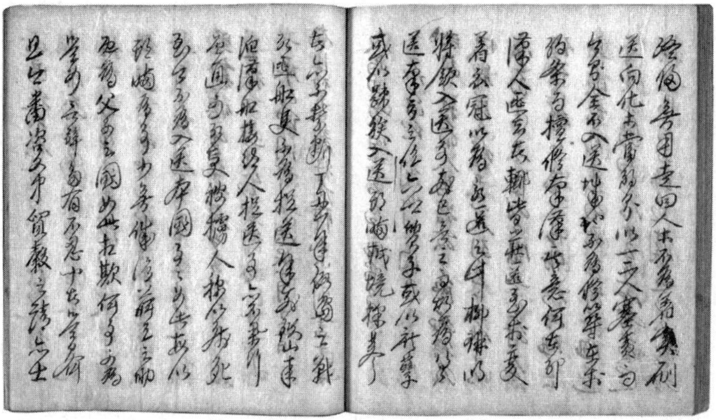

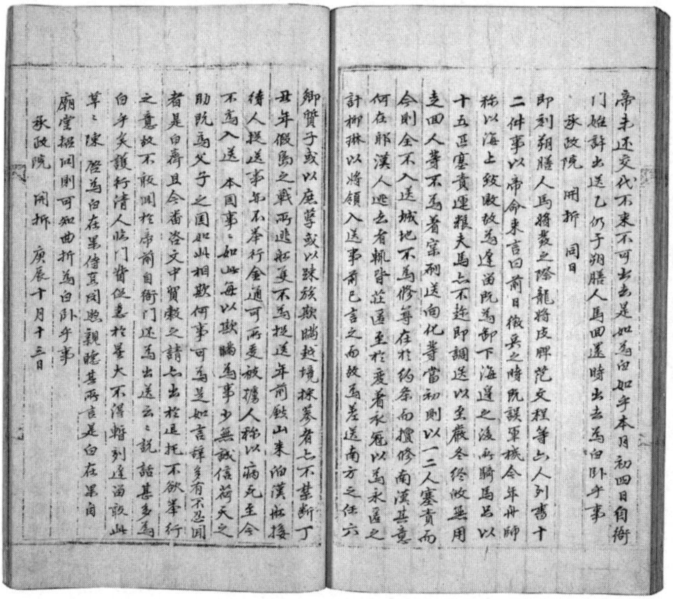

『심양장계』 원본(위)과 정서본 본문
펼침면은 경진년(1640) 10월 5일[3] 장계이다.

정원에 보낸 장계뿐 아니라 간혹 세자에게 보고하기 위해 시강원에 보낸 장달(狀達)도 함께 실려 있다. 따라서 시강원에서 등록한 것임이 분명해진다. 곧 시강원의 기록물로 보관하기 위해 등록을 편찬한 것이다.

그렇다면 등록 원본을 다시 정리하고 정서하여 정본을 만든 것은 무엇 때문일까? 원본은 행·초서로 쓴 부분이 많고, 날짜가 뒤섞인 부분이나 같은 장계가 중복된 것도 있다. 즉 필요할 때 찾아서 읽어보기에는 불편한 점이 있다. 그래서 다시 해서로 정서하고, 같은 크기의 책으로 연도별로 제책하여 보기 편하게 만들었을 것이다. 그리고『심양일기』와 같은 모양으로 정본을 만든 것은 이 두 책을 함께 살펴보아야 할 현실적 필요가 있었기 때문으로 여겨진다.

소현세자의 귀국 이후의 일을 잠시 살펴보기로 하자. 소현세자는 1645년 2월 17일 벽제에 도착하고, 이튿날은 궐에 들어가 인조에게 숙배하였다. 그러나 얼마 지나지 않아 발병하여 두 달 뒤인 4월 26일 급서하였다. 세자의 예장(禮葬)이 행해진 다음, 윤6월 13일에 시강원은 혁파되었다. 소현세자와 함께 볼모살이를 하였던 봉림대군(효종)은 청의 섭정왕 도르곤에게 귀국 허락을 받고 3월 25일 북경을 떠나, 5월 14일 서울에 도착하였다. 그리고 소현세자의 장례 도중인 윤6월 2일, 인조의 의중에 따라 원손(元孫)을 제치고 새 세자로 결정되었다.[4] 이어서 곧 세자의 자격으로 소현세자의 장례에 조제사(弔祭使)로 온 칙사를 응대하였다.[5]

---

4 『인조실록』 23년 윤6월 2일.
5 『昭顯乙酉東宮日記』(奎 12822) 윤6월 11일, 12일.

다시 시강원이 설치되고 책례를 준비하여,[6] 9월 27일 왕세자 책봉례가 거행되었다. 11월 말부터는 청 황제의 세자 책봉 고명(誥命)을 가지고 오는 칙사를 맞이할 준비를 하였다.[7] 그 가운데 청나라에서 '입조(入朝)하라'는 말이 나올 것에 대처하기 위한 논의가 있었음을 볼 수 있다.[8] 또한 원손을 후사로 삼지 않고 봉림대군을 왕세자로 책봉한 일에 대해 청의 허락을 받아야하는 사정도 있었다.

　이때의 시강원에서는 소현세자가 이전에 행한 전례를 살펴 세자의 칙사 접대를 준비하고, 대청 관계와 청나라의 사정에 대해서도 상세히 알아야 할 필요가 있었다. 그래서 별도로 『심양장계』와 『심양일기』의 정서본을 만들었던 것 같다. 그 뒤로 이 두 책의 원본과 정서본은 계속 시강원에 비치되었고, 1908년 이후에 다른 장서들과 같이 규장각으로 이관되어 규장각도서에 통합되었다.

2. 심양관에서의 보고

　『심양장계』에는 1637년(정축, 인조15)부터 1643년(계미, 인조21)까지

6　효종의 시강원 설치 사실은 나타나지 않으나, 8월 19일 예조에서 왕세자 책례 절차를 논의하는 내용에 이미 시강원과 익위사가 설치되었음을 볼 수 있다.(『인조실록』 23년 8월 19일)

7　『孝宗東宮日記』(奎 12828) 을유년(1645) 11월 29일, 12월 22일~29일.

8　위의 책, 을유년 12월 29일. 그 뒤에도 1647년부터 1649년 초까지 칙사 행차가 4차례 있었는데, 그때마다 효종은 와병 중인 인조를 대신해 모든 연례에 나가 칙사를 접대하였다.

의 장계가 실려 있다. 첫 장계는 소현세자 일행이 심양으로 가는 길에 1637년 2월 11일 장단에서 보낸 것이고, 마지막 장계는 1643년 12월 15일 세자가 두 번째 일시 귀국길에 오르던 날에 보낸 것이다. 소현세자는 1644년 8월 18일까지 8년간 심양에 머물렀다. 그해 봄 세자는 섭정왕 도르곤의 군대를 따라 산해관을 거쳐 북경에 갔다 오고, 다시 8월 19일에는 청의 북경 천도를 따라 심양을 떠났다. 북경에 머물다가 그해 겨울 볼모살이에서 풀려나 귀국하게 된 세자는 심양을 거쳐 압록강을 건너서 이듬해 1645년 2월 서울에 도착하였다. 따라서 1644년 이후의 장계도 있었을 것으로 보이지만, 전하지 않는다.

『심양장계』는 심양관의 재신 등이 올린 보고문이다. 장계는 왕명으로 지방에 나간 2품 이상의 관원이 관하의 중요한 일을 국왕에게 보고하는 공문이다. 『심양장계』에 수록된 장계들은 서두에 날짜를 쓰고 대체로 '승정원 개탁(承政院開坼)'이라고 하여 승정원에 보내는 것임을 표기하였다. 본문 처음에는 바로 이전에 보낸 장계에 대해 언급하고 세자와 세자빈, 봉림대군의 동정에 대해 쓴 다음, 그동안 있었던 일과 보고할 사안에 대해 날짜순으로 내용을 적었다. 뒤에는 심양관에 출입한 인물 및 장계를 받들고 가는 장계배지(狀啓陪持)에 대해 쓰고, 마지막에 '이러한 연유로 아룁니다[詮次善啓]'라는 관용구로 끝맺었다.

병자호란이 종결됨에 따라, 청은 볼모로 소현세자와 봉림대군 부부 및 배종 신하들을 심양에 보내도록 하였다. 조선에서 철군하는 구왕(九王)의 군대를 따라 심양으로 간 소현세자 일행은 처음에 182명이었다. 배종 신하는 주로 세자시강원과 익위사 관원들인데, 이들은 평상시 임명되는 인원의 반수 정도였다. 그리고 만주어와 한어를 통역할 역관, 본국 조정과 연락을 담당할 선전관과 금군, 질병 치료를 위한 의관과 내의녀 등도 있었다. 심양에 도착한 세자 일행은 조선 사신이 머물던 객관인 동관에 잠시 있다가, 청나라가 세자를 위해 신축했다는 관소 심양관(瀋陽館)으로 옮겼다. 심양관에는 세자와 봉림대군 부부, 배종 관원과 원역들이 머물렀다. 그해 가을에 삼공육경의 질자(質子)들이 가솔을 데리고 들어와서 관소 옆의 질자관에 거주하였다. 조정에서 보낸 사신이나 재자관(賫咨官) 등도 심양에 오면 관소에 와서 머물렀다. 뒤에는 피로인을 속환하러 온 사람들, 이익을 노리고 심양으로 몰려오는 상인들까지 많은 이들이 심양관 일대에 머물다 갔다.

심양관은 소현세자가 상주하는 관소였다. 청은 조선에 관계된 일은 먼저 심양관에 와서 세자와 재신에게 말하고 본국 조정에 보고하여 신속히 이행할 것을 촉구하였다. 이러한 일은 모두 재신이 장계로 보고하여 조정에서 조처하도록 청하였다. 때로는 세자의 하령으로 평안감사·병사와 의주부윤에게 공문을 보내 처리하게 하는 일도 있었다. 이처럼 소현세자가 있는 심양관은 청과 조선의 교섭 통로 역할을 하였다.

처음에 세자를 배종하여 심양에 간 재신은 빈객(賓客) 박로·박황·남이웅이었다. 이어서 신득연·이행원·최혜길·한형길·이소한 등이 파견되었다. 1640년 3월에는 빈객 2인 중 1인을 이사(貳師)로 바꾸고 명망 있는 중신을 뽑아 보내라는 건의에 따라 이사로 김신국이 파견되고 뒤에 이경석으로 교체되었다. 이들은 평상시와 같이 서연에서 세자에게 강학하는 일 외에 조정에 보고하는 의무가 있었다. 심양관과 심양에서 일어난 일, 청조의 동향, 청의 요구와 힐책, 조선 조정에서 심양관에 요청한 일에 대해 보고 듣고 탐지한 사실 등을 상세히 보고하였다. 긴박한 일이 발생하면 같은 날에도 여러 통의 장계를 보냈고 때로는 비밀 장계, 별장계라고 하여 따로 보고하기도 하였다. 간혹 일이 있어 관소에 재신이 한 사람도 없는 경우에는 강관(講官)이 작성하여 보낸 것도 있었다. 1642년 겨울 청이 봉황성에서 조선과 명의 밀통 사건을 조사했을 때 용골대 등의 심문을 받고 진술한 내용은 평안감사가 보고한 것도 있고, 빈객이 평안감사·비국 당상관 등과 연명으로 장계한 일도 있었다. 이처럼 사정에 따라 강관이나 다른 관원이 쓴 경우도 있지만, 장계는 본래 심양관의 재신이 작성하는 것이었다.

그런데 『심양장계』에 수록되지 않은 장계도 있고, 같은 장계가 중복 수록된 것도 있다. 심양관에서 장계를 내보낸 사실은 장계의 내용에서 쉽게 파악해볼 수 있는데, 누락된 것은 상송(上送) 도중에 사고가 나 승정원에 전달되지 못하였거나 등록하면서 빠트렸을 것이다. 조청관계가 경색되면, 청이 심양관의 출입을 통제하고 조선으로 나가는 사람을 엄중히 검색하여 문서를 빼앗은 일도 있었다. 또 1639년 9월 10일부터 1640년 2월 25일까지의 장계는 전하지 않는데, 이때는 소현세자가 대명전쟁에 참전한 기간이다. 이처럼 장계가 남아 있지 않은 동안의 일은 『심양일기』에서 보완할 수 있다. 그리고 1642년 10월부터 11월 10일까지는 같은 날짜의 장계들이 있다. 이때는 청 태종의 명으로 세자가 용골대 등과 함께 봉황성에 갔을 때인데, 봉황성에서 보낸 장계와 심양관에서 보낸 장계가 함께 실려 있기 때문이다.

간혹 서두에 '시강원 개탁'이라고 하여 세자에게 올린 장달(狀達)이 실려 있다. 이것은 세자가 심양관을 떠나 있을 때 관소에 남은 신하가 세자에게 보고한 것이다. 1640년 세자가 일시 귀국했을 때와 1642년 12월 청 태종의 사냥에 수행했을 때 보낸 장달들이다. 그 밖에 대명전쟁에 참전한 조선군 지휘관 임경업이나 유림이 세자에게 장달을 보내고, 의주부윤이나 평안감사·병사 등이 장달을 보내 보고한 사실도 여러 차례 나오는데, 이러한 장달은 『심양장계』에 실려 있지 않다.

장계를 승정원으로 보내는 일은 금군이나 선전관을 장계배지로 정해 받들고 가게 하였다. 특별한 일이나 긴급한 일이 있으면 별도로 관원을 정해 치계(馳啓)하고, 기마(騎馬)로 왕복하게 하였다. 때로는 조선에서 들어온 차사원이나 사행(使行)이 돌아갈 때 혹은 심양관 관원이 교체되거나 일이 있어 조선으로 나갈 때에도 장계를 가져가도록 하였다. 중요한 비밀 장계는 별도로 고위 관원을 선정하여 내보내기도 하였는데, 보고 사항을 구두로 국왕에게 아뢰도록 한 사실도 볼 수 있다.

덧붙여 장계는 한자와 이두로 씌어 있고, 작성자에 따라 문체가 조금씩 다르다. 대체로 다양한 고어체 연결어미를 사용하여 문장이 길고, 전체가 하나의 문장으로 연결되는 경우도 있다. 내용에 용골대·마부대와 세자 사이의 대화, 청의 관원과 조선의 재신·관원이 문답한 말을 그대로 옮겨 적은 부분도 상당히 많다. 청인들의 만주어 말은 역관들의 통역을 통해 우리말로 전달되고, 그것을 다시 이두문으로 작성하여 장계한 것이다. 따라서 조선 중기 어문 연구에 좋은 자료가 될 것으로 보인다.

3. 장계에 보이는 조청관계의 현실

『심양장계』는 청의 볼모가 된 소현세자와 배종 신하들이 급속히 발전하는 대청제국의 수도 심양에서 조선에 대한 강압을 직접 겪으며 그 상황을 그때 바로 조정에 보고한 장계를 모은 것이다. 주요 내용을 간추려보면, 소현세자의 동정과 심양관에서 일어난 일, 조청관계 현안에 대해 청 태종이 조선에 내린 명령, 칙사 행차 소식, 피로인(被擄人) 속환과 향화인(向化人) 쇄송 문제, 청군의 출병 및 대명전쟁 상황, 청 태종과 제왕(諸王)·관원 등이 조선에 요구한 물품에 관한 것들이다. 아울러 청조에서 행한 여러 의례들 즉 조참(朝參), 태묘 제사와 성황당에서의 기도, 승전 진하례 및 황제와 제왕이 베푼 잔치, 몽골과의 혼인, 황제의 사냥 행차에 대한 내용도 실려 있으며, 그 가운데 팔기제를 근간으로 한 만주사회의 독특한 모습을 보여주는 기록도 전하고 있다. 따라서『심양장계』는 당시의 조청관계는 물론 청조의 동향과 심양의 사회상을 엿볼 수 있는 좋은 자료가 된다.

병자호란의 종결에 따라 명나라와 관계를 끊고 청나라를 대국으로 섬기게 된 조선에서는 먼저 사은사를 들여보내 청 태종의 은혜에 감사하는 표(表)를 올렸다. 이후로는 주청사나 진주사를 보내 조선의 사정을 설명하고, 청이 조선의 요청을 허락하거나 선처해준 일이 있으면 사은사를 보내 감사를 표하였다. 대명전쟁에서 승리하면 진하사를 보내 축하하였다. 또한 청에서도 칙사를 수시로 조선에 내보냈다. 조선 국왕을 책봉하고 이어서 왕비와 세자도 책봉하였는데, 이것은 명나라의 전례에 따라 행하였다. 또 조선 조정에서 청에 반대하는 논의를 했다는 이유로 조선 신료들을 붙잡아 와 심문하고 투옥시키기도 하였다.

병자호란 직후의 8년은 청의 조선에 대한 강압이 극심한 시기였다. 소현세자를 비롯해 삼공육경의 질자까지 많은 인질을 심양으로 끌고 간 것은 조선을 압박하기 위한 것이었다. 조선과 명의 강고한 결속을 끊고, 나아가 대명전쟁에 필요한 물자와 식량 및 일부 군병을 조선에서 조달하려고 하였다. 청 태종은 몽골 여러 집단을 정벌하거나 연합하여 복속시킨 뒤로 명나라 공략에 집중하였다. 또한 일본을 포함한 국제 정세를 파악하기 위해, 조선을 통해 일본에 대한 정보를 얻고 일본과도 통교하려고 하였다.

청에서 조선 관계 업무는 청 태종의 확고한 신임을 받고 있는 용골대와 마부대가 전담하였다. 이들은 각각 호부(戶部)의 승정(丞政)과 참정(參政)이었다. 청은 1631년 명의 관제를 본떠 6부를 설치하였는데, 각 부의 수장은 친왕(親王)이나 패륵(貝勒)이 맡고 그 밑에 실무 관원을 두어, 그 운영 방식에 독특한 점이 많았다. 조선에 대한 업무를, 외교를 담당하는 예부가 아닌 호부 소속의 용골대와 마부대에게 전담하도록 한 것은, 이들이 정묘호란(1627) 이후로 사신으로 조선을 오가며 교역 문제를 해결하고, 심양의 물자 조달을 책임지고 있었기 때문이다.

이들은 자주 심양관에 와서 세폐와 공물, 군병과 군량 징발, 향화인 쇄송과 월경(越境) 채삼인 문제, 양국 간 혼인과 시녀를 바치는 문제 등 각종 현안에 대한 청의 요구를 말하고, 곧바로 조선 조정에 알려 처리하도록 하였다. 기본적으로 정축화약의 약조를 이행할 것을 요구하며 조선의 '성신(誠信)'하지 않음을 힐책하였다. 한편 청 태종은 양국이 한집안이 되었고 부자(父子) 관계와 같다는 말을 자주 썼는데, 이것으로 청의 강대함과 관대함을 보여주려 했던 듯하다. 또 명은 조부모와 같고 자신은 친부모와 같다고도 하였다. 곧 조선의 명에 대한 사대(事大)를 부정하지 않고 이용하였으며, 외교 전례는 모두 조·명 관계의 예에 따르도록 하였다. 조·명 사대외교의 특성을 잘 알고 활용한 것이다. 때때로 소현세자는 '부자 관계와 같다'는 말을 들어 청 태종의 관용을 바라기도 하고, 조선의 어려운 형편을 설명하며 응대하였다.

　조선은 전란 후 재해와 흉년이 계속되어 청의 강요대로 현안에 신속히 조처하기는 어려운 상황이었다. 특히 대명전쟁에 참전할 군병의 징발은 어떻게든 피하고 싶은 일이었다. 1637년 10월 최명길이 사은사로 심양에 와서 조선의 어려운 사정을 거듭 설명하자, 청 태종이 그것을 헤아리겠다고 하였다. 이에 조선에서는 징병령이 내리지 않을 것으로 여겨 다시 사은사를 들여보냈다. 그러나 청은 군병 징발을 하지 않는다는 명확한 말을 한 바 없다며 조선의 의도를 추궁하고 약조를 이행하라며 계속 힐책하였다. 청은 대명전쟁에 조선 수군과 포병을 동원할 계획을 가지고 있었다. 조선은 군병의 출동을 지연시켜 참전을 피해보려 했으나, 청은 세자가 황제를 수행하여 참전해야 한다고 통고하였다. 그러자 어떻게든 출병 기일까지 군병을 도착하게 하여 세자의 참전만은 막아보려고 하였으나, 청은 늦게 도착한 조선 군병을 소용없다며 쫓아 돌려보냈다. 결국 조선 군병은 1640년부터 대명전쟁에 참전하였고, 세자와 봉림대군도 전장에 나갔다.

병자호란 이후 조정을 주도하였던 최명길은 대청 외교에도 직접 나섰다. 그런데 금주 전투에서 청에 굴복한 명의 총독 홍승주에 의해, 독보라는 승려를 보내 조선의 사정을 명에 알린 실상이 모두 드러나게 되었다. 최명길은 주화론자였으나, 청과 마찰을 피하면서 관계를 풀어가는 한편 명나라에 조선의 상황을 알려 이해를 구하려 했던 것이다. 이 일로 조선은 큰 위기를 맞았다. 청 태종의 명에 따라 소현세자는 용골대 등과 함께 봉황성에 나가 조선과 명의 밀통 사건 및 한선(漢船)과의 접촉 사건을 조사해야 했다. 최명길 이하 여러 사람이 봉황성으로 소환되어 심문을 받았다. 이때 영의정 최명길의 심문에 참석하라는 용골대의 강요에 대해, 소현세자는 최명길이 부왕의 대신(大臣)이자 자신의 스승이므로 결코 심문하는 자리에 나갈 수 없다고 끝내 거부하였다.

또한 1621년 후금이 요동을 차지하면서 명과의 교역이 단절된 이후로 청은 부족한 물자를 조선과 몽골을 통해 조달하였는데, 조선의 비중이 컸다. 심양에서는 조선과 몽골, 또 간접적으로 명나라의 물자까지 유입되어 교역이 활발하게 이루어지고 있었다. 매매 물품은 주로 면포와 비단 · 종이 · 농기구 · 농우 · 과일 등이었다. 또 이 무렵에 조선에서 전해진 남초(담배)가 급속히 퍼져갔다. 남초를 몰래 가지고 오는 사람도 많아졌다. 이익을 노려 심양으로 몰려오는 상인들은 심양관 관원의 하인이라거나 피로인을 속환하러 간다고 속이고 들어와서는 심양관에 머물며 사달을 일으키는 일도 많았다. 심양관의 관원이나 원역들도 몇 가지 물자와 특히 남초를 보내달라고 요청하였다. 그것을 팔아서 이익을 남겨 경비로 쓰거나 필요한 물품을 구매하여 요긴하게 쓸 수 있었

기 때문이다. 청은 남초 금지령을 내리고 조선인 출입자를 엄격히 검문
검색하기도 했으나, 유입을 막지 못하였다. 또한 청 황제와 제왕, 고위
관원 등이 심양관에 요구한 물자는 조정과 평안도에 공문을 보내 조선
에서 구해 들여와서 매매하기도 하였다. 청측이 요구한 것은 종이, 홍
시와 배 등 과일, 청죽·생강·죽력·저실·괴화·단목 등 약재, 일본산
동(銅)·철(鐵)과 칼까지 다양하였다.

이 시기 조청관계에서 많은 논란이 되었던 것이 피로인과 향화인 문
제이다. 피로인 문제는 청의 철군 때부터 제기되었다. 청 군병들이 사
로잡은 피로인은 개인의 소유물이 되어, 몸값을 받고 팔 수 있었다. 이
때문에 청 군병들은 다투어 많은 포로를 붙잡았고, 화약을 맺은 뒤에
금지령이 내렸음에도 철군 도중에 많은 포로를 붙잡아 끌고 갔다. 이
렇게 끌려가 압록강을 넘은 피로인에 대해서는, 가족들이 심양에 와
서 개별적으로 청인(淸人)에게 몸값을 치르고 속환(贖還)하도록 하였다.
1637년 5월부터 심양성 남문 밖에 피로인 시장이 열렸는데, 조선의 일
부 고관이 피로인이 된 자신의 아들딸을 빨리 되찾으려고 몸값을 올려
놓고, 청인들도 갈수록 높은 값을 부르는 바람에 몸값이 치솟았다. 피
로인 가족이 속전(贖錢)을 마련해 심양에까지 갔어도 생각대로 속환하
기란 몹시 어려웠다. 50만이라고 전해지는 피로인에 비해 속환자 수는
매우 미미하였다. 피로인은 거의 죽거나 청인의 노비가 되었다. 도망치
다 붙잡힌 피로인은 발꿈치를 잘리는 형벌을 받았다. 또 압록강을 건
넌 뒤에 도망해 조선으로 돌아간 피로인을 주회인(走回人)이라고 하는
데, 청은 이들을 다시 색출해 쇄환하도록 강요하였다. 조선 조정은 '차

마 할 수 없는 일'이라며 소극적 태도를 보였으나, 청의 힐책이 계속되자 억지로 찾아내 심양으로 들여보냈다. 다음으로 향화인은 조선에 귀화한 여진인을 말한다. 청은 향화인과 그 자손들도 쇄환하도록 요구하였다. 여진은 금(金)나라 멸망 이후로 여러 집단으로 나뉘어 흩어졌고, 그 가운데 조선 국경 근처에 살면서 조선인과 통교하고 조선으로 들어와 거주한 이들도 많았다. 청이 향화인 자손들까지 들여보내라고 강요한 것은 만주족의 인구수를 늘리기 위한 방책의 하나였던 듯하다.

위의 내용 외에도『심양장계』에는 윤집·오달제를 처형한 일, 삼전도비(대청황제공덕비) 비문을 수정하도록 요구한 일, 청의 역관 정명수·김돌시 등의 횡포에 분노한 시강원 관원 정뇌경·김종일 등이 이들을 고발하여 처벌받게 하려다가 도리어 처형당한 사건, 반청 논의를 했다 하여 심양에 붙들려 온 김상헌·신득연 등을 예부에서 심문한 일, 심양관에 전지(田地)를 떼어주며 직접 농사지어 식량을 해결하도록 한 일, 신익성 등 척화신이 심양에 끌려왔으나 세자의 간청으로 풀려난 일 등이 실려 있다. 또 1643년 청 태종의 죽음에 이어 순치제(順治帝)가 새 황제로 결정되고 구왕 도르곤이 섭정으로서 국사를 주도하게 된 과정에 대한 생생한 자료를 전하고 있다.

『심양장계』에는 병자호란 직후 7년간 조청관계에서 일어난 거의 모든 일이 담겨 있다. 그러나 장계의 내용만으로는 그 실상이 파악되지 않고, 사건의 전말이나 파장을 이해하려면 조선과 청·명, 또 일본과의 관계에 대해서까지 많은 지식이 필요하다. 그럼에도 장계의 내용 자체만으로도 매우 흥미롭다. 명·청 교체라는 큰 변화의 시기에 조선이 처한 국난의 실상을 보여주는 기록들이 때로는 이해가 되지 않고 답답하거나 안타깝기도 하다. 때로는 청측의 힐책에 대해 그들의 말로 그 허점을 찌르는 장면에서는 웃음이 나오기도 한다. 청이 조선을 압박하는 일에 대해 세자가 아들이 아버지에게 하듯 조선의 어려움을 대국에 호소할 수밖에 없다고 답한 일, 조선에서 바친 시녀가 천비와 창기들이라고 화를 내자 양천(良賤)을 가리지 않고 영리하여 시녀로 쓰기에 합당한 자들을 뽑아 왔다고 한 일, 조선에서 몇 대를 살아온 향화인을 그 자손까지 쇄환할 것을 부계 중심의 청나라 법을 내세워 강요하자 그렇다면 향화인의 조선인 사위의 자식은 쇄환을 요구하지 말아야 한다고 반박한 것 등이다.

4. 『심양장계』의 간행과 번역

『심양장계』는 일제강점기인 1935년 경성제국대학 법문학부에서 규장각총서 제1책으로 간행되었다. 규장각도서는 경성제국대학 도서관으로 옮겨졌는데, 『심양장계』를 『심양일기』와 함께 '명말 청초의 조선 외교관계의 근본 자료'라고 평가하고, 활자화하여 간행한 것이다.[9] 서두의 범

---

9 『심양일기』는 나이토 도라지로(內藤虎次郎)에 의해 만몽총서(滿蒙叢書) 제9권으로 1921년 도쿄에서 간행되었다. 이 책은 정축년(1637)부터 임오년(1642)까지의 일기를 활자화한 것으로, 서두에 나이토의 해제가 실려 있다.

례와 말미의 해제에 3년간의 자세한 간행 과정이 적혀 있다. 즉 원본을 저본으로 하여 순서가 뒤섞인 장계는 날짜순으로 정리하고, 중복된 것은 양자를 서로 대조하여 하나의 장계로 만들었다. 원본을 정서본(부본)과 비교하여 오자·탈자 등을 바로잡았으며, 구두점을 찍고, 이두를 가려내 옆선을 그어 표시하였다. 또한 해제에는 조선식 한문에 이두를 많이 써서 해석이 어렵고, 교정(校訂) 간행이 지난한 작업이었다는 회고와 함께 원본·정서본에 대한 비교, 장계의 주요 내용과 특징, 자료적 가치 등을 상세하게 밝혔다. 『심양장계』의 이해에 필요한 사항이 거의 다 포함되어 있다.

1935년 교감본은 1987년에 이르러 국내에서 영인본(신서원)으로 다시 간행되었다. 이것을 저본으로 한 번역본으로『국역 심양장계』(2000, 세종대왕기념사업회)와『심양장계: 심양에서 온 편지』(2008, 창비)의 2종이 출간되었다.『국역 심양장계』는 3권 각 권의 뒤에 정서본(奎貴 1878)을 영인하여 첨부하였으나, 실제 번역문을 살펴보면 1935년 교감본을 저본으로 하였음을 알 수 있다.『심양장계』라는 자료의 중요성에 비추어 늦게서야 번역본이 나오고, 학계의 연구에도 아직 그다지 활용되지 못한 상황이다.

이 책은『심양장계』중 일부를 가려 뽑아 원문을 입력하고 역주하고 해설한 것이다. 정서본을 저본으로 하였는데, 1935년 교감본과 큰 차이는 없지만 원본과 가까운 시기에 만들어진 정서본을 저본으로 하는 것이 좋겠다고 생각하였다. 수록 장계는 조청관계의 현안, 청조의 행사와 요구, 대명전쟁, 심양관에서 있었던 일 등 중요 사실과 다양한 내용이 포괄되도록 하여 74편을 선정하였다. 이것은 편 수로는 전체의 13%, 분량으로는 20%쯤이다.

필자가 처음 『심양장계』를 접하게 된 것은 2005년 『심양일기』 역주 작업을 시작하면서였다. 두 자료를 대조해 보면서 반드시 함께 읽어야 함을 알게 되었고, 『심양장계』의 내용에 더욱 흥미를 느끼게 되었다. 그러나 17세기 초의 시대적 배경에 대한 지식이 많지 않은 상태에서 여러 사람이 함께 수행한 역주 작업은 간단하지 않았고, 그 결과물은 미흡함을 지닌 채 『역주 소현심양일기』(2008, 민속원)로 간행되었다. 이후에도 『심양장계』에 대한 관심은 지속되었고, 이미 2종의 번역본이 있었지만 그것으로는 장계의 내용들이 잘 파악되지 않았다.

규장각의 '새로 읽는 우리 고전' 간행사업이 시작된 뒤, 『심양장계』를 본격적으로 읽어보고 싶다는 생각에서 지원을 신청하였다. 처음에는 동시대 자료들과 비교해가며 읽고, 장계 가운데 중요한 것들을 선정하여 역해하면 될 것으로 여겼다. 정작 작업을 시작하고 보니, 필자의 역량으로는 힘에 부치는 일이었다. 명·청 교체기 동아시아 세계의 변화와 외교관계부터 17세기 초 조선과 만주의 다양한 사회상까지 많은 분야에 대한 지식이 필요하였다.

여러모로 미진하지만 이렇게 원고를 마무리하여 간행하게 된 것은 규장각에서 만난 동학들의 도움 덕분이다. 초고 상태의 원고를 꼼꼼히 읽고 번역상의 오류와 여러 문제에 대해 좋은 의견을 제시해준 신하령 선생, 장계 내용의 해설을 보완할 수 있도록 조언을 아끼지 않은 허태구 선생, 역해 작업 도중 이두문의 해독·공문서 형식·제도 용어 등을 질문할 때마다 답을 찾아준 양진석 선생과 이성임 선생께 깊이 감사드린다. 이제 이 책에서 드러나는 오류나 부족한 부분은 모두 필자의 책임이다. 이 책을 계기로 『심양장계』가 더 널리 읽히기를 바라며, 앞으로 『심양장계』의 자료적 가치에 걸맞은 충실한 역주본이 나와야 할 것으로 생각한다. 마지막으로 귀중한 사진을 제공해준 신춘호 선생, 책의 모양을 갖추어준 아카넷 출판사에도 마음으로 감사드린다.

2014년 8월
김남윤

몽골

차하르

하압대

의주

금주

송산
행산
탑산

영원
중후소
전둔위
중전소

희봉구

산해관

◎북경

난주 ● 영평

명

17세기 초의 조선과 청

울라

와르카

코르친

여허

청

개원

철령

심양

사르후

무순

허투알라

퍼알라

하다

호이파

▲백두산

만두

강

요양

연산관

통원보

봉황성

의주

해주

요주

조선

철산

가도

안주

석성도

장자도

평양

봉산

개성

파주

한양

■ 소현세자와 사행의 이동 경로

일러두기

1. 이 책은 규장각 소장 『심양장계』 정서본(奎貴 1878)을 저본으로 했다. 수록 장계는 1637~ 1643년의 중요 사건과 다양한 내용이 포괄되도록 선정했고, 본문은 번역문·원문·해설의 순서로 구성했다.

2. 번역문은 직역에 가깝게 옮기고 문장을 나누어 내용 파악이 용이하도록 했다. 용어는 소괄호에 넣어 간략히 설명하고, 중요 인명과 사실 관계 파악에 필요한 사항 등은 각주로 설명했다.

3. 번역문에서 날짜 외에 장계 서두에 붙은 '승정원 개탁(承政院開坼)'이나 '비밀' 등의 문구는 생략했다. 다만 날짜가 겹치는 장계는 그 순서만을 날짜 뒤에 부기했다.

4. 원문은 이체자나 약자를 쓴 경우는 정자로 입력했다. 정서 과정의 오류로 보이는 글자는 등록 원본(奎貴 9918)과 대조하여 각주에 제시했다. 교감본 『瀋陽狀啓』(1935)를 참조했다.

5. 독해의 편의를 위해 원문은 번역문에 따라 문단을 나누고, 문장부호를 붙였다. 인명과 지명에는 밑줄을 그었다.

6. 해설은 장계에 나오는 중요 사항에 대해 부연 설명하여 당시 상황과 내용을 이해하는 데 도움이 되도록 했다.

정축년
(인조15, 1637)

01

장단에서 띄운 첫 장계

2월 11일

이달 9일 동부승지(同副承旨) 이(李)[1]가 성첩(成貼, 문서에 관인을 찍음)한 '2일 진(陣)을 파한 다음 사로잡힌 군병은 풀어주라'는 유지(有旨, 왕의 명령서)[2]는, 9일 신들이 파주(坡州) 이천(梨川) 가에서 공경히 받았습니다. 신(臣) 박로(朴簹)[3]와 신 박황(朴潢)[4]이 곧 가서 마부대(馬夫大)[5] 장군을 만

---

1 이때의 동부승지는 이성신(李省身, 1580~1651)이었다. 공문서에는 직함과 성을 기입한다.
2 이 유지는 1637년 2월 2일 강화조약을 맺고 남한산성의 군진을 파한 뒤에 사로잡은 군병은 풀어주라는 청 태종의 명을 전하는 것이었다.
3 박로(1584~1643)는 인조반정 뒤에 소외되었으나, 이괄의 난과 정묘호란 때 인조를 호종한 공로로 등용되었다. 정묘호란 이후 심양에 여러 차례 파견되었고, 대청 외교 전문가로 활동하였다. 청에 사신으로 가던 중 병자호란이 일어나 청 진영에 억류되었다가 인조가 항복한 뒤에 소현세자를 배종하여 3년간 심양에 머물렀다. 1639년 병이 심해져 귀국하였다.

나 유지의 내용을 거듭 설명하니, 마장(馬將)이 "강화한 뒤에 그랬을 리가 없소. 중간에 지어낸 말이 아닙니까?" 하며 언짢은 기색으로 들으려하지 않았습니다. 신들이, 길에서 마침 이시백(李時白)의 종 남이(男伊)라는 자를 만났는데 2일에 남한산성 아래에서 사로잡혀 지금 진중에 있고 우리 일행의 하인과 명백히 서로 보았다고 한 것을 들어 그런 일이 실제 있음을 밝히니, 마장이 "과연 그 말과 같다면 매우 부당하니 명백히 처리하지 않을 수 없습니다"라고 하였습니다. 남이를 잡은 호인(胡人)과 그를 보았다는 사람을 함께 찾아보게 하였으나 아직 찾지 못하였는데, 마침내 찾게 되면 진상을 조사하여 처리하는 일이 있을 것입니다.

왕세자[6] 행차는 8일 고양군 별당에서 묵고, 9일 파주에서 10리쯤 지나 이천 가에 묵었습니다. 파주목사(坡州牧使) 기종헌(奇宗獻)이 임진(臨

---

4 박황(1597~1648)은 병자호란 때에 청에서 척화신의 압송을 요구하자, 한두 사람만 보낼 것을 주장하였다. 우부빈객으로 소현세자를 배종하여 심양에 갔다가 돌아왔으나, 1639년 삼남순검사로 내려가 부안 변산에 성을 축조한 일 때문에 청 태종의 명으로 소환되어 의주에 감금되었다. 1643년 풀려나 귀국한 뒤에 대사헌·도승지 등을 지냈고, 심기원(沈器遠) 역모사건에 연루되어 유배되었다가 곧 풀려났다.

5 마부대 곧 마푸타(馬福塔, ?~1640)는 1631년 이후 용골대와 함께 조선을 왕래하며 외교와 교역을 담당하였다. 병자호란 때 조선 침공의 선봉이 되었고, 남한산성에서 나온 인조를 삼전도로 인도하여 항복 의식을 치르게 하였다. 이후에는 호부(戶部) 참정(參政)으로서, 승정(承政) 용골대와 함께 조선 관계 업무를 전담하였다. 『심양장계』에는 '마장(馬將)'이라고 하거나, 용골대와 함께 '용마(龍馬)'라고 줄여 쓴 경우가 많다.

6 소현세자(1612~1645)는 인조의 맏아들로 이름은 왕(𣲙), 인조반정 이후 1625년 왕세자에 책봉되었다. 1627년 정묘호란이 일어나자 분조(分朝)를 이끌고 전주로 갔고, 전란 종결 뒤 12월에 강석기의 딸과 가례를 올렸다. 병자호란 때 인조와 함께 남한산성에서 나와 청 태종에게 항복한 다음, 볼모로 심양에 갔다. 8년간의 볼모살이를 마치고 1645년 2월에 돌아왔으나, 4월에 병으로 급서하였다.

津)에 와서 배를 정돈하였는데 단지 해선(海船) 1척이 있을 뿐이라 수많은 일행이 도저히 건널 수 없었습니다. 적성(積城) 지척의 여울로 가니 여울물이 매우 얕아서 무사히 건너고, 5리쯤 가서 장단(長湍) 판부촌(板浮村)에 이르러 촌가에 묵었습니다. 오늘은 장단 판문(板門) 근처로 나아가 묵을 생각입니다. 행차가 출발한 뒤로 구왕(九王)[7]과 마장 등이 자못 환대하는 뜻이 있어 중도에 잡은 꿩과 노루 및 소를 연달아 보내왔으며, 지키는 군병들도 조금도 어지럽게 굴거나 불경한 짓을 하지 않았습니다.

이번에 사로잡힌 남녀가 산과 들에 가득하여, 길을 가기가 쉽지 않아서 하루에 30~40리밖에 가지 못합니다. 왕세자 행차에 빨리 가라고 다그칠 염려는 없을 듯하지만, 길에 있는 날이 길어지니 앞으로 식량이 바닥날 것 같아 매우 걱정스럽습니다. 양서(兩西, 황해도와 평안도) 감사(監司)·병사(兵使)에게 급히 공문을 보내 알려주십시오. 행차가 앞으로 나아가는 사정은 그때그때 치계(馳啓, 말을 달려 신속히 보고함)하겠습니다. 신 남이웅(南以雄)[8]과 신 박황이 맡고 있는 직책은 오래 비워둘 수

---

7 구왕은 청 태조 누르하치의 제14자, 도르곤(多爾袞, 1612~1650)이다. 청 태종의 등극 이후 중용되어 예친왕(睿親王)에 봉해졌다. 1638년 이후 대명전쟁에 앞장섰고, 1643년 청 태종 사후 순치제(順治帝)의 즉위를 성사시키고 섭정으로서 정치를 좌우하였다. 1644년에는 산해관을 지키던 명장 오삼계(吳三桂)의 구원 요청에 응하여, 이자성(李自成)의 농민군을 무찌르고 북경에 입성하였다.

8 남이웅(1575~1648)은 1624년 이괄의 난을 진압하는 데 공을 세워 춘성군(春城君)에 봉해졌다. 병자호란 때 남한산성으로 인조를 호종한 공으로 좌찬성에 올랐고, 우빈객으로 소현세자를 배종하여 심양에 갔다. 1638년 귀국 후 대사헌 등을 지내고, 1646년 우의정으로 강빈(姜嬪)의 사사를 반대하여 사직하였다. 그의 부인이 『병자일기(丙子日記)』를 남긴 남평 조씨

없으니, 둘 다 이조(吏曹)에서 조치하도록 하십시오. 이러한 연유로 아룁니다.

丁丑二月日 承政院開拆

本月初九日同副承旨李成貼, 初二日罷陣後被擄軍兵放送事, 有旨, 初九日, 臣等在坡州梨川邊祗受爲白在果. 臣薈 · 臣潢卽以有旨內辭緣, 往見馬將, 反覆開說, 則馬將以爲, "講和之後, 萬無此理. 無乃中間虛說"是如, 辭氣落落, 不爲信聽爲白去乙. 臣等以路中適値李時白奴子男伊稱名人, 初二日被擄於南漢山城下, 方在陣中, 一行下人明白相見之意立證, 明其實狀, 則馬將曰, "果若此言, 極爲不當. 不可不明白處置. 云云." 使其胡人及得見男伊人, 同力訪問爲白乎矣, 時未覓得, 而終乃得見, 則必有查覈處置之事是白齊.

王世子行次, 初八日高陽郡別堂止宿, 初九日過坡州十里許, 梨川邊止宿教是白在果. 坡州牧使奇宗獻, 來赴臨津, 舡隻整理爲白乎亦中, 只有海舡一隻是白乎等以, 許多一行, 決不得過涉. 由積城地尺灘, 則灘水甚淺, 無事渡涉. 過五里許, 到長湍板浮村, 村家止宿. 當日前進長湍板門近處, 止宿計料爲白在果, 大槩一自發行之後, 九王及馬將等頗有歡待之意, 中路所捉雉獐及牛隻, 連續送來爲白乎旀, 守直軍兵段置, 切無混雜不恭之弊爲白齊.

今番被擄男女, 籠山絡野, 行路未易, 日行不過三四十里. 行次教是則似無驅迫兼程之患, 而在路日子, 必致遲久, 前頭恐有乏粮之患, 極爲可慮. 兩西監 · 兵

(曺愛重, 1574~1645)인데, 『병자일기』는 1636년 12월 피란길에 나섰다가 호란이 끝난 뒤 서울에 돌아와 살던 1640년 8월까지의 일기이다.

使處, 急急行會敎矣. 前進緣由段良馳啓爲白齊. 臣以雄·臣潢所帶本職, 不可久曠, 竝令該曹處置爲白只爲. 詮次善啓.

✿

청나라의 볼모가 된 소현세자 일행이 심양으로 가는 도중에 올린 첫 번째 장계이다. 원문에는 날짜가 밝혀져 있지 않은데, 장계 내용을 보면 2월 11일 장단에서 쓴 것임을 알 수 있다. 장계는 재신(宰臣)이 써서 보고하는데, 이때 세자를 배종한 재신은 남이웅·박황·박로였다. 이 장계는 왕세자 행차가 서울을 떠난 뒤로 있었던 일을 보고한 것이다. 1637년 (인조15) 1월 30일 인조는 세자와 함께 남한산성을 나와 삼전도로 가서 청 태종에게 삼배구고두(三拜九叩頭)의 예를 올리고 항복한 다음 창경궁으로 돌아갔다. 세자는 강화도에서 붙잡혀온 세자빈 강씨, 봉림대군 부부 등과 함께 청의 군영에 머물다가, 2월 8일 철군하는 구왕 도르곤의 군대를 따라 심양으로 떠났다. 그날 인조는 고양의 창릉(昌陵) 근처에 나아가 구왕을 만나 세자를 부탁하고, 세자 일행을 전송하였다. 세자 일행은 파주를 지나 임진강을 건너고 개성을 거쳐 장단에 이르렀다.

이 장계 첫 부분에, 재신들이 청 태종의 명에 따라 화약을 맺은 이후에 붙잡힌 포로를 돌려보내라고 마부대에게 요청한 일이 나온다. 병자호란 때 청군은 조선 군병과 일반민을 가리지 않고 많은 포로를 붙잡았다. 이들을 피로인(被擄人)이라고 하였는데, 피로인은 붙잡은 자의 개인 소유물이 되어 몸값을 받아낼 수 있었기 때문이다. 청군은 이들을 수백 명씩 줄을 세워 끌고 갔다. 철군 도중에도 주변 지역을 약탈하고 몰래 백성들을 붙잡아서 만주인처럼 변발(辮髮)을 시켜 끌고 가는 일도 적지 않았다.

소현세자는 심양으로 가는 길에 조정의 요구를 청의 구왕과 마부대에게 전달하는 한편, 청군의 침탈을 막아 백성의 피해를 줄이려고 노력하였다. 또 피란민들의 소식을 접하면 이들을 구휼하도록 조처하였다.

02

황해도 봉산에서

2월 25일

이달 21일 창탄(倉灘)에서, 세자 행차의 상황은 개성도사(開城都事) 홍
정(洪霆)이 차사원(差使員)으로 교체되어 돌아갈 때 치계하였습니다.[1] 그
날 봉산(鳳山) 남면(南面) 초부(草阜)에 이르러 촌가에서 묵고,[2] 그대로
3일간 머물고 있습니다. 저들의 말로는 10여 일을 머물며 후군(後軍)이
뒤따라오기를 기다린다고 하는데, 확실한 것은 알 수 없습니다.

---

1 2월 21일 봉산군 창탄에서 올린 장계를 말한다. 내용은 청군이 평상시의 도로가 아닌 험한
   산길로 가므로 세자 일행이 따라가기 힘들고, 19일 묵은 장파곶 여염집에 불이 났으며, 은율
   현감이 평안감사가 보낸 물건 약간을 가지고 와서 세자를 뵈었다는 것 등이다.
2 소현세자는 2월 21일부터 3월 2일까지 황해도 봉산군 초구(草丘)에 머물렀다. 이 장계에는
   초구를 '초부'라고 하였다.

행중의 식량과 콩(말먹이)은, 전에 평안감사(平安監司) 남선(南銑)이 서흥산성(瑞興山城)에 들러 분부한 것에 따라, 드디어 식량과 콩 도합 40여 석을 신계현령(新溪縣令) 이보(李莆)가 가져왔습니다. 장련현감(長連縣監) 정사명(鄭嗣明)이 부마차사원(夫馬差使員)으로 왔기에 그대로 행중에 두고 부마를 맡게 하였습니다. 겸보덕(兼輔德) 이명웅(李命雄)[3]이 먼저 재령(載寧) 장수산성(長壽山城)으로 가서 쌀·콩과 잡물 등을 애써 마련해서, 감사의 종사관 정시망(鄭時望)과 해주목사(海州牧使) 김소(金素) 등을 시켜 가져오게 하였고, 신천군수(信川郡守) 이숭원(李崇元)과 송화현감(松禾縣監) 강여재(姜與載) 등도 약간의 식량과 찬을 가져와서 바쳤으므로, 이것으로 잇대어 쓰고 있습니다. 황해병사(黃海兵使) 이석달(李碩達)도 전쟁터에서 본영에 돌아왔다가 또한 와서 세자를 뵈었기에, 앞으로 식량과 찬을 마련해 제공하도록 분부하였습니다.

황해감사 이배원(李培元)은 어디로 달아났는지 아직도 자취가 없는데, 도내 수령들도 그의 소재를 모릅니다. 도사(都事) 이상일(李尙逸)은 지금 장수산성에 있으나 중풍 증세가 심하고, 종사관 정시망만 처음부터 장수산성에 있었으나 도내의 일을 임의로 할 수 없으니, 세자 일행을 지원하는 일은 오로지 감사에게 달려 있습니다. 그런데 이배원이 본도에 있지 않은 지 오래되었고, 소식도 전혀 통하지 않아 물어볼 길이

---

3 이명웅(1590~1642)은 병자호란 때 지평으로 척화론을 강경하게 주장하였다. 1637년 겸보덕으로 소현세자를 배종하여 심양에 갔다 온 다음, 승지·대사간·경상감사·예조참의 등을 지냈다.

없으니 매우 괴이합니다. 겸보덕 이명웅이 먼저 배천(白川)에 가서, 연안부사(延安府使) 김덕승(金德承)이 차사원으로 선정되었음을 듣고 그에게 여러 번 공문을 보내 나와서 직임을 살피게 하였으나, 그는 이 차사원이 해주목사에게 옮겨 정해졌다고 끝내 미루며, 왕세자 행차에 나와서 뵙기는커녕 가까이에 있는 이명웅에게도 와보지 않았으니 또한 매우 놀랍습니다. 감사 이배원과 연안부사 김덕승의 죄상은 조정에서 조치하도록 하십시오.

이번 화약(和約)의 절목(節目)을 강정(講定)할 때 삼공육경(三公六卿)의 자식을 질자(質子, 볼모)로 들여보내라고 하였습니다. 그런데 우의정 이성구(李聖求)[4]의 아들 중 그 맏아들은 강도(江都, 강화도)에서 죽었고, 작은아들 16세 아이는 청군 진중에 있는데, 찾게 되면 질자로 보내겠다는 뜻을 서울에 있을 때 말하였습니다. 공조판서 구굉(具宏)[5]의 아들 구인전(具仁墺)과 예조판서 강석기(姜碩期)[6]의 아들 강문명(姜文明)[7]만 들어가

---

4 이성구(1584~1644)는 병자호란 때 남한산성으로 인조를 호종하였고, 영의정과 영중추부사 등을 지냈다. 1637년 사은사로 심양에 갔다.
5 구굉(1577~1642)은 인조반정의 1등 공신으로 능성군(綾城君)에 봉해졌다. 병자호란 때 공조판서로서 인조를 호종하고, 경기도 군사를 거느리고 남한산성을 지킨 공으로 병조판서가 되었다.
6 강석기(1580~1643)는 소현세자빈(강빈)의 부친이다. 청에 질자를 보내지 않으려고 고관들이 공경의 자리를 기피하는 가운데, 아들 강문명이 소현세자의 배종을 자원하여 예조판서에 임명되었다. 1640년에 우의정으로 세자부(世子傅)를 겸하였으며, 1643년 사망하였다. 1646년 '강빈(姜嬪)의 옥'으로 관작이 삭탈되고 멸문의 화를 당하였다.
7 강문명(1613~1646)은 강빈의 동생으로, 세자익위사(世子翊衛司) 세마(洗馬)에 임명되어 심양에 갔다. 시직(侍職)·부솔(副率)·위솔(衛率) 등을 지내며 계속 심양에 머물다 1640년 귀국하였다. 1646년 '강빈의 옥'으로 진도에 유배되었다가 장살당하였다.

고 있고, 그 나머지는 아직 결정되지 않았습니다. 심양(瀋陽)[8]에 들어간 뒤에 하나씩 추궁하면 어떻게 대답해야 할지, 이것이 가장 중요한 일이니 묘당(廟堂, 비변사)에서 속히 상의하여 지시하도록 해주십시오.

왕세자 행차는 별다른 일이 없고, 숙소도 민가가 있는 곳이면 쉬도록 허락하였습니다. 수령이 왕래하는 것을 금지하지 않고 물금표첩(勿禁標帖, 통행허가증)도 만들어 주었으며, 강화한 뒤의 피로인(被擄人)도 명백히 그 때 잡힌 것이라고 말하면 또한 다 놓아줍니다. 다만 지나는 곳과 머무는 곳에서 유격 기병을 흩어보내 꼴과 식량 잡물을 모조리 노략질하므로, 저들이 쳐들어왔을 때 약탈을 면했던 내지 각 고을들도 똑같이 약탈을 당하여 보기에 몹시 참혹합니다. 앞으로 민사(民事)를 어찌할지 모르겠습니다.

전날 양서의 성을 지키던 장수들이 길가에 나와 절하는 일로 선전관이 유지(有旨)를 가지고 갔을 때 박중남(朴仲男)[9]도 내려갔었는데, 그가 어제 서쪽에서 돌아와서 말하기를, "황제[10]가 압록강을 건넌 뒤에[11] 나

---

8 심양은 당시 청의 수도 성경(盛京)이다. 후금의 누르하치가 요동을 점령하고 수도를 요양(遼陽)으로 옮겼으나, 압제에 반발한 한인(漢人)들의 폭동이 일어나자 1625년 심양으로 천도하였다. 청이 1644년 북경으로 천도한 이후로 심양은 '배도(陪都, 제2의 수도)'라고 불렸다.

9 박중남은 함경도 토병(土兵) 출신의 청인(淸人)으로, 후금 사신으로 여러 번 조선에 왔다. 구왕과 가까워져서 팔기(八旗)의 한 장관이 되었다고 하며, 심양관의 재신에게 특별히 구왕의 환심을 사도록 충고한 일이 전하고 있다.(『심양장계』 기묘년 5월 4일)

10 황제는 청 태종(1592~1643, 재위 1626~1643)을 말한다. 이름은 홍타이지(皇太極), 청 태조 누르하치의 제8자로 1626년 후금 한(汗)이 되었다. 1636년 국호를 대청(大淸)으로 바꾸고 황제를 칭하며, 만주·몽골·한(漢)을 아우르는 황제국임을 선포하였다. 이에 동참하라는 요구를 조선이 거부하자, 조선을 침략하였다. 통치체제를 정비하고, 몽골의 내분을 이용하여 몽골을 복속시킨 다음 대명전쟁에 주력하였다.

11 청 태종은 삼전도에서 인조의 항복을 받고 2월 2일 서울을 떠나 심양으로 돌아가는 중이었다.

를 돌려보내며 이르기를, '산군(山郡)을 거쳐 돌아가는 제진(諸陣)은 모두 곧은길로 나와 구왕과 함께 오라' 하고, '조선에 폐단을 끼치는 일도 금지하라' 하였으며, '대진(大陣)이 압록강을 건널 때 잠시도 머물면 안 되나 지금 눈이 녹아 물이 불어난 때라 여울을 건널 수 없으니, 강을 건널 배를 안주(安州) 서쪽 각 고을에서 많이 마련해내어 일시에 건너게 하라' 하였습니다"라고 하였습니다.

신들이 청천강 이북 각 고을은 전에도 많은 배를 결코 구할 수 없었다고 거듭 설명하니, 박중남이 '배를 구하든 못 구하든 간에 미리 알리지 않으면 안 된다'라고 하였습니다. 형세가 부득이하여 왕세자의 하령(下令)으로 평안감사에게 우선 공문을 보내 알렸으나, 많은 배를 갑자기 마련하기는 필시 어려울 것입니다. 만약 이 때문에 청군이 머물게 되면, 반드시 을러대며 난처하게 할 것이니 참으로 염려스럽습니다.

왕세자 행차가 노정에 오른 뒤로 인편이 되는 대로 장계를 보냈지만 낱낱이 전달되었을 것이라고 보기 어렵고, 회신이 한 번도 내려오지 않았으니 행차 소식을 조정에서 상세히 알지 못할 듯합니다. 이곳에서 여러 날 머무른다고 하여 내금위(內禁衛) 엄봉신(嚴奉信)을 별도로 장계배지(狀啓陪持)[12]로 정해 올려 보냈으니, 행차가 이르는 곳으로 급히 돌려보내도록 하십시오. 이러한 연유로 아룁니다.

---

12 장계배지는 장계를 받들고 가는 사람으로, 그때 형편에 따라 금군(禁軍)이나 군관(軍官) 가운데 선정하였다.

二月二十五日 在鳳山地草阜

本月二十一日在倉灘, 世子行次緣由段, 因開城都事洪霆差使員遞還時, 已爲馳啓爲白有果. 同日到鳳山南面草阜, 村舍止宿, 仍留三日. 而彼人等言內, 當留十餘日, 以待後軍之追到是如爲白乎矣. 未知的實是白齊.

行中粮太段, 前因平安監司南銑歷入瑞興山城分付, 導良粮太竝四十餘石乙, 新溪縣令李莆領來爲白有旀, 長連縣監鄭嗣明, 夫馬差使員以來到爲白有去乙, 使之仍在行中, 夫馬次知爲白乎旀. 兼輔德李命雄, 前往載寧長壽山城, 拮据米·太及雜物等, 使監司從事官鄭時望·海州牧使金素等領來爲白有旀, 信川郡守李崇元·松禾縣監姜興載等段置, 持若干粮饌來納爲白等以, 以此繼用爲白乎旀. 黃海兵使李碩達段置, 自戰所還到本營爲白如可, 亦爲來見爲白良在乙, 前頭粮饌使之辦供亦分付爲白有齊.

黃海監司李培元段, 走向何處是白乎喻, 尙無形形, 道內守令段, 亦不知其所在之處. 都事李尙逸段, 時在長壽山城, 而重得中風之症. 從事官鄭時望叱, 自初在於長壽山城是白良置, 道內之事, 不得任意, 一行策應之事, 專在於監司. 而李培元不在本道已久, 聲息漠然不相通, 憑問無路, 極以怪訝是白乎旀. 兼輔德李命雄, 前往白川之地, 聞延安府使金德承差定差使員, 累次移文, 使之出來察任, 而同差使員移定海州牧使是如, 終始推調, 王世子行次前出謁以乎新反, 在近境李命雄段置, 亦不來見, 亦甚駭愕. 監司李培元·延安府使金德承罪狀乙良, 令朝廷處置教矣.

今番節目講定時, 三公六卿質子入送云. 而右議政李聖求之子, 則其長子死於江都, 其次子十六歲兒, 方在淸陣中, 若推尋, 則以質子給之之意, 在京時已爲開說爲白有旀. 工曹判書具宏之子仁塵·禮曹判書姜碩期之子文明叱, 入往爲白乎矣, 其餘段未及定奪. 入去瀋陽之後, 若逐一推問, 則何以答之爲白乎喩, 此最關緊事, 令廟堂急速商確, 指揮爲白齊.

王世子行次教是段, 別無他事, 宿所段置, 有家舍處, 則許令下處爲白乎㫆. 守令之往來者, 不爲禁斷, 勿禁標帖亦爲成給爲白乎㫆, 講後被擄人段置, 明白現捉者言之, 則亦皆放送爲白乎矣. 但所過及留駐處, 散送游騎, 蒭粮雜物, 盡數擄掠, 上去時得免內地各官段置, 一樣被搶, 所見極爲慘酷. 前頭民事罔知所爲是白齊.

前日兩西城守處主將, 出拜路左事以, 宣傳官有旨賚去時, 朴仲男亦爲下去爲白有如乎, 昨日自西回來言內, 皇帝越江後, 還送渠曰, "由山郡還去諸陣, 盡出於直路, 與所謂九王偕來"爲㫆, "在我國作弊事, 亦爲禁斷"亦爲白乎㫆, "大陣渡鴨綠江時, 不可暫時留駐, 而當此雪水方漲之時, 不可涉灘. 過涉之船, 安州以西各官多數措辦, 使之一時渡涉"亦爲白去乙.

臣等, 淸北各官, 在襄時, 許多船隻, 決不可多得是如, 反覆開陳, 則曰, "得不得間, 不可不預先知會"亦爲白去乙. 勢不得已, 以王世子下令, 平安監司處, 姑爲行文知委爲白有乎矣, 許多船隻, 必難卒辦. 若因此留駐, 則必有恐嚇難處之患, 誠爲可慮是白齊.

王世子行次, 自登程之後, 雖或因便, 狀啓陪送持爲白良置, 一一得達亦未可必, 回下段一未下來, 行次消息, 朝廷恐未能詳知. 此處多日留駐云, 故內禁衛嚴奉信, 別定狀啓陪持, 上送爲白去乎, 行次所到處, 急急還送爲白只爲. 詮次善啓.

2월 25일 봉산 초구에서 올린 이 장계는, 이전에 보낸 장계에 대해 언급한 다음 왕세자 행차의 상황과 그동안 있었던 일을 보고하였다. 먼저 황해감사 이배원의 종적이 묘연하여, 세자 일행에게 필요한 물품을 긴급히 지원하는 일조차 행해지지 않고 있음을 보고하였다. 다음에는 화약 조건에 따라 삼공육경의 질자를 심양에 보내야 하는데, 공조·예조판서 외에 질자를 보내지 않은 공경에 대해 청이 힐문하면 어떻게 답할지 조정의 지시를 청하였다. 당시 조정에서는 질자를 보내지 않으려고 서로 공경의 자리를 기피하고, 삼공육경에서 교체되면 안도하는 분위기였다고 한다. 그리고 청 태종의 명에 따라 대군이 압록강을 건너기 위한 배를 청천강 서쪽 고을들에서 마련해내도록 한 일에 대해, 세자의 하령으로 평안감사에게 알려 조처하였음을 보고하였다. 마지막에는 그동안 보낸 장계에 대해 조정의 회신이 없었음을 말하고, 이 장계를 받들고 올라가는 장계배지를 곧 돌려보낼 것을 청하였다.

월경 채비

3월 13일

일행이 영유(永柔)에 머물고 있음은 전날 백대규(白大圭, 내관)가 올라
갈 때 치계하였습니다. 지금까지 그대로 머물고 있으며, 앞으로도 6~7일
은 머무를 것이라고 저들이 말하였습니다. 세자께서 접때 잠시 감기 기
운이 있었으나 약을 세 번 드신 뒤 곧 회복하셨습니다.

당초 출발할 때 관향소(管餉所, 평안도에 설치한 군량 보관소)의 남은 잡
물을 가져다 행중의 경비로 쓰도록 호조에서 결정했다고 하므로, 행차
가 중화에 이르러 관향사(管餉使) 이현(李袨)[1]을 만나서 구월산(九月山) 및
평양 보산(保山)에 있는 각종 잡물을 가져왔습니다. 그 가운데 청포(青布)

---

1 이현(1584~1637)은 1636년 평안감사 겸 관향사로 있었다.

는 일행의 원역(員役, 구실아치)들에게 옷감으로 즉시 나누어 주었고, 다른 물품은 저쪽(청)에 들어간 뒤에는 의지할 물자가 전혀 없을 것이므로 가져가서 행중의 뜻밖의 일에 쓰도록 하겠습니다. 물품의 수효는 관향사가 치계했을 것이니 번거롭게 쓰지 않겠습니다.

구왕(九王)과 가까운 사람들이 신들에게 이르기를 '구왕이 압록강을 건너기 전에 국왕이 근신을 보내 문안하는 예가 있어야 할 것'이라고 하였는데, 이 한 가지 일은 그만둘 수 없는 것입니다. 여기서 출발하면 앞으로는 머물지 않을 것이라고 하니, 구왕에게 문안하러 와도 때를 맞추지 못할까 걱정스럽습니다. 구왕에게 세자께서 때때로 행중에 음식물을 보내면, 사양하면서 다 받지 않고 그중 한두 가지만 집어 드는데 자못 기뻐하는 듯하였습니다.

청 군병이 지금 도내에 두루 차서 약탈하고 토색질하는 걱정이 갈수록 심하고, 겨우 목숨을 부지하여 숨어 있는 백성들이 곳곳에서 사로잡힙니다. 신들이 힘써 구왕에게 말하여 금지시켜도, 멀리 있는 군병에게는 명령이 시달되지 않기 때문에 피로인을 일일이 찾아내 돌려보내게 하지 못합니다. 더구나 농사철이 닥쳤는데 농사지을 가망이 전혀 없으니 보기에 비참하지만 또한 어찌할 수 없습니다.

심양에 들어간 뒤에 혹 약제(藥劑, 처방 조제)를 의논할 일이 있으면 정남수(鄭楠壽) 1인의 소견으로는 고루함을 면치 못할 것이니 참으로 작은 걱정거리가 아닙니다. 의관(醫官) 1인을 의술에 정밀하고 밝은 자로 뽑아서, 사신이 들어올 때 들여보내주면 편리하겠습니다. 전날 챙겨온 약재가 몹시 미비하고, 생강은 양서에서 한 뿌리도 구하지 못하여 이것으로 약을 지을 수 없으니 매우 걱정스럽습니다. 생강을 넉넉히 들여보 낼 것을 아울러 치계합니다. 이러한 연유로 아룁니다.

三月十三日 在永柔

一行留在永柔地事段, 前日白大圭上去時, 已爲馳啓爲白有在果. 至今仍留 爲白乎旀, 前頭段置當留六七日是如, 彼人等云云爲白齊. 世子敎頃日暫有感冒 之候, 進藥三服之後, 卽爲平復敎是白齊.

當初發程之時, 管餉所餘雜物取爲行資之意, 該曹定奪是如爲白有等以, 行 到中和, 管餉使李袨相値, 九月山及平壤 保山所在各種雜物從略取來. 靑布段, 一行員役人等處, 衣資次, 卽爲分給爲白有旀, 他物段, 入彼之後, 尺寸之資, 頗無可賴之地乙仍于, 持去, 行中以爲不時之用. 而數爻段, 餉臣必爲馳啓爲白 乎等以, 不爲煩瀆爲白齊.

九王親切人等, 致言于臣等曰, "九王未渡江之前, 國王當有遣近臣, 相問之 禮"是如爲白去等, 此一款事, 在所不已. 而自此發程之後, 則前路不爲留駐云, 恐有未及之患爲白齊. 九王處, 世子敎時是[2]或略將行中饌物送之, 則辭謝不受, 拈取一二物, 而頗有感悅之意是白齊.

淸兵至今遍滿道內, 搶掠討食之患, 逾往逾甚, 子遺竄伏之民, 處處被擄. 臣 等雖力言於九王, 使之禁斷, 而遠處軍兵, 令有所不行, 未能一一刷還哛不喩, 農節方急, 頓無耕作之望, 所見慘測, 而亦無奈何是白齊.

入往瀋陽之後, 說有議藥之事, 則鄭楠壽一人所見, 未免孤陋, 誠非細慮. 醫

---

2 '世子敎時是'는 원본에 '世子敎時'로 나온다.

官一人, 擇其術業之精明者, 使臣入來時入送便當爲白齊. 前日收取持來爲白在
藥材, 甚爲未備, 至於生薑, 則求之兩西, 未得一角, 以此劑藥不得, 極爲悶慮.
生薑乙從優入送事, 并以馳啓爲白臥乎是良尔. 詮次善啓.

✿

이 장계는 먼저 세자 일행의 경비로 관향소의 잡물을 가져와 일부는
원역들에게 나누어 주고 나머지는 심양으로 가져가 후일에 대비할 것
임을 보고하였다. 다음에 청군의 총사령관인 구왕이 압록강을 건너기
전에, 근신(近臣)을 보내 구왕에게 문안하도록 아뢰었다. 또 구왕은 심
양으로 가는 도중에 때때로 소현세자를 불러 만나거나 음식물을 보내
주고, 세자도 가끔 구왕에게 음식물을 보낸 일을 고하였다. 그리고 청
태종의 금지령이 내렸음에도 철군하는 청군들에게 제대로 전달되지 못
하여, 평안도 곳곳에서 노략질과 백성들을 붙잡아가는 일이 계속 벌어
지고 있는 비참한 상황을 보고하였다. 마지막에는 세자 행차가 심양으
로 간 뒤의 일을 염려하여 의관과 약재를 추가로 보내줄 것을 요청하
였다.

04

가도 토벌군의 징발

3월 13일 [2]

이달 9일 우부승지 한흥일(韓興一)이 성첩한 '당초 ……하라'는 유지는 신들이 이달 13일 유시(오후 6시)에 영유에서 공경히 받았습니다.[1] 구왕은 지금 일진(一陣)에 있으므로 신 등 3인이 곧 가서 유지의 내용을 자세히 알리려고 하며, 소퇴(召退)[2] 장군은 가산(嘉山)과 정주(定州) 사이로 갔다고 하니 신 박로가 급히 쫓아가서 설명할 생각입니다. 단 평안감사 남선에게 군병을 징발하라고 화급히 독촉하는 급한 통첩이 계속 온

---

1 이 장계는 3월 13일자 두 번째 장계로, 원문에 '신시(申時)'라고 표기되어 있는데, 장계 내용 가운데 유지를 받은 시각이 '유시(酉時)'라고 하였으니, 이 시각 표기는 잘못인 듯하다. 같은 날 『심양일기』를 보면, 소현세자는 유지를 받고 재신들과 평안감사를 인견(引見)하였다.
2 소퇴 곧 소토(碩託)는 다이산(귀영개)의 제2자로 고산패자(固山貝子)였다.

다고 하는데, 이는 필시 저들이 이미 정한 계획이므로 돌이키기 어려울 듯할뿐더러, 가감하여 조종하는 것은 오로지 구왕에게 달려 있습니다. 구왕이 군병의 수를 줄이는 일을 불허하고 또 먼저 소퇴 장군에게 가는 것을 허락하지 않으면, 신들이 거스르고 억지로 가기도 어려우니 매우 걱정스럽습니다. 이러한 연유로 아룁니다.

우부승지 한(韓)

당초 청장(淸將)이 배 50척을 청하였으므로, 양서 감사·병사에게 알려서 징발해 부응하게 하였습니다. 그러나 배 1척에 실을 수 있는 것은 적게는 10여 명, 많아도 30~40명에 불과하니, 이렇게 계산하면 겨우 군병 2,000명을 실을 수 있어 뽑아 주게 하였습니다. 이제 병사 유림(柳琳)[3]의 장계를 보니, 마부대 장군의 분부에 군병은 반드시 1만 2,500명을 정제(整齊)하라고 했다 합니다.[4] 그런데 청 군병이 아직 서

---

3 유림(1581~1643)은 1636년 평안병사에 임명되었고, 병자호란 때 안주성을 방어하였다. 1637년 1월 김화(金化)에서 청군을 무찌르고 남한산성에 이르렀다. 인조가 항복한 뒤, 청 태종의 조선군 징발령에 따라 주장(主將)으로 선정되어 안주 병영으로 달려갔다.

4 청은 가도(椵島, 皮島) 토벌을 위해 전선 50척과 수군 1만 2,500명을 징발한 것이다. 가도는 청과 조선 연합군의 공격으로 1637년 4월 12일 함락되었다.(『청사고(淸史稿)』 권3 태종본기2 숭덕2년 4월) 가도는 평안도 철산 앞바다에 있는 섬인데, 1623년 명이 도독부를 설치하고 동강진(東江鎭)이라고 하였다. 1621년(광해13) 후금이 요동지역을 차지한 여파로 모문룡(毛文龍)이 이끄는 명군과 한인들이 국경을 넘어와 백성을 침탈하는 폐단이 많았다. 이들은 광해군의 종용에 따라 1622년 가도로 들어갔다. 이듬해 명은 도독부를 설치하고 모문룡을 도독으로 임명하였다. 모문룡은 인조반정에 대한 명의 승인을 얻는 데 도움을 주기도 했으나, 잦은 약탈과 배신행위로 조선을 괴롭혔다. 한편 후금은 식량난과 물자 부족에 시달리고 있던 상황에서, 가도를 친다는 명분으로 1627년(인조5) 조선에 침입하여 '형제' 맹약을 맺고 교역

도(西道)에 주둔해 있고, 겨우 살아남은 자들이 있다 해도 멀리 숨어 있어서 징발할 데가 없을뿐더러 황해도·평안도의 군졸을 합해도 결코 1만여 명을 채우기 어렵습니다. 배종 재신이 한편으로 구왕에게 간곡히 고하여 소퇴에게 자세히 알리도록 하고, 한편으로 재신 1원(員)이 소퇴에게 달려가서 고하여 마음을 다해 주선하라는 명이 있었습니다.

숭덕(崇德, 청 태종의 연호) 2년 3월 9일 성첩

(三月十三日) 同日 申時 在永柔

本月初九日, 右副承旨韓成貼, 當初云云事, 有旨, 臣等, 今月十三日酉時, 在永柔地, 祗受爲白有在果. 九王段時在一陣中, 臣等三人則往, 曲通有旨內事緣是白齊在果, 召將段已往嘉山·定州之間云, 臣簪急速追往, 開陳計料. 而第平安監司南銑處, 軍兵調發之事, 星火替促馳通, 陸續來到是如爲白去等, 此必彼人中已定之計, 恐難回廳弩不喩, 加減操縱, 專在於九王是白去等, 九王若不許減數, 且不許前往召將處, 則逆難違越强行, 極爲悶慮爲白臥乎是良尒. 詮次善啓.

右副承旨 韓

當初淸將以五十隻船爲請, 故知會于兩西監·兵使, 使之調出以副, 而一船

로를 확보하였다. 1629년 모문룡이 영원순무 원숭환(袁崇煥)에게 주살된 뒤, 가도 도독은 진계성(陳繼盛)·유흥치(劉興治)로 이어졌다. 1637년 토벌 때는 심세괴(沈世魁)가 군민을 이끌고 방어하고 있었다.

容載, 小或之十餘人, 多不過三四十, 以此計之, 則軍兵容入縱滿二千, 亦令抄給矣. 今見兵使柳琳狀啓, 馬將分付, 軍兵必以一萬二千五百名整齊云. 淸兵尙屯西路, 雖有孑遺, 遠遠竄伏, 不但無處可調, 雖合兩道之兵, 決難充萬餘之數. 陪從宰臣, 一面懇告於九王前, 使之曲通於召退處, 一面宰臣一員, 馳告召退, 將悉心周旋事, 有旨. 崇德二年三月初九日成貼.

❁

 이 장계는 청의 징발 군병을 줄여주도록 주선하라는 유지를 받고서, 재신들이 어떻게 할 계획인지 보고한 것이다. 승지 한흥일이 성첩한 유지가 첨부되어 있는데, 청이 가도를 토벌하기 위해 군선과 군병을 요청한 일에 대해 구왕과 소퇴(소토)에게 어려움을 사정하여 징발 군병 수를 줄이도록 하라는 내용이다. 이에 재신들은 청측에서 그것을 들어줄지 걱정하였다. 그런데 이 장계 다음의 3월 15일자 장계에는, 유림이 마부대와 상의하여 군병을 5,000명으로 줄인 사실이 보고되어 있다.

 청 태종은 조선을 굴복시키자마자 곧 가도(椵島)의 명군을 토벌하려고 하였다. 조선 수군과 군선을 징발하고, 마부대에게는 안주 병영에서 조선 군병의 징발과 군선 조성을 감독하게 하였다. 조선은 평안병사 유림과 의주부윤 임경업에게 수군을 이끌고 참전하게 했고, 청의 지휘관은 팔왕(八王) 아지거(阿濟格)와 모문룡의 부장으로 있다가 청에 귀순한 공유덕(孔有德)·경중명(耿仲明) 등이었다. 가도는 도독 심세괴(沈世魁)가 군민 5만여 명을 이끌고 방어하고 있었는데, 지형이 험해 전선이 접근하기 어렵고 명군이 화포를 배치하여 대비하였기에 공격하기 쉽지 않았다. 청과 조선 군대가 총공격을 개시했으나 계속 상륙에 실패하자, 임경업은 남쪽 해안으로 우회 공격하는 계책을 내놓았다. 이에 따라 조선군이 북쪽에서 공격하고, 청군은 남쪽 해안으로 상륙하여 배후를 기습하여 가도를 함락하였다.

그런데 조선은 완고한 대명의리 의식에서 명군과 싸우는 것을 원치 않았고, 참전한 유림과 임경업도 전투에 소극적이었다. 오랫동안 명군의 침탈에 시달려왔던 평안도 주민들은 가도 함락을 좋은 일로 여겼다. 그러나 조정에서는 조선의 지원으로 가도가 함락된 사실을 명에 알리는 문제로 고민하였고, 공식 기록에 남기는 일도 회피하였다.

05

심양 도착

4월 13일

이달 2일 구련성(九連城) 근처에서 왕세자 행차가 무사히 압록강을 건
너 나아간 일은 승지 허계(許啓)[1]가 돌아가는 편에 치계하였습니다. 그
날 길을 떠나 탕참(湯站)에서 야차(野次)에 묵고, 3일은 건천(乾川)에서
야차에 묵고, 4일은 장항(獐項) 냇가에서 묵고, 5일은 연산관(連山館)에
5리쯤 못 미쳐 야차에 묵고, 6일은 첨수참(甛水站)을 몇 리 지나서 묵고,
7일은 냉정(冷井)에서 야차에 묵고, 8일은 난니포(爛泥鋪)에서 야차에 묵

---

1 허계(1610~1680)는 1637년에 우승지·경기감사 등을 지냈다. 1642년 동지중추부사로서 청
  의 연호를 사용하지 않은 일로 이경여·이명한·신익성·신익전과 함께 심양에 붙잡혀 가 심
  문을 받고 관직을 삭탈당하였다.

고, 9일은 백탑평(白塔坪)에서 야차에 묵었습니다. 10일 사시(오전 10시)쯤 심양강에 이르니, 청의 장수 아질을개[2]·용골대(龍骨大)[3] 등 20여 인이 종인 100여 명을 거느리고, 복장을 갖추고 강변에 나와 맞이하였습니다. 모래사장에 장막을 치고 또 마주 보이는 곳에 별도로 내장막(內帳幕, 부인용 장막)을 치고 위로연을 베풀었습니다. 그 뒤 신시(오후 4시)쯤 심양에 들어갔습니다.

모래사장에서 심양으로 들어갈 때 청장들이 이르기를, "황제가 계신 곳에서는 제왕(諸王) 부인이 감히 가마를 탈 수 없습니다. 빈궁(嬪宮)[4] 행차는 성 안에서 말을 타십시오"라고 하였습니다.[5] 신들이 간곡히 애써 말하였으나 끝내 들어주지 않고 "국법이 이러하여 따라줄 수 없는데, 왜 이렇게 강변합니까"라고 하며 기색이 좋지 않아서, 다시 말을 붙이지 못하였습니다. 신들이 어쩔 수 없이 성 밑에 이르러 말에 모시고 들

2 아질을개는 원문에 牙骨乙介, 牙乬月介로 표기되어 있는데, 번역문에는 아질을개로 통일하였다.
3 용골대 곧 잉굴다이(英俄爾岱, 1596~1648)는 1627년부터 후금 사신으로 마부대와 함께 조선을 왕래하며 교역과 외교를 주도하였다. 명과 교역이 단절된 상황에서 조선 국경에 호시(互市)를 열기로 협의하여 식량과 물자 공급 문제를 해결하고, 호부 승정(承政)이 되어 재정과 교역을 담당하였다. 병자호란 때 조선과 화약을 맺는 일을 주도하였고, 이후로 마부대와 함께 조선 관계 업무를 전담하였다. 『심양장계』에는 '용장(龍將)'이라고 줄여 쓴 경우가 많다.
4 강빈(1611~1646)은 강석기의 둘째 딸로, 1627년 12월에 소현세자와 가례를 올렸다. 병자호란 때 강화도에 피란 중 청군에 붙들려 군영에 머물다가, 세자와 함께 볼모로 심양으로 갔다. 1645년 귀국하였으나, 이듬해 부왕 인조를 독살하려 했다는 혐의로 사사(賜死)되었다. 1718년(숙종44)에 추복되고 민회빈(愍懷嬪)이라는 시호를 받았다.
5 만주사회에서는 여성도 말타기와 활쏘기를 잘하고, 사냥이나 전쟁에 참가하기도 하였다. 이에 비해 조선에서는 여성뿐 아니라 남성도 주로 가마를 타고, 말을 탈 때는 견마잡이를 두어 말을 끌게 하는 것이 일반적이었다.

어갔습니다.

이곳에서 왕세자와 대군[6] 일행을 위해 특별히 관소 건물을 짓는 공사를 시작하였는데, 두 궁(宮)이 다 높고 크고 한 담장 안에 있으며 중문을 설치하였습니다. 종신들은 궁문 밖에 빙둘러 집을 지어 거처로 삼을 것인데 아직 완공되지 못하였으므로 전에 우리나라 사신을 접대하던 관소[7]를 수리하여 우선 들어가 있게 하였습니다.

들어온 날, 황제의 분부로 신들 3인을 호부(戶部)로 불러 청장 아질을 개와 용골대 등이 전언하기를, "세자가 타국까지 먼 길 고생하여 들어왔으니 예로는 즉시 근신을 보내 위로해야겠으나, 많이 피곤할 것이고, 내가 사람을 보내면 접대하기 번거로울 듯하여 그리하지 않고 신하들을 불러 말하는 것이다" 하고, 또 "이제는 양국이 한집안이 되었으니 조선인이 왕래할 때 우리나라 군사가 호송하지 않고 마음대로 하도록 하겠다. 단 왕래하는 사람 중에 혹 좋지 않은 자가 있어 촌가에 폐를 끼친다면 매우 꺼려할 것이다. 무릇 나가고 들어올 때 재신들이 엄히 금지하고 경계하여 절대 이런 걱정이 없게 하라" 하고, 또 "돌아가는 사람과 말은 며칠에 떠나는가? 세자가 들어온 뒤로 너희 국왕이 안부를 몰라 염려할 것이니, 빨리 내보내 평안하다는 소식을 아뢰어야 할 것이다" 하며, "이 세 가지는 황제의 명령이니, 낱낱이 거행하라"라고 하였습니다.

---

6 대군은 봉림대군(鳳林大君) 곧 효종(孝宗, 1619~1659, 재위 1649~1659)이다. 1626년 봉림대
   군에 봉해졌고, 1637년 소현세자와 함께 인질로 심양에 갔다. 1645년 소현세자 사후 귀국하
   여 왕세자에 책봉되었다.
7 조선 사신이 유숙하던 객관(客館) 곧 동관(東館)을 말한다.

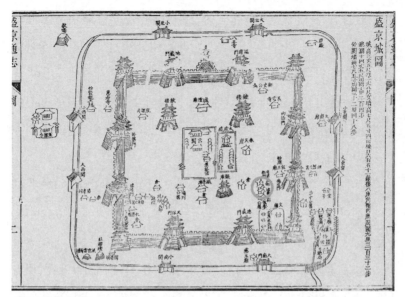

성경성도(盛京城圖)

『성경통지(盛京通志)』(1736 편찬)에 실린 성경성 그림. 외성과 내성으로 둘러싸인 성경성 중앙에 황궁이 있다. 내성에 3층 누각 형태의 8문이 있고, 남동쪽 덕성문(德盛門) 위쪽에 호부·예부 아문(○ 표시) 등이 있는데, 그 남쪽에 심양관이 있었다.

신들이 "예, 예" 하고 물러나왔습니다.

　이튿날 아침 또 신 박로를 호부에 불러 용골대가 전언하기를, "이번에 들어온 원역은 수가 너무 많으니, 사람 100여 명과 말 10여 필만 남기고 나머지는 모두 내보내라" 하였습니다. 신이 "왕세자 행차는 왕자들 행차와는 달라서 본디 종관(從官)과 시위하는 사람이 있고, 또 내외 사령이 있으며, 배종하는 사람에게도 각각 딸린 자가 있습니다. 당초 들어올 때 십분 참작하여 정했으니, 이는 결코 줄일 수 없습니다" 하니, "많은 수가 들어오는 것은 우리나라에서 바라는 바이지만, 이번에 온 사람이 모두 역(役)을 진 자가 아닐뿐더러 많은 식량과 마초를 제공해야 하는 폐단이 있습니다. 또 막 난리를 겪고서 필시 처자를 찾아보려는 마음이 있을 것이니 돌려보내야 합니다. 이는 황제께서 곡진히 생각하신 뜻입니다"라고 하였습니다. 신이 "황제의 뜻이 그렇다면 형편이 어렵더라도 힘써 따르지 않을 수 없습니다. 물러가서 종신들과 상의하여 처리하겠습니다"라고 하였습니다.

  용장이 또 "질자는 몇 사람이 오고, 몇 사람이 오지 않았습니까?" 하기에, 신이 "아무개, 아무개가 왔고 아무개, 아무개는 오지 않았습니다. 피란할 때 멀리 흩어졌다가 아직 도로 모이지 못하였습니다. 병조판서의 아들은 중도에 죽었습니다. 아직 오지 못한 자는 머지않아 올 것입니다"라고 하였습니다. 용장이 "질자의 가속은 어찌하여 들어오지 않았습니까?" 하여, 신이 "이들도 피란에서 아직 돌아오지 못했습니다. 또 이번 일행도 수가 너무 많은데 질자의 가속까지 어떻게 일시에 데려오겠습니까" 하니, 용장이 "그 말은 맞습니다. 기왕 일시에 들어오지 못했으니 오지 못한 질자와 그 가속은 가을이 되거든 들어오고, 이미 출발했더라도 모두 돌아가서 기다렸다가 가을에 오게 하십시오"라고 하였습니다. 신이 "질자에 대해 강정할 때 나는 참여하지 못했는데, 삼공과 육경의 아들은 시임(時任, 현임)의 질자를 들여보냅니까? 처음에 들어온 자를 그대로 머물러 있게 합니까?" 하니, 용장이 한참을 생각하고서 "시임의 아들을 질자로 보내십시오" 하였습니다. 신이 "그러면 우리나라는 공경의 교체가 잦은데, 시임의 아들을 질자로 보낸다면 그들도 교체합니까?" 하니, 용장이 "그들도 교체하십시오"라고 하였습니다. 또

"앞으로 귀국에서 사은사(謝恩使)를 들여보내는 일이 있다고 들었는데, 사신은 인원을 갖추더라도 거느리는 자는 간략하게 해야 합니다. 이러한 뜻을 명백히 알리십시오"라고 하기에, 신이 "마땅히 이러한 뜻을 국왕께 아뢰겠습니다" 하고 물러나왔습니다. 줄여 내보내는 원역의 수는 별단(別單)으로 서계합니다.

12일, 또 신 박로를 호부에 불러 용골대가 전언하기를, "강화한 뒤에 절대로 사람과 물건을 노략질하지 말도록 엄명을 내렸으나, 몽골병들이 법금을 무시하고 더러 노략질하는 경우도 있었습니다.[8] 이번에 실상을 조사하여 찾아낸 어린아이 하나는 강화한 뒤의 피로인이므로 되돌려주니, 이번에 나가는 사람과 함께 보내십시오" 하고, 또 "이번에 사람과 말이 나갈 때 우리나라의 돌아오는 군대와 중도에서 마주칠 것인데, 조선 사람들이 사로잡힌 족속을 보려고 어지럽게 출입한다면 그 틈에 폐단이 없지 않을 것이니, 일절 엄금하십시오"라고 하였습니다. 신이 "이번에 나가는 사람은 대관(大官)인데,[9] 어찌 그럴 걱정이 있겠습니까. 단 다시 신칙하여 보내겠습니다"라고 하였습니다. 용장이 "피로인 족속들이 속환(贖還)하고 싶다면, 마땅히 후군이 돌아온 뒤에 이곳에 들어와서 속바치기[贖]를 청하면 허가할 것이나 길에서 몰래 속바치는 것은 결코 안 됩니다" 하여, 신이 "돌아가는 대관에게 말하여 보내겠습니다"라

---

8 청 태종은 1635년에 몽골 팔기(八旗)를 조직하였다. 병자호란 때 몽골병도 참전하였는데, 조선에서 이들의 침탈이 극심하였다.

9 청의 인원 감축 요구에 따라 무관 재신 이기축 등 46인이 조선으로 돌아갔다.(『심양일기』 정축년 4월 14일)

고 하였습니다. 이것으로 보면 우리나라에서 쇄환(刷還)을 청하면 들어줄 것이니, 묘당에서 의논하여 처리하십시오.

왕세자 행차가 처음에 출발할 때, 행차가 갑작스러운 일이었을 뿐 아니라 심양에 이르기도 어려운 일이므로 신들은 중도에 혹 난처할 걱정이 있을까 매우 근심하고 염려하였는데, 먼 길에 고생한 사정은 말로 할 수 없으나 마침내 무사히 이르렀으니 매우 다행스럽습니다.

의주(義州)의 이번 출신(出身, 과거 급제자) 전 주부(主簿) 박사명(朴士明)과 전 주부 최득남(崔得男), 만포(滿浦) 출신 사과(司果) 김충선(金忠善) 등이 당초에 다 그 고을에서 장계배지로 상경했다가 돌아갈 때 배종하기를 자원하기에, 모두 금군(禁軍)이라 하고 데리고 들어왔습니다. 서흥 향리 김대업(金大業)은 서흥산성에서 내내 종군했다가, 세자 행차가 처음 황해도에 들어갔을 때 행중에 부족한 물건 약간을 자진하여 바치며 그대로 배종하기를 원하였습니다. 당초 원역 가운데 재가를 받은 서사(書寫)가 들어오지 못하였으므로, 그를 서리(書吏)라고 하고 또한 데려왔습니다. 이들은 모두 부지런하고 성실하여 행로에 공로도 많았습니다. 박사명·최득남 등은 본디 의주 사람이라 왕래에 익숙하므로 앞으로 때맞추어 치계할 일이 있으면 쓰려고 우선 남아 있게 하였습니다. 김충선·김대업 등은 장계배지로 먼저 내보냅니다. 이러한 연유로 아룁니다.

四月十三日 瀋陽

本月初二日, 在九連城近處, 王世子行次教無事越江前進事段, 因承旨許啓回還, 已爲馳啓爲白有在果. 同日發程, 湯站野次止宿, 初三日, 乾川野次止宿, 初四日, 獐項川邊止宿, 初五日, 未及連山館五里許, 野次止宿, 初六日, 過甛水站數里許, 止宿, 初七日, 冷井野次止宿, 初八日, 爛泥鋪野次止宿, 初九日, 白塔坪野次止宿. 初十日巳時量, 渡瀋陽江, 則淸將牙背乙介·龍骨大等二十餘人, 率從人百餘名, 盛飾衣服, 出迎江邊, 設帳幕於沙場, 又別設內帳幕於相望之地, 行迎慰宴後, 申時量入瀋陽爲白有乎矣.

自沙場入來時, 淸將等謂曰, "皇帝所在之處, 則諸王夫人亦不敢乘轎, 嬪宮行次, 城內則乘馬"亦爲白去乙, 臣等若口力爭爲白乎矣, 終不回聽曰, "國法如此, 不可從之. 何如是强辯乎?" 辭色不好, 更不接話. 臣等勢不得已, 到城底, 以馬坐陪入爲白有齊.

此處, 爲王世子及大君一行, 別設館宇, 方爲起役, 而兩宮皆高大, 在於一墻之內, 設重門. 從臣等則宮門之外環設家舍, 以爲止接止所, 而時未完畢乙仍于, 前日我國使臣接待之館, 改爲修理, 姑令入處爲白齊.

入來之日, 以皇帝分付, 臣等三人招致於戶部, 淸將牙乫月介·龍骨大等傳言曰, "世子教, 他國遠路, 辛苦入來, 禮當卽送近臣問慰, 而路困必多, 吾若送人, 則恐煩應接, 故不爲之果, 而招臣等言之耳." 又曰, "今則兩國爲一家, 朝鮮人往來之時, 不以我國之軍護押, 使之任意, 而但往來之人, 或有不好底者, 貽弊於村家. 則甚是可惡. 凡出往來時, 宰臣等嚴禁戒飭, 切無此患可也." 又曰, "回還人馬, 幾日發去乎. 世子入來之後, 你國王必以不知安否爲慮, 不可不速爲出送, 啓知平安消息. 此三條, 乃皇帝命令, 一一擧行. 云云." 臣等唯唯退爲白有如乎.

翌日朝, 又招臣簀於戶部, 龍骨大傳言曰, "今此入來員役, 其數甚多, 只留人口百數馬十餘匹外, 其餘則盡數出送"云. 臣曰, "王世子之行, 異於諸王子, 自有從官侍衛之人, 且有內外使令, 陪從之人, 亦各有隨率. 當初入來之時, 十分酌定, 此則決不可剋減"云, 則曰, "多數入來, 我國固所願也, 而但此來之人, 皆非服役者, 許多粮料蒭草接濟有弊, 且繼徑難亂, 必有尋見妻子之心, 不可不還送. 此乃皇帝曲念之意也." 臣曰, "皇帝之意如此, 則事勢雖難, 不可不勉從, 當退與諸臣相議處之."

龍將又曰, "質子幾人來, 幾人不來?" 臣曰, "某某人來, 某某人不來. 避兵之時, 散落遠處, 未及還集. 兵曹判書之子, 死於中路. 未來者則不久當來." 龍將曰, "質子家屬, 何不入來乎?" 臣曰, "此亦避兵未還, 且今行之人, 不勝數多. 質子家屬, 亦何能一時率來乎?" 龍將曰, "此言則是矣. 旣不能一時入來, 未來質子及其家屬, 待秋成入來, 雖已發程, 盡爲還去, 以待來秋可也." 臣曰, "質子講定時, 吾未參聽, 三公及六卿之子, 以時任入質乎? 以當初入來者, 仍爲留置乎?" 龍將久默思曰, "以時任之子, 質之可也." 臣曰, "然則, 我國相卿, 遞代無常, 若以時任之子質之, 則亦爲交遞乎?" 龍將曰, "此亦交遞矣." 又曰, "聞前頭你國有謝恩使入送之擧云. 使臣雖備員, 所率則不可不簡略. 此意須明白通之, 云云"爲白去乙, 臣曰, "當以此意, 啓知國王"而退來爲白有齊. 員役減送之數段, 別單書啓爲白齊.

十二日, 又招臣簀於戶部, 龍骨大傳言曰, "講和之後, 切不擄掠人物事乙, 申令非不嚴明, 而蒙古等不有法禁, 或有擄掠者. 今者查覈得一童子, 乃講和後被擄人也, 故刷給, 今此出去人一時付送可也." 又曰, "今番人馬出去時, 與我國回軍, 必相値中路, 朝鮮之人, 欲見被擄之族屬, 亂雜出入, 則其間不無弊端, 一切嚴禁可也."臣曰, "今番出去人乃大官, 豈有如此之患? 但更加申飭以送矣." 龍將曰, "被擄人族屬等, 如欲贖還, 當待後兵撤回後, 入來此處, 請贖則當許之, 在路潛贖則決不可爲." 臣曰, "回去大官處言送. 云云"爲白有在果. 以此見之, 則我國若有請刷之擧, 則必爲聽從, 令廟堂議處爲白齊.

大槪王世子行次初頭發程時, 臣等非但事出蒼黃, 難以得達, 中路恐或有難處之患, 深憂過慮爲白如乎, 遠路辛苦之狀, 有不可言, 而畢竟無事得達, 似甚多幸爲白齊.

義州新出身前主簿朴士明·前主簿崔得男·滿浦出身司果金忠善等亦, 當初皆以本邑狀啓陪持上京爲白有如可, 回還時, 自願陪從爲白去乙, 竝只禁軍稱號入來爲白有旀, 瑞興鄉吏金大業段, 本府山城終始從軍爲白有如可, 世子行次教初入黃海道時, 行中所乏之物, 若干私自進排爲白乎旀, 仍願陪從爲白去乙. 當初員役中, 啓下書寫未及入來乙仍于, 書吏稱號, 亦爲帶來爲白有去等. 此人等俱以勤幹, 行路之際, 功勞亦多爲白齊. 朴士明·崔得男等段, 本以義州之人, 往來慣熟, 故日後如有及時馳啓之事爲白良置, 姑爲留置爲白遣, 金忠善·金大業等段, 狀啓陪持, 先爲出送爲白臥乎是良尒. 詮次善啓.

❋

소현세자 일행이 4월 10일 심양에 도착한 뒤에 처음으로 보낸 장계이다. 압록강을 건넌 뒤 구련성에서 심양에 이르는 여정 및 심양성에 들어가 객관에 머물게 된 일을 보고하였다. 세자 일행은 안주·정주·철산을 거쳐 의주에 이르러 강을 건넜는데, 청군은 평상시 다니는 길이 아닌 산길이나 계곡으로 행군하였고, 이들을 따라가는 세자 일행도 험난한 길을 감내해야 했다. 압록강을 건넌 뒤로는 요동 들판의 야차에 묵으며 심양으로 갔다. 10일 심양강에 이르자, 청장 용골대 등이 나와서 맞이하고 위로연을 베풀었고, 심양성으로 들어갈 때 빈궁에게 가마에서 내려 말을 타게 하였다. 세자 일행은 조선 사신이 묵던 객관인 동관에 우선 머물게 되었다.

그리고 용골대가 재신들을 호부로 불러 전달한 사항을 보고하였는데, 세자 일행이 들어온 일에 대한 청 태종의 분부, 관소의 원역을 줄일 것, 질자는 현임 삼공육경의 자제로 보낼 것, 피로인 속환(贖還)에 대한 규정 등이다. 원역을 줄이라고 요구한 것은 심양 지역에 흉년이 들어 식량과 마초 등을 제공하기 어려웠기 때문이다. 또한 피로인에 대해서는 약조에 따라 강화한 뒤에 붙잡은 피로인은 풀어주고, 청군에게 끌려 압록강을 건넌 피로인은 청군이 모두 회군한 뒤 그 가족이 심양에 들어와서 몸값을 치르고 속환하게 하며, 몰래 속환하는 일은 엄금한다는 원칙을 통고하였다.

장계 말미에는 세자 행차 도중에 원역으로 삼아 심양에 데려온 사람들에 대해 보고하였다.

심양에 온 사신과 임경업

5월 20일 [2]

지난 4월 14일 완계군(完溪君) 이기축(李起築)[1] 등이 나갈 때 이곳 사정은 이미 치계하였습니다.[2] 이곳에 머문 두어 달간 왕세자는 기후(氣候) 평안하시며, 일행 모든 인원도 다 무사합니다. 빈궁은 접때 편찮은 증후가 있어서 약을 드신 뒤 회복하셨는데, 증세와 약을 올린 연유는 의관 정남수의 서계에 상세히 다 있습니다. 관소 신축이 완료된 뒤, 이달 7일에 이사하였습니다. 양궁(兩宮, 세자와 세자빈)의 침실과 대군의 침방

---

1 이기축(1589~1645)은 인조반정에 가담한 공신이다. 병자호란 때 인조를 호종해 남한산성으로 들어갔고, 어영별장으로서 청군에 맞서 분전한 공으로 완계군에 봉해졌다. 소현세자를 배종하여 무관 재신으로 심양에 갔다가, 청의 인원 감축 요구에 따라 바로 귀국하였다.

2 이 내용을 보고한 4월 14일자 장계는 전하지 않는다.

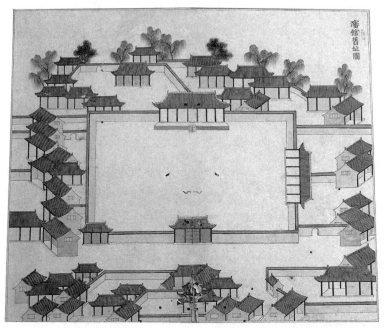

심관구지도(瀋館舊址圖)

영조가 조부인 현종의 탄신 120주년(1761)을 기념하여 심양관 옛터를 그려 오게 함에 따라, 동지사 홍
계희를 수행한 화원 이필성이 그린 것이다. 현종은 심양관에서 태어났다. 그림의 모습은 소현세자가
머물던 심양관과는 다르다.

은 동관에 비해 자못 높고 트였습니다. 종신 이하가 거처할 곳은 매우
비좁고, 하인들은 한데 거처하는 자가 많아 매우 민망합니다.

당초 왕세자 행차가 들어온 뒤에 황제가 오래도록 만나지 못했다며
전언하기를, "두창(痘瘡, 천연두)의 금기 때문에 즉시 불러 보지 못하여
매우 미안하다" 하였습니다. 윤4월 5일 비로소 왕세자를 청하여 황제의
침실 앞 별전(別殿)에서 만났는데, 제왕(諸王)을 모두 모으고 잔치를 베
풀어 환대하였으며, 조용히 파하고 돌아왔습니다.

사은사[3] 일행이 지난달 25일 들어왔으나, 황제가 여허(如虛)[4] 지방에 사냥[5]을 나갔기 때문에 성에 들이지 않고 성에서 10리쯤 떨어진, 전날 우리 사신의 연청(宴廳)에 있게 하였습니다. 사신이 아직 황제를 배알하지 못했다 하여 관소에 들어가 왕세자를 뵙는 것을 허락하지 않았습니다. 이달 14일 황제가 돌아온 뒤에야 동관으로 옮기게 하였으며, 16일 왕세자를 배알하도록 허락하였습니다. 그날, 황제가 은소반 4개, 은그릇 8개, 받침이 있는 은잔 4개, 은숟가락 4개, 상아 젓가락 4모, 고족상(高足床) 4개, 교의(交倚) 2개, 평상 2개, 목욕용 청색 질동이 2개를 보내주기에, 세자와 대군에게 나누어 바쳤습니다. 앞서 황제의 분부로 의주부윤(義州府尹) 임경업(林慶業)[6]이 이달 2일 들어왔는데, 따로 서관(西館)에 두고 사신 일행과 같이 출입하지 못하게 하다가 사신이 와서 뵙는 날에야 동참하도록 허락하였습니다.

18일 비로소 표(表, 황제에게 바치는 글)를 바치는 예를 행하였습니다.[7] 또 왕세자를 청하여 사례하는 데 동참하게 하고, 의물을 성대히 벌여놓

---

3 사은사는 정사 좌의정 이성구, 부사 이덕인이었다.
4 여허(葉赫)는 해서여진(海西女眞)에 속하는데, 1619년 후금에 병합되었다.
5 청 태종은 만주족의 전통으로 특히 사냥을 강조하였다. 사냥으로 기마와 활쏘기를 연마하고 군사를 훈련하도록 제왕과 패륵에게 경계하고, 후세에 조종의 제도로 계승하도록 하였다.
6 임경업(1594~1646)은 가도 정벌에 평안병사 유림과 함께 수군을 이끌고 참전하여, 가도 함락에 큰 공을 세웠다.
7 조선 사신이 사은의 표(表)를 바치는 예를 행한 것이다. 청은 왕세자와 대군, 배종 신하들에게 장복(章服)과 관대(冠帶)를 갖추고 참석하도록 하였으나, 전란에 잃어버리고 갖추어 오지 못했다고 하자, 우선 관대 없이 참례하고 곧 조선에 알려 장복을 마련해 들여오게 하였다. (『심양장계』 정축년 5월 20일)

고 제장(諸將)을 크게 모아서 예를 마친 후 다례(茶禮)만 행하고 파하였습니다. 예를 행한 상황은 사신이 상세히 치계했으리라 생각되므로 번거롭게 아뢰지 않겠습니다.

19일 신들과 임경업을 예부(禮部)에 부르고, 용골대·마부대 장군과 장수 7~8인이 황제의 분부로 임경업에게 말하기를, "조선국왕이 군병을 보내 전투를 도와서 가도에서 이겼으니 매우 기쁘고 다행스럽다.[8] 가도에서 바친 물건을 국왕에게 내보내니, 그대가 받아가도록 하라" 하고 여러 비단 100필과 은자 1,000냥, 말 2필을 헤아려내 전해준 다음, 또 임경업에게 여러 비단 20필과 초구 1벌, 은자 100냥, 안장을 갖춘 말 1필을 내주며 "이것은 전공에 상으로 준다" 하였습니다. 또 "당인(唐人, 漢人)들이 어찌하여 배를 불살랐는가? 그대는 책임을 맡은 사람으로서 어찌하여 막지 못하고 빼앗겼는가?"라고 하였습니다.[9] 임경업이 말을 만들어 답하자, "배가 불타버린 일에 그대는 무죄인가, 유죄인가?" 라고 하였습니다. 임경업이 사죄하는 말로 대답하니, "무릇 죄가 있는데도 아닌 듯 꾸미면 그 죄가 더욱 크다. 그대는 이제 죄를 아니 도리어 죄가 없다"라고 하였습니다. 신들을 부른 것은 동참하여 보게 하려는 것이었습니다. 그간의 곡절은 임경업이 낱낱이 치계할 것이므로 간

---

8 4월 12일 가도 함락으로, 명군 도독 심세괴는 붙잡히고 병사 1만여 명이 전사하였다. 청 태종은 승전을 기뻐하며 조선군 주장 유림과 부장 임경업을 심양으로 부르고, 조선국왕에게도 치하한 것이다.
9 가도 토벌 때, 임경업은 병선을 이끌고 명군과 대치하였으나 공격할 의도는 없었다. 가도의 본진이 위태롭게 되었음을 안 명군이 배에 불을 지르고 도망하였으나, 임경업이 지켜보고만 있었던 일을 추궁한 것이다.

략히 아룁니다.

황제가 용골대 등을 보내 왕세자에게 전언하기를, "평안병사 유림은 어찌하여 들어오지 않았는가? 당선(唐船, 명나라 배)이 출몰하여 변고에 대비한다는 뜻으로 그동안 장달을 보낸 것은 모두 핑계이다. 그 정상을 헤아리면 교묘히 속인 것이 막심하다" 하며, 심히 격하게 계속 말하였습니다. "저쪽의 사정은 알 수 없으나, 이는 감사는 병이 중하고, 방어사(防禦使, 임경업)는 들어왔고, 병사(兵使, 유림) 혼자 변고에 대비하느라 들어올 수 없어 그러한 것입니다. 더구나 유림은 두 번이나 사람을 보내 그 거취를 여쭈었으나 아직 회보가 없어 필시 기다리느라 지체하고 있을 것입니다. 어찌 핑계 대고 속일 리가 있겠습니까"라고 답하였습니다. 용장이 "이러한 뜻을 국왕에게 상세히 아뢰어야 할 것입니다"라고 하였습니다.[10]

금군 최득남이 처음부터 들어와서 배종하였는데, 이번에 의주판관이 부윤에게 이첩한 내용에 그가 대길호리(大吉號里) 권관(權官, 종9품 무관)에 제수되었다고 합니다. 즉시 내보내 부임하도록 해야 하나 당초에 특별히 머물러 있도록 주청한 뜻이 있을뿐더러, 최득남은 본디 의주의 미천한 사람으로 변방 무장의 직임을 맡게 된 것은 커다란 영예와 행운이지만, 그대로 배종하겠다고 합니다. 이곳에 있으면서 고생하는 것을 사람들이 견디지 못하는데, 그대로 머물기를 자원하므로 그 뜻이 가상합

---

10 유림은 청의 힐책을 받고 6월에 요동에 들어왔으나, 청은 그를 돌려보내며 황명을 어긴 죄를 다스리도록 요구하였다. 조선은 유림의 관직을 삭탈하고 백마산성에 정배하였다.

니다. 그의 직책은 병조에서 다른 사람으로 다시 차출하게 하고, 그는
그대로 두어 불시에 쓸 수 있도록 해주십시오.

의주부윤 임경업을 예부로 불러 여러 물품을 상으로 준 뒤 이튿날 곧
나가게 하였습니다. 다른 일은 사신이 나갈 때 다시 상세히 치계할 생
각입니다. 이러한 연유로 아룁니다.

(五月二十日) 同日

去四月十四日, 完溪君李起築等出去時, 此間事情段已爲馳啓爲白有在果. 留
此數月之間, 王世子氣候平安敎白乎旀, 一行上下人員段置, 時皆無事是白齊.
嬪宮敎頃有未寧之候, 進藥之後, 今已平服, 而瘧候及進藥緣由段, 醫官鄭楠壽
書啓中詳盡爲白有齊. 新造家舍完畢後, 本月初七日移寓, 而兩宮寢室及大君寢
房段, 比諸東館, 頗似敞豁爲白乎矣. 從臣以下人接之處, 甚爲隘陜, 下人輩露
處者尙多, 極爲憫慮爲白齊.

當初王世子行次敎入來之後, 皇帝久不相接, 而送言曰, "拘於痘瘡之忌, 未
卽邀見, 甚爲未安. 云云"爲白如乎. 閏四月初五日, 始請王世子于皇帝寢室前別
殿相接, 而盡會諸王, 且設宴飮, 款洽以待, 從容罷還爲白有齊.

謝恩使一行, 去月二十五日入來爲白乎矣, 皇帝出獵於如虛地方之故, 不
爲入城, 接置於去城十里許前日我使宴廳. 而未及拜皇帝前是如, 不許入謁於王
世子前是白如可, 皇帝本月十四日還來後良沙, 使之移接於東館爲白乎旀, 十六
日許令拜謁於王世子前是白齊.

同日, 皇帝送銀小盤四·銀器八·銀盞臺具四·銀匙四·象箸四·高足床四·交
倚二·平床二·沐浴靑瓦盆二, 分納于世子前及大君是白齊. 前因皇帝分付, 義

州府尹林慶業亦, 於本月初二日入來爲白有去乙, 別置於西館爲白有乎矣, 不得出入如使臣之行爲白如可, 使臣來謁之日, 始許同參爲白齊.

十八日, 始行進表之禮. 而又請王世子同參謝禮爲白乎矣, 盛陳儀物, 大會諸將, 禮畢後, 只行茶禮而罷. 行禮曲折段, 使臣想必詳盡馳啓, 姑不煩瀆是白齊.

十九日, 招臣等及林慶業於禮部, 龍·馬兩將及諸將七八人, 以皇帝之敎, 言於林慶業曰, "朝鮮國王發兵助戰, 得捷皮島, 極爲喜幸. 自島中所獻之物, 出送國王前, 汝可領納"云, 計出雜色緋段一白疋·銀子一千兩·馬二匹傳給後, 又於慶業處, 雜色緋段二十疋·貂裘一領·銀子一百兩·鞍具馬一疋出給曰, "此乃賞戰功, 云云." 又曰, "唐人等何以焚燒舡隻乎. 汝以典授之人, 何不禁止而見奪乎?" 慶業措辭答之, 則曰, "舡隻見燒之事, 汝乃爲無罪乎? 有罪乎?" 慶業以謝罪之語答之. "凡人有罪而飾非, 則其罪益大. 汝今知罪, 反爲無罪. 云云." 招臣等段, 欲爲同參見之是白齊. 其間曲折段, 慶業亦必枚擧馳啓, 略爲陳瀆是白齊.

皇帝使龍骨大等傳言于王世子前曰, "平安兵使柳琳, 何不入來乎? 以唐舡出沒待變之意, 前後狀達, 無非托稱. 揆其情狀, 巧詐莫甚, 云云." 辭氣甚緊, 縷縷言之爲白去乙. 答曰, "彼間事狀, 雖不可知. 而此不過監司病重, 而防禦使入來. 而唯一兵使獨在, 待變不得入來, 勢所然也. 況再度送人, 稟其去就, 而尙無回報, 彼必等待以致稽緩, 豈有托稱行詐之理乎?" 龍將曰, "此意不可不詳細啓聞於國王前. 云云"爲白齊.

禁軍崔得男亦自初入來陪從爲白有如乎, 今者, 義州判官亦府尹處移牒內, 大吉號里權管除授是如爲白有去等所, 當卽爲出送, 使之赴任. 而當初, 別啓請留置意有所在旀不喩, 崔得男亦本義州之微末之人, 得參邊將之任, 在渠榮幸莫大爲白乎矣, 仍爲陪從亦爲白臥乎所, 在此難苦, 人所不堪, 而自願仍留, 其情可嘉. 其矣本職乙良, 令該曹改差, 仍爲留置, 以爲不時使用爲白齊.

義州府尹林慶業乙, 招致於禮部, 雜物賞給後, 翌日, 卽令出去爲白齊. 他餘
事段, 使臣出去之時, 更良詳細馳啓計料爲白臥乎事是良尒. 詮次善啓.

❖

이 장계는 4월 14일 장계한 이후에 일어난 일을 날짜순으로 보고한
것이다. 먼저 '황제가 세자를 위해 새로 지었다'는 관소로 5월 7일 세자
일행이 이사하였다. 이 관소가 심양관(瀋陽館) 또는 심관(瀋館)으로 불리
며, 1644년 8월 청의 북경 천도 이전까지 소현세자와 배종 관원들이 머
물렀던 곳이다. 심양관 일대의 상주인구는 500명에 이른 것으로 보이
는데, 사신이나 재자관 등 관원뿐 아니라 속환이나 교역을 위해 온 사
람들도 관소에 머물다 가곤 했다. 또 청은 조선과 관계된 모든 현안에
대해 먼저 심양관에 통고하고, 장계로 조정에 알리도록 하였다.

다음에는 청 태종이 비로소 세자를 청해 만나보고 잔치를 베풀어 환
대한 일을 보고하였다. 아울러 천연두의 금기에 대해 나오는데, 『심양
장계』와 『심양일기』에는 청 태종이 사람들과 접촉을 피하고 밤에 움직
인 사실이 여럿 기록되어 있다. 초원에 사는 몽골족이나 만주족에게
는 천연두 바이러스에 대한 면역이 없기 때문에 두역을 매우 두려워
하였다.

그리고 사은사 이성구 일행이 들어와서, 5월 18일 표를 바치는 행사
가 있었음을 보고하였다. 사은사는 표를 올리는 일 외에 피로인이 된

종실을 속환하고, 조선 군병의 징발이 불가함을 주청하는 임무가 주어져 있었으나, 그 문제는 말을 꺼내지도 못한 채 귀국하였다. 다음에는 5월 19일 재신과 임경업을 예부로 불러, 조선의 지원으로 가도에서 승리한 일에 대한 청 태종의 치하를 전하고, 임경업이 명군과의 전투에 소극적이었던 점과 유림이 황제의 분부를 어기고 심양에 오지 않은 것을 추궁받은 일 등을 보고하였다. 임경업은 대답을 잘하고 상으로 비단과 은자를 받아 가지고 돌아갔다.

07

피로인 속환과 윤집·오달제의 죽음

5월 24일

이달 20일 의주부윤 임경업이 돌아갈 때 일행의 사정은 이미 치계하였습니다. 왕세자와 빈궁의 기후는 한결같이 평안하십니다. 사은사 일행도 일을 마친 다음 속환하는 일로 머물고 있는데, 이달 안에 돌아가도록 허가할 것이라고 합니다.

피로인을 속환하는 일은, 날마다 성 밖에 피로인들을 모아서 속바치기를 원하는 사람에게 각자 찾아서 사게 하는데, 부르는 값이 끝없이 뛰어오르고, 사족 및 사람마다 부모처자 등 부르는 값이 많게는 수백에서 천 냥이나 됩니다. 이 때문에 몸값을 내고 사기가 매우 어려워 사람들이 다 희망을 잃고 울부짖는 소리가 길에 가득합니다. 그중 의지할 데가 아무도 없는 사람은 그저 조만간 공가(公家)의 속환이 있기만 기다리며 날마다 관소 밖에서 울며 호소하니, 참혹하여 차마 못 보겠습니다.[1] 강화한 뒤의 피로인이 수없이 많은데, 청나라 사람들은 그들의 말을 믿을 수 없다고 전혀 들으려 하지 않습니다. 혹 스스로 하소연하여 사실이 밝혀진 자는 황제가 돌려보내도록 허락했습니다. 그래서 그동안 관소로 보내준 남녀 몇 명을 관소에 있게 했습니다. 이들은 이번 사신 일행의 부마(夫馬)가 먼저 나갈 때 함께 내보내, 평안감사에게 각각 그 고향으로 보내도록 하였습니다. 일행의 원역들이 속바친 사람도 우선 내보냅니다.

능성부원군(綾城府院君, 구굉)의 질자 구인전(具仁塵)이 적모(嫡母)의 상을 당하였으나 임의로 내보내지 못하였는데, 요즘 용골대 장군에게 말하니, 용장이 황제의 명으로 회보하기를, "이제는 한집안 사람과 같으니 왕래해도 무방하다. 분상(奔喪, 부모의 부음을 듣고 급히 돌아감)했다가 오는 가을에 질자들과 함께 처자를 거느리고 들어오라" 하므로, 쇄환인[2]과 함께 내보냅니다.

전날 윤집(尹集)과 오달제(吳達濟)[3] 등을 어떻게 처치했는지 몰랐는데, 지난 4월 19일 용장 등이 신들 3인과 겸보덕 이명웅을 불렀습니다. 아

---

1 사은사 이성구가 아들을 1,500냥으로 속환하는 등 고관들이 자신의 가족을 빨리 속환하려고 몸값을 올려놓았고, 여기에 청인 소유주들의 탐욕이 겹쳐 피로인의 몸값이 치솟았다.
2 여기서 쇄환인이란 강화 후에 붙잡은 피로인이나 청에 투항해 온 조선인 가운데 청나라에서 찾아내 넘겨준 사람을 가리킨다.
3 윤집(1606~1637)과 오달제(1609~1637)는 병자호란 때에 교리와 수찬으로 함께 척화를 강력히 주장하는 상소를 올렸다. 강화 논의 도중 청이 척화론자를 보낼 것을 요구하자, 이들은 자진하여 청 진영에 나가 심양으로 끌려갔다.

문(衙門)에 좌정한 뒤, 윤집과 오달제 두 사람을 앞에 끌어내고 황제의 명을 전하기를, "이들의 죄는 죽어 마땅하나, 특별히 인명이 중하므로 온전히 살리고자 하니 처자를 데리고 들어와서 그대로 여기서 살라"라고 하였습니다. 윤집은 "난리를 겪은 뒤로 처자의 생사를 모르니 차차 소식을 들어보고 처리하겠다" 하고, 오달제는 "이제까지 죽지 않고 이렇게 살아있는 것은 만일 살아서 돌아간다면 우리 임금과 노모를 다시 보려 함이다. 과연 그 말처럼 한다면 사는 것이 죽는 것만 못하다"라고 하였습니다. 저들이 "황제의 온전히 살리려는 은혜를 생각하지 않고 이처럼 항거하는 말을 하므로 이제는 다시 용서할 수 없다. 여러 관원의 뜻은 어떠한지 모르겠다"라고 하기에, 신들이 답하기를, "이 사람들은 다 젊기 때문에 단지 임금과 어버이를 사모하는 마음이 간절하여 이처럼 망발하였으나, 끝내 용서하여 살려주면 어찌 천년토록 전할 아름다운 일이 아니겠습니까"라고 하였습니다. 거듭 간절히 설득하였으나, 마침내 처형을 면치 못하였으니 참혹하여 차마 볼 수 없었습니다.[4] 그들의 종 3명은 신들의 거처에 보내주었는데, 이번에 모두 내보냅니다.

다른 나머지 일은 사신이 돌아갈 때 다시 치계할 생각입니다. 금군 의주 출신 박사명은 방산(方山) 만호(萬戶, 종4품 무관)에 제수되었다고 하니, 부임하도록 내보냅니다. 이러한 연유로 아룁니다.

---

4 이 장계를 받고 조선 조정에서는 윤집과 오달제가 처형당한 일을 알게 되었고, 이들의 부모와 처자에게 매월 곡식[月廩]을 지급하도록 하였다.(『인조실록』 15년 6월 8일)

五月二十四日

本月二十日, 義州府尹林慶業回還時, 一行事情段已爲馳啓爲白有在果, 王世子及嬪宮氣候一樣平安是白齊. 謝恩使一行段置, 竣事之後, 以贖還事, 時方留在, 而今月內, 當以許還亦爲白齊.

被擄人贖還事段, 逐日聚集於城外, 使願贖人, 各自尋覓買之. 以索價刀蹬, 罔有其極. 至於士族及各人父母妻子等, 論價之多至於累百千兩. 以此贖出極難, 人皆缺望, 呼哭盈路. 其中單子無親戚之人, 則只待早晚公家之贖還, 日日哭訴於館外, 慘不忍見爲白齊. 講和後被擄之人, 亦不知其幾. 而渠等所言不可取信是如, 專不聽理爲白乎旀, 若或自中告訴摘發者, 則皇帝許令刷送乙仍于, 前後所給男女竝幾口, 留置館中爲白有如乎, 今番使臣一行夫馬爲先出去者, 一時各其土鄕良中, 分送次以, 平安監司處, 出送爲白乎旀. 一行員役人等所贖人口段置, 爲先出送爲白齊.

綾城府院君質子仁廛, 遭其嫡母之喪, 而不得任意出送爲白如乎, 今者言於龍將, 則龍將以皇帝之命回報云, "今則同是一家之人, 往來無防, 使之奔喪爲白有如可, 待來秋, 諸質子一時率妻子入來, 當爲"是如爲白去乙, 刷還人一時出送爲白齊.

前日尹集·吳達濟等, 不知何以處置爲白有如乎, 去四月十九日, 龍將等招臣等三人及兼輔德李命雄, 衙門坐定後, 引出尹·吳兩人於前, 以皇帝之命傳言曰, "此人等罪宜可死, 而特以人命之重, 欲爲全活, 許令率妻孥入來, 仍居此處"云, 則尹集則以爲, "經亂之後, 不知妻子存沒, 徐當聞見而處之." 吳達濟則以爲, "至今忍死到此者, 萬一生還, 則庶欲復見吾君與老母矣. 果若如此, 則生不如死"云. 渠等'不念皇帝全活之恩, 抗言如是, 今不可復貸矣. 未知諸官之意如何'

爲白去乙, 臣等答, 以'此人等俱以年少, 只切戀君親之念, 妄發如此. 若終始曲
全, 則豈非千載之美事.' 再三懇喩, 而終不得免, 慘不忍見爲白齊. 其奴三名則
送于臣等之處爲白有如乎, 今番並只出送爲白齊. 他餘事段, 使臣回還時, 更良
馳啓計料. 禁軍義州出身朴士明段, 方山萬戶除授是如爲白有等以, 赴任次, 以
出送爲白齊. 詮次善啓.

✤

이 장계에서는 먼저 피로인 속환의 어려움을 살펴볼 수 있다. 청은
철군을 모두 마친 뒤에, 피로인의 가족이 들어와서 그 주인에게 개별
적으로 속전(贖錢)을 내고 사가게 하였다. 1637년 5월 17일 심양성 밖
에 피로인을 모은 시장이 열렸는데, 그 수가 수만에 이르렀다고 전한다.[5]
피로인 시장은 열렸으나, 조선에서 속환하러 온 가족들은 갑자기 폭등
한 피로인 몸값 때문에 속바치기가 매우 어려웠다. 고관들이 자신의 가
족을 빨리 속환하려고 높은 몸값을 치르고, 청인 주인들도 갈수록 몸
값을 높였기 때문이다. 개별적 속환이 사실상 불가능하게 되자 백성들
은 조정에 공적 속환을 호소하였으나, 조정은 공속 대상자를 종실과
남한산성을 지키던 군사와 그 가족들로 제한하였다. 재정이 여의치 않
은 상황이기도 했으나, 속환에 대한 조정의 근본 대책 없이 속환은 개
인 문제로 되었다. 또 강화 이후에 붙잡힌 피로인도 많았는데, 약조에

---

5 『심양일기』 정축년 5월 17일.

의해 이들은 청나라에서 찾아내 돌려보내도록 되어 있었다. 그러나 청은 그러한 피로인들의 호소를 거의 들어주지 않았고, 드물게 그 사실이 밝혀진 피로인만 몇 명씩 때때로 심양관에 보내주며 생색을 내었다. 한편 청은 피로인으로 '압록강을 건넌 뒤에 도망한 자는 낱낱이 찾아 돌려보낸다'는 약조를 이행하라며 조선으로 도망해 돌아간 자[走回人]를 색출해 그 주인에게 돌려보내라고 압박하였다.

다음에는 화의 교섭 당시 척화를 주장한 인물로 지목되어 남한산성에서 청 진영으로 갔던 윤집과 오달제가, 심양에 끌려와서 4월 19일 처형당했을 때의 상황이 자세히 보고되어 있다. 이 장계로 윤집과 오달제의 최후가 알려지게 되었다. 이들은 홍익한(洪翼漢, 1586~1637)과 함께 '삼학사'로 불리고, 송시열(宋時烈)은 1671년(현종12) 「삼학사전(三學士傳)」을 지어 이들의 죽음을 추앙하였다.

08

명나라에 보낸 마지막 사신

6월 6일 [2]

막 사신이 떠나려는데[1] 용골대·마부대 장군이 와서 세자 뵙기를 청하여, 사신이 들어가 참석하였습니다. 처음에 우리나라 사신[2]이 남조(南朝)[3]에서 무사히 돌아온 일을 말하고, 또 평안병사 유림이 황명을 따르지 않은 죄를 말하였습니다. 이어서 전날 투항해 온 사람으로 도망한 자와 승지의 아들을 사칭한 자 등 두 사람을 모두 형구로 묶어서 붙

---

1 사은사 이성구 일행이 귀국길에 오르는 참이었다.
2 이 사신은 1636년 병자호란이 일어나기 전에 보낸 동지사(冬至使)이다. 1637년 6월 1일, 북경에서 돌아온 동지사 김육(金堉)과 서장관 이만영(李晚榮)은 인조에게 명조의 상황을 보고하였다.(『인조실록』 15년 6월 1일)
3 남조는 명을 가리킨다. 명과 맞서 전쟁을 벌이던 청은 1631년 무렵부터 명을 남조라고 칭하였다.

들고 뜰에 데려와서 "이번 사신이 갈 때 이들을 압송하시오"라고 하였습니다. 사신이 "이들 중 하나는 도망하여 본국을 배반했고 또 황제를 속인 죄가 있어서 참형에 처해야 할 것이니 데려갈 수 없고, 중도에 달아날 우려가 있을 듯합니다" 하니, 용·마가 "마음대로 처리하라" 하여, 사신이 나갈 때 성 밖에서 처결할 생각입니다.

용·마가 이어서 좌우를 물리치고 은밀히 세자에게 아뢰기를, "우리 두 사람은 처음부터 조선을 왕래하였을 뿐 아니라 황제의 뜻도 압니다. 양국이 이미 한집안이 되었으니 모든 일은 사실대로 서로 고해야 합니다. 한 가지 일이 미더우면 본심을 알 수 있고 한 가지 일이 미덥지 않으면 오랜 우호가 다 무너질 것인데 어찌 삼가지 않겠습니까. 참으로 성신(誠信)으로 서로 믿는다면 세자가 어찌 여기에 오래 있겠습니까. 이번에 들으니 전에 남조에 갔던 사신이 돌아왔다던데, 필시 칙서가 있었을 것이니 열어보지 말고 봉한 채 들여보내는 것이 지당합니다"라고 하였습니다. 세자가 답하기를, "이보다 큰 일이 있어도 황명을 따를 것입니다. 하물며 지금 남조의 칙서가 무엇이 어려워 들여보내지 않겠습니까. 다만 전부터 사신이 돌아오면 칙서가 있을 때도 있고 칙서가 없을 때도 있었습니다. 이번 사행은 칙서가 있었는지 없었는지 모르겠으나, 설혹 있었더라도 우리나라에서 이미 뜯어보았을 것이니 원래 봉한 채로 들여보내기는 어려울 것입니다"라고 하였습니다. 용장이 "그 말은 맞습니다. 이미 뜯어보았더라도 원본을 빨리 들여보내도록 하십시오" 하니, 세자가 "이러한 뜻을 사행에게 말하여 보내서 아뢰게 하겠습니다"라고 답하였습니다. 용장이 "사행이 서울에 도착한 뒤에 아뢴다면 지체될 것이니, 통원보에 이르거든 즉시 한 사람을 보내 치계하도록 하십시오"라고 하였습니다.

또 "투항해 온 사람과 강화한 후 붙잡은 자로 그동안 찾아내 돌려보낸 수가 매우 많으니, 조선에서 반드시 이것을 알아야 합니다. 피로인으로 도망해 돌아간 자도 쇄송하고, 사은사도 보내야 합니다"라고 하였습니다. 또 "국왕이 우리와 통사(通事, 역관) 등 세 사람에게 모두 은을 보내주어[4] 감사해 마지않습니다. 다만 우리가 감히 사사로이 받을 수 없어 황제께 여쭈었더니, 황제께서 사귀는 사이는 성심으로 서로 친한 것이 소중한데 어찌 뇌물을 보냈느냐고 하셔서, 결코 받을 수 없습니다. 별도의 문서가 있을 것입니다"라고 하였습니다.

파하고 간 뒤에 신 박로를 예부에서 부르기에, 신이 즉시 달려갔습니다. 용·마는 없고 범문정(范文程)[5] 등 5인이 늘어서서 탁상에 황제의 칙서 하나를 놓고 신에게 이르기를, "이 칙서를 받들고 가서 세자께 보인 뒤에 도로 받들고 오시오" 하였습니다. 신이 그 말대로 세자께 드렸는

---

4 조선 조정에서 용골대·마부대와 정명수에게 은화를 주겠다고 약속한 일에 따라, 사신에게 은화를 보내고 이들에게 전달하게 하였다.(『인조실록』 15년 4월 14일) 그 은화 3,000냥을 사은사 이성구가 가져왔으나 뇌물을 금지한 황제의 명에 따라 받을 수 없게 되자, 정명수가 사사로이 사은사에게 부탁하여 관소에 두고 때때로 '속환'을 칭하며 수십 수백 냥씩 가져갔다.(『노암집』 권3 「심양일승」 무인 정월)

5 범문정(1597~1666)은 심양 출신의 한인(漢人)으로, 1618년 후금에 투항하였다. 청 태종에게 대학사로 중용되었고, 청의 체제 정비와 안정에 크게 기여하였다. 명에서 요동순무 원숭환을 제거하도록 하고, 송산 전투에서 사로잡힌 홍승주를 설득하여 청에 귀순하게 하였다. 대조선 정책에도 관여하여 1638년 삼전도비의 비문을 수정하도록 강요하고, 1639년에는 화약 조건에 따라 조선 군병 징발도 이행하도록 하였다.

데, 열어보니 용·마에게 선사한 것은 사사로이 받는 것을 불허한다는 내용이었습니다. 신이 칙서를 받들고 예부에 가서 돌려주고 왔습니다. 오늘 용·마가 함께 와서 사람을 물리치고 온화하게 말하여 친애의 뜻을 보이고 또 양국이 반드시 성실하여 거짓이 없어야 함을 거듭 권면하였는데, 그 기색을 보니 겉으로 꾸미는 일이 아닌 듯하였습니다.

개성부 사람 이말간(李乭間)과 그 딸이 이번에 사로잡혀 왔는데, 그 딸은 황제의 궁중에 들어가 시녀로 황제 가까이에 있다고 합니다. 오늘 그 아비 이말간에게 타고갈 말과 식량·찬을 주어 고향으로 내보낸다는 것도 청측에서 세자에게 와서 아뢰었다는 사유를 아울러 치계합니다. 이러한 연유로 아룁니다.

(六月初六日) 同日

卽刻使臣臨發, 龍·馬兩將來到, 請謁世子前, 使臣亦入參. 初言我國使臣自南朝無事回還之事, 且言平安兵使柳琳不赴皇命之罪, 仍以前日投來人在逃者及詐稱承旨之子者, 竝二人, 鎖繫拿入庭中曰, “今番使臣之行, 使之押還”亦爲白去乙, 使臣曰, “此人, 一則逃背本國, 且有欺罔皇帝之罪, 理宜處斬, 不可帶去, 恐致有中路逃躱之患”云, 則曰, “任意處置”亦爲白去乙, 使臣出去時, 當於城外處決計料爲白齊.

龍·馬兩將仍辟左右, 密達世子前曰, “吾兩人, 非但自初往來, 且知皇帝之意. 兩國旣爲一家, 凡事不可不以實相告. 一事之信, 可見本情, 一事之不信, 舊好盡敗, 豈不愼哉. 實若誠信相孚, 則世子亦豈久在於此哉? 今聞前往南朝使臣已回云. 必有勅書, 不可開見, 仍封入送甚當”云. 世子答曰, “有大於此者, 亦遵皇命, 況此南朝勅書有何難而不爲入送乎. 但自前使臣之回, 有有勅時, 有無勅時. 今番之行, 未知有否, 而設或有之, 我國必已折見, 元封入送, 勢或難矣." 龍將曰, "此言則是矣. 雖已開見, 元本從速入送可也. 云云." 世子答曰, "此意, 當於使行言送, 啓達." 龍將曰, "使行若到京後啓達, 則必致遲緩, 行到通遠堡, 卽送一人馳啓. 云云"爲白齊.

又曰, "投入人及講和後所捉者, 前後刷還之數甚多, 朝鮮須知此意. 被擄人逃還者, 亦爲刷送, 而謝恩之使, 亦不可不送. 云云"爲白齊. 又曰, "國王, 於俺等兩人及通事三人處, 皆送白金, 不勝感幸. 但吾等不敢私受, 稟于皇帝前, 則曰, '凡交與之間, 貴在誠心相愛, 豈用賂遺哉?' 決不可受. 當有別樣文書"是如爲白如乎.

罷去之後, 招臣簪於禮部, 臣卽馳往. 龍·馬兩人則不在, 而范文程等五人列立, 置一皇勅於卓上, 謂臣曰, "此勅, 奉進世子前, 看過後, 還爲奉來. 云云"爲白去乙, 臣如其言, 奉進于世子前, 開見則乃不許龍·馬處所贈私受意也. 臣奉還本所而來爲白齊. 大槪當日龍·馬兩人俱來, 辟人穩話, 以示親愛之意, 且以兩國必以誠實無僞, 反覆相勉, 觀其氣色, 似非外假之事是白齊.

開城府人李玆聞及其女, 今番被擄, 而其女則入於皇帝宮中, 方以侍女在近是如爲白如乎, 今日, 其父玆聞乙, 俱騎馬粮饌, 出送本土事乙, 亦來達于世子前緣由, 竝以馳啓爲白臥乎是良尒. 詮次善啓.

❋

이 장계는 용골대와 마부대가 관소에 와서 조선을 힐책한 내용을 보고한 것이다. 용골대와 마부대는 일찍부터 조선을 오가며 외교와 교역을 담당하였고, 병자호란 이후로는 조선에 관계된 일을 전담하고 있었다. 이들은 심양관에 드나들며 청 태종의 명을 전달하고, 조선에 칙사로 나간 일도 많았다. 이들은 먼저 명나라에서 사신이 받아 온 칙서 원본을 빨리 심양으로 들여보내라고 하였다. 이때 사신이란 조선에서 명에 보낸 마지막 사신으로 동지사 김육이었다. 김육 일행이 북경에 다녀오는 동안 병자호란이 일어났고, 조선은 명과 사대 관계를 끊고 청을 대국으로 섬기는 처지가 되었으며, 청의 가도 정벌에도 동참하였다. 명에서 돌아온 김육은 6월 1일에 명조의 상황과 각지에서 민란이 발생한 일 등을 보고하였다. 그런데 6월 6일, 용골대가 이 사실을 알고서 세자에게 와서 명의 칙서를 들여보내라고 한 것을 보면, 청이 조선에 대한 정보를 신속하게 파악하고 있음을 알 수 있다.

다음에는 청나라는 자국에 투항해 온 조선인과 강화 이후에 붙잡은 피로인을 다수 쇄환했다며, 조선에서도 주회인(走回人)을 쇄송해야 한다고 압박하였다. 그리고 칙사로 나갔던 용골대·마부대와 역관 정명수에게 조선국왕이 은화를 준 일에 대해, 황제가 사사로이 받지 못하게 하고 따로 칙서를 내려 뇌물을 금지한 일을 보고하였다. 뇌물 금지 칙서는 범문정에게 전달받았는데, 범문정은 한인(漢人)으로 명의 관료였다가 후금에 투항한 이신(貳臣)이었다. 청 태종의 책사로 활약한 그는 청의 의도대로 조선을 길들이는 일에도 큰 역할을 하였다.

09

청조의 여러 행사

7월 27일

이달 7일 속환사(贖還使) 신계영(辛啓榮)[1]이 돌아갈 때 이곳 사정은 치계하였습니다.[2] 그 뒤 왕세자 양궁의 기후는 평안하며, 일행 모든 인원도 다 무사합니다.

7일 저녁 예부에서 전달하기를, "오는 11일에 대제(大祭)를 행하므로 황제와 왕자, 제장이 8일부터 궐문 밖에 장막을 설치하고 재계(齋戒)에

---

1 신계영(1577~1669)은 심양에 가서 왕실과 종친, 호종 군사의 가족으로 피로인이 된 이들을 속환해 데려오는 일을 맡았다. 1624년에는 통신사 정립(鄭岦)의 종사관으로 일본에 건너가 임진왜란 때의 피로인 146명을 데리고 돌아온 일이 있었다.
2 『심양장계』 6월 21일자에, 6월 16일에 속환사 신계영 일행이 들어와서 피로인 시장에서 속환한 상황을 간략히 보고하였다. 신계영은 7월 7일 속환자 600여 명을 데리고 돌아갔다.(『심양일기』 정축년 7월 7일)

들어가니, 세자도 재계하라"[3] 하여, 신들이 그렇게 하겠다고 회답하였습니다.

11일 새벽에 황제가 제왕과 제장을 거느리고 동문 밖 전날 제사하던 곳으로 나가고 세자께서도 따라가서 참여하였습니다. 이번에는 전각(前閣), 후각(後閣)에 황제가 모두 친히 제사하여 예의를 더하였습니다. 신들이 그에 대해 물으니, "후각에 설한 4위의 신주(神主)는 곧 4대를 추존한 것이며, 전각에 설한 2위의 신주는 전한(前汗)[4]을 태조로 추존하여 제사한다"라고 하였습니다. 신주는 우리나라 사대부의 신주와 같은 모양이고, 그 신주독(神主櫝)은 금은으로 장식하여 매우 사치스러웠습니다. 제사를 파한 뒤, 태묘(太廟) 문 앞에 모전장막을 설치하고 황제가 그곳에 들어가 쉬다가 제왕들을 모두 안으로 불러들이고, 세자도 초청하여 함께 앉아 차를 한 차례 돌린 다음에 파하여 돌아왔습니다.

15일은 조참(朝參) 날이므로 이른 아침에 세자가 가서 참석하였는데, 5일에 한 것과 같았습니다. 5~6일 전에 황제가 비로소 황후에게서 아들을 낳았다 하는데,[5] 16일에 궐문 동쪽의 공터 넓게 트인 곳에 의물을

---

3 만주족의 풍속은 뜰에서 재계(齋戒)하는데, 소현세자에게는 예부의 뜰에 장막을 치고 재계하도록 하였다.(『심양일기』기묘년 5월 7일)

4 전한은 청 태조 누르하치이다. 누르하치(努爾哈齊, 1559~1626)는 건주여진 출신으로 1580년대부터 세력을 키워 여허를 제외한 모든 여진 집단을 통합하였다. 1616년 후금을 세우고 스스로 '한(汗)'을 칭하였다. 팔기(八旗)를 조직·창설하였으며, 인삼과 모피 거래로 경제력을 축적하였다.

5 신비(宸妃)가 7월 8일 황자(청 태종의 제8자)를 낳았다. 신비는 황후 다음의 황비로, 뒤에 둘째 부지(福晋)로 나온다.

크게 벌이고 연례(宴禮)를 성대히 베풀어 왕자와 제장이 모두 모였습니다. 세자도 초청을 받고 갔는데, 여러 나라의 잡희를 앞에서 공연하였습니다. 황제가 나와 좌정한 뒤에 제왕 이하가 좌우로 나뉘어 절하고 머리를 조아리는 예를 행하고, 가까이 있는 한 사람이 뜰에 서서 몽어(蒙語)로 쓴 글[6]을 큰 소리로 읽었습니다. 신들이 물어보니, "황자가 탄생하였으므로 나라에 크게 사면령을 내리는데, 읽은 것은 사면하는 글"이라고 하였습니다. 읽기를 마치고 모두 자리에 나아가 잔치를 벌였는데, 날이 저물자 파하였습니다.

25일 또 조참의 예를 행하였습니다. 26일에 황제가 북문 밖 10리 되는 곳에서 친히 시사(試射)를 행하였는데, 세자도 초청을 받아 가서 동참하였습니다. 왕자와 제장이 모두 모여 좌우로 나뉘어 다섯으로 대열을 지어 번갈아 활쏘기를 겨루고, 마친 다음 또 말을 달리게 하였으며, 과일과 고기를 간단히 차린 상에 술을 몇 순 돌리고 파하였습니다.

15일에 내관(內官) 백대규가 들어왔습니다. 먼 길을 온 사람은 갑작스럽게 관소에 들어올 수 없다 하여 동관에서 묵은 다음에야 들어오도록 허락하였습니다. 백대규뿐 아니라 우리나라에서 들어온 사람에게는 모두 이렇게 하였습니다. 이것은 세자를 위하고 풍속에 금기하는 것이라고들 합니다. 백대규가 가져온 잡물은, 세자께서 황제에게 바치겠다

---

6 몽어로 쓴 글이란 만주어 곧 만주자(滿洲字)로 쓴 글을 가리킨다. 후금은 한자(漢字)를 빌려 만주어를 표기하다가 1599년 몽골문자를 빌려 표기하는 방식의 만주자를 만들었다. 다시 1632년에는 그 문자에 권점(圈點)을 찍어 표기하는 방식의 '유권점만주자'를 제정하였다.

는 뜻을 즉시 예부에 알리니, "황제에게 황자가 탄생한 지 겨우 며칠 지났으므로 먼 곳의 방물(方物)을 가벼이 들일 수 없으니 잠시 기다리라" 하였습니다. 3일이 지난 후 예부에서 신 박로를 불러 "전날 세자와 대군이 바치려 한 물건을 죄다 가져오라" 하기에, 신이 그 말대로 가져가니, 예부 관원 여러 명이 모여서 하나하나 점검한 뒤에 신에게 "이 물건을 황제께 바칠 것이니 물러가 기다리라"라고 하였습니다. 또 2일이 지난 뒤 신들을 예부에 불러 황제의 말을 전하기를, "세자가 바친 물건은 먼 곳에서 운반해 온 것인데, 이렇게 정성을 다하므로 그 마음이 매우 가상하다. 마땅히 다 받아야 할 것이나 또한 미안하므로 그중 세자가 바친 대도(大刀) 2자루와 중도(中刀) 1자루, 대군이 바친 대도 1자루와 중도 1자루만 받는다.[7] 그 나머지는 세자에게 돌려보내니, 일체 내보내지 말고 그대로 쓰도록 하라" 하고, 또 "이번에는 칼만 받았지만 정으로 받는다는 뜻은 모두 받은 것과 다름없다. 이 뜻을 알아야 한다"라고 하였습니다. 그 말하는 기색을 보면 이 물건들을 들여보낸 것을 자못 기쁘게 여기고, 세자에게 돌려보내는 것은 마치 자신이 물건을 내리는 것인 양 하였습니다.

구왕에게 보내는 물건은 전하기가 쉽지 않고 마침 용골대·마부대가 출타중이라 우선 두고 기다렸는데, 용·마가 돌아왔기에 함께 상의하니, 물목을 몽서(蒙書)로 먼저 써서 보내라고 하였습니다. 그 말대로 써

---

7 세자와 봉림대군은 각각 은장도 외에 은탁자·은함·거울·부채·후추 등을 청 태종에게 바쳤다.(『심양일기』 정축년 7월 18일)

서 보냈는데, 받았는지 안 받았는지 회답이 없어서 예부에 물었더니, 구왕이 "멀리서 문안하니 매우 감사하다. 나는 무양하며 오직 국왕을 생각할 뿐"이라고 답하였습니다.[8] 또 제왕의 안부를 물으니, "다 무사하다"라고 답하였습니다.

사약(司鑰, 궐내 열쇠 담당 관리) 장순익(張順翼)이 말미를 받아 나가고, 강화한 뒤의 피로인 6명을 함께 내보내는 사유를 아울러 치계합니다. 이러한 연유로 아룁니다.

七月二十七日

本月初七日, 贖還使辛啓榮回還時, 此間事情段, 已爲馳啓爲白有在果, 其後, 王世子兩宮氣候平安, 一行上下人員段置, 亦皆無事是白齊.

初七日夕, 禮部送言, "來十二日[9]行大祭, 故皇帝及王子·諸將, 初八日爲始, 闕門外設帳幕, 入淸齋, 世子亦可淸齋"云, 臣等以依爲之意答送爲白有如乎.

及至十一日平明, 皇帝率王子及諸將, 出往于東門外前日祭所, 世子敎亦隨行往參敎白乎矣. 今番則前後之閣, 皇帝皆親自行祭, 而禮數有加. 臣等問之, 則曰, "後閣設四位神主者, 乃追尊四代者也, 前閣設兩位神主者, 乃以前汗尊爲太祖享之"云. 而神主則與我國士大夫神主同樣, 而其坐櫝則飾以金銀, 極其侈靡. 罷祭後, 設氈幕於廟門之前, 皇帝入歇其所, 而諸王等皆招入其內, 世子亦爲邀請同坐, 行茶一巡後, 罷還爲白有齊.

---

8 구왕에게도 세자와 봉림대군이 각각 은장도·은잔·거울·부채·후추·지삼초 등을 보냈으나, 구왕은 모두 받지 않았다고 한다.(『심양일기』 정축년 7월 29일)
9 '十二日'은 내용상 '十一日'이 맞다.

十五日朝參當次, 故早朝, 世子往參, 一如初五日之爲是白有齊. 退計五六日前, 皇帝始生皇后之子是如爲白如乎, 十六日, 闕門東邊空隙之地, 甚爲敞豁, 大張儀物, 盛陳宴禮, 王子及諸將莫不來會. 世子亦爲請去, 而諸國雜戲, 畢奏於前. 皇帝出坐後, 諸王以下分左右, 行拜叩禮. 有一在近之人, 立於庭, 大讀蒙語書. 臣等問之, 則曰, "以皇子誕生之故, 大赦國中, 所讀者乃赦書. 云云." 讀罷, 皆就坐行宴, 日暮而罷爲白齊.

二十五日, 又行朝參之禮爲白齊. 二十六日, 皇帝於北門之外十里之地, 親行試射, 而世子亦爲請去, 同參敎白乎㫆. 王子及諸將大會, 分左右以五作隊, 迭相試射, 畢後, 又今馳馬爲白乎㫆, 略設果肉之床, 行酒數巡而罷爲白有齊.

十五日, 內官白大珪入來爲白有乎矣, 遠路跋涉之人, 不可卒然入來是如, 經宿於東館後, 始許入來. 而非但白大珪, 自我國入來之人, 莫不皆然. 此蓋爲世子爲俗忌者云云是白齊. 白大珪賚來雜物段, 世子敎以進獻皇帝之意, 卽通于禮部, 則曰, "皇帝誕生皇子, 纔及數日, 遠方之物, 不可輕易入納, 姑爲留待" 亦爲白有如乎, 過三日後, 禮部招臣等曰, "前日世子敎及大君欲納之物, 盡爲持來" 亦爲白去乙, 臣依其言領去, 禮部之官多數聚會, 一一點視後, 言於臣曰, "此物當納于皇帝前, 退去以待" 亦爲白如乎. 又過二日之後, 招臣等於禮部曰, "世子所獻之物, 自遠方輸來, 如是致誠, 其情極嘉, 所當盡爲領受, 而亦涉未安, 故擇其中世子所進大刀二柄·中刀一柄, 大君所進大刀二柄·中刀一柄而領受, 其餘則還送于世子前, 切勿出送, 仍爲器用可也." 且曰, "今雖只受刀子, 而其領情之意, 無異於盡數者, 此意須知之. 云云." 觀其辭色, 此等物入送之事, 頗以爲喜爲白乎㫆, 還送於世子前者, 有若自己賜物者然爲白齊.

九王前所送之物段, 傳之未易, 適値龍·馬出外, 姑置以待爲白如乎, 龍·馬

回來是白去乙, 與之相議, 則物目以蒙書先爲書送亦爲白去乙, 依其言書送爲白
有乎矣, 受與不受, 不爲回報是白去乙, 問其禮部, 則答曰, "遠致問安, 極爲感
謝. 吾則無憾, 惟爲國王爲念." 又問諸王安否, 則答曰, "皆無事. 云云"爲白齊.

司鑰張順翼受由出去爲白乎旀, 和後被擄人六名, 一時出送緣由, 竝以馳啓
爲白臥事是良尒. 詮次善啓.

✦

이 장계는 청조의 여러 행사에 소현세자가 참석한 일에 대해 보고하
였다. 청은 7월 11일의 태묘(太廟)에서 행하는 대제에 세자를 참석하게
하고, 대제를 앞두고 행하는 재계(齋戒)도 만주족 풍속에 따르도록 하
였다. 청의 태묘는 심양성 동문 밖에 있었는데, 누르하치를 태조로 추
존해 모신 전각과 그 이전의 4대를 추존해 모신 후각의 두 건물로 구성
되었다. 1636년에 황제로 등극한 청 태종이 시조묘를 건립한 것이다.

이어서 조참과 황자 탄생 기념의례에 참석한 일을 보고하였다. 조
참은 매달 5일, 15일, 25일에 제왕이 전정(殿庭)에 모여 황제에게 조알
(朝謁)하는 의례인데, 세자와 대군은 '동참하면 제왕과 낯이 익고 황제
도 친애할 것'이라는 용골대와 마부대의 권유에 따라 7월 5일부터 참석
하였다.[10] 또 이때 청 태종은 신비(宸妃)에게서 황자를 얻었는데, 이 황자
는 정식 후비에게 처음으로 얻은 아들이었다. 청 태종은 크게 기뻐하며

---

10 『심양장계』 기묘년 5월 7일 참조.

곧 황사(皇嗣)로 정하고, 하례를 받고 대사면을 행하였으나, 이 황자는 이듬해인 1638년 초에 사망하였다. 그리고 26일 북교(北郊)에서 청 태종이 몸소 나온 시사에도 세자가 나아가 참석하였다. 이처럼 소현세자는 청조의 각종 행사와 잔치에 참석해야 했다. 장계에 기록된 청조의 행사와 의례에 대한 내용은 간략하지만, 당시 심양관 재신들의 눈에 비친 청조의 모습을 전해주는 것으로 자료적 가치가 있다.

뒷부분에는 조선에서 보내온 방물을 세자와 대군이 청 태종과 구왕에게 바친 일에 대해 썼다. 청 태종은 바친 물건 가운데 칼 몇 자루만 받고 나머지는 심양관에 돌려보내면서 관소에서 쓰도록 하였다. 구왕은 당시 청조의 '모든 논의에 모두 참여하는' 중요 인물이었다. 또 세자가 심양으로 올 때 친분을 쌓은 일이 있었기 때문에 선물을 보낸 것으로 보인다.

평안도 바닷가에서 명장을 접대한 사건

7월 27일 [2]

　방금 용골대와 마부대 장군이 호부에 앉아서 정명수(鄭命壽)[1]를 보내 신들을 보자고 하여, 즉시 나아갔습니다. 양장이 좌우를 물리치고 정명수를 시켜 낮은 소리로 말하기를, "우리가 일이 있어 먼 지방에 나갔

---

1 정명수(?~1653)는 청의 호부(戶部) 소속 역관이다. 『심양장계』에 '鄭命守'라고도 썼고, 만주 식 이름은 고아마홍(孤兒馬紅)으로 나오는데, '정역(鄭譯)'이라고 약칭한 경우가 많다. 본디 평안도 은산의 천예 출신으로, 1618년 강홍립 군대의 출병 때 사르후 전투에서 후금의 포로 가 되었다. 청인이 되어 만주어를 익히고, 병자호란 때 용골대와 마부대의 통역으로 활약하 였다. 이후로 용골대와 마부대가 전담한 대조선 관계 현안은 거의 정명수를 통해 조선에 전 달되었으며, 그 과정에서 횡포를 부린 일이 많았다. 조선에서는 그에게 영중추부사의 지위를 내리고, 그의 가족에게도 은전을 베풀었다. 1643년 대통관(大通官)으로 승진하고, 칙사로 몇 차례 조선에 나오기도 했다. 도르곤 사후, 순치제가 친정을 강화하는 1653년에 숙청되었다.

다가 어제서야 들어와서 들었는데, 근래 가도에서 도피한 한장(漢將)이 잇달아 투항해 와서 '가도에서 패배한 뒤에 탈주한 장관이 아직 바다에 있으면서 다시 조선과 몰래 서로 통하고, 바닷가로 불러서 돼지고기와 술을 먹이기까지 했다'고 하던데, 이 무슨 일입니까? 작년에 조선이 먼저 약속을 어겨 황제가 군사를 일으켜 친히 정벌하고, 망한 임금을 다시 세워 천지에 맹세하고 고하며, 길이 부자(父子)의 나라가 되어 다시는 남조와 서로 통하지 않는다는 것을 확실히 서약했는데, 몇 달이 못 되어 또 이런 일이 있으니, 지극히 놀랍습니다. 우리 두 사람은 처음부터 양국 간을 왕래하며 강화하는 일을 약정한 자들입니다. 실로 이런 일이 있다면 조선에 일이 생길 뿐 아니라, 우리도 중벌을 받을 것이니 또한 절박하지 않겠습니까. 가도에 있던 한장과 수비(守備) 2인 중 1인은 이미 들어왔고 다른 1인도 투항해 올 것입니다. 그들이 조선의 일을 상세히 알고 있으니, 숨기려 한들 되겠습니까. 또 남조의 칙서를 지금까지 들여보내지 않고 있고, 도망쳐 돌아간 백성은 셀 수 없이 많은데도 송환한 사람이 한 명도 없으니, 이것을 보면 조선은 결코 믿을 수 없습니다. 일마다 이러하니 다시 말할 것이 없습니다"라고 하였습니다. 신들이 전혀 그렇지 않다는 뜻으로 반복하여 설명하자, 용·마가 "투항해 온 한장은 거짓말하지 않았을 것이고, 혹 돼지고기와 술을 먹인 일이 있었다 해도 이는 변방 신하가 한 일이지 어찌 국왕이 미리 안 것이겠습니까"라고 하였습니다. 신들이 "두 장군의 말이 옳습니다. 남조의 칙서는 형편상 아직 들여오지 못했습니다. 도망쳐 돌아간 백성도 반드시 쇄송할 것입니다. 끝까지 우리나라에서 하는 것을 본 뒤에야 대국을 위

해 정성을 다하는 뜻을 알 수 있을 것입니다. 우선 기다려주십시오" 하
니, 용·마 양장이 "이번에 온 내관[2]이 곧 돌아갈 것이니 이 일의 내용을
장계로 보고할 뿐만 아니라 상세히 직접 말하여 보내십시오"라고 하였
습니다.

신들이 말한 대로 하겠다고 답하고 물러나왔습니다. 신들이 그 말하
는 기색을 살펴보니, 양장은 처음부터 왕래하며 화약을 정하였고 세자
께서 이곳에 온 뒤로 대소사를 전담하여 주선하고 있는 사람인데, 이런
단서를 말한 것은 청이 우리나라를 의심할 뿐 아니라 그들 스스로도 그
것을 두려워하는 듯하였습니다. 실로 이런 일이 있을까 걱정스러워 서
로 고한 뜻은 본심에서 나온 듯하며, 한편으로 힐책하는 근거로 삼고
한편으로 뒷날의 일을 경계하기 위한 것입니다. 이는 국가에 관계되는
대단한 기밀이니, 묘당에서 충분히 헤아리고 선처하여 의심하는 빌미를
끊어내도록 하십시오. 이러한 연유로 아룁니다.

(七月二十七日) 同日

當刻龍·馬兩將坐戶部, 使鄭命壽要見臣等, 卽進去. 則兩將辟坐左右, 使命
壽低聲言之曰, "我等以事出去遠外, 昨始入來聞之, 近來島中走避漢將, 連續投
來曰, '椵島見敗之後, 脫逃將官, 尙在海中, 復與朝鮮潛相通好, 至於招呼海邊,
饋以猪酒'云, 是何事也. 上年朝鮮先自失約, 故皇帝擧兵親征, 復立旣亡之君,
誓天告地, 永作父子之國, 而更不與南朝相通者, 約誓非不丁寧, 而曾未數月,

---

2 7월 15일 심양에 온 내관 백대규를 가리킨다.

又有如此之事, 極爲驚心. 吾二人, 自初往來兩間, 約定和事者也. 實有此事, 則非但生事於<u>朝鮮</u>, 吾二人亦被重罪, 不亦切迫乎? 在島漢將·守備二人中, 一人已爲入來, 一人亦將投入, <u>朝鮮</u>之事, 無不詳知, 雖欲諱秘, 其可得乎? 且<u>南朝</u>勅書, 至今不送, 逃還之民, 其數不億, 而亦無一人之送還者, 以此見之, <u>朝鮮</u>決不可信矣. 事事如此, 更無言者." 臣等以大大不然之意, 反覆開陳, 則曰, "投入漢將, 必不虛言, 設或有猪酒餽遺之事, 此是邊臣之所爲, 豈必國王預知者乎?" 臣等曰, "兩將之言然矣. <u>南朝</u>勅書, 勢未及入來. 逃還之民, 亦必刷送. 終見我國所爲, 然後可知爲大國致誠之意. 姑待之可也"云, 則<u>龍·馬</u>兩將曰, "今來內官不日還去, 以此事意非但啓聞, 詳細面言以送可也. 云云."

臣等以依所言爲之之意答, 而退來爲白在果. 臣等察其辭色, 兩將自初往來定約之人, 世子敎來此之後, 大小之事, 專主周旋, 故發此言端者, 不但致疑於我國, 自家亦有懼色. 猶恐實有此事, 相告之意, 亦出本情, 一以爲詰責之地, 一以爲禁戒後日之所爲去等. 此係國家大段事機是白置, 令廟堂十分詳量善處, 以絶致疑之端爲白之爲. 詮次善啓.

✿

이 장계는 가도에서 탈주한 명나라 장수와 평안도 바닷가에서 몰래 통교한 것 때문에 추궁당한 일을 보고하였다. 용골대와 마부대가 재신을 불러, 가도 정벌 이후에 청에 투항한 명장들이 고한 사실을 근거로 조선을 신뢰할 수 없다고 추궁하였다. 재신들은 국왕은 모르는 일이라며 변명하고, 청이 요구한 사안들에 대해 끝까지 정성을 다하겠다고 하면서 이들의 불신을 무마하였다. 뒷부분에는 장계를 작성한 재신의 의견으로, 용골대와 마부대가 이 일을 고한 것은 조선을 힐책하는 구실로 삼는 한편 뒷날을 경계하기 위한 것이라고 분석하고, 이것은 중요한 기밀이니 비변사에서 충분히 헤아려 선처하도록 건의하였다.

조선과 명이 몰래 통교하는 일은 청나라가 크게 경계하고 있는 일이었다. 청은 대명전쟁을 벌이는 데 조선 군병을 징발하여 활용할 계획을 가지고 있었다. 따라서 조선과 명이 내통하는지 주시하며 의심스러운 일이 발생하면 민감하게 반응하였다.

한편 조선에서는 병자호란 이후 국정을 주도하고 있던 최명길이 가도 토벌 뒤에 명 군병들의 시신을 거두어 매장하게 하고, 평안도 연해 고을들에 한선(漢船)이 나타나면 식량을 제공하도록 조처한 일이 있었다. 이 장계에 나온, 가도의 탈주자들에게 바닷가에서 돼지고기와 술을 제공했다는 일은 이러한 지시에 따른 것으로 보인다. 또한 평안도 앞바다에서 명나라 상인들과 교역함으로써 얻는 이득이 적지 않았기 때문에, 청의 의심과 감시하에서도 몰래 교역하는 일이 계속되었던 듯하다.

약조 이행 강요

9월 6일

지난 8월 19일 재자관(賣咨官) 이회(李晦)가 돌아갈 때 이곳의 사정은 치계하였습니다. 그 뒤로 왕세자 양궁의 기후는 평안하시나, 대군은 10여 일 전에 감기 증세가 있어서 약을 복용한 뒤에 회복하였습니다.

지난 8월 26일에 선전관(宣傳官) 이경빈(李慶彬), 역관(譯官) 최태경(崔泰慶) 등이 들어와서, 자문(咨文, 외교문서)에 딸려 보낸 주회인(走回人)[1] 4명과 의주부윤이 보낸 2명 등 모두 6명을 곧 호부에 넘겼습니다. 그동

---

[1] 피로인으로 압록강을 넘어간 뒤에 도망한 주회인은 약조에 따라 조선에서 색출하여 청나라로 돌려보내도록 하였다. 어렵게 되돌아온 이들을 조정에서 다시 붙잡아 보내는 일은 "차마 하지 못할 일"이어서, 쇄환자 수가 적었다.

안 주회인으로 쇄송(刷送)된 자는 정상이 불쌍하므로, 비록 비국(備局, 비변사)의 분부가 없더라도 여기서 다른 사람의 예에 따라 몸값을 주고 속바치려고 용골대·마부대에게 청했더니, 속환을 허락해주었습니다. 그러나 각기 본 주인이 먼 데 있는 경우가 많고 또 공속(公贖)해주는 규정이 없으므로 한 가지로 속바칠 수가 없었습니다. 이번에 쇄환해 온 자 중 3인은 마침 귀영개왕(貴英介王)[2] 집에 잡혀 왔던 자이므로 즉시 허락을 받아 속바쳤으나, 억지로 정한 값이 200냥이나 되어 여러 번 다투어 말해도 끝내 줄여주지 않으니 부득이 그 값으로 속바쳤습니다. 도망간 사람에게는 즉시 발꿈치를 끊는 형벌을 시행한 탓에 이들도 상처가 심하여 잠시 머물러 조리하게 한 뒤에 내보낼 생각입니다.

왕세자는 들어온 지 오래되지 않아서 가벼이 돌아가기를 청하기는 어려울 듯하나, 숙녕전(肅寧殿)[3]의 상기(祥期)가 몇 달밖에 남지 않았으므로 나가서 상을 마치겠다는 뜻을[4] 용·마와 만월개(滿月介)[5] 등에게

---

2 귀영개(?~1648)는 누르하치의 제2자 다이산(代善)이다. 누르하치의 장자 추엔이 사망한 뒤 1616년 대패륵이 되고 1636년 예친왕(禮親王)에 봉해졌다. 청 태종의 형으로 '대왕'이라고 불렸다.
3 숙녕전은 인열왕후의 혼전(魂殿)이다. 혼전은 왕이나 왕비의 국장을 치른 뒤에 반우하여 신주를 모셔두는 곳이다. 삼년상을 마치면 종묘에 부묘(祔廟)하는데, 인열왕후처럼 왕후가 국왕보다 먼저 승하한 경우는 신주를 그대로 혼전에 두었다가 국왕이 승하하여 삼년상을 치른 뒤에 함께 부묘하였다.
4 인열왕후는 1635년 12월 9일 승하하였다. 상주(喪主)인 세자가 귀국하여 모후의 삼년상을 마칠 수 있게 해달라고 청한 것이다.
5 만월개(滿達爾漢)는 청의 장수로 병자호란에 참전하였다. 마부대와 형제간이며, 예부 승정으로 조선 관계 업무에 관여하고, 사신으로 나가기도 하였다. 1643년 겨울 소현세자의 귀근에 호행장으로 수행하였다.

의논하고, 9월 1일 예부에 정문(呈文, 공문)을 바쳤습니다. 예부에서 즉시 정문을 받고, 예부친왕(禮部親王)[6]과 상의하여 황제께 아뢰겠다고 하였습니다. 이튿날 아침 급히 신들과 시강원(侍講院)[7] 관원들을 부르기에 신들이 곧 나아갔더니, 예부 관원들과 박시(博士)[8] 등 모두 10여 인이 관아에 모여 있었습니다. 신들이 좌정한 뒤에 한인(漢人) 1명을 끌어내 앞에 꿇어앉힌 다음, 범문정이 한역(漢譯)을 불렀습니다. 그래서 금군 최득남이 한어(漢語)를 조금 알고 있어서, 앞으로 나아가 듣게 하였습니다. 범문정이 한어로 말하기를, "이 한인이 최근 석성도(石城島)에서 투항해 왔는데, 조선이 가도에 있는 한장(漢將)과 통교하고 심세괴 도독의 인신(印信)을 병란 중에 습득하여 남조로 보냈으며, 또 인삼[9] 27근을 백등용(白登庸) 부총(副摠)과 여벽(呂碧) 등[10]에게 나누어 보내는 것을 이자

---

6 이때의 예부친왕은 예친왕(像親王) 도도(多鐸)였다.(『청사고』 권3, 태종본기2, 숭덕원년 6월 기묘 참조) 청은 1631년 명의 제도를 받아들여 육부를 설치하였는데, 그 구성과 운영은 명과 달랐다. 부의 수장은 친왕이나 패륵이 맡았고, 그 밑에 승정·참정·계심랑·필첩식 등 실무 관원이 있었다.

7 시강원은 세자의 서연(書筵) 및 비서 임무를 맡은 관청이다. 소속 관원은 보덕(輔德, 정3품)·필선(弼善, 정4품)·문학(文學, 정5품)·사서(司書, 정6품)·설서(設書, 정7품)로, 실관(實官)과 겸관(兼官) 1인씩 모두 10인이다. 1637년 소현세자를 배종하여 심양에 간 관원은 겸필선 이명웅, 문학 민응협, 겸문학 이시해, 겸사서 정뇌경, 겸설서 이회의 5인이었다. 이회는 청의 인원 감축 요구에 따라 6월 1일 귀국하였다.

8 박시(巴克什)는 학자 또는 문관(文官)을 가리키는 말로, 만주어를 음사하여 博士·博時·博氏·博施 등으로 『심양장계』에 표기되어 있다. 이 책에서는 박시로 통일하였다.

9 인삼은 조선 상인이 후금에서 구입해 명에 판매하는 중요 상품이었다. 조선 상인은 1635년 가도에서 은과 인삼을 팔고 청포 등을 사들였는데, 이러한 과정을 거쳐 인삼이 명으로 유입되었다.

10 가도의 명군 부총 백등용과 여벽 등은 가도 토벌 이후에도 조선과 연락하고 거래하였다. 이 때에도 인삼을 교역하였던 듯하다.

가 직접 보았다고 합니다. 이 말을 황제께서 곧이듣지는 않지만, 혹시 변방 신하가 사사로이 통교한 일이 있습니까?" 하였습니다. 신들이 답하기를, "우리나라는 이미 남조와 절교하였고 가도를 칠 적에도 출병하여 서로 도왔는데, 심 장군의 인신이 무슨 관계가 있어서 남조에 보냈겠습니까. 인삼을 보낸다는 말은 더욱 이치에 닿지 않습니다. 변방 무장이 어찌 감히 사사로이 통교하여 중죄를 범하겠습니까. 가도에서 투항해 온 사람은 으레 꾸며대는 말을 하니, 간사하게 양국을 이간하는 것이 아닌지 어찌 알겠습니까. 가도의 한인이 우리나라를 원수로 여기는 것 또한 까닭이 없지 않으니,[11] 이런 무리를 보내 양국의 우호를 깨뜨리는 것이 이번만이 아닙니다. 앞으로 이런 사람이 잇달아 많이 올 터인데, 어찌 전적으로 이런 무리를 믿고 우리나라를 의심할 수 있습니까. 우리가 크게 근심하는 것은 오로지 이것입니다" 하니, 범문정 등이 끄덕이며 수긍하고, 이러한 뜻을 돌아가 아뢰겠다고 하였습니다.

범문정 등 4인이 먼저 일어나서 가고, 만월개와 한장 등 4인은 그대로 앉아 있었습니다. 문서를 담당하는 젊은이가 하나가 신들이 바친 정문을 가지고 사피하(沙皮河)와 함께 와서 서로 한참 귓속말을 나누더니, 곧 정명수 등에게 말을 전하게 하기를, "왕세자와 대군이 기왕 여기에 왔으니 내보내는 것을 허락한다 해도 머무르겠다고 해야 마땅한데, 지레 가겠다고 먼저 청하는 것은 매우 온당치 못합니다. 또 모든 일은 구

---

11 가도 토벌에 동원된 조선 군병들을 보고, 가도의 한인들이 조선의 배신을 원망하는 말을 하였다고 전한다.

두로 상세히 말해야 하고 글로 써서 바칠 필요는 없습니다. 이 정문을 두고 예부친왕과 의논했더니 궐에 들어가 아뢰는 것을 허락하지 않아서, 황제께서는 아직 모르고 계십니다" 하였습니다. 신들이 답하기를, "왕세자와 대군이 들어온 지 오래되지 않아 감히 돌아가겠다고 청할 수 없다는 것은 잘 압니다. 다만 아들 된 지극한 정으로 삼년상에 가서 탈복(脫服)하고 돌아오더라도 몇 달에 불과합니다. 더구나 당초 황제께서 분명히 왕래를 허락한다고 말씀하셨기에, 간절한 정을 이기지 못해 감히 이렇게 아뢰었습니다. 글이 아니면 아랫사람의 심정을 어떻게 위에 아뢰겠습니까. 다시 이러한 뜻을 갖추어 아뢰어주기를 바랍니다"라고 하였습니다. 만장 등이 "글을 바치는 것은 안 될 뿐 아니라 돌아가기를 청하는 말은 다시 꺼내지 마십시오. 이후로 모든 일은 반드시 와서 구두로 말하고,[12] 정문은 아예 바치지 마십시오"라고 하였습니다. 신들이 여러 번 다투어 말하였으나 허락받지 못하고 물러나왔습니다.

신들은 이번에 세자가 돌아가는 일을 청하기가 어려울 줄은 알았지만, 들어줄 만한 여지가 있을 듯하여 진심으로 힘써 이렇게 사정하였는데, 마침 투항해 온 한인이 이날 헛소리를 하는 바람에 의심을 사 더욱 불행이었습니다. 대개 우리나라가 남조와 절교했다 해도 의심살 일이 한둘이 아닌데, 투항해 온 자들이 연이어 꾸며대니 장군들을 만날 적에 전혀 서로 믿는 기색이 없고, 심상한 말에도 늘 의심스러워하니 이로

---

12 모든 일을 구두로 말하라고 한 것은 청의 장수와 역관들이 한문(漢文)을 잘 알지 못하였기 때문이다.

인해 일이 생길까 지극히 염려스럽습니다.

이날 저녁에 김여령(金汝翎, 청의 역관)이 와서 말했는데, "신들이 나온 뒤에 그 한인을 다시 심문하니, 하늘을 가리켜 맹세하며 자기 말을 증명하기를, '인삼을 보낸 일은 전혀 의심할 것이 없다. 내 말을 믿지 않는다면 앞으로도 계속 투항해 오는 사람이 있을 것이니 내 말이 들어맞지 않으면 칼로 내 목을 찌르겠다' 하니, 자못 그럴듯하게 여겨져 곧 그 한인을 수보장(守堡將)으로 임명했다"라고 합니다. 일이 매우 염려스럽습니다.

용골대와 마부대 장군이 근래에 순시하러 나갔다가 어제 돌아와서 신 박로와 박황 등을 호부에 부르고 또 이번에 온 역관을 불러 참석하여 듣게 하고 말하였습니다. "우리가 바깥에 나간 지 오래되어서 서로 만나려고 생각했을뿐더러 조선 역관이 들어왔다고 하니 조정의 동향을 상세히 알 것이오. 전에 말한 향화인(向化人)[13]과 한인(漢人)[14] 등을 쇄송하는 일은 어찌 지금까지 아무런 말이 없습니까? 향화인은 당초 조선에 들어갔을 때 반드시 호적을 만들어 각 고을에 나누어 두었을 것이니 호적을 조사해보면 쇄송하기 어렵지 않고, 주회인은 몇 만이 되는데 두 번 쇄송한 것이 모두 6구(口)이니 너무 적습니다. 군병이 철수해 돌아올 때 뒤에 떨어진 한인이 많았고, 진중에서 도둑맞은 말에는 명백히 관표

---

13 향화인은 귀화인을 말하는데, 여기서는 조선에 귀화한 여진인(女眞人)을 가리킨다.
14 여기서 한인은 임진왜란 때 조선에 들어왔다가 전란이 끝난 뒤에도 남아 있던 명나라 사람들을 말한다. 청은 이들도 쇄송하라고 요구하였다.

(官標)가 있으니 찾아 돌려보내라고 했으나 지금까지 보내지 않고 있소. 철산부사가 돼지고기와 술을 한장(漢將)에게 보낸 일도 진상을 조사하여 회보하지 않았소. 이러한 일 때문에 혹 일이 생길까 염려하여 전부터 정리로 생각해서 말했으나 태만히 하여 거행하지 않았으니, 우리가 매우 무안하오."

그 말하는 기색을 보니 한편으로는 협박하고 한편으로는 부드럽게 말하기에, 신들이 답하기를 "소국이 어찌 대국의 명령을 태만히 버려두었겠습니까. 난리 뒤에 겨우 안정되어 모든 일에 경황이 없으니, 기한에 미치지 못한 것은 형편이 그러한 때문입니다. 전날 이미 이러한 뜻을 조정에 보고하였으니 조만간 어찌 거행하지 않겠습니까. 향화인은 처음 들어왔을 때 호적을 만들었더라도 세월이 오래되어 여러 세대가 지났고, 그 자신이 향화하여 남아 있는 자는 많지 않을 것입니다. 더구나 대군이 회군하면서 거의 다 붙잡아 왔습니다. 한인은 지난해에 감군(監軍) 황손무(黃孫茂)가 나왔을 때[15] 죄다 찾아내 데려가고 남아 있는 자가 거의 없습니다. 우리나라 주회인은 불쌍히 여길 수도 있으나, 향화인과 한인으로 말하면 무엇이 아까워 쇄송하지 않겠습니까. 이러한 뜻을 다시 조정에 여쭙겠습니다"라고 하니, 용·마가 "이런 사안들을 세자께 고하고 이번 역관이 돌아가면 낱낱이 아뢰도록 하시오. 우리가 말한 여러 가지가 모두 잘 끝나면 이 밖에 따로 힐책할 일이 없으니 양

---

15 1636년 후금 정벌에 협조하라는 명 황제(의종)의 칙서를 가지고 감군 황손무가 조선에 온 일이 있었다.

국이 또한 기쁘지 않겠습니까"라고 하였습니다.

위의 다섯 가지 사안 가운데 도둑맞은 말이란, 전날 심양에 들어올 때 신천(信川) 사람이 훔친 말이라 합니다. 신들이 곧 황해도 감사·병사에게 공문을 보내 압록강을 건너기 전에 진상을 밝혀 회보하도록 하였지만 감사·병사가 회보하지 않았기에, 이곳에 도착한 뒤에 또 공문을 보냈습니다. 안주·숙천(肅川) 등 고을에서도 도둑맞은 말이 있다고 하자, 청장(淸將)들이 병사에게 말해 찾아 보내도록 하였으나, 모두 가부간에 회답이 없다고 합니다. 그래서 양서 감사·병사에게 다시 진상을 조사하여 회보하라고 하였습니다.

용·마가 또 "일본 사신이 나왔습니까? 우리나라가 통교하고 싶다는 뜻은 일찍이 조약을 맺을 때 말하였습니다"라고 하여, 신들이 "일본은 바닷길이 매우 멀어 우리나라 사신이 10년에 한 번 왕래하는데, 그 나라는 상선만 왕래하고 사신은 근래에 나온 일이 없습니다"라고 답하였습니다. 용·마가 그러냐고 하면서 더는 다른 말이 없었으나, 왜(倭) 사신이 오면 우리나라에서 이곳에 알리기를 바랐습니다. 또 "사신이 들어온다는 소식이 오래되었는데 어찌 이제까지 오지 않습니까? 최 상서(崔尙書, 崔鳴吉)[16]가 들어온다던데 그렇습니까? 질자와 가속도 모두 남

---

16 최명길(1586~1647)은 1623년 인조반정의 1등 공신으로 완성군(完城君)에 봉해졌다. 병자호란 때 청군 선봉대가 서울 근교 양철평까지 들어온 급박한 상황에서 적진에 나아가 담판을 벌여, 인조와 조정을 남한산성으로 피란하게 하였다. 이후 청과의 강화 교섭을 전담하였고, 화약을 맺은 뒤에도 대청 외교를 전담하였다. 한편으로 조선이 청에 굴복한 사실과 청에 대한 정보를 명나라에 알렸다. 이 때문에 1642년 겨울 봉황성에 소환되어 신문을 받고, 심양의 북관에 투옥되었다.

김없이 들어옵니까?" 하였습니다. 신들이 "최 상서는 이제 각로(閣老, 재상)가 되어 사신으로 들어올 것인데,[17] 듣기로는 사은사와 절사(節使, 동지·정조·성절에 보내는 사신)를 겸하므로 오는 날짜를 잠시 늦추어 이 달 10일쯤 출발한다는 것 같습니다. 또 질자와 가속은 명백히 분부하였 으니 어찌 감히 조금이라도 어기겠습니까? 이들도 반드시 들어올 것입 니다"라고 하니, 용·마가 알았다고 하였습니다.

신들이 파하고 돌아올 적에 용·마가 정명수를 뒤따라 보내 도중 에 전하기를, "유림의 죄상은 어떻게 처리하였습니까?" 하기에, 신들이 "역관 편에 들으니 유림은 관작을 삭탈하고 서인(庶人)으로 삼아 백마 산성(白馬山城)에 정배했다고 합니다" 하니, 또 "유림을 처벌한 일은 어 찌하여 자문을 보내 알리지 않았습니까?" 하였습니다. 무릇 그 뜻은 논 죄한 일을 자문으로 알리면 여기서 처분할 것이라는 뜻이었습니다.

접때 용·마 양장이 와서 세자를 뵈었을 때 주머니 하나와 문서를 내 놓으며, "이것은 조선인이 국경을 넘어 삼을 캐다가[18] 복병에게 쫓기자 버리고 달아난 주머니입니다. 전부터 월경(越境) 금지를 엄명하였는데 도 조금도 징계하여 막지 않고 아직도 전의 버릇을 계속하다니, 이것은 무엇 때문입니까? 그자는 붙잡지 못했으나 이름이 주머니 안의 문서에

---

17 최명길은 사은사로 10월 24일 심양관에 들어왔고, 그 다음 날 청 태종의 성절 하례 행사가 있었다. 아울러 그는 조선 군병 징발령 철회와 세자의 귀국을 요청하려는 목적을 띠고 왔다.
18 조선인이 월경하여 채삼한 일에 대한 힐책이 장계에 종종 나온다. 청은 정묘호란 때의 조약 내용에 압록강을 경계로 각자 강역을 지키고 침범하지 않는다는 조항을 근거로 조선인의 월경 채삼과 수렵을 금지하고 힐책하였다.

있으니, 이것을 찾아보면 사실을 알 수 있을 것입니다. 즉시 실상을 조사하여 회보해야 합니다"라고 하였습니다. 그 문서를 펴보니 곧 인삼 상인들이 사사로이 빚을 준 명문(明文, 문서)이었습니다. 그 명문을 비변사로 올려 보냅니다. 이것은 습득한 문서에 불과하고 매우 사소한 일이지만, 그들이 이미 세자에게 아뢰었고 회보를 받으려고 하므로 어쩔 수 없이 번거롭게 합니다.

5일 이른 아침에 용·마 양장이 또 신 박로와 박황 및 역관 최태경 등을 호부에 불러 좌우를 물리치고 말하기를, "우리나라 사람이 조선 신하와 더불어 혼인을 맺는 일은 전날 약조할 때 말하였습니다. 앞으로 사신이 올 때 혼인할 여자를 데리고 오는 것입니까?" 하였습니다. 신들이 "이것이 무슨 말입니까? 약조할 때 말했더라도 혼인은 대사입니다. 피차 서로 중매하여 누구의 아들과 아무개가 정혼한 연후라야 할 수 있는데, 어찌 혼약을 정하지 않고 지레 먼저 데려올 수 있겠습니까" 하니, 용·마가 답하기를, "그 말이 매우 옳습니다. 또 조선에서 여자들을 보내 황제에게 바치지 않았습니까? 기왕 명 황제의 전례가 있으니 바쳐야 합니다. 황제의 분부가 없더라도 조선에서 성의가 있다면 마땅히 먼저 자진하여 바쳐야 하는데, 시랑(侍郞)[19]들은 이런 소식을 듣지 못하였습니까?"라고 하였습니다. 신들이, "명나라 때 비록 이런 일이 있었더라도 이는 태조께서 하신 것이 아니고 후대 임금이 억지로 보내서 바치게 하였으나 온당치 못한 일이라 곧 그만두었습니다. 이제까지 그런 일이

---

19 시랑은 심양관의 재신(宰臣)을 가리킨 말이다.

전혀 없습니다. 이번에 대국에서 굳이 명령한다면 소국은 거역하기 어렵겠지만, 여색은 조공하는 물건이 아닙니다. 또 황제의 명백한 말씀이 없었으니, 신하가 임금을 섬기고 외국이 대국을 섬김에 어찌 여색을 사사로이 바치는 경우가 있겠습니까. 이 일은 결코 할 수 없습니다. 용 장군과 마 장군이 늘 '성신(誠信)'을 문제 삼아 우리나라를 책망하였는데, 무릇 할 수 있는 것은 하지 않고, 할 수 없는 것을 따르는 것은 모두 '성신'이 아닙니다. 할 수 없는 일을 우리가 어찌 감히 조정에 알릴 수 있겠습니까"라고 하였습니다. 용 · 마가, "우리가 말한 것도 반드시 거행하라는 뜻은 아닙니다. 일의 가부는 조선에서 헤아려 조치하기에 달렸으니, 시랑들은 다만 우리의 뜻을 아뢰기만 하면 됩니다"라고 하였습니다.

화약 조항 외에 또 이런 더욱 난처한 일이 있으니 매우 괴롭습니다. 대개 모든 대소사는 신들에게 와서 말한 다음, 즉시 회보하지 않았다고 하면서 번번이 힐책합니다. 각 조항 가운데 큰 일은 예부에 자문을 보내고, 작은 일은 비국에서 신들에게 공문을 보내서 답변할 수 있도록 해주십시오. 이러한 연유로 아룁니다.

　九月初六日

　去八月十九日, 賫咨官李晦之還, 此間事情段, 已爲馳啓爲白由在果. 其後, 王世子兩宮氣候平安敎白乎矣, 大君, 十餘日前有感冒之證, 服藥之後, 已爲差復爲白有齊.

　去二十六日, 宣傳官李慶彬及譯官崔泰慶等入來, 咨文付走回人四名及義州府尹所送二名, 竝六名卽爲交割于該部爲白有齊. 前後走回人刷送者, 情勢矜

11 약조 이행 강요　117

惻, 雖無備局分付, 自此依他給價欲爲贖出, 請于龍·馬, 則許其贖還爲白有乎矣. 各其本主多在遠地, 且無自公贖給之規, 未得一贖得爲白如乎. 今番刷來中三人段, 適音貴永介王家擄來者, 故卽許贖出爲白乎矣. 勒定厥價, 多至二百兩是白去乙, 屢次爭辨, 終不減數, 不得已准價贖出爲白有乎矣. 逃回之人, 輒施斷趾之刑, 故此人等亦爲傷重, 姑留調治後, 出送計料爲白齊.

王世子入來日月不久, 似難輕以請還, 而肅寧殿祥期只隔數月, 以出往終喪之意, 議於龍·馬及滿月介等, 初一日呈文于禮部, 則禮部卽受呈文, 相議於該部親王, 入奏云云爲白如乎. 翌日朝, 急招臣等及講院諸官爲白去乙, 臣等卽爲進去, 則禮部多官及博士等, 竝十餘人大會廳上. 臣等坐定後, 引出漢人一名, 跪于眼前. 范文程招漢譯爲白去乙, 禁軍崔得男稍解漢語乙仍于, 使之進前聽之, 則文程以漢語傳之曰, "此漢人新自石城島投來, 言說, 朝鮮交通在島漢將, 沈都督印信乙, 得於兵亂中, 送于南朝, 又將人蔘二十七斤, 分送于白副摠·呂碧等處, 而渠自親見云, 此於皇帝則雖不信聽, 而或邊臣私有交通之事耶?"爲白去乙. 臣等答曰, "我國旣與南朝相絶, 至於攻島之際, 出兵相助爲白有去等, 沈將印信, 有何所關而入送南朝乎? 送蔘之說, 尤不近理. 邊將亦安敢私自交通, 犯其重律乎? 自島投來之人, 例有交構之言, 安知非細作離間兩國者乎? 在島漢人讐視我邦, 亦不無故, 送如此之輩, 以敗兩國之好, 非但此也. 前頭如此之人必多踵至, 豈可專信此輩, 而致疑我國乎? 吾等所大憂者, 專在於此矣"云, 則文程等頷之以爲然, 當以此意回奏云.

文程等四人先爲起去, 滿月介及漢將等四人仍坐. 有一年少掌文書者, 持臣等呈文, 與沙皮河來到, 相與密語良久爲白如乎, 卽使鄭命壽等傳言曰, "王世子·大君旣爲來此, 雖許出送, 所當願留, 而經[20]先請去, 甚未安當. 且大小之事以口舌詳細來言可也, 不必以文字來呈. 此呈文議于該王, 則不許入奏, 皇帝則未及見之矣." 臣等答曰, "王世子·大君入來不久, 固知不敢請還. 而第三年之喪, 人子至情, 往返脫服, 不過數月之間. 況當初皇帝明有許令往來之敎, 不勝懇迫之情, 敢此陳白. 若非文字, 下情何由上達乎? 更乞備將此意呈奏"云. 則滿將等曰, "非但文呈之不可, 請還之言, 更勿出口. 此後, 凡事必以口舌來言, 永勿爲呈文可也. 云云"爲白去乙. 臣等屢爭, 不得而退爲白齊.

臣等今番請還之擧, 亦知其難必, 而似有庶幾之勢, 故費盡心力, 有此陳請爲白有如乎, 投來漢人之誆說, 適値是日, 因此生疑, 尤爲不幸爲白齊. 大槪我國與南朝, 雖已相絶, 致疑之事不一而足, 投來之人連續交構, 諸將輩相接之際, 頓無相信之色, 尋常言語, 每發疑端, 恐或因此生事, 極爲悶慮爲白齊.

是夕, 金汝翎來言曰, "臣等出來之後, 其漢人更爲般問, 則指天爲誓, 自實其言曰, '送蔘之事, 十分無疑. 若不信吾言, 則前頭亦必有繼來之人, 吾言若不相符, 則當以劍自刎'云, 則頗以爲然. 卽拜其漢人爲守堡將. 云云"爲白臥乎所. 事極慮爲白齊.

龍·馬兩將近以巡審事出去, 昨日還來, 招臣簪臣潢等於戶部, 且招今來譯官, 使之參聽曰, "吾等出去日久, 非但思與相見, 朝鮮譯官入來云, 朝廷擧措, 想必細知. 前者所言, 向化及漢人等刷送, 何至今無皂白耶? 向化則當初投入之時, 必爲成籍, 分置於各邑, 按籍而査, 則刷送不難, 走回之人, 當以萬數, 而兩度所送, 皆是六口, 甚爲零星. 軍兵撤回時, 落後漢人亦多, 陣中見偸之馬, 明有官標, 已令推還, 而至今不送. 鐵山府使以猪酒饋遺漢將事, 亦不推覈回報. 凡于

---

20 '經'은 원본에 '徑'으로 나온다.

如此之事, 吾等恐或生事, 從前以情言之, 而慢不擧行, 吾等亦甚無顏"云.

而觀其辭氣, 則一邊恐嚇, 一邊溫言爲白去乙, 臣等答曰, "小邦宜有慢棄大國之令哉? 亂離甫定, 凡事未遑, 趁未及期, 勢使然矣. 前日已爲啓知此意於朝廷, 早晚豈無擧行之理乎? 向化則初來之時, 設有成籍, 歲月已久, 經過累世, 已身向化之餘在者, 想必無多. 況大軍之回, 幾盡擄來. 漢人則年前黃監軍出來時, 盡爲刷去, 餘存亦必無幾. 我國走回之人, 則容或矜惻, 而至於向化漢人, 則有何所惜, 而不爲刷送乎? 當以此意更爲申禀於朝廷. 云云." 則龍·馬等曰, "此等項事告于世子前, 今此驛[21]官之回, 一一啓達可也. 吾等所言各條, 竝爲了當, 則此外他無詰責之事, 兩國不亦歡好. 云云"爲白齊.

上項五件中, 所爲見偸之馬段, 前日入來時, 信川人偸馬是如爲白有去乙. 臣等卽爲移文于該道監·兵使, 渡江之前, 使之推覈回報, 而不爲可否爲白有去乙, 到此之後, 亦爲移文爲白有旀. 安州·肅川等官良中置, 亦有見偸之馬, 故淸將等言于兵使, 使之推送, 竝無黑白是如爲白去等. 令兩西監·兵使, 更良査覈回報爲白齊.

龍·馬又言, "日本使出來乎? 我國欲爲通信之意, 曾於約條時言之矣." 臣等答曰, "日本海路甚遠, 我國使臣十年一番往來, 彼國則只商買舡往來, 使臣則近無出來之事矣." 龍·馬唯唯別無他語爲白乎矣, 倭使若來, 則欲使我國通于此處是白齊. 且曰, "使臣入來先聲久矣, 何至今不來耶? 崔尙書入來云, 然耶? 質子家屬亦皆無遺入來耶?" 臣等曰, "崔尙書今爲閣老, 以使臣果爲入來, 而似聞以謝恩兼節使, 故姑退行期, 今月旬間當發程云. 且質子家屬旣有明敎, 何敢少違,

---

21 '驛'은 원본에 '譯'으로 나온다.

亦必入來矣."龍·馬等唯唯爲白齊.

臣等罷歸之際, 龍·馬追送鄭命壽, 傳言於路中曰, "柳琳罪狀, 何以處之." 臣等曰, "因譯官聞之, 則柳琳削奪官爵, 免爲庶人, 白馬山城定配云." 則曰, "柳琳科罪事, 何不咨知? 云云." 大槪其意, 若咨論罪之擧則, 自此似有處分之意是白齊.

頃日, 龍·馬兩將來謁世子時, 傳給一囊文書曰, "此乃朝鮮人越境採蔘, 而爲伏兵所逐, 棄此囊子而走. 從前越境之禁, 非不嚴明, 而小不懲戒, 猶踵前習, 此何故也? 其人雖不得捉, 名在囊子中文書, 以此推之則, 可以得實. 不可不趁卽查覈回報. 云云"爲白去乙. 同文書閱見, 則乃是蔘商等私相給債明文是白乎等以, 明文段備邊司以上送爲白在果. 此不過拾得文書, 事甚微細爲白乎矣, 渠等旣有進達於世子前, 欲知回報是白乎等以, 不得不煩瀆爲白齊.

初五日早朝, 龍·馬兩將, 又招臣瑬臣潢及譯官崔泰慶等於戶部, 辟左右言曰, "我國之人與朝鮮之臣結爲婚姻事, 前日約條時, 已爲言之. 前頭使臣之來, 可婚之女, 其能率來乎?" 臣等曰, "是何言也? 約條時, 設或言之, 婚姻大事也. 彼此交相媒妁, 某人之子與某人定婚, 然後自可爲之, 豈有不爲定約, 而輕先率來之理也?" 龍馬答曰, "所言甚是. 且朝鮮不以女子等來獻於皇帝前耶. 大明皇帝旣有前例, 不可不來獻. 雖無皇帝分付, 朝鮮若有誠意, 則理當先自來獻, 侍郎等不聞此消息耶?" 臣等曰, "大明時, 雖有此事, 此非太祖之所爲, 後代之君勒令送獻, 而事不便當, 故卽爲停止. 至于今日, 絶無此事. 今者大國强有所令, 則小國似難違拒, 大槪女色非貢獻之物, 且無皇帝明旨, 臣之事君, 外國之事大國, 豈有以女色私獻者哉. 此事則決不可爲也. 龍·馬每以誠信責望於我國, 凡事之可爲者不行, 事之不可爲之從之, 皆非誠信. 不可爲之事, 俺等亦何敢通報於朝

廷乎?"龍·馬曰, "吾等所言, 亦非必欲擧行之意也. 事之可否, 有在朝鮮之量
處. 侍郞等第以吾兩人之意啓知, 宜當. 云云"爲白去等.

約條之外, 又有此一層難處之事, 極爲痛憫爲白齊. 大槪凡于大小之事, 來言
於臣等之後, 不卽回報是如, 每每詰責爲白去等, 各項等事, 大則移咨於該部,
小則令備局移文于臣等, 以爲酬答之地爲白只爲. 詮次善啓.

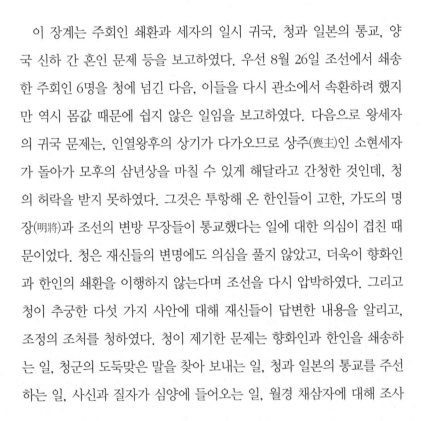

이 장계는 주회인 쇄환과 세자의 일시 귀국, 청과 일본의 통교, 양
국 신하 간 혼인 문제 등을 보고하였다. 우선 8월 26일 조선에서 쇄송
한 주회인 6명을 청에 넘긴 다음, 이들을 다시 관소에서 속환하려 했지
만 역시 몸값 때문에 쉽지 않은 일임을 보고하였다. 다음으로 왕세자
의 귀국 문제는, 인열왕후의 상기가 다가오므로 상주(喪主)인 소현세자
가 돌아가 모후의 삼년상을 마칠 수 있게 해달라고 간청한 것인데, 청
의 허락을 받지 못하였다. 그것은 투항해 온 한인들이 고한, 가도의 명
장(明將)과 조선의 변방 무장들이 통교했다는 일에 대한 의심이 겹친 때
문이었다. 청은 재신들의 변명에도 의심을 풀지 않았고, 더욱이 향화인
과 한인의 쇄환을 이행하지 않는다며 조선을 다시 압박하였다. 그리고
청이 추궁한 다섯 가지 사안에 대해 재신들이 답변한 내용을 알리고,
조정의 조처를 청하였다. 청이 제기한 문제는 향화인과 한인을 쇄송하
는 일, 청군의 도둑맞은 말을 찾아 보내는 일, 청과 일본의 통교를 주선
하는 일, 사신과 질자가 심양에 들어오는 일, 월경 채삼자에 대해 조사

하여 회보하는 일 등이다.

또한 청은 약조에 따라 양국 신하들 간의 혼인 및 과거 명나라에 행한 사대의 전례에 따라 시녀를 바치는 문제를 제기하였다. 혼인 요구는 만주족을 오랑캐로 여기는 조선에서 누구나 꺼려하는 난감한 문제였는데, 용골대·마부대의 힐문에 재신들이 혼인은 절차를 갖추어야 한다는 말로 응대하였다. 시녀를 바치는 문제도 황제의 명이 없이 사사로이 바칠 수 없다는 말로 피해 갔다. 계속되는 혼인 요구에 조정에서는 1637년 11월 고위 관료의 서녀 또는 양녀로 5인을 선발하고 그 명단을 보낸 일이 있었다. 그 뒤로 다시 혼인에 대한 언급이 없다가, 1641년 4월 "길이 멀어서 왕래하기에 불편한 폐단이 있고, 원망하고 괴로워할 염려가 있으니 그만두라"는 청 태종의 명에 따라 중지되었다.[22] 한편 시녀를 바치는 일은 1638년 10월 각 도에서 10인을 선발하여 보냈다. 그밖에 1650년(효종 즉위) 섭정왕 도르곤의 청으로 종실 금림군의 딸을 의순공주(義順公主)라고 하여 청에 보내 혼인한 일이 있었는데, 이때 시녀도 16인을 선발하여 보냈다.

이처럼 약조의 이행을 놓고 청이 조선을 힐책하고 압박하는 일이 계속되었다. 주로 용골대와 마부대가 심양관에 와서 이러한 문제들을 제기하고, 재신들로 하여금 조정에 보고하여 신속히 실행할 것을 독촉하였다.

---

22 『심양장계』 신사년 4월 19일.

12

칙사에 대한 탐문

9월 6일 [2]

이번에 받은 비변사의 관문(關文, 공문)에, "일찍이 듣건대, 칙사가 11월 1일에 출발하여 나올 것이라고 하는데, 우리나라에 물자가 바닥나 형편 없으므로 반드시 원역의 실제 수를 미리 알아야 궁박하여 사달이 날 걱정이 없을 것이니, 상사(上使)·부사(副使)와 그들이 데려오는 두목(頭目)의 실제 수를 은밀히 탐문하고 헤아려 알리라" 하였습니다. 칙사가 나가는 날짜는, 사은사가 나갈 때는 11월 1일 떠난다고 했는데, 중간에 또 11월 1일 압록강을 건널 것이라고 했다가, 이제 다시 물으니 10월 16일 출발하여 26일쯤 강을 건널 것이라고 하며 두목의 수는 100명을 넘지 않는다고 합니다.[1] 신들이 묻기를, "전부터 칙사를 접대하려면 반드시 1·2·3등 두목의 수를 알아야 하고, 기일 전에 상세히 안 뒤에 차례로 접대하는 규례가 있는데 그저 100명이라고 하면 어찌합니까?"라고 하니, 예부에서 "칙사는 3인이 나가고 두목은 아직 등수를 정하지 않았으니 10여 일 전에는 다시 통지할 것입니다"라고 하였습니다. 신들이 "10여 일 전에 통지하면 궁박할 걱정이 많을 것이니, 이참에 미리 알리고 보내야 합니다"라고 다시 가서 말했습니다. 그러나 끝내 말해주지 않고 나가는 칙사의 이름도 말하지 않았습니다.[2] 날짜를 앞당겨 정하고 두목의 등급을 말해주지 않았으니, 반드시 궁박할 걱정이 있을 것이므로 매우 염려스럽습니다.

역관 최태경 등이 양·돼지 값으로 은자 300냥을 가지고 와서, 칙사를 접대하기 위해 양·돼지를 사려고 한다는 뜻을 먼저 정명수 등과 상의하니, 그가 "접대하려고 사겠다고 하면, 황제께서 필시 화를 내고 허가하지 않을 우려가 있습니다"라고 하였습니다. 신들이 서로 다시 의논하여, 우리나라가 난리를 겪은 뒤로 양·돼지가 모조리 없어져서 번식시키려 한다는 뜻으로 사겠다고 하니, 황제가 기뻐하며 쾌히 허락하고 별도로 차인(差人)을 정해 시장에서 사게 했습니다. 양은 암수 합쳐 48마리를 사서 보내는데,[3] 돼지는 값이 매우 비쌀뿐더러 멀리 보내기도 어려우므로 사 보내지 못합니다.

---

1 청의 칙사는 대개 상사·부사와 역관의 3인을 보내는데, 여기에 팔기에서 각각 가정(家丁)을 딸려 보내 필요한 물품들을 구입해 오게 했다. 이 가정들을 두목이라고 하고 등수를 매겨 구분하였다.
2 이후에도 칙사에 대해 탐문하여, 칙사가 용골대·마부대, 역관은 정명수·김돌시 등으로 정해진 사실을 10월 5일자 장계로 보고하였다. 이 칙사는 인조를 조선국왕으로 책봉하는 칙서를 가지고, 10월 27일 심양을 떠났다.

의관 정남수의 병이 중한 사정은 전에 치계하였습니다. 지금은 병이 날로 위중해져 결코 단시일에 나을 가망이 없어서 생사가 염려스러운 지경이므로 우선 내보냅니다. 그 대신 의술이 정밀하고 밝은 자로 빨리 뽑아서 보내주십시오. 모든 일을 처리할 때 상대하는 사람은 한인이 태반인데, 관소에 한어를 아는 자가 없어 매우 걱정입니다. 한학(漢學) 역관으로 글을 알고 말을 잘하는 자를 엄정히 택하여 빨리 들여보내, 관소에서 사환할 수 있도록 해주십시오. 몽학(蒙學) 신계암(申繼黯)⁴을 들여보내는 일은 전에 하령하여 예조에 분부하였습니다. 그런데 신계암은 전날 사은사가 들어왔을 때 분에 넘치는 일을 많이 했습니다. 이런 사람이 이곳에 와서 오래 머무르면 폐단이 없지 않을 것이니 그를 들여보내지 않는 것이 온당할 듯합니다. 금군 이귀인(李貴仁)은 배가 부풀어 오르는 증세가 심해서 사환하기에 부적합하여 어쩔 수 없이 내보내는 사유를 아울러 치계합니다. 이러한 연유로 아룁니다.

---

3 역관 최태경은 8월 26일 심양관에 들어왔다가 이날 조선으로 돌아갔다. 또 청이 세자에게 보내준 거위 19마리를 함께 보냈다.(『심양일기』 정축년 8월 26일)

4 신계암(1600~1644)은 1619년(광해11) 역과(譯科)에 급제하였고, 1629년부터 매년 심양에 가서 만주어를 연구하였다. 기존의 여진학(女眞學)으로는 말이 통하지 않고 새로 제정된 만주자를 모르는 상황에서, 『구난(仇難)』·『거화(巨化)』·『팔세아(八歲兒)』·『소아론(小兒論)』·『상서 尙書』 등을 유권점만주자로 개편하여 청어(淸語, 만주어) 교습에 사용하게 하였다. 정묘호란 뒤에 피로인 쇄환의 공로로 참상관이 되고, 다시 첨지중추부사에 올랐다. 1640년부터 심양관에 머물다가, 1644년 봄 소현세자를 따라 참전하여 북경에 갔다 온 다음 심양에서 사망하였다.

(九月初六日) 同日

節到付備邊司關內, 曾聞勅使欲以十一月初一日離發出來是如爲去等, 本國蕩敗無形, 必須預知員役實數, 然後可無窘迫生事之患, 上·副使與否及所帶頭目實數, 密加探問, 計意報知事, 關是白乎等用良. 勅使出去日期乙, 謝恩使出去時段, 十一月初一日離發是如爲白如乎, 中間又言十一月初一日越江是如爲白如可, 到今更問則, 十月十六日發程, 二十六日間當爲越江是如爲白乎㫆, 頭目數段不出百名之外是如爲白去乙, 臣等問曰, "自前勅使接待, 必知一二三等頭目之數, 前期詳悉知之, 然後有次次接待之例, 若汎言百名云, 則何以爲之" 云, 則該部曰, "勅使則三人出去, 頭目未定等數, 前期十餘日當更通. 云云." 臣等曰, "前期十餘日通之, 則必多窘迫之患, 不可不此便預知以送" 云, 再三往覆. 終始不言, 出去勅使人名字, 亦不言之爲白去等, 進定日期, 不言頭目等數, 必有窘迫之患, 極爲可慮爲白齊.

譯官崔泰慶等賚來羊·猪價銀子三百兩是白乎味, 以接待勅使欲貿羊·猪之意, 先與鄭命壽等相議, 則曰, "以接待事請貿, 則必有生怒不許之患"是如爲白去乙, 臣等相與更議, 以我國經亂之後, 羊·猪蕩盡, 欲爲慈息之意請貿, 則皇帝喜而快許, 別定差人, 貿於市上. 羊雌雄並四十八口, 貿送爲白在果, 至於生猪, 非但厥價甚高, 亦難致遠是白乎等以, 貿送不得爲白齊.

醫官鄭楠壽病重緣由段, 前已馳啓爲白有在果. 到今所患之病日漸危重, 決非時月所可差服, 生死可慮乙仍于, 先爲出送爲白去乎. 以他術業精明者, 從速擇送爲白齊. 凡大小事酬應之際, 漢人太半, 行中無解漢語者, 極爲憫慮. 漢學譯官, 極擇解文善語者, 亦令趁速入送, 以爲使喚之地爲白齊. 蒙學申繼黯入送事, 前因下令, 分付于該曹爲白有如乎. 同申繼黯, 前日謝恩使入來之時, 多有汎濫之事. 如此之人來此久留, 則不無弊端, 同人不爲入送, 似爲便當爲白齊.
禁軍李貴仁段, 重得脹症, 不合使喚乙仍于, 勢不已亦爲出送緣由, 竝以馳啓爲
白臥乎是良尒. 詮次善啓.

❋

　이 장계는 청에서 조선에 보내는 칙사에 대해 탐문한 사실을 보고하
였다. 칙사의 출발 일자와 수행원에 대해 상세히 탐지하여 알리라고 한
비변사 관문에 따른 것이다. 칙사 상사와 부사 외에 이들을 따라가는
두목이 100명쯤이었다. 두목들은 팔기에서 각각 보내는 가정(家丁)으
로, 조선에 가서 필요한 물품들을 구매해 오는 일을 담당하였다. 따라
서 조선 조정에서는 칙사뿐 아니라 두목들도 접대하고 이들의 물품 구
매도 원활히 이루어질 수 있도록 준비해야 했다. 당시 심양은 식량난과
물자난에 시달리고 있었는데, 청은 조선을 활용하여 이 문제를 해결하
였다. 그러나 조선의 사정 또한 여의치 않았다. 칙사 접대에 쓸 양과 돼
지를 사들이기 위해 역관을 심양에 들어보냈다고 하니, 전란 뒤에 가축
마저 넉넉지 못한 형편이었음을 알 수 있다.
　장계 뒷부분에는 관원 가운데 병이 심한 의관을 내보내며 후임 의관
을 요청하고, 또 한역(漢譯)을 보내줄 것을 청하였다. 당시 요동 주민의
대다수는 한인이었고, 청 태종의 한인 관료 우대에 따라 범문정과 같은
문관들이 조선 관계 업무에도 관여하고 있었다. 따라서 이들을 응대하
고 일상생활을 해나가는 데 한역이 꼭 필요하였다.

13

황제가 보낸 세찬

12월 28일

이달 23일 내관 김홍준(金弘俊)이 말미를 받아 나갈 때 이곳 사정은 치계하였습니다. 그 뒤로 왕세자 양궁의 기후는 평안하시며, 일행 모든 인원도 그런대로 다 무사합니다.

26일에 세자와 대군께 보내는 세찬(歲饌)이라며 꿩·노루·곰·돼지·사슴·생선과 밀가루·메밀·기름·장·술·식초 등 물품을 예부 관원이 직접 가져와서 바쳤습니다. 그 수가 자못 넉넉하였으며, 재신 이하 종관에게도 나누어 주었습니다.

칙사가 23일 들어왔기에[1] 은밀히 소식을 탐지해보니, 칙사가 우리나

---

1 10월 27일 책봉사로 조선에 나갔던 용골대와 마부대 등이 심양에 돌아왔다.

라에서 접대하는 예가 성대하고 정성이 극진하여 매우 흡족히 여기고 이를 낱낱이 황제에게 아뢰었다고 합니다.

27일에 용골대·마부대 장군이 와서 세자를 뵙고, "우리가 조선에 다녀왔으므로 세자를 배알할 뿐 아니라 황제의 명으로 큰 물고기 2마리를 보내고자 하여, 이렇게 아룁니다. 또 이 물고기는 먼 지방에서 나는데 조선에 있는 것이 아니어서 요리법을 모를 터이니, 별도로 영리한 사람을 정해 황제께 들여보내 그 요리법을 듣고서 가져가게 하는 것이 마땅합니다. 여기서 의주까지는 이 나라 사람이 운반할 것인데, 이는 황제께서 친히 말씀하신 일입니다"라고 하였습니다. 오늘 이른 아침에 선전관 정윤길(鄭允吉)과 각색장(各色掌) 남궁천(南宮千)[2]을 궐에 들여보내 그 가르침을 듣게 하였습니다. 그 물고기의 크기를 재어보니, 머리에서 꼬리까지 포백척(布帛尺, 피륙을 재는 데 쓰는 자)으로 하나는 5척(尺) 5촌(寸)쯤이고 하나는 4척쯤이었습니다. 또 예부에서 정윤길을 불러 소주 두 항아리를 내보이며 "이것은 소젖·말젖과 여러 약재로 빚은 소주로 멀리 몽골에서 나는 것인데, 참으로 병을 다스리는 약주입니다. 이것도 조선에 내보내니 이러한 뜻을 돌아가 국왕께 아뢰시오"라고 하였습니다.

선전관 정윤길과 각색장 남궁천 등이 가져가도록 내보냅니다. 보내준 물고기와 술을 공경히 받았다는 자문을 정윤길에게 주어 바로 들여

---

2 『심양일기』에는 반감(飯監, 궁중에서 음식물 진상을 담당한 관리) 남궁천이라고 하였다. 색장(色掌)은 관청 내 여러 부서에서 소임을 맡은 자를 말한다.

보내십시오.[3] 이번에 보내는 물고기는 한 마리가 수레 하나에 실을 만큼 커서 운반하기 어려울 뿐 아니라, 날씨는 점점 따뜻해지고 길은 멀어서 날짜가 오래되면 썩어버릴 우려가 있다는 사유를 치계합니다. 이러한 연유로 아룁니다.

十二月二十八日

本月二十三日, 內官金弘俊受由出去時, 此間事情段, 已爲馳啓爲白由在果. 其後, 王世子兩宮氣候平安敎是白乎旀, 一行上下人員段置, 姑皆無事爲白齊.

二十六日, 世子前敎是及大君前, 歲饌是如, 雉·獐·熊·猪·鹿·鮮魚及眞末· 木米·油·醬·酒·醋等物, 該部之官親自領來進排爲白乎矣, 其數頗優爲白乎旀, 宰臣以下從官段置, 亦爲分級爲白齊.

勅使段二十三日入來爲白去乙, 密探消息, 則勅使以我國接待, 禮盛誠盡, 深以爲洽然, 一一陳達於皇帝前云云爲白齊.

二十七日, 龍·馬兩將來現於世子前, 曰, "吾等往來朝鮮, 非但欲爲拜謁, 皇帝有命, 欲送大魚二尾, 此意陳達矣. 且此魚出自遠方, 非朝鮮所有之物, 必不知烹飪之法, 別定伶俐人, 入送皇帝前, 聽得其法後, 仍令押送甚當. 且自此至義州, 則此國之人當爲輸去, 此乃皇帝親自云云之事"是如爲白去乙. 當日早朝, 宣傳官鄭允吉·各色掌南宮千, 入送于闕內, 聽其指敎爲白乎旀. 量其魚之大小, 則從頭至尾, 布帛尺以, 一則五尺五寸許, 一則四尺許是白乎旀. 又招鄭允吉於

---

3 조선 조정은 이듬해 1월 12일에 큰 물고기와 소주를 받고, 답례로 큰 유자 30개를 보냈다. (『인조실록』 16년 1월 12일)

禮部, 出示燒酒二缸, 曰, "此乃牛・馬乳及諸藥物所釀燒酒, 出於遠方蒙古, 眞治病藥酒也. 此亦出送於朝鮮, 此意歸達于國王前. 云云"爲白乎等以.

宣傳官鄭允吉・各色掌南宮千等, 押領出送爲白在果. 同所送魚・酒祗受咨文乙, 鄭允吉處, 卽速入送敎矣. 今此出送之魚, 一尾之大可載一車, 輪運爲難嵃不喩, 日氣漸暖, 道遠日久, 必致腐爛之患, 緣由馳啓爲白臥乎事是良尒. 詮次善啓.

❀

정축년의 마지막 장계로, 새해를 앞두고 청 태종이 보낸 세찬을 받은 일을 먼저 보고하였다. 이어서 칙사로 나갔던 용골대와 마부대가 돌아와서 조선에서 극진한 대접을 받았다는 것, 청 태종이 큰 물고기와 몽골 소주를 조선에 보낸다는 것을 보고하였다. 이처럼 세찬을 보내주는 일은 이후에도 계속되었다.

참고로 『심양장계』에는 실려 있지 않으나 새해맞이와 관련된 행사로 반력(頒曆)이 있었다. 청은 10월 1일에 황제국으로서 새해 책력을 반포하는 행사를 행하였는데, 심양관에서도 반력에 참여하고 책력 101권을 받아 와 조선으로 보낸 일이 전하고 있다.[4] 이후에도 반력은 연례행사로 베풀어졌다.

---

4 『심양일기』 정축년 10월 1일.

무인년
(인조16, 1638)

14

삼전도비문 수정

1월 26일

이달 7일 내관 오대방(吳大邦)이 나갈 때 이곳 사정은 치계하였습니다. 그 뒤 왕세자 양궁은 기후가 평안하시며, 일행 모든 인원도 그런대로 다 무사합니다.

10일 내관 임우문(林友聞)이 들어와서, 가져온 삼색 남과(南果)와 자문(咨文)·비문(碑文)[1] 등을 무사히 바쳤습니다. 청나라에서 바라던 것 이

---

1 비문은 삼전도비(三田渡碑) 곧 '대청황제공덕비'에 새길 글을 말하는데, 이경석(李景奭)과 장유(張維)가 지은 비문 초안을 청의 확인을 받기 위해 심양으로 보냈다. 삼전도비는 병자호란이 끝난 뒤에 황제의 공덕비를 세우라는 마부대의 권유에 따라 건립 공사가 시작되었다. 마부대는 몇 차례 칙사로 나와서 비석 건립 과정을 점검하였다. 삼전도비는 현재 서울 송파구의 석촌호수 서호 언덕에 있다.

상이라며 매우 기뻐하고, 심지어 내관을 사신의 예로 대우하여 따로 동관에 거처하게 하였습니다.

4~5일이 지난 뒤에 신들을 예부에 불렀는데, 범문정·가리(加利)[2] 박시와 한인 6~7인이 모여 앉아서 비문을 내보이며, "이 비문에 미진한 곳이 많으니 재신들과 상의하여 강정(講定)하려고 합니다"라고 하였습니다. 신들이 "미진한 곳이 있다면 강정해도 무방합니다"라고 하자, 범문정이 "비문에 첨가할 일이 있고 삭제할 말이 있으며, 또 문자와 표현에도 미진한 데가 있습니다. 이번에 황제가 조선에 나갔을 때 크게 은덕을 펴고 조금도 함부로 침탈하지 않았는데, 폭력과 약탈을 금지했다는 등의 말이 있는 것은 온당치 못한 일이 아닙니까. 또 강도가 함락되었을 때 국왕의 후궁과 빈궁·대군 및 재신의 가속을 극진히 보호하여 돌보고 무사히 모셔왔으므로 그 덕이 막대합니다. 이 한 가지 일은 아예 빠트렸으니 이것이 무슨 뜻입니까? 당초에 폭력과 약탈이 없었는데 굳이 그렇게 쓰고, 막중한 덕은 잊어버리다니 더욱 부당합니다. 초 장왕 (楚莊王)을 끌어다 비유한 것도 적절치 않습니다. 초 장왕은 그때 제후였고 본래 주 천왕(周天王)이 있었으니 이에 견주는 것 또한 매우 온당치 못합니다"라고 하였습니다. 신들이 "우리는 비문 초안을 못 보았으니, 본 뒤에 답하겠습니다"라고 하자, 범문정이 비문을 내주기에 신들이 본 다음에 답하기를, "대인들이 말한 것이 옳기는 하나, 이것은 지

---

2 가리(叺林)는 청의 내각 대학사였다. 『심양장계』에 加獜·加隣·噶林 등으로도 나온다. 이 책에서는 가리로 통일하였다.

은이가 써넣은 문구에 불과합니다. 이번 황제께서 나가셨을 때에 조금도 폭력과 약탈이 없었던 일은 황제께서 폭력과 약탈을 금지한 은혜가 아니겠습니까. 그런데 우리나라에서 2개의 비문을 지어 보낸 것은 골라 쓰게 하려는 것이니, 문구에 온당치 못한 것이 있다면 고친들 무엇이 해롭겠습니까. 대인이 말한 것이 옳습니다"라고 하였습니다.

그대로 함께 논란을 한참 벌이다가, 범문정이 "우리가 여러 사람과 상의하여 강정할 것이니 재신들은 우선 물러가시오" 하여 신들이 물러나왔습니다.

어제 또 신들을 호부에 불렀는데, 용골대·마부대와 범문정·가리 박시 등이 또 같이 앉아서 비문을 내보이며 말했습니다. "초 장왕을 끌어다 비유한 글은 쓰지 않고 이 글을 쓰려고 하는데, 가감할 데가 많아서 우리가 대략 첨가할 말을 만들었습니다. 재신들이 이것을 본 다음 조선에 상세히 알리고, 이 글에 이러한 뜻으로 문장을 지어 첨가하도록 하십시오"라고 하였습니다. 신들이 보여달라고 해서 보았더니 언급한 말들이 있기에, "이 첨가할 말을 한 번 보고서는 잊어버릴 염려가 있으니 베껴서 보내겠습니다"라고 하였습니다. 범문정은 "그저 보기만 하십시오. 베껴서 보내는 것은 안 됩니다" 하더니, 신들이 강력히 요구한 뒤에야 허락하였습니다. 첨가할 말을 베껴 써서 올려 보냅니다.[3]

---

3 청은 두 비문 가운데 이경석이 지은 비문을 택하고, 범문정이 지은 문안을 보여주며 수정을 요구하였다. 이경석은 이것을 받아들여 비문을 다시 지어야 했다. 이 비문이 『인조실록』 16년 2월 8일에 실려 있다.

신들이 그 기색을 살펴보니 기미년(1619) 명에 원병을 보낸 일[4]과 우리나라가 화약을 어긴 일,[5] 황제가 시종 은혜를 편 덕에 관해서는 반드시 갖추어 상세히 기록하기를 바랐습니다. 대개 모든 글은 다 몽서로 번역하여 황제에게 바쳐 어람하는데, 문자와 번역은 의미가 자못 다르고, 폭력·약탈이라는 말이 자기들 말[方言]로 좋지 않다고 꺼리니, 모든 문서를 찬술할 때 반드시 헤아려서 해야 할 것입니다.

그 비문 2통을 베껴 써두고 원문은 돌려보내니, 즉시 고쳐 지어서 들여보내십시오. 또 마땅하지 않으면 다시 고쳐서 보내게 한다고 하니, 비국에서 상의하여 고쳐 지은 뒤에 빨리 들여보내십시오. 몰래 탐문해보니, 황제가 직접 대군을 이끌고 다음 달 3일께 몽골 지방으로 떠난다고 합니다. 이러한 연유로 아룁니다.

戊寅 正月二十六日

本月初七日, 內官吳大邦出去時, 此間事情段, 已爲馳啓爲白有在果. 其後, 王世子兩宮氣候平安敎時白乎旀, 一行上下人員段置, 姑皆無事爲白齊.

內官林友聞, 初十入來, 其賫來三色南果及咨文·碑文等, 無事呈納. 而出於

望外, 深以爲喜, 至於內官以使臣例待之, 別處東館爲白乎旀.

　碑文段, 過四五日之後, 招臣等於禮部, <u>范文程</u>·<u>加利</u>博士及漢人六七人會坐, 出示曰, “此碑文多有未盡處, 欲與宰臣等相議講定. 云云.” 臣等曰, “苟有未盡處, 則講定無妨.” <u>范文程</u>曰, “碑文中有添入之事, 有可削之語, 且於文字措辭, 亦有未盡處. 今番皇帝出去之時, 大布恩德, 少無橫侵, 而有禁暴止掠等語, 不亦未安乎? 且<u>江都</u>見陷之時, 國王後宮·嬪宮·大君及宰臣家屬, 極盡護恤, 無事奉來, 其德甚大. 此一件事專沒之, 此何意也? 初無暴掠而强記之, 莫重之德已忘之, 尤不當也. 至於<u>楚莊王</u>引喩之事, 亦不着題, <u>楚莊王</u>其時諸侯也, 自有<u>周天王</u>, 而比之於今, 亦甚未安. 云云.” 臣等曰, “吾等不見碑文草, 當見之後答之.” <u>文程</u>出給, 臣等看過後, 答曰, “大人等所言雖是, 而此不過作者措語之辭. 今番皇帝出去時, 少無暴掠之事, 此非皇帝之禁暴止掠之恩耶, 然我國之製送二文者, 欲使擇用, 至於措語間未安者, 則改之何害? 唯大人所言焉.” 仍與之論難良久, <u>范文程</u>曰, “吾等亦當與諸人相議講定, 宰臣等姑退. 云云”爲白去乙, 臣等退來爲白有如乎.

　昨日又招臣等於戶部, <u>龍</u>·<u>馬</u>兩人及<u>范文程</u>·<u>加利</u>博士等又在坐, 出示碑文曰, “<u>楚莊王</u>引喩之文則不用之, 此一文欲用, 而多有加減處, 吾等略構添入之語. 宰臣等見此, 後細通于<u>朝鮮</u>, 此文中以此意措語添入可也.” 臣等求見之則有所云云, 臣等曰, “此添入之語, 一番看過之後, 恐有遺忘之患, 欲謄書以送”云, 則<u>文程</u>曰, “只令見之, 不可謄送”云. 臣等强而後許之. 同添入之語, 謄書上送爲白在果.

　臣等察其氣色, 自己未助兵之事及我國失和之端·皇帝終始布惠之德, 必欲備細記之是白齊. 大槪大小文字, 皆以蒙書飜譯, 進覽於皇帝前, 以文字與飜譯

意味頗殊, 暴掠之語, 方言不好, 故厭之, 凡文書撰出之際, 必須商量而爲之宜
當是白齊.

同碑文二度謄書留置, 本文則還送是白乎旀, 卽使改撰入送爲白乎矣. 如
又不當則更使改送云云爲白去等, 令備局商議改撰, 從速入送爲白齊. 竊聞皇
帝親行大軍, 來月初三日間, 發向蒙古地方云云爲白臥乎事是良尒. 詮次善啓
云云.

❊

이 장계는 '대청황제공덕비' 곧 삼전도비에 새길 비문에 대해 청나라
에서 수정을 요구한 일을 보고한 것이다. 삼전도비는 병자호란 종결 뒤
전후 처리를 위해 조선에 남아 있던 마부대가 황제의 공덕을 보이는 비
를 세우도록 제의하고, 비변사에서도 조선에 대한 청의 의심을 풀 수
있을 것으로 여겨 비의 건립을 청하였다. 처음에 마부대는 청에서 비문
을 보내주겠다고 하였으나, 1637년 11월 용골대와 함께 칙사로 나와서
는 조선에서 짓고 청의 확인을 받도록 하였다. 이에 따라 조선에서는
신료들에게 급히 비문을 짓게 하였는데, 이것은 모두가 꺼리는 일이었
다. 장유(張維)·조희일(趙希逸)·이경석(李景奭)이 마지못해 지어 바쳤는
데, 조희일은 고의로 글을 조악하게 지어 채용되지 않았다. 그래서 이
경석과 장유가 지은 비문 초안을 용골대와 마부대에게 보이고, 이들이
부당하다고 지적한 부분을 빼고 다시 작성하였다.

심양으로 보낸 것은 이 비문 2편이다. 청의 예부에서 한문을 잘 아는

범문정 등 한인 출신 문관들이 2편의 비문을 검토한 다음, 이경석이 지은 비문을 택하고 다시 수정을 요구하였다. 범문정은 조선이 1619년 강홍립 군대를 보내 명을 도운 일과 정묘호란 때의 약조를 어기고 잘못한 일, 청 태종이 조선에 은혜를 베풀어준 일 등을 첨가하게 하였다. 범문정은 비문 표현에 담긴 의미와 소략한 부분을 상세히 지적하며 고치도록 강요한 것이다. 이경석은 비문을 다시 지어야 했다. 이경석은 효종과 현종 대에도 조정을 이끌며 명재상으로 이름이 높았으나 이 비문을 지은 일로 두고두고 비난을 받아야 했다.

15

몽골에서 소 사들이기

2월 18일

지난달 26일 내관 임우문이 돌아갈 때 이곳 사정은 치계하였습니다. 그 뒤 왕세자 양궁은 기후가 평안하십니다. 세자께서 작년 여름부터 때때로 잠시 어지럼증[眩暈症]이 있는데 낫기도 하고 재발하기도 하나 대단하지 않습니다. 또한 약을 드시기 싫어하여 치계하지 않았지만, 이렇게 환절기에는 묵은 증세가 재발하기도 합니다. 이곳 이역에서는 약재도 구하기가 어려워 매우 걱정스럽습니다.

황제가 이달 3일 군사를 일으켜 몽골 지방으로 깊이 들어간 지[1] 여러

---

1 청 태종은 2월 3일 출병하여 서북쪽의 몽골 여러 지역을 정벌하고 4월 12일 심양으로 돌아왔다.(『청사고』 권3, 태종본기2, 숭덕 3년)

날이 되었으나, 간 뒤의 소식은 듣지 못하였습니다.

비국 낭청 성익(成釴)[2]이 소를 살 사람들을 거느리고 11일 무사히 들어왔습니다. 이 일은 황제가 출발하기 전에 조처한 것에 따라 팔고산(八高山)[3]에서 각각 차인을 보내는데, 8조로 나누어 이달 19일에 몽골 지방으로 들여보냅니다.[4] 들어온 말들이 죄다 지쳤을뿐더러 가고오는 동안 쓸 식량과 콩의 수량이 매우 많아서, 어쩔 수 없이 신들이 호부에 말하여 수레 11량을 사서 실어 나르게 하였습니다. 가는 길은 7~8일 거리라고도 하고 10여 일 거리라고도 하나, 소를 사들일 때까지로 하면 언제 돌아올 지 예측할 수 없습니다. 호부에서 '팔고산에서 보낸 이들에게 각각 역관 1명을 보내라'고 하였는데, 이것은 갑자기 준비할 수 없습니다.[5] 김경신(金敬信)은 비국 공사(公事)에 따라 들여보내며, 전날 들어온 호역(胡譯)[6] 정백란(鄭伯鸞)도 채워 보냅니다. 의관 박군(朴頵)·유달

---

2 성익은 몽골에서 소 사들이는 일을 맡은 무우낭청(貿牛郎廳)으로 심양에 왔다. 귀국 후 영장(營將)·수사(水使)·병사(兵使) 등 주로 무관으로 활약하였다.

3 팔고산은 팔기(八旗)이다. 高山 또는 固山은 기(旗)를 가리키는 만주어 '구사'를 음사한 것이다. 팔기는 만주족의 사냥에서 유래한 군사 행정 조직으로, 8색의 기로 편성되었다. 1기는 7,500명으로 구성되며, 기에 편입된 사람을 기인(旗人)이라고 하였다. 기주(旗主)는 고산액진(高山額眞)이라 하고, 기주들의 회의에서 국가의 중대사를 결정하였다.

4 이것은 몽골과의 교역을 위한 것으로 보인다. 청은 몽골에 베·비단이나 조선 수입품을 수출하고 말·소 등 가축을 수입하였다. 명과 교역이 단절된 뒤로 후금은 조선과 몽골을 통해 물자를 조달하였으며, 심양은 다양한 물품이 유통되는 중개지가 되었다.

5 팔기의 차인들에게 각각 역관 1명씩 8명을 보내라는 뜻인데, 당시 심양관에는 청역(清譯, 만주어 역관)이 그다지 많지 않았다.

6 호역은 여진어 역관 곧 여진학(女眞學)으로 역과에 급제한 이를 가리킨다. 병자호란 이후에 여진학은 청학(清學)으로 바뀌었다.

우익 4기   좌익 4기

팔기 깃발

팔기는 좌익(동쪽)과 우익(서쪽)으로 나뉘는데, 좌익 4기는 양황기·정백기·양백기·정람기,
우익 4기는 정황기·정홍기·양홍기·양람기이다.

(柳達) 등이 성익과 함께 들어왔기에, 전임(前任) 신덕청(辛德清)을 교대한 뒤에 내보냅니다.

　사은사 일행이 어제 저녁에 무사히 들어왔으나[7] 문서는 아직 바치지 못하였습니다. 선전관 정윤길이 성익과 함께 들어왔으나 가지고 갔던 휘지(徽旨, 왕세자의 명령서)를 훼손하였기에 까닭을 추궁하니, 돌아오는 길에 혼호강(混浩江) 가에서 타고 가던 말이 뜻밖에 거꾸러져 훼손하게 되었다고 하였습니다. 막중한 휘지를 이처럼 훼손한 것은 매우 놀라우니, 담당 관리에게 추고(推考)하여 치죄하도록 하십시오. 평안도에서 삭선(朔膳)[8]을 실어 온 인마가 돌아가므로 그 편에 우선 치계합니다. 이러한 연유로 아룁니다.

二月十八日

　去月二十六日, 內官林友聞回還時, 此間事情段, 已爲馳啓爲白有在果. 其後, 王世子兩宮氣候平安敎是白乎矣. 世子敎是, 自上年夏間, 有時暫有眩暈之瘟, 而或差或發, 而不至大段. 亦厭進藥, 故不爲馳啓爲白有如乎. 及此寒暖之交, 前瘟有時而發. 在此異域, 藥料亦難, 極爲悶慮爲白齊.

　皇帝本月初三日發軍, 深入蒙古地方, 爲日已多, 而去後消息段, 未得聞之爲白齊.

7　사은사는 우의정 신경진(申景禛)이었다. 1637년 10월 최명길이 심양에 와서 징병 철회를 요구하고 이를 청에서 허락한 것으로 여겨, 사은사를 파견한 것이었다.
8　삭선은 각 도에서 매월 왕실에 바치는 음식물을 말한다. 심양의 소현세자에게는 평안도에서 삭선을 바치도록 하였고, 삭선 외에 명절이나 탄일 등에는 따로 별선(別膳)을 바쳤다.

備局郎廳成釴, 率買牛人等, 十一日無事入來爲白有在果. 此事, 皇帝未行之前, 已爲停當, 故八高山各出差人, 分作八派, 今十九日入送蒙古地方爲白乎矣. 入來馬匹, 盡爲疲儜弊不喩, 往來粮太之數, 亦甚浩大, 歲不得已, 臣等言于該部, 車子十一輛貿得載運爲白乎旀. 所去道里段, 或云七八日程, 或云十餘日程, 而以貿得爲限, 則回還遲速, 未能預知是白乎旀. 該部所言內, 八高山所送處, 各送譯官一名亦爲白乎矣, 此不可猝辦. 金敬信段, 依備局公事入送爲白乎旀, 前日入來胡譯鄭伯鸞, 亦爲充送爲白齊. 醫官朴頤·柳達等, 成釴一時入來爲白去乙, 前來辛德淸段, 交代後出送爲白齊.

謝恩使一行, 昨夕無事入來爲白乎矣. 文書段未及呈納爲白齊. 宣傳官鄭允吉, 成釴一時亦爲入來爲白有乎矣, 賫去徽旨破傷爲白有去乙, 推問其由, 則還到混浩江邊, 所騎馬不意顚仆, 仍致破傷是如爲白去等. 莫重徽旨, 致此破傷, 極爲駭愕. 令攸司推考治罪爲白齊. 平安道朔膳載來人馬, 還去乙仍于, 姑爲馳啓爲白臥乎事是良尒. 詮次善啓云云.

❉

이 장계는 소현세자에게 어지럼증이 있다는 것과 청 태종이 몽골 정벌에 나선 일에 대해 보고하였다. 이어서 비변사 낭청 성익이 소를 사들이는 임무를 맡아서 심양에 온 일을 보고하였다. 이때 평안도에 우역(牛疫)이 심해 소가 다 없어져버렸기 때문에 낭청을 보내 소를 사 오게 한 것인데, 청 태종은 팔기에서 차인을 보내 함께 몽골로 가서 소를 구매해 오도록 조처하였다.

우역은 1636년 5월 심양에서 발생하고, 병자호란으로 인해 조선과 일본에까지 확대된 국제적 전염병이었다. 1638년 4월쯤 종식되었다고 하는데, 조선은 사육하는 소의 절반이 폐사될 정도로 큰 피해를 입었다. 경작을 못해 농지가 황폐화되고 기근과 질병까지 심해지자, 조정에서 전국 소의 수량을 파악하고 제주도의 소를 호남으로 들여와 피해지역에 나누어 주었다. 아울러 대마도와 몽골에서 소를 사들일 것을 검토하였는데, 우역이 일본 관서지방에도 전파되어 피해가 커지자, 청과 교섭하여 몽골에서 소를 도입하는 방안을 추진하였다.

　조선은 청에 자문을 보내 몽골 소를 도입하는 일에 대한 청 태종의 승인을 받았으며, 청 태종은 청과 조선이 함께 소 구매를 위한 사절단을 파견하도록 하였다. 이에 따라 비변사의 논의를 거쳐 1637년 12월 성익을 무우낭청으로 심양에 파견하였다. 조선과 청 공동 사절단은 몽골로 가서 소를 구매한 뒤 1차로 정백란 일행이 1638년 4월 7일 심양으로 돌아왔고, 성익 일행은 몽골 땅 깊숙이 들어가 소를 구입하여 5월 20일 돌아왔다. 구입한 소는 모두 185마리로, 수가 많지 않아 평안도와 황해도 일부 고을에 분급하는 데 그쳤다. 이후로 청은 이 일을 큰 은혜를 베풀어준 것이라고 과시하였다.

16

호부에서 보낸 찬값

3월 7일

지난달 26일, 삭선을 가져온 인마가 나갈 때 이곳 사정은 치계하였습니다. 왕세자는 눈이 어지러운 증세가 있어 침을 다섯 번 맞았습니다. 원래 증세는 대단하지 않으나 아직 쾌차하지 못하여 매우 걱정됩니다.

황제가 북정(北征)한 뒤로 소식이 전혀 없다고 합니다. 사은사[1]가 가져온 방물은 지금까지 바치지 못하고 있는데, 용골대와 마부대가 봉황성(鳳凰城)[2]을 수축하는 일로 나갔기 때문에, 이들이 돌아오면 조치가 있을 것이라고 합니다. 가도에서 탈주한 무리가 갈 곳이 없어 한 섬에

---

1 2월 17일 심양에 온 사은사 신경진 일행을 말한다.
2 봉황성은 책문(柵門)에서 30리 거리에 있었다. 현재의 중국 요녕성 봉성시(鳳城市)에 있다.

모여 있다가 이즈음 이곳으로 투탁해 왔습니다. 심지상(沈志祥)[3]이 그 우두머리이고 남녀 모두 3,000~4,000이라고도 하고 5,000~6,000이라고도 하며 요동 근처에 있다 하는데, 이곳 사람이 과장해 말한 것이라 확실히는 알 수 없습니다.

배종 신하와 하인들, 질자들에게 지급하는 찬물(饌物)을 이달 1일부터 관소에 들여주지 않고, 호부에서 은자 1,000냥을 보내며 "이것은 찬값이니 열 달 동안 관소에서 구입해 먹으라" 하였습니다.[4] 신들이 직접 예부에 가서, "우리가 여기에 들어와 오늘에 이를 수 있었던 것은 모두 황제의 은혜입니다. 뜻밖에 이제 찬물을 줄이고 이렇게 은을 주는 것은 매우 온당치 못합니다. 은마저 주지 않는다 해도 어찌 감히 말할 수 있겠습니까. 다만 배종한 많은 사람이 이곳 상국(上國)에 들어와 밥 한 그릇 찬 한 가지도 더는 부탁할 곳이 없고, 더구나 타국 사람이 또한 어떻게 사서 먹고살 수 있겠습니까. 혹 은으로 사서 먹는다 해도 한 사람이 하루 먹을 것을 1푼도 안 되는 은으로는 결코 지탱할 길이 없습니다. 황제께서 이런 절박한 사정을 아시면 이렇게 하지 않을 것입니다. 부득이 받은 은은 단단히 봉해두고 황제께서 변통해주시기를 기다립니다" 라고 하였습니다. 만월개 등이 다 수긍하고서 "당초 찬물은 예부에서 마련했으나 이번에 준 은은 호부에서 나온 것입니다. 용골대·마부대가

---

3 심지상은 가도 총병 심세괴의 조카로, 심세괴가 전사한 후 남은 군사를 모으고 총병을 자칭
  하였다. 석성도(石城島)의 군민을 이끌고 1638년 청에 투항하여 속순공(續順公)에 봉해졌고,
  이후로 대명전쟁에 투입되었다.
4 찬값으로 은 1,000냥을 준 일은 1639년과 1640년 4월 1일에도 있었다.

외지에 나가 있어서 사정을 알지 못하니 그들이 돌아오면 상의하여 조처하겠습니다"라고 하였습니다. 그러나 이곳은 한 번 일을 정한 뒤에는 결코 고치지 않으니, 끝내 변통해주지 않는다면 앞으로의 일이 매우 걱정스럽습니다.

이번에 속환한 사람은 먼저 내보내라고 하기에, 마부대 장군에게 공속(公贖)[5]한 남녀 각각 1명을 원적(原籍) 고을로 내보내는 사정을 아울러 치계합니다. 이러한 연유로 아룁니다.

三月初七日

去月二十六日, 朔膳人馬出去時, 此間事情段, 已爲馳啓爲白有果. 王世子以眼眩之瘵, 受鍼五度. 元瘵雖不至大段, 尙未快差, 極爲悶慮爲白齊.

皇帝北征之後, 漠無消息是如爲白齊. 謝恩使方物, 至今未納, 龍·馬兩人以鳳凰城修築事出去, 待其回還有所處置云云爲白齊. 椵島脫逃之衆, 無所於歸, 屯聚一島爲白有如可, 今者投入於此托. 沈志祥爲其領首, 男女幷或云三四千, 或云五六千, 亦處於遼東近處, 此處之人, 誇張言說, 而未能的知是白齊.

陪從諸臣及下人等與諸質子處所給饌物, 自本月初一日不爲入給, 戶部送銀子一千兩曰, "此乃饌價, 十朔之用, 自行中買食. 云云"爲白去乙, 臣等親往禮部, 言曰, "吾等入來於此, 得至今日者, 無非皇帝之恩. 不意今者剋減饌物, 給此價銀, 極爲未安. 銀且不給, 亦何敢言? 但許多陪從之人, 入此上國, 一食一

---

5 공속은 심양관에서 피로인의 몸값을 치르고 속환한 것을 말한다. 뒤에 용골대 등이 자기 소유의 피로인을 심양관에 보내며 속환을 강요하는 일이 자주 있었다.

饌, 更無可賴之地, 況他邦之人, 亦可能買賣而食之? 雖或以銀買食, 而一人日食不過一分之銀, 決無可支之路. 皇帝若知此切迫事狀, 必不如是. 勢不得已, 所給之銀, 堅封藏置, 以待皇帝變通"云, 則滿月介諸人, 皆以爲然曰, "當初饌物磨鍊, 則自禮部爲之, 而今此給銀, 則出於戶部. 龍·馬兩人皆出去, 未知其曲折, 當待其回還, 相議處置. 云云"爲白齊. 此處之事, 一定之後, 斷不更改, 若終不變通, 則前頭之事, 極爲悶慮爲白齊.

今番贖還之人, 先爲出送亦爲白乎等以, 馬將處公贖男女各一名, 原籍官出送緣由, 并爲馳啓爲白臥乎事, 詮次善啓云云.

❀

세자의 안질 증세와 침으로 치료한 일을 먼저 보고하고 이어서 청 태종의 북정 소식 및 사은사의 상황을 간략히 알리고, 가도의 명군 심지상 일당이 청에 투탁한 일을 보고하였다. 다음에 호부에서 찬값으로 1,000냥을 보내준 일을 상세히 보고하였다.

청나라에서 이전처럼 식료품을 제공하지 않고 은자를 보내며 관소에서 직접 구매해 쓰도록 한 것은, 당시 심양 지역의 연이은 흉년으로 식량 수급 상황이 좋지 못한 때문으로 보인다. 그러나 1,000냥의 찬값은 너무 적었기 때문에 재신들이 예부에 가서 사정하고 다시 조처해줄 것을 요구하였다. 외교 관계 업무는 예부 담당이므로 예부에 가서 사정한 것이다. 그런데 조선에 관한 일은 용골대와 마부대가 전담하였고, 이들은 호부의 승정과 참정이었다. 찬값은 호부에서 보낸 것이었다. 장계를 쓴 재신이 청조에서 한 번 정해진 일은 고치지 않는다며 변통되지 않을 것이라고 걱정한 것처럼, 이 일은 고쳐지지 않았고 1639년과 1640년에도 찬값이 지급되었다. 그러다 1641년에는 아리강 강변의 땅을 떼어주며 '야판(野坂)'을 조성하게 하고, 심양관에서 직접 채소를 가꾸고 가축을 길러서 찬물로 쓰도록 하였다.

17

향화인과 주회인 쇄송

3월 18일

이달 7일 대군 군관 신진익 등이 나갈 때 이곳 사정은 치계하였습니다. 그 뒤 세자께서 눈의 어지럼증 때문에 침을 7번 맞았는데, 쾌유하지는 않았지만 자못 효험이 있는 듯합니다.

황제가 북정에 나가서 아직 돌아오지 않았습니다. 소식이 들어왔다고도 하는데, 군기가 엄밀하여 내용이 무엇인지는 알지 못합니다. 용골대와 마부대가 지방에 나갔다가[1] 돌아온 뒤에 사신이 곧바로 방물을 바쳤으나, 향화인과 주회인은 단 1명만 쇄송하고 책임을 면하려 한다며 꾸짖고 받지 않았습니다.

---

1 앞의 3월 7일 장계에 나오는데, 이들은 봉황성을 수축하는 일로 나갔다.

10일 용·마가 세자에게 와서 사신을 불러 동참하게 하고 시녀를 바치는 일, 혼인을 맺는 일, 한인에게 돼지고기와 술을 제공한 일, 갑산(甲山)의 채삼인² 최이생(崔已生)이 도망간 일 등과 향화인·주회인을 쇄송한 수가 적다고 하면서 갖가지로 힐책하였는데, 향화인과 주회인의 일을 더욱 힘주어 말하였습니다. 세자가 일의 형세가 어렵지만 정리는 그렇지 않다는 뜻으로 거듭 설명하여 보냈습니다.

15일 용·마가 또 세자에게 와서 사신도 동참하게 하고 "향화인과 주회인을 단 1명만 들여보낸 것은 크게 성신하지 못한 일이라 처음에는 받지 않으려 했습니다. 다시 생각하니, 이것을 받지 않으면 국왕이 매우 무안할 것이므로 이번은 일단 받겠습니다. 이후로 들여보내는 향화인과 주회인의 수가 많은지 적은지 보면 조선이 성실한지 성실하지 않은지 알 수 있을 것입니다"라고 하였습니다. 그간의 협박이 이루 말할 수 없었으나, 세자가 받아준 것에 대해 치사하고, 또 "우리나라에서 정성을 다해 들여보내려고 하지 않은 것이 아닙니다. 향화인은 대군(大軍)이 회군하며 다 붙잡아 왔고, 주회인은 쇄송한다는 것을 알고 죽기로 숨어버려서 워낙 찾아내기 어렵습니다. 그러나 이후로 발각되는 자가 있으면 어찌 감히 마음을 다해 들여보내지 않겠습니까" 하고 갖가지로 설득해서 보냈습니다. 그간 문답한 내용은 사신이 상세히 장계할 것이므로 감히 다시 번거롭게 아뢰지 않겠습니다.

---

2 1637년 10월 2일 용골대·마부대가, 갑산에서 국경을 넘어 삼을 캔 조선인 110명 중 2명을 붙잡아 와서 세자에게 약조를 지키지 않는다며 힐책한 일이 있었다.

재자관 이시(李時)가 가져온 유자를 놓아두고 기다리다가[3] 또한 바쳤습니다. 이시는 먼저 내보냅니다. 영변의 무녀 옥개(玉介)가 강화 뒤에 사로잡혀 들어왔는데, 그 스스로 호소하여 사실을 밝히자, 옥개를 붙잡았던 청인은 호부에서 치죄하고, 옥개는 관소로 데려와 내주며, "우리나라는 사로잡혀 온 사람이 원통해하면 명백히 조사하여 낱낱이 쇄환하는데, 조선은 줄곧 숨기고 끝내 약조대로 하지 않고 있습니다. 당초에는 일에 겨를이 없다 하더니 이제는 찾아내기 어렵다고 하니, 어찌 이처럼 앞뒤가 다르고 말이 미덥지 않습니까?"라고 하였습니다. 이것을 트집 잡아 협박하는 것이 이보다 더할 수가 없습니다. 옥개는 속환인과 함께 원적이 있는 고을로 내보냅니다.

관소 모든 인원의 찬물을 모조리 없애고 지급하지 않은 일은 지금까지 변통해주지 않고 있습니다. 앞으로의 일이 매우 난감하고 걱정됩니다. 내관 김언겸(金彦謙)이 이달 13일에 무사히 들어온 사유를 아울러 치계합니다. 이러한 연유로 아룁니다.

三月十八日

本月初七日, 大君軍官申晉翼等出去時, 此間事情段, 已爲馳啓爲白有在果.

其後, 王世子以眼眩之症, 受鍼七度而止, 雖不得快復, 而頗似有效敎是白齊.

皇帝北征之後, 而未回還. 或云消息則入來, 而軍機甚密, 時未知如何是白

---

3 청 태종이 보낸 물고기와 소주에 대한 답례로 조선에서 보낸 큰 유자는 2월 23일 심양에 들여왔으나 그 사이 모두 썩어버려서, 예부에 그 사정을 말하고 기다리고 있었다.

17 향화인과 주회인 쇄송   155

齊. 使臣段, 龍·馬兩人出使回還後, 方物則卽爲捧納, 而向化·走回人, 只一名塞責是如, 恐嚇不受.

初十日, 龍·馬兩人來到世子前, 招使臣同參, 言曰, 侍女·婚媾·漢人處猪酒供給·甲山採蔘人逃還崔已生等及向化·走回人數少之事, 詰責多端, 而至於向化及走回人事二款, 尤爲力言爲白去乙. 世子, 以事勢難便, 情理不然之意, 反覆開陳, 以送爲白有如乎.

十五日, 又來世子前, 亦令使臣同參, 言曰, "向化及走回人只一名入送之意, 甚非誠信之事, 故初欲不受. 更思之, 則此而不受, 則國王亦甚無顏, 故今姑受之, 而此後見其入送多少, 可知朝鮮之誠不誠也." 其間恐嚇不可勝言, 世子致謝交割之意, 且曰, "我國非不欲致誠入送. 而向化則大軍之回, 盡以捉來, 走回之人則知其刷送, 以死隱匿, 固難搜得. 而此後, 如有現露者, 則安敢不盡心入送乎?" 亦爲萬端開諭以送. 前後問答事緣段, 詳在於使臣狀啓中, 不敢更煩是白齊.

賫咨官李時段, 賫來柚子, 留置等待爲白如乎, 亦爲捧納是白乎旀. 李時段, 先爲出送爲白齊. 寧邊巫女玉介亦, 講和後被擄入來爲白有如乎, 渠自立訟發明, 所捉人則該部治罪, 玉介則來給曰, "我國則被擄之人苟涉冤悶, 則明白重覈, 一一刷還, 而朝鮮則一向諱疪, 終不如約. 當初則曰, 事未遑暇, 到今則曰, 難爲搜得云. 此何前後不同, 言語之不信, 至於此極耶?" 執此恐嚇, 不一而足. 玉介段, 贖還人一時, 原籍官出送爲白齊.

館中上下人饌物專減不給事段, 至今變通不多. 前頭之事, 亦甚難堪, 極爲悶慮爲白齊. 內官金彥謙, 本月十三日, 無事入來緣由, 并以馳啓爲白臥乎事是良尔. 詮次善啓.

청이 계속 향화인과 주회인 문제를 힐책하고 있음을 보고한 장계이다. 향화인과 주회인을 찾아 보내는 일을 조선이 성실하게 하지 않는다고 질책하면서, 계속 쇄송할 것을 압박하였다. 소현세자는 향화인은 청군이 철군할 때 붙잡아 와서 조선에 남은 자가 없고, 주회인은 깊숙이 숨어버려 찾아내기 어려운 사정이라고 호소하였다. 사실 향화인은 여러 세대 전에 조선에 들어온 여진인의 후손으로 대대로 조선인과 혼인하여 살고 있는 경우가 많았으므로 이들을 찾아내기는 쉽지 않았다. 그리고 쇄환된 주회인은 청인 주인에게 발꿈치를 끊는 형벌을 당하였고, 다시 그 가족이 심양에 가서 속환해야만 돌아올 수 있었다. 온갖 어려움을 헤치고 도망쳐 돌아온 이들을 다시 붙잡아 보내는 일은 조선 조정에서도 "차마 할 수 없는 일"이었다. 그러나 청의 힐책과 압박이 계속되자, 조정에서는 억지로 이들을 색출해 쇄송하였고, 이 때문에 조정을 원망하는 민심이 흉흉하였다. 장계 뒷부분에는 강화 이후에 피로인이 된 무녀 옥개가 풀려난 일을 보고하였는데, 이처럼 청나라에 그 사실을 밝혀 풀려난 경우는 매우 드물었다. 청은 가끔 강화 이후의 피로인을 몇 명씩 관소에 보내주며 생색을 내고, 주회인 쇄송을 더욱 압박하였다.

18

몽골에 간 성익의 보고

4월 17일

몽골 지방에서 사들인 소 56마리를 정백란에게 끌고 돌아가도록 먼저 내보낸 일은 전에 치계하였습니다. 이번에 받은, 소 구매를 맡은 낭청 성익이 지난달 23일 성첩하여 시강원에 보낸 첩정(牒呈, 공문)은 이렇습니다.

심양을 출발하여 서북쪽으로 10일 거리를 가서 짐과 인마를 각각 반으로 나누어, 역관 조효신·김경신·정백란 3인 및 청장 2인과 청인 20명은 모두 서쪽으로 나누어 보내고, 북쪽으로는 저와 역관 이형장(李馨長)[1] 및 청장 2인과 청인 20명이 갔습니다. 두 길로 나뉘어 간 뒤 북쪽으로 6일 거리를 가서 비로소 소를 사기 시작하였습니다. 소 값이 너무 비싸고 소를 파는 자는 매우 드물어서 매매할 수 없었습니다. 다시 3일 거리를 돌아 들어갔으나 소 값이 역시 비쌌습니다. 가지고 간 소청포(小青布)는 거칠어[2] 쓸 만하지 못해 소 1마리 값이 30여 필이나 되었고, 수달피·청서피(青黍皮, 青鼠皮)는 각각 1령(領), 지삼(枝三, 담배의 일종)은 10여 봉, 남초(南草, 담배)[3]는 30여 첩(貼)이나 하였습니다. 소는 하루에 1마리 사거나 하루 걸러 1마리를 사게 되어, 시일만 허비하고 매매는 쉽지 않았습니다. 사들인 25마리만 먼저 내보내고 더 깊이 들어가서 매매할 생각입니다. 그러나 이 값으로 헤아려보면 앞으로 살 수 있는 것은 40여 마리에 지나지 않습니다. 이쪽에서 사들인 것이 이렇다면 저쪽도 알 만하고, 이번에 와서 얻은 것이 쓴 것을 충당하지 못하므로 일이 매우 걱정됩니다. 몽골인이 구하는 것은 여러 빛깔 비단과 대청포(大青布)·수달피·청서피 등인데, 비단과 대청포는 본디 가져오지 않았고 수달피·청서피도 쓰고 남은 것이 많지 않습니다. 이런 물건이 부족한 만큼 앞으로 제대로 매매하기가 어려울 듯합니다. 지삼·남초도 저들이 실로 몹시

---

1 이형장(?~1651)은 李馨長으로도 나온다. 본디 군관이었는데, 1629년부터 역관으로 활동하였다. 1641년 통정대부에 오르고, 청의 역관 정명수와 가까이 지내며 물의를 빚은 일이 있고, 1651년 김자점 역모 사건에 연루되어 참형을 당하였다.

2 임진왜란 이후 조선의 면포 생산이 줄고 품질도 좋지 않았다. 이 때문에 가도를 통해 명의 청포를 수입하는 일이 많았다.

3 남초는 임진왜란 무렵 일본에서 들어와 급속히 조선에 확산되었다. 남초가 심양으로 유입되자 청인들이 매우 좋아했고, 청 태종은 금연령까지 내렸다고 전한다.(『인조실록』 16년 8월 4일) 그러나 흡연은 계속 확산되었고, 남초는 만주와 몽골에서 서로 선물하는 주요 예물의 하나가 되었으며, 청 태종도 사신이나 신하에게 남초를 하사하기도 하였다.

구하는 것이지만 소를 살 적에도 몇 봉·몇 첩을 더 받으려 할 뿐 별로 소와 바꾸려는 자가 없고, 염목(染木)은 4파(把)를 1필로 삼고, 1필의 염목을 2단·3단으로 끊어서 소청포와 같이 쓰고 있습니다. 이곳에 온 뒤로 가져온 양식이 떨어졌는데, 이곳 풍속은 농사를 짓지 않지만 다행히 기장쌀을 얻어서 근근이 연명하고 있습니다. 그러나 수많은 인마가 여러 달 머무는 동안 식량을 대기가 매우 어렵습니다. 가지고 있는 물자는 식량을 사는 데 많이 썼을뿐더러 망망한 사막은 물과 풀이 고르지 않아서 하루 내내 가도 물 한 번도 얻을 수가 없으니, 사람과 말이 모두 기갈에 괴로워합니다. 관마(官馬) 2필은 중도에 죽었습니다. 앞으로 한더위에 온전히 살아 돌아갈지 예측할 수 없습니다. 연유를 갖추어 치계해야겠으나, 여기서 가는 사람들을 내보낼 수 있을지도 확실히 알 수 없고, 더구나 멀리 떨어진 곳에서 보낸 문서가 중도에 어찌될지도 알 수 없습니다. 나가는 사람이 있거든 이러한 내용을 베껴서 아뢰어주십시오.

이 보고를 보면 몽골 지방에서 소를 사는 일이 쉽지 않은 듯합니다. 이번에 온 소 25마리는 교대하여 돌아가는 경군뢰(京軍牢)와 함께 보냅니다. 성익이 소를 사들이는 일을 마치고[4] 나오는 즉시 다시 치계할 생각입니다. 이러한 연유로 아룁니다.

---

4 성익 일행이 구입해 온 소는 총 160마리였다. 이 소는 농사에 쓰도록 평안도 여러 고을에 나누어 주었다.

四月十七日

蒙古地方貿牛五十六首, 鄭伯鸞押領先爲出送事段, 前已馳啓爲白有在果.
節到付貿牛郞廳成貼去月二十三日成貼侍講院了牒呈內,

"自瀋陽離發, 行西北間十日程, 卜物及人馬數各分一半, 譯官趙孝信·金敬
信·鄭伯鸞等三人及淸將二人·淸人二十名, 并以分送西邊, 北邊則卑職與譯官
李亨長及淸將二人·淸人二十名. 分二路作行後, 北行六日程, 始爲發買是如乎.
牛價甚高, 賣牛者鮮少, 不得買賣. 又爲轉入三日程是乎矣, 牛價亦如之右. 小
靑布段, 置羀不可用, 故一牛之價, 至於三十餘正, 水獺皮·靑黍皮各一領, 枝
三十餘封, 南草三十餘貼之多. 而一日所買之牛, 或一頭, 或間日而買一牛是乎
等以, 徒費時月, 買賣不易. 只買二十五頭, 先爲出送爲遣, 展轉深入賣買計料.
而以此價推計, 則將來所貿, 不過四十餘頭是去乎. 此邊所貿如此, 彼邊加知,
今來所得不補所費, 事極悶慮爲齊. 蒙人所求者, 雜色錦緞及大靑布·水獺皮·
靑黍皮等物, 而錦段·大淸布段, 本不持來, 水獺皮·靑黍皮段置, 用餘無多. 旣
乏此物, 則前頭買賣, 恐難成形是乎旀. 枝三·南草段置, 果是切求, 而至於買牛
之際, 若干封·若干貼加捧而已, 別無以牛易之者是旀, 染木段, 爲四把爲一匹,
一匹之木, 絶爲兩端三端, 與小靑布等用是齊. 到此之後, 齎粮旣乏, 此地風俗,
不事耕種, 故幸得黍米, 菫菫連命, 許多人馬遲滯累月, 繼粮甚難. 所持物貨, 多
費於貿粮旀不喩, 茫茫沙漠, 水草不齊, 或盡日之行, 不得一水, 上下人馬惱於
飢渴. 官馬二匹旣斃中道. 前頭成熱, 全活還歸, 不可豫料是齊. 事當具由馳啓,
而此去人等出送與否, 未能的知, 況且絶域文書, 恐或中路浮沈, 茲未果焉. 如
有出去之人, 將此事意謄書啓聞爲只爲." 牒呈是白置有亦.

見此所報, 則蒙古地方貿牛一事, 想必不易. 今來牛二十五隻段, 京中軍牢替
代還去者, 一時又爲領送爲白乎旀. 成釰畢貿牛出來, 卽時更良馳啓計料爲白臥
乎事是良尒. 詮次善啓.

❀

　이 장계는 몽골 지방에 가서 소를 사는 일에 대해, 낭청 성익이 보낸
첩정을 첨부하여 보고하였다. 첩정의 내용에서 청인들과 함께 몽골 지
방으로 깊숙이 들어갔으나, 망망한 사막 지역에 한더위까지 겹친 데다
식량과 물을 구하기도 어려워 사람과 말이 모두 몹시 힘든 상황이었음
을 알 수 있다. 조선에서 가지고 간 것은 청포·수달피·청서피·남초
(담배) 등인데, 소 값은 예상보다 비싸고, 가진 물건은 적고 몽골인들이
구하는 것과도 차이가 나서, 소를 구매하는 일은 쉽지 않았다.

19

세자의 산증

4월 21일 [2]

이달 18일 유림이 나갈 때[1] 왕세자의 기후가 미령함을 치계하였습니다. 당초 증세가 가볍지 않았으나 약을 드시고 침을 맞고 뜸을 뜬 뒤에 자못 효험이 있었는데, 그저께 초어스름에 산증(疝症)이 재발하였습니다. 또 침을 맞고 뜸을 뜨자 통증은 곧 그쳤으며, 다시 재발하지 않고 전보다 나았습니다.[2]

---

1 유림의 죽을죄를 특별히 사면하였으니 들어와 사례해야 한다고 하여, 유림은 4월 11일 심양에 왔다. 그의 죄는 병자호란 때 평안병사로서 감사 홍명구와 함께 김화에서 청군을 무찌른 일을 말한다.
2 산증은 냉기로 인해 아랫배에 병이 생겨 배가 아프고 대소변이 잘 나오지 않는 증세이다. 몸이 피곤한 상태에 찬 기운이 들어오거나 몸이 허약하면 잘 걸린다. 이때 세자의 산증은 한 달 넘게 지속되었는데, 침과 뜸으로 치료한 내용은 『심양일기』에 상세히 기록되어 있다.

황제가 세자가 편찮다는 말을 듣고 용골대와 마부대를 날마다 보내 기후를 물었습니다. 어제 용장이 신 박로를 예부에 불러 마주 앉아서 말하였습니다. "세자의 증후를 즉시 황제께 아뢰었더니, 황제께서 '세 자의 병이 산증이라고 하지만 병의 원인은 필시 심려한 탓이니 매우 걱 정스럽다. 이곳에서 마음을 편안히 하면 뒷날 좋은 일이 있겠지만, 심 려한다면 이로움은 없고 해로울 것이다. 국왕이 세자의 병이 중하다는 말을 들으면 또한 염려할 것이니, 양쪽 모두 상심하면 또한 미안하지 않겠는가. 들으니 조선의 법제에 세자는 평상시 궐문 밖을 나가지 않는 다던데, 여기서는 다르다. 혹 강이나 절 같은 곳에 나들이하여 심기를 풀게 하는 것도 좋을 것이다'라고 하셨습니다."

신 박로가 답하기를, "황제께서 이토록 염려하시니 그 은혜로 보살 피는 뜻에 감격해 마지않습니다. 우리 세자가 들어온 뒤로 황제의 은혜 로운 대우가 실로 바라던 것 이상이니, 어찌 이곳에 있는 것을 걱정하 겠습니까. 다만 세자가 평소 본국에 있을 때 잠시도 어버이 곁을 떠나 지 않았으나 이제는 서로 떨어져 해를 넘겼으니 지극한 정으로 어찌 염 려가 없겠습니까. 더구나 증세가 가볍지 않고 병중에 어버이를 생각하 는 것은 인정이 반드시 그러한 것이니, 우리가 이것을 민망히 여깁니 다. 강에 나가 심기를 푸는 것은, 황제의 뜻이 곡진한 염려에서 나왔을 지라도 출입하기 편치 않을 듯합니다. 그러나 황제께서 이처럼 명하시 니 감히 낱낱이 아뢰지 않겠습니까" 하니, 용장이, "세자에게 질환이 있 은 뒤로 황제께서 지극히 염려하시고 나에게 박 시랑을 불러 이르라고 하셔서 이렇게 말한 것입니다"라고 하였습니다. 그 사이에 많은 이야기가 있었으나 다 황제의 우려하는 뜻을 거듭 말한 것이었습니다.

황제가 용장을 보내 알리기를, "약으로 쓰려고 하니 저실(楮實, 닥나무 열매) 10냥을 구하여 들여보내라" 하였습니다. 예조에서 급히 구해 들여보내도록 하십시오.

우빈객 남이웅이 부름을 받았으므로 즉시 나가야겠지만 용·마가 황제가 돌아온 뒤에 나가라고 하여 기다렸습니다. 황제가 돌아온 뒤에 나가도록 허락하기에, 사신³과 함께 대궐에 나아가 하직을 고하니, 황제가 술을 하사하고 상을 주며 부드럽게 유시하였습니다. 남이웅은 사신과 함께 나갑니다. 그동안 문답한 내용은 사신이 장계에 상세히 아뢸 것이므로 다시 감히 번거롭게 아뢰지 않겠습니다. 이러한 연유로 아룁니다.

(四月二十一日) 同日

本月十八日, 柳琳出去時, 王世子氣候未寧之意, 已爲馳啓爲白有在果. 當初症勢非輕爲白如乎, 進藥鍼灸之後, 頗有差減之效是白如乎, 再昨初昏, 疝氣復發. 又爲鍼灸, 痛勢卽止, 更不發作, 比前差歇敎是白齊.

皇帝聞世子未寧之候, 使龍·馬兩人, 連日來問氣候爲白齊. 昨日, 龍將招臣簦於禮部, 接膝而言曰, "世子症候, 卽告于皇帝, 則曰, '世子所患, 雖云疝症, 而病根則必是用慮之致, 甚爲可慮. 在此安心, 則或有他日好事, 若或用慮, 則無益而有害. 國王若聞病重, 則亦必致慮, 彼此俱傷, 必亦未安乎? 聞朝鮮法制,世子則常時不出闕門之外云, 而在此則有異焉. 或江上或寺刹等處, 出入以爲消遣之地亦可也."

臣簹答曰, "皇帝之致念至此, 其恩眷之意, 不勝感激. 我世子入來之後, 皇帝之恩遇, 實出望外, 豈有以在此用慮哉? 但世子平日在國之時, 不離暫刻, 而到今相違, 已經年歲, 至情所在, 烏得無慮? 況症勢非輕, 病中思親, 人情之所必然, 吾等亦以此爲悶. 至於消遣江上事, 則皇帝之意, 雖出於曲慮, 而出入似涉非便. 然皇命如此, 敢不一一陳達耶?" 龍將曰, "自世子有疾之後, 皇帝極其軫念, 使吾招朴侍郎開諭, 故如是言之耳." 其間多有說話, 而皆以皇帝憂念之意, 反覆言之是白齊.

皇帝使龍將通之曰, "欲爲藥用, 楮實十兩, 覓得入送"亦爲白去等. 令該曹急急覓得, 入送爲白齊.

右賓客南以雄承召, 卽時所當出去事是白乎矣, 龍·馬兩人亦待皇帝回還後出去亦爲白等以, 留待爲白如乎. 皇帝回還之後, 許令出去是白去乙, 與使臣同詣闕下告辭, 則賜酒賞給, 諭以溫旨爲白良在乙, 使臣一時出去爲白齊. 前後問答事緣段, 使臣狀啓中必詳陳達, 更不敢煩瀆爲白臥乎事是良尒. 詮次善啓云云.

❋

왕세자에게 산증이 발병하여 약·침·뜸으로 치료한 일과 청 태종이 세자의 병에 대해 듣고서 기분 전환을 하도록 권유한 사실을 보고한 장계이다. 청 태종이 세자의 병은 심려 때문일 것이라며 강이나 절에 나가 심기를 풀도록 권유한 사실을 전해 듣고, 재신 박로는 세자가 부왕과 떨어져 있어 염려하느라 그렇다고 대답하였다. 이 대답은 소현세자가 귀국하여 모후인 인열왕후의 상기를 마칠 수 있게 해달라고 1637년 9월에 요청한 일이 청의 거부로 이루어지지 못한 것을 염두에 둔 말인 듯하다.

소현세자는 심양에 머물던 1638년부터 여러 질병에 시달린 것으로 나타난다. 『심양일기』를 보면, 산증 외에도 안질·소화불량·감기·귀통증·마비·습종 등이 발병한 사실과 세자가 복용한 약재 및 시술받은 침·뜸 치료의 과정이 상세히 기록되어 있다. 세자가 이전에 비해 현저히 질병이 많아진 것은 볼모살이를 하면서 청과 조선 사이에서 처한 어려움 때문으로 여겨진다. 또 장계 뒷부분에 청 태종이 저실을 구해 보내도록 한 일이 나오는데, 이후에도 생강과 죽력(竹瀝) 등 약재를 종종 요구한 일이 전한다.

20

심양관의 돌림병

6월 21일

왕세자 양궁과 대군께서는 평안하십니다. 이곳 사정은 재신 박로가 나간 뒤로 별로 왕복한 일이 없습니다.[1]

황제가 이달 16일에 들어왔습니다. 서쪽으로 출병할[2] 날짜는 확정하지 않았으나, 내달에 틀림없이 크게 군사를 일으키려고 각 고산[旗]에서 요즈음 날마다 군장을 점검하고 있다고들 합니다.

20일 아침에 황제가 세자와 대군을 초청했는데, 유후성(柳後成)[3]과 삼공육경의 질자들도 참석하게 하였습니다. 세자께서 궐에 나아가니, 황

---

1 청의 관원이 심양관에 오거나, 재신이 청의 아문에 간 일이 없다는 뜻으로 보인다.
2 청이 명을 치기 위한 군사를 일으키는 것을 가리킨다. 『심양장계』와 『심양일기』에는 '서행(西行)' 또는 '서범(西犯)' 등으로 쓰고, 정벌(征伐)이라는 표현을 거의 쓰지 않았다.

제가 새로 지은 중당(中堂)에 나와 앉고 제왕이 모두 모였습니다. 몽골 사신이 뜰에 나아가 뵙고 행례한 다음, 제왕 및 세자와 대군을 인도하여 당에 들이고 차를 돌렸습니다. 제왕은 곧 파하여 나갔으나, 세자와 대군만 동쪽 협실에 있게 한 다음, 용골대 장군에게 음식을 차려 대접하게 하고, 종관 이하 질자들에게도 음식을 먹이고 파하였습니다. 신 박황은 병으로 움직이지 못해 배종하지 못하고, 예조판서 한여직(韓汝溭)[4]의 질제(質弟)[5] 한여필(韓汝泌)도 병이 심하여 참석하지 못하였습니다.

관소가 좁고 낮은 데다 더러운 공기에 무덥고 답답하여, 모든 인원이 병이 나는데 근래에 더욱 심합니다. 온역(瘟疫)[6]에 감염된 증세를 보이는 자는 모조리 바깥으로 내보냈습니다. 선전관 이해룡(李海龍)의 종 1명과 신 박황의 종 1명, 평양 군뢰(軍牢)의 종 1명, 속환한 여인 1명이 잇달아 죽었습니다. 이 밖에도 내보낸 사람이 많으나 아직 생사를 모릅니다. 질자들이 거처하는 곳도 돌림병이 치성하여 이열(李悅)[7]의 종 1명이 죽었습니다. 이들을 멀리 내보내 거처를 옮기게 해달라고 여러 번 아문에 말했지만, 청나라 풍속이 돌림병을 꺼리지 않는 탓에 전혀 들어

---

3 유후성은 의관으로, 세자의 치료를 위해 6월 1일 심양관에 들어왔다. 침을 잘 놓기로 유명하였고, 고양군 등 경기도 몇 고을의 수령을 지냈다.

4 한여직(1575~1638)은 1623년 인조반정 이후 승지가 되었고, 이듬해 경기관찰사로서 이괄의 난을 평정하여 공을 세웠다. 좌참찬·대사헌을 거쳐, 예조·형조·공조판서 등을 역임하였다.

5 질제는 인질로 보낸 동생을 말한다. 삼공육경에게 인질로 보낼 아들이 없으면 동생·손자·조카 등을 보냈다.

6 온역은 일종의 급성 열성 전염병이다. 조선시대에 온역의 치료에 대한 의서(醫書)로 1518년 『벽온방(辟瘟方)』 이후 여러 종이 간행되었다.

7 이열은 병조판서 이시백(李時白)의 질자로, 그의 서자이다.

주지 않았습니다. 그래서 질자들도 우선 동관에 들어가 있습니다.

대개 모든 원역과 질자들의 처자까지 아울러 수백 인이나 되는데, 비좁은 곳에 몰려 있으니 질병이 잇달아 발생하여 약물로 구제하지 않으면 더욱이 살릴 길이 없습니다. 부득이 내국(內局, 내의원)에서 보낸 약재로 한두 번씩 복용하도록 구급하지만 써야 할 데가 너무 많아서 계속 구제할 길이 없습니다. 전날 내국에서 보낸 향재(鄕材, 토산 약재) 10여 가지는 너무 적어서 한 번 복용할 약도 조제하기 어렵습니다. 십신탕(十神湯)·구미강활탕(九味羌活湯)·시령탕(柴苓湯)·황련해독산(黃連解毒散)·승마갈근탕(升麻葛根湯)에 넣을 생약재를 각각 백 번 남짓 복용할 양으로 예조에서 속히 들여보내 구급에 쓰게 해주고, 다방면으로 돌림병을 물리칠 물건들도 들여보내도록 해주십시오. 의약 외에 모든 구급에는 침과 뜸보다 절실한 것이 없습니다. 침의(鍼醫) 유달이 처음부터 들어와서 모든 병환을 혼자 치료하고 있는데 한 사람뿐이고 앞으로의 질병 사고는 예측할 수 없습니다. 평양에 사는 전 현감 현술선(玄述先)과 사인(士人) 조시열(趙時說) 등은 집이 가까운 데 있을뿐더러 사람됨이 신중하고 침술에도 정통하다고 합니다. 이 두 사람에게 알맞은 벼슬을 제수하여 들여보내는 것이 마땅할 듯하니,[8] 이조에서 품처하고 빨리 들여보내주십시오.

전 군수 유후성이 들어온 뒤, 세자께서 크게 편찮은 증후는 별로 없

---

8 현술선은 익위사 익찬에 임명되어 1638년 9월 말에 심양에 들어왔다. 조시열도 뒤에 심양에 들어왔던 것으로 보인다.(『심양장계』 신사년 10월 2일)

으나 전일 오른쪽 겨드랑이 아래 뭉쳤던 곳에 조금 땅기는 증후가 있어 침을 한 번 맞은 뒤, 가을에 서늘해지면 쑥뜸을 뜨기로 의논하여 정하고, 드시는 환약도 의관들과 상의하여 가감하도록 하였습니다. 유후성은 도로 내보냅니다. 이러한 연유로 아룁니다.

六月二十一日

王世子兩宮及大君教是平安爲白有齊. 此間事情段, 宰臣朴簹出去之時, 別無更爲往復之事.

皇帝本月十六日入來. 西向師期段, 雖不定某日, 而皆言, 開月定爲大擧, 各其高山, 時方日日點視軍粧是如爲白齊.

二十日朝, 皇帝邀見世子·大君, 而柳後成·三公六卿質子等, 亦令入參爲白去乙. 世子教是進詣闕下, 則皇帝出坐新建中堂, 諸王皆會. 蒙古使臣進見庭中行禮後, 諸王及世子·大君, 引入堂上行茶. 諸王則卽爲罷出, 而獨留世子·大君於東俠室, 使龍將設飯以待, 從官以下諸質子, 竝饋之而罷爲白齊. 臣潢段病不運身, 未得陪從, 禮曹判書韓汝溭質弟韓汝泌段置, 病重亦不得進參爲白齊.

館中狹隘卑湫, 穢氣蒸鬱, 大小人員無不生病, 而近來益甚. 症似瘟疫染痛者, 則這這出送于外處爲白有如乎. 宣傳官李海龍奴一名·臣潢奴一名·平壤軍牢奴一名·贖還女人一名, 相繼殞斃. 此外出送之人亦多, 而時未知生死爲白乎㫆. 質子等所接之處段置, 染疫亦熾, 李悅奴一名, 殞斃爲白乎矣. 淸俗不忌染病, 雖欲遠出移寓之處, 屢言於衙門, 而專不動念聽施, 質子等段置, 姑爲入處於東館爲白有齊.

大槪上下員役及質子等, 妻孥幷幾至數百餘人, 羣居狹處, 疾病連錦, 若不以藥物救濟, 則尤無可活之道. 不得已內局所送材料以, 一二服式救急爲白良置, 所費甚多, 繼用無路. 前日, 該司所送鄕材十餘種, 極爲零星, 一服之藥, 亦難成劑爲白置. 如十神湯・九味羌活湯・柴苓湯・黃連解毒散・升麻葛根湯, 所入各百餘服生材, 着令該曹趁速入送, 以爲救急之用爲白乎㫆, 多方辟瘟之物, 亦令入送爲白齊. 醫藥之外, 上下救急, 莫切於鍼灸. 鍼醫柳達, 自初入來, 凡于病患, 獨當救濟, 而一人叱以, 前頭疾病事故, 未可豫料. <u>平壤</u>居前縣監<u>玄</u>逑先・士人<u>趙</u>時說等, 非但家在便近, 爲人謹愼, 鍼術亦精云. 此兩人中相當職除授, 入送或便當, 令該曹稟處, 斯速入送爲白齊.

　前郡守<u>柳</u>後聖入來之後, 世子敎是別無大段未寧之候, 而前日右脇下結聚處, 徵有牽引之候乙仍于, 受鍼一度後, 待秋凉艾灸事議定, 所進丸藥, 亦與醫官等相議加減爲白遣, 還爲出送爲白臥乎事是良尒. 詮次善啓云云.

❁

심양관이 비좁아 많은 인원이 거주하기 어려운 데다 여름 무더위에 돌림병까지 돌고 있지만 제대로 치료하지 못하고 있음을 보고하였다. 관소의 많은 사람이 질병을 앓고 있고 몇 사람은 이미 죽었는데, 돌림병 때문에 환자를 격리시키려고 해도 청나라가 허락하지 않고 있다고 하였다. 그리고 잇따르는 질병을 구급하기 위한 약재와 돌림병을 막을 물건들을 보내고, 침과 뜸을 시술할 침의를 파견해달라고 건의하였다. 마지막에는 세자의 병증이 호전되었고, 이후의 치료에 대해 의관들과 상의한 내용을 보고하였다.

21

조선 군병의 징발

7월 10일 [2]

막 사신[1]을 떠나보내려 할 즈음, 범문정과 용골대·마부대 장군, 피파(皮波)[2] 박시, 가리 박시, 노시(盧時) 박시, 호피(虎皮) 박시, 보대(甫大) 및 이름 모르는 자까지 모두 10인이 황제의 명으로 세자께 와서, 사신과 내관을 불러서 참석하여 듣게 하고, 우리나라에서 진주한 자문과 칙서 초본 하나를 내보이며, "이 자문은 심히 같잖아서 감히 아뢰지 못하고[3] 말로만 여쭈었습니다. 최 정승(최명길)이 가져간 칙서에 과연 영영

---

1 7월 2일 심양에 온 진주사(陳奏使) 홍보(洪靌)를 가리킨다. 조선 군병 5,000명의 징발을 철회하도록 주청하기 위한 사신이었다.
2 피파(希福)는 『심양장계』에 皮破·比波·畢稗·皮牌 등으로 나오는데, 이 책에서는 피파로 통일하였다.

군병을 징발하지 않는다는 내용이 있었습니까. 귀국은 징병 명령을 따르지 않으려고 이처럼 진주한 것입니까?"라고 하였습니다.

세자가 이전 칙서에서 '때와 형세를 헤아려야 할 것이다. 어찌 매우 어려운 것을 강요하겠는가. 짐이 백성을 위해 당초에 은혜를 베풀었는데 어찌 그 나중을 짐작하지 않겠는가' 등의 문구를 가리키며 답하였습니다. "대국에서 영영 징병하지 않는다는 말은 없었으나, 때와 형세를 헤아리고 매우 어려운 것을 요구하지 않는다, 또 짐작한다는 등의 말이 있습니다. 곧 지금 때와 형세가 심히 어려운 데다, 큰 난리가 겨우 진정되고 한재도 혹심하여 팔도가 타들어가 굶어죽는 자가 잇따르고 있습니다. 이때 군병을 징발하면 민심이 흩어져 결코 수습하기 어렵습니다. 소국이 끝내 대국의 명령을 거역하려고 하는 것이 아니라, 다만 눈앞의 망극한 상황을 진정하여 아뢴 것입니다. 소국이 대국을 섬김이 한집안의 부자와 같으니, 아들에게 절박한 사정이 있으면 어찌 아버지께 진정하지 않겠습니까."

용장 등이 "남한산성에 있을 때 약조 문서를 주고받았을 뿐 아니라, 우리가 말로 서로 약속하기를 모든 일에 다 순종하고 수만 군사도 보내겠다고 했습니다. 그런데 이제는 헤아려 줄여준 5,000명조차 어기려 하다니, 어찌 지난 약속을 이렇게 잊어버립니까?" 하였습니다. 세자가 "그때는 일이 급작스러워서 쉽고 어려운 형세를 헤아리지 못하였습니다.

---

3 조선에서 바친 자문은 아문에서 만주어로 번역하여 황제에게 아뢰는데, 그렇게 하지 못했다는 말이다.

눈앞의 민정과 나라 형편이 이렇게까지 극심하니 어찌 상국에 괴로움을 호소하지 않겠습니까"라고 하였습니다. 용·마 등이 "세자는 본국의 일을 비호하여 여기서 막으려고 합니까?" 하여, 세자가 "대인이 상주문과 초본을 가지고 나에게 물으니 내가 어쩔 수 없이 그 글에 따라 답했을 뿐입니다. 세자의 직분은 궁중에서 문안하고 수라를 살피는 것 외의 범사에 모두 간여할 수 없습니다. 하물며 군국(軍國)의 일이겠습니까. 이번에 사신이 이 일을 맡아서 왔으니 사신에게 물으십시오"라고 하였습니다.

용·마가 더는 대답하지 않고 칙서 초본을 가져다 종관에게 읽게 한 뒤, 또 상주문에 '어리석은 백성이 오늘의 명령이 있음을 듣고 다들 놀라서 서로 고하기를, 앞의 칙서가 막 반포되었는데 뒤 이어 명이 내렸다'는 조목을 가리키며 힐문하기를, "황상(皇上)께서 본디 영영 징병하지 않는다는 말씀을 하시지 않았는데, 어찌하여 백성들에게 퍼뜨려 황상께서 신의를 어기는 것으로 속였습니까? 황상께서 어찌 신의를 저버리는 일이 있겠습니까" 하며 계속 말하였습니다. 세자가 "황상께서 약속을 어겼다는 것이 아니라, 어리석은 백성이 징병을 걱정하였는데 황상께서 짐작하고 징발하지 않는다는 명을 듣고서 기뻐하다가 또 오늘의 명령을 듣고 곡절을 몰라서 술렁이고 있습니다. 그래서 그런 민심과 나라 형편을 설명한 것에 지나지 않습니다. 어찌 감히 황상께서 신의를 저버렸다고 했겠습니까"라고 하였습니다. 용·마 등이 말하기를, "거역할 뜻이 없었다면 대장·차장은 아무개로 선정하였다는 것을 어찌하여 알리지 않았습니까?" 하여, 세자가 "장수를 정하기는 어렵지 않으나 군병을 징발하기가 어렵습니다. 군병을 징발할 수 있다면 부장은 이미 여기서 선정한 자가 있고, 대장을 정하는 것도 무엇이 어렵겠습니까"라고 하였습니다. 용·마 등이 "이번에 온 자문은 감히 위에 아뢸 수 없었습니다. 방물을 받지 않고 사신을 돌려보내기로 했기에 우리가 이러한 뜻을 전하려고 왔습니다" 하고는 일어나서 갔습니다.

용·마 등이 대궐로 돌아갔다가 얼마 지나지 않아 또 와서 황제의 명이 있다고 하면서 뜰에 서서, 세자와 대군을 북향하여 꿇어앉게 하고 사신들도 꿇어앉아서 듣게 하고는, 황명을 전하기를, "아직 2년도 안 되었는데 어찌 그것을 잊었느냐. 배반하려고 하는가?"라고 하였습니다. 세자가 답하기를, "우리나라가 감히 끝내 대국의 명령을 어기려는 것이 아니라 눈앞의 절박한 사정을 호소한 것에 지나지 않습니다. 이러한 말씀을 들으니 몸 둘 곳이 없습니다" 하자, 범문정 이하가 곧 돌아갔습니다.

대개 용·마 등이 거듭하여 다시 말한 것은 다 칙서의 내용에 나온 것이 아닙니다. 사신을 아문으로 불러 칙서를 준 다음, 날이 저물었으므로 내일 나가라고 하였습니다. 내관 나업(羅業)도 아문으로 불러서, 향화인에 관한 회답 자문을 선전관에게 주지 않고 나업에게 가져가게 하였습니다. 그 자문의 후록에 있는 향화인 호수(戸數)에 관한 내용은 모두 박여적(朴汝赤, 청인) 등이 말한 것이라고 합니다. 우리나라를 무함하여 해치는 것인데, 거짓이든 참이든 앞으로 침책당할 것이 매우 걱정스럽습니다.

(七月初十日) 同日

　卽刻使臣將爲發送之際, 范文程·龍·馬兩將·皮波博士·加利博士·盧時博士·虎皮博士·甫大及名不知幷十人, 以皇帝命來到世子前, 仍招使臣及內官, 使之參聽爲白遣, 出示我國陳奏咨文及勅書草一本, 曰, "此咨文甚爲不似, 不敢奏達, 只以言語陳之矣. 崔政丞賫去勅書中, 果是永不徵兵之意乎? 你國必欲不從徵兵之令, 而有此陳奏乎?"

　世子拈示前勅中 '自當量時勢, 詎肯强以所甚難乎. 朕旣爲民加恩於其初, 寧不斟酌於其終'等文字, 而答曰, "大國雖無永不徵兵之語, 旣量時勢, 不責其所甚難, 且有斟酌等語. 則目今時勢之難, 抑又甚焉, 大亂甫定, 旱灾亦酷, 八路赤地, 餓莩想望. 此時調兵, 民情渙散, 決難收拾. 小邦非必欲終始違拒大國之令, 第緣目前罔極之事勢, 陳情以奏. 小國之事大國, 有同一家父子, 子有悶迫之情, 則宜不陳懇於父乎?"

　龍將等曰, "在南漢時, 非但文書往來, 俺等以言語相約, 凡事無不順從, 數萬之兵亦當調發. 而今者量減五千之數, 亦欲違拒, 何忘其前約若是乎?" 世子曰, "其時事出蒼黃, 雖不量其難易之勢. 目前民情國勢, 至於此極, 豈不訴悶於上國乎?" 龍·馬等曰, "世子庇護本國之事, 必欲自此搪塞乎?" 世子曰, "大人旣以奏文草問於我, 我不得不隨其文字以答之而已. 世子之職, 在宮中問安視膳之外, 凡事皆不得與. 況軍國之事乎? 今者使臣句幹此事而來, 問于使臣可也."

　龍·馬更無所答, 取勅書草, 使從官讀之後, 又拈奏聞中'愚下之民, 聞有今日之令, 皆失色相告, 前勅纔頒, 後命繼降'一款, 詰之曰, "皇上本無永不徵兵之語, 而何爲布言於民間以欺之, 以皇上爲爽信乎? 皇上豈有爽信之事乎?" 縷縷言之. 世子曰, "非以皇上爲爽信, 無知下民, 旣以徵兵爲悶迫, 而及聞皇上斟酌不徵之命, 方以爲喜, 又聞今日之令, 不知曲折, 民間騷然. 故不過陳達其民情國勢而已. 豈敢以皇上爲爽信乎?" 龍·馬等曰, "若無違拒之意, 則大將·次將以某人差定事, 何不告之乎?" 世子曰, "非定將之難, 乃調兵之難. 苟可以調兵, 則副將旣有自此差定者, 大將之定亦何難乎?" 龍·馬等曰, "此來奏聞, 旣不敢上達. 不受方物, 還送使臣, 故俺等爲傳此意於世子前而來矣." 仍爲起去.

還入闕中, 未久又爲來到, 有皇命云, 而立於庭中, 使世子·大君北向而跪, 使臣等亦令跪聽, 以皇帝命傳言曰, "曾未二年, 何其忘之耶? 欲爲背叛耶?" 世子答曰, "我國非敢終始違拒大國之令, 不過訴陳目前悶迫之事勢而已. 及聞此敎, 措躬無地矣." 范文程以下卽爲還去.

大槪龍·馬等重言複說, 皆不出勅書中本意是白齊. 使臣, 則招致衙門授勅後, 以日晩之故, 使之明日出去爲白乎旀. 內官羅業, 亦爲招致衙門, 向化回咨不給於宣傳官, 使羅業賫去爲白齊. 同咨文後錄中, 向化戶數, 皆是朴汝赤等所言是如爲白去等, 雖是誣害我國之事, 而虛實之間, 前頭侵責, 極爲可慮爲白臥乎事是良尓.

❀

　이 장계는 조선 군병의 징발을 철회해달라는 요청에 대해 청이 힐책한 일을 보고한 것이다. 범문정과 용골대·마부대 등이 와서 소현세자와 사신들 앞에 조선의 진주문과 청 태종의 칙서를 내보이며, 징병 명령을 따르지 않으려는 것이냐고 힐책하였다. 이에 세자는 '때와 형세를 헤아려 조처할 것'이라는 칙서의 내용을 들어, 지금 조선이 몹시 힘들고 절박한 상황임을 아뢴 것뿐이라고 답하였다. 또 청이 때마다 조선과 한 집안이고 부자 관계임을 강조한 말을 빌려, 아들이 아버지에게 하듯이 절박한 사정을 진정한 것뿐이라고 하였다. 청은 다시 조선의 약조 이행을 촉구하면서, 세자에게 본국의 일을 비호하여 막으려 하는 것이냐고 다그쳤다. 이에 세자는 자신의 임무는 문안(問安)과 시선(視膳)뿐이고 국사에 간여할 수 없다고 답하였다.

청나라는 조선과의 현안에 대해 먼저 심양관의 세자에게 요구하고 힐책하고 독촉하는 일이 많았는데, 세자에게 말하면 국왕에게 말하는 것과 같다고 여겼기 때문이었다. 그러나 국사에 대한 권한은 세자에게 주어져 있지 않았다. 청은 결국 징병 철회를 주청한 자문은 받을 수 없다며, 가져온 방물도 받지 않은 채 사신을 돌려보냈다. 청은 대명전쟁을 본격적으로 벌이면서, 조선 군병을 징발할 계획을 가지고 있었다. 여전히 대명의리 의식이 강고한 조선에서는 명나라를 침략하는 전쟁에 참전하는 일은 어떻게든 회피하려고 하였다. 조선의 약조 불이행에 대한 청의 힐책은 이후에도 계속되었고, 결국 1640년에 조선 군병은 대명전쟁에 참전하였다.

22

세자의 참전 통고

8월 6일

왕세자 양궁의 기후는 평안하십니다. 대군께서 4~5일 전에 갑자기 감기가 들어 하루 동안 앓았으나, 약을 복용하고 땀을 낸 뒤 차츰 나아서 이제는 평소와 같이 회복하였습니다.

선전관 최명후(崔鳴後)가 이달 3일 저녁에 들어와서 가져온 띠¹를 4일 아침에 바쳤습니다.

갑자기 용골대 장군과 보대평고(甫大平古, 호부 관원)가 황제의 명으로 와서 세자를 뵙고 말하기를, "대군(大軍)의 서행(西行)이 정해졌습니다.

---

1 용골대가 황제의 명으로 청한 황사로 짠 넓은 허리띠[黃絲廣帶](『심양일기』 무인년 6월 21일) 를 가져온 것이다.

황제께서 친히 나가시니, 세자가 수행해야 합니다. 행장을 꾸리고 기다리십시오"라고 하였습니다. 세자가 "황제의 명을 감히 어기려는 것이 아니라, 다만 몸에 병이 있어[2] 걱정입니다"라고 하니, 용장이 "황제께서 나가시는데 세자가 어찌 마음 편히 여기에 있겠으며, 또 홀로 여기 남아서 무엇 하려 합니까. 황제께서 친히 가시지 않는다면 모르지만, 과연 친히 가신다면 결코 혼자 남아 있을 수 없습니다. 이것을 아십시오"라고 하였습니다.

이어서 "선전관이 들어왔다던데, 군병을 징발하는 일은 군대를 정제(整齊)하여 국경에 대령했는지 모르겠습니다"라고 하였습니다. 세자가 "선전관은 주청사가 돌아가기 전에 출발하였기 때문에 군병을 정제하였는지 모른 채 왔습니다. 그러나 주청사가 쫓겨 나갔으니,[3] 본국에서 어찌 조처하지 않겠습니까" 하자, 용장이 "출병 시기가 닥쳤는데 아직 소식이 없으니 이제는 기일에 이르지 못할 것입니다. 국왕은 본디 책임이 있거니와, 우리와 이곳에 와 있는 사람(세자)도 어찌 죄가 없겠습니까"라고 하였습니다. 세자가 "부왕께서 민심과 형편을 몸소 살피고 어쩔 수 없이 진주한 것입니다. 또한 어찌 감히 끝내 어기려 했겠습니까. 선전관은 군사를 일으켰는지 알지 못하였지만, 유림이 평안병사로 차출되어 지난달 20일쯤 도임했다고 합니다. 진주사가 주청한 일을 허락받지 못하였으니, 아마 군병을 수습하여 기다릴 것입니다. 다만 출병

---

2 이때 세자는 산증이 발병하여 한 달 남짓 치료를 받은 뒤였다.
3 징병 철회를 요청하러 왔던 주청사 홍보를 물리쳐 돌려보낸 일을 가리킨다.

날짜가 언제인지 확실히 알지 못하니, 반드시 출병 기일을 미리 알아야 움직일 수 있을 것입니다"라고 하자, 용장이 "출병 날짜를 이미 분부했는데도 무시하고 행하지 않았으니 다시 물을 것 없습니다. 황상께서 매우 노하여 일이 한층 더한데, 이제 출병 기일을 황상께 묻겠습니까. 어디에 묻겠습니까. 군병이 기일에 도착할지 못할지는 여기서 알 바가 아닙니다"라고 하였습니다. 세자가 "전날 철회를 주청한 것이 부당했다고 하더라도 지금 분부하지 않는다면, 군병을 정제해도 명령이 없는데 어떻게 스스로 움직이겠습니까"라고 하니, 용장이 "군병이 오든 말든 마음대로 하십시오. 어찌 분부할 일이 있겠습니까" 하기에, 세자가 "그것은 그렇지 않습니다. 우리나라 군병이 정제했더라도, 대국이 아직 출병하지 않고 있으니 군이 분부를 기다리지 않고 지레 들어올 수는 없습니다. 이제서야 정제한 것은 늦은 감이 있지만, 어찌 날짜에 도착하지 못할 것을 미리 생각하여 명백히 지휘하지 않을 수 있었겠습니까"라고 하였습니다.

용장이 "이미 시기를 놓쳤으니 이제 할 일이 없습니다. 기일에 맞추어 들어오려 했다면, 한편으로 행군해 와서 국경에서 기다리고 한편으로는 전령[急走][4] 한 명을 보내 정제했다고 알리면 되었을 것입니다. 정제했다는 보고가 지금까지도 막연한데 어찌 먼저 분부할 수 있겠습니까. 이런 뜻을 세자가 스스로 본국에 알리는 것은 상관없지만, 우리가 알 바 아닙니다"라고 하였습니다. 세자가 "말한 것이 옳습니다. 다

---

4 급주는 긴급한 공무의 전령을 맡는 역노(驛奴)를 가리킨다.

만 군병이 정제되었다 하더라도 출정 기일이 닥쳐서야 분부한다면, 변방 장수가 본국에 여쭌 뒤에 행군할 것이니 그간 사세가 절로 열흘, 한 달이 지나버릴 것입니다. 이것이 매우 민망하고 절박합니다"라고 하자, 용장이 "모두 우리가 알 바 아닙니다. 우리가 이렇게 자세히 말하는 뜻은 피차에 무사하려고 함인데, 일이 이미 이렇게 되었으니 어찌합니까" 하고는 곧 일어나서 갔습니다.

용장이 파하고 아문으로 돌아간 뒤 정명수를 보내 신에게 전언하기를, "띠를 가져온 선전관에게 따로 호행을 정해줄 것이니, 두 배로 빨리 가도록 급히 내보내 평안병사에게 '군병을 정제하여 국경에 와서 대기하고, 밤낮없이 달려 이곳에 보고하라'고 전하여 큰일이 나는 것을 모면하십시오" 하였습니다. 신이 답하기를, "군병의 진퇴는 이곳에서 분부하지 못할뿐더러 변방 신하가 감히 국왕에게 알리지 않고 먼저 이곳에 알릴 수는 없습니다. 선전관을 급히 내보내 이런 뜻을 국왕께 아뢰겠습니다" 하니, 더는 별 말이 없었습니다.

요즘 길에서 하는 말을 탐문해보니, '황제가 징병령을 어긴 것에 노하여 출병할 때 왕세자를 데려가려 한다'고들 합니다. 이곳의 말은 믿을 수 없으나, 오늘 그들이 말한 것이 실로 탐문한 것과 들어맞는 만큼 괜히 윽박지르는 말이 아닌 듯한데, 우리나라 군병이 기일에 도착하지 못하면 끝내 면하기 어려울 것입니다. 일의 형세가 어떻든 간에 세자와 대군이 어찌 하루라도 말을 타고 전쟁에 달려갈 수 있겠습니까. 이러한 지경에 이르렀으니 어찌할 바를 모르겠습니다. 황제가 이미 징병령을 어긴 일로 진노하여 이렇게 조처한 만큼 군병이 기일에 도착할 수 있다면 너그러이 용서할 수도 있습니다. 그러나 군병이 도착하기 전에는 결코 입을 열기 어렵고, 군병이 도착한 뒤에도 신들의 말만 듣고 생각을 돌이키지는 않을 것이므로 어찌해야 할지 모르겠습니다. 신의 생각으로는 군병 징발은 면할 수 없는 형세이니 급히 정제하여 출병 기일을 놓치지 말고, 이어서 사신을 보내 세자의 수행을 그만두게 해달라고 간청하면 허락해줄지도 모르겠습니다. 그러나 군병은 조석 간에 징발할 수 없고, 사신 행차도 열흘이나 한 달에 도착할 수 있는 일이 아닙니다. 이곳의 출병 시기는 확실히 알 수 없으나 이달을 넘기지 않을 것인 만큼, 더욱 몹시 민망합니다.

근래 군병에게 음식을 베풀고 점검하는 일을 하지 않는 날이 없고, 말[馬]을 먹이라는 명령을 전보다 더 독려하고 있습니다. 이것을 보면 출병 시기가 박두한 것이 틀림없습니다. 선봉은 15일쯤 출발하고, 대군은 20일 이후에 이어서 떠날 것이라고도 합니다. 과연 이와 같다면, 우리나라의 사세는 더욱 심히 낭패할 것이니, 앞으로의 걱정을 이루 말할 수 없습니다. 용장이 번번이 우리가 알 바 아니라고 한 것은, 그 기색을 살펴보면, 뒤에 올 책임을 우리나라에 떠넘기려는 것입니다. 계속 을러댄 말은 죄다 아뢸 수 없지만, 거듭 와서 고하여 군병을 반드시 기일에 도착하게 하려는 것은 조금이라도 기일에 도착하게 할 여지가 없지 않은 듯합니다. 묘당에서 급히 선처하도록 하십시오. 이러한 연유로 아룁니다.

八月初六日

王世子兩宮氣候平安教是白齊. 大君教是, 四五日前猝患感冒, 一日苦痛, 服藥取汗後, 漸爲差歇, 今則平復如常是白齊.

宣傳官崔鳴後, 本月初三日夕, 入來所賫帶子, 初四日朝, 呈納爲白齊.

俄而龍將及甫大平古二人, 以皇帝命來見世子曰, "大兵西行已定. 皇帝親往, 世子亦當隨行. 治裝以待"云. 世子曰, "皇帝之命, 非敢違逆, 而但身上有病, 以是爲悶矣." 龍將曰, "皇帝出去, 則世子豈可安心在此, 且獨留此處, 將欲何爲乎? 皇帝不爲親往則已, 若果親往, 則決不可獨留. 此意知之, 云云"爲白遣.

仍言曰, "宣傳官入來云, 徵兵一事, 未知已爲整齊待令於境上云耶?" 世子曰, "宣傳官則奏請使未還前離發, 軍兵整齊與否, 未得聞知以來. 然奏請使旣已見却而出去, 本國豈無措處之事?" 龍將曰, "師期已迫, 迄無聲息, 今則勢不可及. 國王自有其責, 俺等及來在此處之人, 亦豈無罪乎?" 世子曰, "父王目見民情事勢, 不得已陳奏, 亦豈敢終始違拒乎? 宣傳官雖不知興兵與否, 柳琳已差平安兵使, 去月念間到任云. 陳奏使旣不得請, 則想必收拾軍兵以待. 但師期未知的在何間, 必須預知師期, 而後可以進止矣." 龍將曰, "師期曾已分付, 而廢閣不行, 不必更問. 皇上盛怒, 事加一層, 今以師期問於皇上耶? 問於何處耶? 軍兵之及期與否, 非此處所知矣." 世子曰, "前日之陳奏請寢, 雖曰不當, 今若不分付, 則雖整齊軍兵, 豈有無令, 而自行自止乎?" 龍將曰, "軍兵之來不來, 任意爲之可矣. 豈有分付之事乎?" 世子曰, "此則不然. 我國軍兵雖已整齊, 大國時未動兵, 則固不可不待分付, 而徑先入來. 到今整齊, 雖似遲緩, 豈可逆料其不及, 而不爲之明白指揮乎?"

龍將曰, "已失期會, 今無所爲. 而果欲及期入來, 則一邊行軍, 來待於境上,一邊急走一介, 以報整齊之意, 則猶或可也. 整齊之報, 至今漠然, 豈有先爲分付之理乎? 此意世子自通于本國則可, 非俺等之所知也." 世子曰, "所言然矣. 但軍兵雖或整齊, 師期已迫之後, 始爲分付, 則邊將亦當稟于本國後行師, 其間事勢, 自爾動經旬月, 此甚悶迫矣." 龍將曰, "俱非俺所知. 俺等之此言委折言之之意, 必欲彼此無事, 而事已至此, 奈何奈何?" 仍爲起居爲白齊.

龍將罷歸衙門之後, 使鄭命壽傳言于臣曰, "帶子賫來宣傳官, 當別定護行以給, 急急倍途出送, 言于關西閫帥, '整齊軍兵, 來待於境上, 罔晝夜報之于此處,' 免生大事"云. 臣答曰, "軍兵進退, 非但自此不得分付, 邊臣亦不敢不爲報之於國王, 而先報於此處. 宣傳官當急速出送, 啓知此意於國王"云, 則別無更言爲白齊.

大槪近日竊聞道路之言, '皇帝發怒於徵兵之違拒, 軍行時, 當欲帶王世子. 云云'爲白乎矣. 此處之言, 不可取信是白如乎, 今日所言, 果符所聞, 泛然恐嚇之言, 而我國軍兵, 若不及期, 則終必難免. 毋論事勢之如何, 世子‧大君, 何可一日跨馬, 馳赴於軍前乎? 到此地頭, 罔知所爲. 皇帝旣以徵兵一事發怒, 而有此擧措, 軍兵若能及期, 則容或有萬一寬恕之望. 軍兵未到之前, 則決難開口, 雖軍兵旣到之後, 臣等口舌弊以, 回聽亦難, 何以爲之爲白乎喩. 以臣妄料, 徵兵之擧, 勢不得免焉, 則急急整齊, 毋失師期, 仍送使臣, 乞寢世子之行, 則庶或得請. 而興發之擧, 非朝夕可辦, 使臣之行, 亦非旬月可到. 而此處師期, 雖未能的知, 必不出此月之內, 加于渴悶爲白齊.

近來犒軍點軍之擧, 無日不爲, 秣馬之令比前尤督. 以此見之, 師期必迫. 或云, 先鋒則望間當發, 大軍則念後繼發云云. 若果如此, 則我國事勢尤極狼狽, 前頭之患, 有不可勝言是白齊. 龍將之每稱非俺等所知云者, 觀其氣色, 將欲以後期之責, 加諸本國, 縷縷恐嚇之言, 不可盡陳是白乎矣. 其申申來告, 必欲使之及期者, 似不無一分可及之勢是白置. 請令廟堂急急善處爲白只爲. 詮次善啓云云.

✿

　이 장계는 대명전쟁에 세자가 참전해야 한다는 통고를 받은 뒤의 다급한 상황에 대해 보고한 것이다. 청 태종의 출정에 세자가 수행해야 한다는 통고에, 세자는 조심스럽게 신병으로 인한 어려움을 말하였다. 이어서 청이 조선 군병 5,000을 징발하였으나 출병 시기가 닥쳐도 조선 군병이 출동했다는 보고가 없다고 추궁한 일에 대해 상세히 썼다. 용골대의 힐문에, 세자는 조선에서 출병 날짜를 알지 못해 늦어지고 있을 것이라고 답하였으나, 용골대는 조선에서 의도적으로 지체한 것이라 의심하고 계속 추궁하였다. 다음에는 조선이 징병 약속을 어겼기 때문에 청 태종이 진노하여 세자를 참전하게 할 것이라는 소문이 있음을 보고하였다. 그리고 장계를 작성한 재신의 의견으로, 세자의 참전을 막으려면 군병이 기일 안에 도착하거나, 사신을 보내 진정해야 할 것임을 아뢰었다. 또한 청이 군병과 군마를 정제하고 단속하고 있는 것으로 보아 출병 기일이 박두하였음을 알리고, 징발 군병이 기일에 도착하도록 급히 선처할 것을 아뢰었다. 세자가 대명전쟁에 참전하는 일은 당시 조선에서 도저히 받아들일 수 없는 일로 여겨졌을 것이다. 그래서 청의 징병령에 따라 군병을 출동시키고, 청 태종에게 진정하여 세자의 참전만은 막아보도록 건의한 것이다.

23

청나라에 바친 시녀

8월 24일

이달 18일 훈련원 판관 장응환(張應桓)이 나갈 때 이곳 사정은 이미 치계하였습니다. 그 뒤로 왕세자 양궁의 기후는 안녕하시며 대군도 평안하십니다.

이달 21일 저녁에 내관 백대규가 시녀를 데리고 들어왔는데, 그 길로 곧 동관에 가두어두고, 여기 있는 사람과는 일절 서로 통하지 못하게 하고, 김돌시(金乭屎)[1]·정명수 두 역관만 오가며 문답하게 하였습니다.

---

1 김돌시(?~1640)는 청의 호부 역관으로, 평안도 벽동 혹은 온성 출신이라고 한다. 칙사행을 따라 조선에 나와서 자기 일족에게 벼슬을 주도록 청하고, 연로의 고을에서 기물과 역마를 빼앗는 등 횡포를 부렸다.

22일 오시쯤, 용골대와 마부대 장군이 직접 동관에 가서 시녀를 살펴보고 내관에게 "이들은 어떤 사람들인가?"라고 물었습니다. 내관이 각 도에서 뽑아 보낸 여인으로, 내노비(內奴婢, 내수사 노비)나 각사비(各司婢), 혹은 기녀(妓女), 주탕(酒湯, 얼굴이 고운 관비)이라고 하자, 용장이 발끈하여 "당초 약속한 사족(士族)은 아니더라도 어찌 천비와 창기로 채워 보낼 수 있는가?" 하였습니다. 내관이 "혼인은 사족과 하기로 서로 약속하였으나, 시녀는 양천을 가리지 않고 영리하여 사환에 합당한 자로만 가려서 뽑아 왔습니다"라고 하자, 용·마가 크게 불만스러워하며 갔습니다.

이튿날 아침에 용·마가 내관을 아문에 불러 말하기를, "천비와 창기는 시녀에 합당하지 않으니 우선 다시 분부를 기다렸다가 나가라" 하고, 시녀들을 도로 동관에 가두어두고 출입하지 못하게 하였습니다. 기녀와 주탕은 여기서 양한적(養漢的, 창녀)으로 알고 천시하므로 반드시 물리쳐 돌려보낼 것이라 합니다만, 아직 다시 분부한 일이 없으니 어떻게 결말이 날지 모르겠습니다.

23일 신시쯤 조방장(助防將) 임경업[2]이 들어왔는데 곧바로 서관에 들게 하고, 관소 사람과 만나지 못하게 하였습니다. 이곳에서 조선 군병 소식을 고대하던 참에 임경업이 23일 기한에 맞추어 왔고, 또 군병이

---

2 임경업은 1637년 가도 정벌 때 명장 심세괴와 내통하고 상인을 심양에 보내 교역하려다가 청에 발각된 일로 철산에 유배되어 있었는데, 이때 청의 군병 징발령에 따라 조방장으로 기용되었다.(『인조실록』 16년 6월 12일, 8월 14일)

속속 들어온다는 것을 상세히 전하자, 용·마 양장이 즉시 아문에 나와서 크게 기뻐했다고 합니다. 그간 임경업이 문답한 사정은 김돌시·정명수만 왕래하게 했기 때문에 신들은 듣지 못하였으나, 임경업이 상세히 치계할 것입니다.

이곳의 출병 기일은, 선봉은 25일, 26일, 27일에 잇달아 나가고 후군은 다음달 3일쯤 출발하며, 황제 행차는 또 그 뒤에 있는데 아직 날짜를 정하지 않았다고들 합니다. 군사 기밀이라 확실히는 알 수 없습니다. 우리나라 군병은 다음달 3일 후군이 떠나기 전에 일제히 이곳에 도착하면 탈이 없을 것으로 생각됩니다. 세자가 황제를 수행하는 일은 신들이 갖가지로 민망함을 호소하려 해도, 임경업이 들어오기 전에는 용·마가 항상 화를 내며 대소사에 방해하려고만 들었고, 관소 사람은 역관들조차 아문에 접근하지 못하게 하여 말을 하려 해도 만날 수도 없는 형편이었습니다. 군병이 들어온 뒤에 들어주든 안 들어주든 형세를 보아 간청할 생각입니다. 임경업이 자청하여 도로 나가서 독촉하여 군병을 들어오게 하겠다고 했더니, 그날로 허락하고 돌려보냈습니다.[3] 시녀의 일은 재신 박로가 담당하여 온다고 했기 때문에 그가 들어오면 힐문하고 조처할 듯합니다. 사유를 치계합니다. 이러한 연유로 아룁니다.

---

3 8월 26일자 장계에, 청은 다시 임경업에게 의주로 가지 말고 봉황성에 머물며 조선 군병의 전진을 독촉하라고 하였다.

(八月) 二十四日

本月十八日, 訓練院判官張應桓出去時, 此間事情段, 已爲馳啓爲白有在果.
其後, 王世子兩宮氣候安寧, 大君平安教是白齊.

本月二十一日夕, 內官白大珪率侍女入來, 自路上直爲鎖置東館, 在此之人,
切不令相通, 但使金·鄭兩譯往來問答爲白遣. 二十二日午間, 龍·馬兩將親往
東館, 閱視侍女, 問于內官曰, "此人等何許人耶?" 內官答以各道選送女人, 或
內奴婢·各司婢, 或是女妓·酒湯云, 則龍將勃然曰, "當初所約, 雖非士族, 豈
可以賤娼充送乎?" 內官曰, "婚媾則以士族相約, 侍女則勿論良賤, 只擇其伶俐
可合使喚者, 選來云云." 則龍·馬大爲不滿而去.

翌日朝, 招致內官於衙門, 曰, "賤娼不合于侍女, 姑待更分付出去"云, 還令
鎖置於東館, 使不得出入爲白臥乎所. 大槪女妓·酒湯, 則此處以養漢的知之,
所當賤惡, 必有退却還送之事是白乎矣, 時無更爲分付之事, 未知結末之如何
是白齊.

二十三日申時量, 助防將林慶業入來, 直爲接置于西館, 雖不得與館所人相
接. 此處方爲苦待之際, 慶業之行, 得及於二十三日之期, 且以軍兵陸續入來之
事, 詳細傳說, 龍·馬兩將卽來衙門, 大爲喜色云云爲白乎矣. 其間林慶業問答
曲折段, 只令金·鄭往來, 臣等則不得預聞, 林慶業自當詳細馳啓是白齊.

此處師期段, 先鋒則二十五日·六日·七日連續出去, 後運則開月初三日間發
行, 皇帝之行則又在其後, 而時未定日云云爲白乎矣. 軍機甚秘, 未能的知是白
良置. 我國軍兵, 若於初三日, 後運未發之前, 齊到此處, 則庶得無事爲白乎去,
妄料爲白乎旀. 世子隨行之擧, 臣等雖欲萬端訴悶, 林慶業入來以前, 則龍·馬
等常常忿怒, 大小之事, 必欲作梗, 館所之人, 雖譯官輩, 使不得接跡於衙門,

雖欲開口, 勢不得相接是白如乎. 軍兵入來之後, 聽不聽間, 觀勢祈懇計料爲白
在果. 林慶業自請還爲出去, 督令軍兵入來, 故當日許令還送爲白齊. 侍女一事,
大槪宰臣朴簹勾管而來云, 故似有待其入來, 詰問處置之意是白齊. 緣由馳啓爲
白臥乎事是良尓. 詮次善啓云云.

✳

　이 장계는 조선에서 뽑아 보낸 시녀와 임경업이 전한 조선 군병 5,000
의 출동 소식에 대해 보고하였다. 내관이 데리고 들어온 시녀는 관비나
기녀 등이었다. 용골대가 천비와 창기를 보냈다고 화를 내자, 내관은
시녀로 쓸 사람들이라 영리하여 사환에 적합한 자를 뽑아 왔다고 대답
하였다. 청은 이들을 동관에 가두어둔 다음 8월 26일 재신 박로가 들어
오자, 정명수를 보내 이 일에 대해 다시 캐물었다. 박로는 조선에서 관
기는 관적에 올라 있으나 실은 양민이며 사대부들이 관기를 첩으로 삼
고, 또 각사비를 궁녀로 삼는다고 답하였다.[4] 9월 18일에는 이 시녀들
을 궐에 데리고 들어갔는데, 청 태종이 그중 4명은 궐에 머물게 하고,
나머지는 호부에서 제왕에게 나누어 주도록 하였다.

　다음에는 조방장 임경업이 심양에 와서 조선 군병이 속속 들어올 것
이라는 소식을 전하자 용골대·마부대가 기뻐하였고, 청군 후군이 출
발하는 9월 3일 이전에 조선 군병이 도착하면 탈이 없을 것임을 보고

---

4 『심양장계』 무인년 9월 3일.

하였다. 또한 군병 출동 소식이 없는 것 때문에 청이 엄중한 태도를 보이고 있었는데, 이제 세자의 참전을 막기 위해 재신들이 다시 간청해 볼 생각임을 아뢰었다.

24

황제의 진노

9월 8일

이달 3일 쇄마(刷馬, 지방의 관용 말)와 사람들을 내보낼 때 이곳 사정은 치계하였습니다. 세자와 빈궁의 기후는 안녕하시며 대군도 평안하십니다.

4일 아침 2진 군병을 내보낼 때, 구왕을 대장으로 삼고 호구(號口)[1]·압대(押大)[2] 등을 부장으로 삼아, 성황당[3]에서 기도하고 교장(敎場)[4]에서

---

1 호구는 하오거(豪格, 1609~1648), 청 태종의 장자이다. 몽골과 명 정벌에 공을 세우고 1636년 숙친왕(肅親王)에 봉해졌으나, 요토와 함께 반역에 연루되어 면직되었다. 1639년에 다시 친왕(親王)에 봉해졌다.
2 압대는 아바타이(阿巴泰, ?~1646), 청 태조의 제7자이다. 1636년 요여친왕(饒餘親王)에 봉해졌다.

 194 무인년(인조16, 1638)

조서(詔書)를 반포하며[5] 인수(印綬)를 주는 일을 요토(要土)[6]를 보낼 때[7]
와 같이 하였습니다. 세자와 대군도 가서 참석하셨습니다.

그날 2경(밤 10시)쯤 용골대와 마부대 장군이 갑자기 와서 세자에게
대문 밖으로 나와 맞이하게 하였습니다. 관소 안으로 맞아들였더니
황제의 명을 전하였습니다. "조선 군병이 지금까지 오지 않았다. 지
난 무오년(1618, 광해10) 명조에서 징병했을 때는 산과 골짜기를 통과하
며 밤낮을 가리지 않고 기일에 도착하여 전투에 나아가 우리나라 사람
을 죽였는데, 이번 징병령에는 온갖 핑계를 대고 지금까지 보내지 않았
다. 망할 것을 살려주고 끊어질 것을 이어준 은혜는 명조보다 큰데, 명
령은 무시하고 행하지 않으니 또한 괴이하지 않은가! 군병은 이미 출병
기일을 어겼다. 이후에는 오더라도 다시 쓸데가 없으니, 마부대가 내일
나가서 봉황성에 들어오는 군병을 죄다 쫓아 돌려보내라. 이 뜻을 세자
는 알라."

세자가 답하기를, "우리나라에서 마음을 다해 징발하지 않은 것은

---

3 성황당은 심양성 동문(무근문) 밖에 있는 당자(堂子)를 가리킨다. 당자는 만주족 샤머니즘의
   신전으로, 청 태종은 만주족의 명절뿐 아니라 출병 때에도 당자에 나아가 절하고 기도하는
   예를 행하였다.

4 교장(연병장)은 심양성 밖 서북쪽에 있었다.

5 조서는 청어(만주어)·한어(漢語)·몽골어의 3건으로 만들어 반포하였다.

6 요토(1598~1638)는 청 태조의 제2자 다이산의 장남이다. 정묘호란에 참전하였고, 1636년
   성친왕(成親王)에 봉해지고 병부(兵部)를 관장하였다. 명 영원(寧遠) 공략에 나섰으나 망굴타
   이의 반역 사건에 연루되어 강등되었다가, 1638년 대명전쟁에서 전사하였다. 『심양장계』에
   要退라고도 나온다.

7 8월 27일 출병할 때 선봉 대장의 인수(印綬)를 요토에게 내렸다.

아닌데, 난리를 겪은 뒤로 흩어져버린 군졸을 징집하기 쉽지 않아서 마침내 이렇게 되었으니 매우 황공합니다. 비국에서 박로에게 보낸 문서를 보면 국왕이 독촉해 들여보냈음을 알 수 있는데, 지금까지 지연된 것은 필시 장령(將領)들이 즉시 도강하지 못한 탓일 것입니다. 무오년에 군병을 보낸 일로 말하자면 그때는 지금과 다릅니다. 무오년은 나라가 온전한 때였으므로 징병하기 쉬웠으나, 지금은 막 큰 난리를 겪은 끝에 백성이 다 흩어졌는데, 어찌 그때에 견주어 말할 수 있겠습니까" 하였습니다. 용·마가 소리를 지르며 "국왕이 날짜를 정해 독촉해 들여보냈다면 장령들이 어찌 지체하였겠습니까? 조선이 전부터 우리 말을 듣지 않아서 끝내 무너졌는데 이제 또 이러하니 다시 무엇을 하겠습니까" 하고는 화를 내며 일어나 갔습니다.

5일은 조참날이라 세자가 이른 새벽에 궐에 나아갔는데, 조참에 많이 모이지는 않았습니다. 말을 먹이는 일로 제장을 아문 뜰 앞에 모두 꿇어앉게 하고, 용골대가 청사 위에 서서 영을 내린 뒤 파하여 돌아왔습니다. 세자가 처음 궐에 나아갔을 때, 만월개가 멀지 않은 곳에 있었습니다. 세자가 신들을 시켜 말을 전하기를, "어제 밤에 황제께서 지엄한 명을 내리셔서 놀라고 두려움을 이길 수 없었습니다. 본국에 죄가 있다고 한다면 내가 어찌 감히 태연히 조정 반열에 들어가 참석할 수 있겠습니까. 궐문 밖에 엎드려 대죄하려 하니, 이 뜻을 황제께 곡진히 아뢰어 주십시오" 하였습니다. 재삼 말이 오간 다음, 만월개가 아문 안으로 들어가 제왕과 상의하고 나와서 "여기 있는 세자는 별로 대죄할 일이 없습니다. 다만 오늘은 제장을 모아 군령을 분부하므로 일이 많고 소란해서 들어가 아뢸 겨를이 없으니, 우선 관소로 물러가십시오"라고 하여 물러나왔습니다.

신들이 몰래 탐문해보니, 우리나라 군병이 선봉 출병 때에 도착하지 못해서 2진에 붙여 보내려 했는데 또 기일을 놓쳤고, 이제는 황제가 친히 거느리는 군병만 있을 뿐 더는 들여보내는 다른 군병이 없으므로 우리나라 군병만 보낼 수도 없다 해서 이처럼 화를 낸 것이었습니다. 일의 형세로 헤아리면 그럴 만한 점이 없지 않습니다. 그리고 시녀도 쫓아 돌려보낸다고 하였습니다. 실로 시녀와 군병을 쫓아 돌려보낸다면 앞으로 예측할 수 없는 걱정이 이루 말할 수 없습니다. 신들은 밤낮으로 가슴을 치면서도 어찌할 바를 모르겠습니다.

세자께서 궐에 나아가셨을 때, 마부대가 황제에게 하직하고 정명수 및 종인 5~6명과 함께 우리 군병을 쫓아버리러 나갔는데, 기 1쌍과 황산(黃傘) 1자루를 앞세웠습니다. 이번 출신(급제자)으로 심양강까지 온 자도 쫓아 보낸다고 하는데, 끝내 어떻게 처리할지 모르겠습니다. 말로는 상장·부장을 만나더라도 다 쫓아버리겠다고 하였습니다. 과연 그 말과 같다면 앞으로의 일은 더욱 헤아릴 수 없습니다.

"마부대 장군이 나가서 군병들을 혹시 쫓아 보내려 하더라도, 상장·부장은 마음을 다해 설득하여 '이번에 출병 날짜에 도착하지 못한 것은 다 우리가 즉시 월강(越江)하지 못한 탓입니다. 국왕께서 성심으로 독촉하신 뜻을 실행하지 못해 우리가 양국에 모두 죄를 지었으니, 결코 임의로 물러갈 수 없습니다. 반드시 국왕께 아뢰어 조정의 분부를 받은 다음에 나아가거나 물러가겠습니다'라고 하고, 도착한 곳에 진을 치고 다시 헤아려 선처하라"는 내용으로, 상장·부장과 조방장에게도 공문을 보냈습니다.

당초 세자에게 수행하라고 한 조치는 뜻밖의 일이라 형세가 매우 황급하므로 평안도에 부마 약간을 징발하여 들여보내라고 하였는데,[8] 이제 들어왔습니다. 보내온 말이 서행(西行)해야 하고 더욱이 흙탕길을 멀리 행군하면 병나서 거의 죽을뿐더러, 여기서는 먹일 꼴도 주지 않습니다. 그런데 서행이 언제가 될지 예측할 수 없으니, 말을 그대로 대기하도록 했다가는 죄다 죽을까 걱정되어 부득이 그중 조금 실한 것 10여 필을 가려서 대기하게 하고 나머지는 도로 내보냅니다. 이곳 상황이 매우 급박하기 때문에 역관 이형장을 장계배지로 삼아 파발마를 주어 내보냅니다. 이형장은 착실하고 영리하며 또 사정을 알아서 사환에 꼭 필요합니다. 그가 도착하는 즉시 돌려보내, 잠시라도 지체될 걱정이 없도록 해주십시오. 이러한 연유로 아룁니다.

九月初八日

本月初三日, 刷馬人等出送時, 此間事情段, 以爲馳啓爲白在果. 世子·嬪宮氣候安寧, 大君亦爲平安爲白齊.

初四日朝, 再運軍兵出送時, 以九王爲大將, 號口·押大等爲副將, 城隍堂祈禱, 敎場頒詔授印, 一如送要土之時. 而世子·大君亦爲往參敎是白齊.

---

8 8월 6일자 장계에, 참전하는 세자를 호위하기 위한 군뢰와 무사 등을 뽑아 보내고, 식량과 짐을 실을 마필도 들여보내도록 청하였다.

同日二更量, 龍·馬兩將卒然來到, 使世子出迎於大門之外. 延入廳內, 則皇帝之命來傳曰, "朝鮮軍兵至今不來. 往在戊午年, 明朝所徵, 則鑿山通谷, 不分晝夜, 及期赴戰, 厥殺我人, 今番所徵, 則百般稱頉, 至今不送. 存亡繼絶之恩, 則有大於明朝, 而命令則慢侮不行, 不亦怪甚乎? 軍兵旣失師期, 此後則雖來更無可用之處, 故馬夫大明日出去, 鳳凰城入來軍兵, 盡爲驅逐還送. 此意世子知之."

世子答曰, "我國非不盡心調發, 而經亂之後, 散亡之卒, 調集未易, 終致如此, 極爲惶恐. 見備局移簿開文, 則國王之催督入送, 據此可知, 而至今遲延, 必是將領等未卽渡江之罪. 至言戊午年送兵之事, 此則與今時不同. 戊午年則國家完全之日, 調兵似易, 今則纔經大亂之餘, 人民盡散, 何得與往時比以論之乎?"龍·馬勵聲曰, "國王苟能定日催督入送, 則將領等何得遲緩? 朝鮮自前不聽吾言, 終致顚覆, 今又如此, 更何可爲?"仍威怒起去爲白有齊.

初五日乃朝參之日也. 世子早曉詣闕敎是白如乎, 朝參則不爲大會. 諸將以秣馬事, 徜門庭前, 盡令跪坐, 龍骨大立廳上申令之後, 罷還爲白有齊. 世子初詣闕時, 滿月介在不遠之地. 世子使臣等送言曰, "昨夜皇帝有嚴旨, 不勝驚惶. 以本國爲有罪云, 則我何敢晏然入參於朝列乎? 將欲於闕門之外, 伏地待罪, 此意須曲達於皇帝前可也."再三往復之後, 滿月介入往徜門廳內, 與諸王相議而出, 曰, "在此世子則別無待罪之事. 但今日則聚會諸將, 分付軍令, 多事擾甚, 未遑入奏, 姑退館所. 云云"是白去乙, 退來爲白有齊.

臣等竊聞, 我國軍兵未及初運, 故再運付屬而送是如爲白如乎, 又失於再運之期, 今則只有皇帝親領之軍, 更無他入送之兵, 我國軍兵亦不可獨送是如, 有此發怒之事. 而揆以事勢, 不無其然. 侍女亦欲逐還云. 侍女與軍兵, 實爲驅逐還送, 則前頭罔測之患, 有不可勝言. 臣等日夜拊心, 罔知所爲是白齊.

世子詣闕教是時, 馬夫大下直於皇帝前, 與鄭命壽及從人五六名, 我軍驅逐次, 出去爲白乎矣, 旗一雙·黃傘一把前導. 新出身來到瀋陽江者, 亦爲驅出以去云, 畢竟何樣處之. 而聲言則雖遇上·副將, 亦皆驅逐云. 果若其言, 前頭之事, 尤極罔測爲白齊.

馬將出去, 軍兵等乙, 雖或驅逐出送, 而上·副將盡心開諭曰, "今番不及師期者, 皆是吾等未卽越江之致. 國王竭誠督促之意, 則不發體行, 吾等彼此皆得罪, 決不可任意退去. 必須啓知國王, 受朝廷分付, 然後可以進退是如爲遣." 結陣於所到之處, 更加商量, 善處之意, 上·副將及助防將等處, 亦爲移文爲白有齊.

當初世子隨行之擧, 事出意外, 勢甚蒼黃, 故平安道夫馬若干匹乙, 調發入送亦爲白有如乎, 今已來到爲白矣. 所送之馬西行以乎新反, 泥路遠行, 疲病幾死哿不喩, 此處芻粮亦不給之. 而西行遲速, 未加豫料, 若留而待之, 則盡斃可慮乙仍于, 勢不得已, 擇其中稍實者十餘匹留待, 其餘則還爲出送爲白乎旀. 此間事機, 十分危急是白乎等以, 譯官李馨長, 狀啓陪持, 撥馬出送爲白在果. 同李馨長亦勤幹伶俐, 且解事情, 切於使喚. 到卽還送, 俾無晷刻淹滯之患爲白只爲, 詮次善啓向教是事.

이 장계는 조선 군병이 청군의 2진 출병 기일까지 도착하지 못한 일 때문에 청 태종이 진노한 엄중한 상황에 대해 보고하였다. 먼저 9월 4일에 2진 군병이 출동하였는데, 청 태종이 당자(堂子)에 가서 기도하고 조서를 반포하고 인수를 내리는 의식을 행하였다. 청 태종은 만주족의 명절뿐 아니라 출병 때에도 당자에 나아가 절하고 기도하는 예를 행하였다. 그날 밤에 기일까지 도착하지 않은 조선 군병을 마부대에게 봉황성에 나가 쫓아 돌려보내라고 한 청 태종의 명이 전해졌다. 이에 대해 세자는 군병이 늦은 일은 압록강을 빨리 건너지 못한 때문일 것이라고 변명하고, 궐문 밖에서 대죄하겠다는 뜻을 밝혔다. 그러나 청은 세자가 대죄할 일은 없다고 거절하였다. 이 장계를 쓴 재신은 출병 날짜를 놓친 일 때문에 앞으로 닥칠 일을 예측할 수 없다며 크게 걱정하였다. 그리고 조선 군병을 쫓아 보내려고 봉황성에 나간 마부대를 설득하도록 상장과 부장들에게 공문을 보냈다. 마지막에는 세자의 참전을 위해 황급히 말을 평안도에서 징발한 일에 대해 보고하였다. 뒤의 장계들에도 조선 군병의 도착이 늦어져 도로 내쫓긴 일 때문에 세자의 참전을 막아볼 방도가 없다는 내용이 이어진다.

25

봉림대군의 참전

10월 15일

이달 1일 재신 박황이 나갈 때 이곳 사정은 치계하였습니다. 그 뒤로 왕세자와 빈궁의 기후는 안녕하십니다.

2일 용골대와 마부대가 정명수를 보내 말하기를, "이달 10일 황제가 군병을 거느리고 서쪽으로 가는데, 대군은 여기에 남고 세자 혼자 수행할 것입니다. 따라갈 원역과 부마의 수를 낱낱이 써주십시오" 하기에, 배종할 사람을 가려내 써주었습니다. 황제의 출정 기일은 전혀 듣지 못하다가 뜻밖에 앞당겨 정해졌을뿐더러, 세자 혼자 가는 것도 뜻밖이라 신들이 낙심하여 어찌할 바를 모르고 있었습니다. 그런데 대군이 신을 불러 상의하기를, "세자께서 평소 산증을 앓고 있어 추위를 무릅쓰고 가기 어려운 형편입니다. 내가 대신 가겠다고 청하려 하며, 곧 정명수를 불러들여 직접 말하겠습니다"라고 하였습니다.

신이 물러나와 정명수를 시켜 은밀히 용·마에게 이렇게 알리게 하였습니다. "세자가 평소 산증을 앓고 있음은 두 장군이 알고 있을 뿐 아니라 황제께서도 상세히 알고 계십니다. 지난 여름 한더위에도 이 병을 앓아 매우 위중하였는데, 하물며 이 추운 계절에 찬 데 묵으면 반드시 발병할 것입니다. 중도에 이 병이 나면 따라갈 수 없고 돌아오기도 어려울 것이니 어찌 종신들만 망극할 뿐이겠습니까! 황제께서도 매우 근심하실 것입니다. 또 세자가 깊은 궁중에서 나고 자라 기마를 익히지 않아서, 접때 강 너머에 잠시 나갔을 때도 말을 잘 달리지 못해 여러 번 낙마할 뻔한 것은 황제께서도 친히 보셨습니다. 몸에 중병이 있고 말을 타기도 어려우므로 결코 병마(兵馬) 사이에 따라갈 수 없습니다. 또 대군이 대신 가겠다고 청하니 그 사정을 알 수 있을 것입니다. 우리 국왕께 사랑받는 아들인 것은 다름이 없으니, 대군이 자원하여 청하는 것을 황제께서 반드시 들어주실 것입니다. 이런 뜻을 두 장군이 황제께 여쭈어 선처해주셔야 합니다." 정명수가 곧 가서 상세히 알린 뒤에 다시 와서 "용·마가 이 말을 듣고 머리를 끄덕이고는 아문에서 제장과 회의한 뒤 궐에 들어갔습니다"라고 하였습니다.

3일 이른 아침에 마부대 장군이 궐에 들어갔다는 말을 듣고, 신들이 대군을 모시고 궐문 밖에 가서 앉아 기다렸습니다. 마장이 나오기에 길에서 대군이 앞으로 나아가 대신 가겠다는 뜻을 말하자, 마장이 "어제 저녁에 이미 여쭈었습니다. 세자는 여기에 남고 대군이 수행하도록 재결하였습니다. 또 대군이 탈 말 2필과 따라갈 인원이 탈 말 10필, 몽골

장막을 실을 낙타 2마리도 보내줄 것입니다. 그 나머지 부마는 관소에서 정돈하여 가십시오"라고 하여, 신들이 물러나왔습니다. 세자께서 천만 뜻밖으로 이번에 행차하지 않게 되어 기쁘고 다행함은 이루 말할 수 없습니다. 그러나 대군이 나가게 되어 길이 멀지 가까울지, 여정이 험할지 평탄할지, 시일이 얼마나 걸릴지 예측할 수 없으니, 이곳의 민망하고 절박함을 또 말로 다할 수 없습니다.

9일 황제가 정명수를 보내 말하기를, "대군 이하 따라가는 사람은 다 활과 화살을 메야 한다" 하였습니다. 신들이 대군은 나이가 어려서 활을 찰 수 없다고 거듭 말하자, 또다시 정명수를 보내서 "재신과 내관은 활을 차지 않더라도, 대군은 황제께서 인접(引接)할 때와 몽골왕과 상견(相見)할 때는 활을 메지 않으면 안 된다" 하였습니다. 그리고 동개(筒箇)를 갖춘 활과 화살 각 1부와 안장 2부를 보내며 "이것은 황제께서 하사한 것이니 궐문 밖에서 사은해야 합니다"라고 하였습니다. 대군이 일행을 거느리고 궐에 나아가니, "황제께서 이미 아시니 물러가라" 하였습니다.

10일 이른 아침, 황제가 출발하여 동문으로 나가 성황당에 배례한 뒤에 서쪽 길로 향하였습니다. 세자는 멀리 서교(西郊) 밖에 나가 전송하고, 대군은 황제의 일행으로 나아갔습니다. 일행의 식량은 각자 2말[斗]씩 쌌는데, 우리나라 말로는 6말입니다. 부마는 매우 간략히 마련하였으나, 많은 의복과 식량에 실을 것이 너무 많아서 어쩔 수 없이 이곳에서 준 말 12필 외에 사복마와 재신 이하 질자관에 있는 말을 전부 모아서 보냈습니다. 그러나 원래 수가 많지 않은 데다 죄다 파리하고 약해서 전쟁터까지 가기 어려울 듯하여 매우 걱정스럽습니다.[1] 이들 따라 간 원역과 동원된 마필 수는 별도 책자로 만들어 비변사에 올려 보냅니다.

8일, 영의정 최명길이 무사히 들어왔는데, 동관에 있게 하였습니다. 9일 초경이 지나서, 만장(만월개)과 용장이 예부에서 일을 보다 정명수를 보내 신을 부르며 "각로와 상의할 일이 있으니 급히 나오라" 하였습니다. 신이 먼저 나아가니, 만·용이 신에게 이르기를, "선봉 군병이 지난 21일 장성(長城) 희봉구(喜峯口)에 이르렀는데, 명조의 대장 금운(金雲)이라는 사람이 방어를 자청하여 군병 5,000을 거느리고 나와 싸우다가 모조리 아군에게 죽었습니다. 그 장수는 겨우 몸을 피해 달아나 작은 성으로 들어갔습니다. 그 성을 지금 포위하고 있는데, 제장이 모두 도륙하기를 바랐으나 요토왕은 이런 작은 성은 그다지 신경 쓸 것 없으니 바로 북경으로 향하는 것이 낫다고 하였습니다. 아마도 그 장수도 성을 나와서 항복했을 것입니다. 또 2진 군병은 4일 진군하여 준화현(遵化縣)에 이르렀는데, 성을 지키던 군졸이 싸우지 않고 스스로 무너져서 곧 빈 성 세 곳을 얻었습니다. 이 뜻을 세자께 가서 아뢰고 곧 돌아와 각로와 함께 상의합시다"라고 하였습니다. 신이 세자께 와서 아뢰고 곧 돌아가자 영의정도 와 있었는데, 신이 동석하였습니다. 용장이 "내가

---

1 봉림대군을 수행한 인원은 재신 신득연을 비롯해 내관·선전관·의관·역관·군관 등 47명이고, 말은 공용과 개인 말을 합쳐 60마리였다. 이들은 11월 28일 모두 무사히 돌아왔다. (『심양일기』 무인년 11월 28일)

각로와 서로 이야기할 것이 있으니, 시랑은 또 세자께 아뢰십시오"라고 하였습니다. 신이 와서 아뢴 뒤에 도로 갔더니, 영의정에게 자리에서 일어나 꿇어앉게 하고 우리나라가 약조를 지키지 않아 군병을 물리쳐 보냈다는 것을 계속 말하였으며, 신도 그 자리에서 들었습니다. 여러 말은 영의정이 상세히 아뢸 것이므로 감히 다시 번거롭게 아뢰지 않겠습니다.

전날 시위하러 들어온 전 첨사(僉事) 이충백(李忠伯)과 이번 출신 김연(金埏)·이한(李瑍) 등을 돌려보냅니다. 세자의 서행을 취소해준 일은 기쁜 소식이므로 금군 김경신(金景信)을 별도로 정해 파발마를 주어 장계배지로 올려 보냅니다. 이러한 연유로 아룁니다.

戊寅十月十五日

本月初一日, 宰臣朴潢出去時, 此間事情段, 已馳啓爲白有在果. 其後, 王世子·嬪宮氣候安寧敎是白齊.

初二日, 龍·馬使鄭命壽來言曰, "今初十日, 皇帝率兵西去, 大君卽留此, 世子獨爲隨行. 應往員役及夫馬數, 一一書給"亦爲白去乙, 陪從之人, 抄出書給爲白有乎矣. 皇帝出征之期, 漠無所聞爲白如加, 不意進定旀不喩, 世子獨行亦出意外, 臣等心膽俱落, 罔知所措. 大君招臣相議曰, "世子素有患疝之候氣, 勢難冒寒而行. 吾欲請以代行, 卽招入鄭命壽, 親自言之."

臣退來, 使鄭命壽密通於龍·馬處, 曰, "世子之素有疝症, 非但兩將所知, 皇帝亦所詳知. 去夏炎熱時, 尙患此症, 極其危重, 況此寒節, 宿處冷地, 則必發無疑. 若於中路有此病患, 則隨去不得, 退來亦難, 豈啻從臣之罔極? 皇帝之所甚憂也. 且生長深宮, 不習馳馬, 頃日江外暫時出行, 亦不能驅馳, 幾立落馬者多, 皇帝親所目見者也. 身有重病, 且難跨馬, 決不得隨往兵馬之間. 且大君請欲代去, 其情可知. 於我國王, 愛無異同, 而自願之請, 皇帝必從. 此意兩將不可不奏稟善處. 云云." 則命壽卽往細通後, 來復曰, "龍·馬聽此之言, 默頭肯諾, 仍於衙門會議諸將後, 入去闕中. 云云"爲白去乎.

初三日早朝, 聞馬將入往闕中, 臣等陪大君往于闕門之外, 坐而待出爲白如可. 馬將出來爲白去乙, 於路上, 大君進前, 又陳其代往之意, 則馬將曰, "昨夕已爲奏稟. 世子則留此, 大君則隨行事乙定奪矣. 且大君所騎馬二匹·隨去人員所騎馬十匹·蒙古帳幕所載槖駝二頭, 亦爲給送. 其餘夫馬, 則自館中整頓以去. 云云"爲白去乙, 臣等退來爲白在果. 世子敎是則千萬望外, 得免此行, 喜幸之意, 不可勝言. 而大君又當此行, 道路遠近, 行李險夷, 日月遲速, 未可豫料, 此間悶迫, 又不可盡陳是白齊.

初九日, 皇帝使鄭命壽來言曰, "大君以下隨去之人, 皆佩弓箭"亦爲白去乙. 臣等以大君年弱不可佩弓之意, 反覆言之, 則又使來言曰, "宰臣內官, 則雖不佩弓, 大君則皇帝引接及蒙古王相見時, 則不可不佩. 云云." 仍以弓箭俱筒箇各一·鞍子二部送來曰, "此乃皇帝所賜, 不可不謝恩於闕門之外"亦爲白去乙. 大君率一行人, 詣闕則曰, "皇帝已知之, 退去. 云云"爲白齊.

初十日早朝, 皇帝發程, 出自東門, 行拜禮於城隍堂後, 轉向西路. 世子遠送于西郊之外, 大君則皇帝一行進去爲白有齊. 一行糧料則, 各裹二斗, 我國之斗則六斗是白齊. 夫馬則十分從略磨鍊, 而許多衣服·粮料, 所載甚多, 勢不得已, 此處所給馬十二匹之外, 司僕馬·宰臣以下質子館所有之馬, 沒數括出以送爲白乎矣. 元數不多, 亦皆疲殘, 恐難得達, 委屬悶慮. 同隨去員役及馬匹入把數,別件成册, 備邊司以上送爲白齊.

初八日, 領議政臣崔鳴吉無事入來, 接置於東館爲白如乎. 初九日初更後, <u>滿</u>將 · <u>龍</u>將坐於禮部, 使鄭命壽招臣曰, "閣老有相議事, 急急進來. 云云"爲白去乙, 臣先爲進去, 則滿 · 龍兩人謂臣曰, "初運軍兵, 去二十一日, 到<u>長城 喜峯口</u>前, 則<u>明朝</u>大將<u>金雲</u>稱號人, 自請防禦, 率五千軍出戰, 盡爲我軍所殺. 其將僅以身免, 走入一小城. 方爲圍住, 諸將則皆願屠戮, 而<u>要土王</u>則曰, '如此一黑子小城, 甚爲不關, 不如直向<u>北京</u>. 云云.' 想必已爲出降矣. 且二運軍兵, 則初四日進迫<u>遵化縣</u>, 則守城之卒不戰自潰, 時得空城三座. 此意往達於世子前, 卽回來, 與閣老相議. 云云"爲白去乙, 臣來達于世子前, 卽回去, 則領議政亦來爲白有去乙, 臣同坐爲白有如乎, 龍將曰, "我與閣老相語之事, 侍郞又達于世子前"云爲白去乙. 臣來達後還去, 則使領議政離席跪坐, 以我國不遵約條, 退送軍兵之意, 縷縷言之爲白去乙, 臣亦參聽其間. 許多說話, 相臣必爲細陳, 不敢更瀆爲白齊.

前日, 侍衛次以入來爲白有在, 前僉使<u>李忠伯</u> · 新出身<u>金埏</u> · <u>李瑛</u>等還爲白齊. 世子停行之擧, 係是喜報是白乎等以, 禁軍<u>金景信</u>, 別定撥馬以, 狀啓陪持, 上送爲白臥乎事是良尔. 詮次善啓云云.

❀

이 장계는 소현세자 대신 봉림대군이 대명전쟁에 참전하게 된 일을 보고하였다. 청 태종의 출병에 세자는 수행하고 대군은 남으라는 통고를 받고서, 봉림대군이 자청하여 산증을 앓고 있는 세자 대신 가겠다는 뜻을 밝혔다. 이것을 들은 용골대와 마부대는 대군의 수행을 긍정적으로 받아들이고 청 태종의 허락을 받아 대군이 수행하도록 하였다. 봉림대군은 10월 10일 출병하는 청 태종을 따라 전쟁터로 떠나고 세자는 서교에 나가 전송하였다. 이 장계 말미에 나오듯이 세자가 서행에 나가지 않게 된 것은 다행이었지만, 봉림대군이 참전하게 되었고 나중에는 세자도 참전해야 했다.

다음에는 영의정 최명길이 다시 사신으로 심양에 온 뒤에 있었던 일을 보고하였다. 이전에 조선 군병 징발령을 철회하도록 주청하러 왔던 진주사 홍보가 청 태종의 허락을 받지 못하고 돌아오자, 조정에서 다시 영의정 최명길을 사신으로 보냈다.[2] 당시 최명길과 비변사는 어떻게든 청의 징병 요구는 회피하고, 청과의 마찰을 피해보려 하였다. 그러나 용골대는 청군이 대명전쟁에 승리한 사실을 알려주면서, 조선이 군병 징발 약조를 지키지 않고 있음을 계속 강조하였다. 조선 조정을 불신하며 강경한 태도를 보인 것이다. 조선 군병 징발은 1640년 2월에 실행되었다.

2 『인조실록』 16년 7월 25일.

26

마부대의 권유

12월 1일 [2]

마부대가 봉림대군의 호행으로 따라갔다가 함께 돌아왔는데, 귀로에 병을 얻어 수레에 실려 집으로 돌아갔다 합니다. 이튿날 아침 세자가 장예충(張禮忠)¹과 김명길(金命吉, 청역)을 보내 그 집에 가서 문병하게 하였습니다. 마장이 문병해준 것에 대해 치사하고 술을 대접하여 삼배를 돌린 다음, 사람을 물리치고 은밀히 장예충에게 말하였습니다. "조선에서 세자 책봉은 어떻게 합니까? 이제까지 조치가 없으니 이것이 무

---

1 장예충은 한역(漢譯)으로 명 사신을 접대하는 역관으로 활동하였고, 가도에 파견되기도 했다. 정묘호란 때 후금 사신 유해(劉海)를 응대하여 강화 교섭 타결에 중요한 역할을 하였다. 임진왜란 이후 많은 공을 세워, 숭록대부 지중추부사에 이르렀다.

슨 일입니까? 내가 장 지사(知事)와 서로 안 지 오래고, 늘 친절하므로 말하는 것입니다." 장예충이 답하기를 "조선에서 이 일을 몹시 걱정하고 있습니다. 우리나라 주상께서 이미 상국의 책봉을 받았으니 세자의 책봉이 하루가 급한데, 상국에서 아직 지시가 없어 신민의 실망이 큽니다. 또 책봉 행사는 세자와 빈궁을 반드시 먼저 본국에 내보낸 뒤에 조서를 반포하여 책봉하면, 일국의 신민이 모두 상국의 성대한 예(禮)를 알 것입니다. 저희 나라에서 감히 입을 열지 못하는 것은 상국의 뜻이 어떠한지 모르기 때문입니다. 바라건대 마 장군이 가르쳐주십시오" 하자, 마장이 손을 저으며 "이 일은 오로지 조선에 달려 있습니다. 주청이 없는데 먼저 책봉하겠습니까. 주청사가 온다면 이 나라에서 허락하지 않을 리 없습니다. 전날 내가 칙사로 나갔을 때 그대에게 언급하였는데 그대는 잊었습니까?"라고 하였다고 돌아와 전하였습니다. 이는 장예충이 한 번 사사로이 말한 것뿐이므로 사실로 받아들이기 어렵습니다.

또 이튿날 아침 세자의 문병을 핑계로 장예충을 그 집에 보내며, 신들이 상의하여 이러이러하게 말하라고 분부하여 보냈습니다. 장예충이 그 집에 가니, 마부대가 치사하고 전날처럼 술을 대접하였습니다. 장예충이 나올 때 앞의 말을 하며 "어제 말씀하신 것은 더없이 중대한 일입니다. 그래서 내가 감히 혼자서 듣고 말 수 없어서 재신들에게 은밀히 고하니, 재신이 이 말을 듣고 또 나를 시켜 마 장군에게 다시 여쭈게 하였습니다. 우리나라에서 어찌 일찍이 책봉을 청하려 하지 않았겠습니까. 다만 책봉받는 일은 반드시 본국에 돌아가서 해야 하는데, 세자가 상국에 입시하고 있어 만약 책봉을 청하면 돌아가려 한다고 의심할 것이므로 감히 입을 열지 못했습니다. 마 장군의 말씀을 듣고서 청하려 하니 명백히 말씀해주십시오"라고 하였습니다. 마장이 답하기를 "내 뜻은 어제 이미 말했고, 다시 말할 것이 없습니다. 상국에서 먼저 말하지 않고 조선에서도 주청하지 않으면 책봉하는 일은 언제 정하겠습니까? 내 뜻은 이러할 뿐입니다. 어찌 귀국을 먼저 허락하지 않고서 책봉 사신을 내보낼 리가 있겠습니까. 이러한 뜻을 돌아가 알리십시오" 하였습니다.

마장은 근자에 황제 행차를 따라갔다 왔고 그곳에 있을 때 필시 그들끼리 하는 말을 들은 바 있어서 장예충에게 발설하였을 터이니, 그것은 자신이 억측한 것이 아님을 또한 알 수 있습니다. 마장이 말한 것이 이러하므로 감히 치계합니다. 이러한 연유로 아룁니다.

戊寅十二月初一日

馬夫大以大君護行隨往爲白有如可, 一時回來爲白乎矣, 歸路得病, 輿疾還家是如爲白良在乙. 翌朝, 世子使張禮忠及金命吉等問病於其家, 則馬將致謝問病之意, 仍出酒饋之, 三盃之後, 馬將辟人, 潛言於張禮忠曰, "朝鮮世子冊封, 何以爲之耶? 至今無擧措, 是何事也? 我與張知事相識久矣, 常有親切之意, 故言及之矣." 張禮忠答曰, "朝鮮以此一事, 不勝悶鬱. 我國主上, 旣受上國之冊封, 則世子之冊封, 一日爲急, 而上國尙無指敎, 臣民之缺望多矣. 且冊封之擧, 世子·嬪宮必須先出送於本國, 後頒詔冊封, 則一國臣民, 皆知上國之縟禮也. 弊邦之不敢開口者, 不知上國之意如何耳. 幸馬將指敎之." 馬將擧首揮之曰, "此事專在於朝鮮. 無奏請而先自冊封乎? 奏請使若來, 則此國萬無不許之理. 前日我以勑使出去時, 言及於汝, 而汝已忘之耶? 云云"是如, 回來傳說爲白乎矣. 禮忠一番私語旀以, 取實爲難.

又翌日朝, 托以世子問病, 使張禮忠往其家, 臣等相議, 如是如是分付以送爲白有如乎. 禮忠到其家, 則致謝饋酒亦如前日. 禮忠臨辭時, 進前言曰, "昨日所言, 莫大重事. 故我不敢獨聽而止, 密告於宰臣等, 則宰臣聽得此言, 又使我更稟於馬將. 我國豈不欲早請册封也? 但受封之擧, 必須歸還本國後爲之, 而世子方入侍上國, 若請册封, 則有嫌於欲歸之意, 故不敢開口耳. 欲聽馬將指教而爲之, 不可不明白言之"云. 則馬將答曰, "我意則昨日已言之, 更無他事. 上國不爲先發, 朝鮮亦不奏請則, 册封之事, 何時定乎? 我意則如斯而已. 豈有不先許還, 而出送册使之理乎? 以此意歸報可也. 云云"爲白臥乎所.

大槩馬將新從帝行而來, 在彼之時, 必有所聞於自重之言, 發說於張禮忠, 則其非自己臆度之事, 亦可知矣. 馬將所言如此, 故敢馳啓爲白臥乎事是良厼. 詮次善啓云云.

❀

이 장계는 왕세자 책봉을 청하라는 마부대의 권유를 받은 일을 보고하였다. 마부대는 문병 온 역관 장예충에게 세자 책봉을 청하라는 뜻을 말하였는데, 그 말을 전해 들은 재신들이 다시 장예충을 보내서 마부대의 의중을 재확인하였다. 그리고 마부대가 출병한 청 태종을 따라갔다 왔으므로 그의 말이 청조의 뜻일 것이라는 재신의 추측을 덧붙여 보고하였다.

청나라에서 인조를 조선국왕으로 책봉하는 예는, 1637년 겨울에 용골대와 마부대가 칙사로 나가서 11월 20일에 거행하였다. 그 뒤에 조선에서 세자의 책봉을 요청하지 않고 있었기 때문에, 마부대가 권유한 것으로 보인다. 그런데 소현세자는 1634년에 명의 칙사가 나와서 책봉을 받은 일이 있었다. 따라서 조선에서는 굳이 청나라에 세자 책봉을 청할 생각은 없었던 것으로 보인다.

27

십왕의 패전 소식

12월 11일

이달 1일 선전관 최율(崔嵂)이 나갈 때 이곳 사정은 이미 치계하였습니다. 그 뒤 왕세자와 빈궁의 기후는 안녕하시며, 대군도 돌아온 뒤로 평안합니다.

5일 조참례를 행하였는데, 세자와 대군이 다 나아가 참석하였습니다.

황제의 서행 때, 조대수(祖大壽)¹가 중도에 진을 치고 있어 십왕(十王)²

---

1 조대수(?~1656)는 명의 총병으로, 1631년 대릉하(大凌河) 전투에서 청 태종에게 포위당하자 귀순하여 내응하기로 했다가, 다시 금주성(錦州城)을 지키며 항복하지 않았다. 1642년 3월 금주성이 함락되자 청에 항복하였다.
2 십왕은 누르하치의 제15자 도도(多鐸, ?~1649)이다. 1636년 예친왕(豫親王)에 봉해지고 예부를 관장하였다.

이 경기병 500으로 진을 공략했는데, 조장의 군병이 사방을 포위하였습니다. 한참 싸운 뒤에 가까스로 길을 열어 십왕이 겨우 100여 기로 진을 뚫고 나왔으나, 군병은 부상자가 절반이고 사로잡힌 자도 많았습니다. 황제가 돌아온 뒤, 용병(用兵)을 잘못한 죄를 논하여 영장(營將)들을 가두었고, 십왕은 대죄하고 있다고 합니다. 봉림대군이 서행했을 때도 십왕이 패전했다는 말을 들었으나 상세한 것을 알 수 없어 감히 아뢰지 못하였는데, 이번은 확실한 소식인 듯합니다. 십왕은 중도에서 군병을 나누어 거느리고, 황제 행차가 명나라 경계에 이르기 전에 다른 길을 거쳐 곧장 관문(關門, 산해관)으로 향하여 전둔위(前屯衛)와 중후소(中後所) 사이에서 전투를 벌였다고 합니다. 그래서 대군 일행은 그 전투 상황을 보지 못하였고, 패전 사실을 군중에 숨겼으므로 대략은 들었으나 그 실상을 확실히 알지 못하였습니다.

그저께 어떤 사람이 와서 하는 말이, 황제가 회은군(懷恩君)[3]의 딸[4]을 피파 박시에게 내주었다고 하였습니다. 사람을 시켜 탐문해보니, 과연 그에게 내주었다는데 그 연유는 듣지 못하였습니다.

경군뢰 10명과 평안도 역자(譯子) 1명 등이 9일 들어왔기에, 전날 들어왔던 군뢰와 역자 등을 교체한 뒤에 돌려보내는 사유를 치계합니다.

---

3 회은군은 이덕인(李德仁, ?~1644)으로 성종의 후손이다. 1637년 사은부사로 심양에 가서 종실 사람들을 속환하였고, 그 뒤에도 사신으로 몇 차례 심양에 갔다. 1644년 심기원 역모 사건에 왕으로 추대된 일로 사사되었다.
4 회은군의 딸은 강화도에 피란했다가 청군에게 붙잡혔다. 조선국왕 친족의 딸이라 하여 청 태종에게 바쳐졌는데, 청 태종이 다시 피파 박시에게 하가(下嫁)시켰다.(『심양장계』 무인년 12월 23일)

이러한 연유로 아룁니다.

　　戊寅十二月十一日

　本月初一日, 宣傳官崔崒出去時, 此間事情段, 已爲馳啓爲白有在果. 其後, 王世子·嬪宮 氣候安寧敎是白乎於, 大君回還後, 亦爲平安爲白齊.

　初五日行朝參禮, 世子·大君皆進參爲白有齊.

　皇帝西行時, <u>祖大壽</u>在中路結陣, <u>十王</u>以五百輕騎衝犯陣前, <u>祖大將軍</u>,[5] 四面圍住, 撲戰良久, 後稍開一路, 則<u>十王</u>僅以百餘騎突陣而出, 而軍兵折損者過半, 被擒者亦多. 故皇帝回還之後, 論以用兵失律, 營將輩則已爲鎖囚, <u>十王</u>則方待罪是如云云爲白置. 大君西行之日, 亦聞<u>十王</u>見挫之說, 而未得其詳, 故不敢啓聞爲白有如乎, 今則似是的報是白齊. 蓋<u>十王</u>自中路分領軍兵, 帝行未及漢境之前, 徑由他路, 直向關門, 而相戰於<u>前屯衛</u>·<u>中後所</u>之間云云. 故大君一行, 則未見其戰狀, 軍中諱其敗乙仍于, 畧得聞之, 而莫的其實爲白有齊.

　再昨, 有人來傳, <u>懷恩君</u>之女, 出給皮破博時云云爲白去乙. 使人探之, 則果然出給其人, 而其出給緣由段, 未及聞之爲白齊.

　京軍牢十名·平安道譯子一名等, 初九日入來爲白有去乙, 前日入來爲白在軍牢·譯子等交替, 後還爲出送緣由, 馳啓爲白臥乎事是良旀. 詮次善啓云云.

---

5 '祖大將軍'은 원본에 '祖將大軍'으로 나온다.

이 장계는 대명전쟁에 나간 청군의 패전 소식을 보고한 것이다. 십왕 도도가 산해관 서쪽 전둔위와 중후소 사이에서 명장 조대수의 대군에 패하였다는 소식을 전하였다. 명이 존속하고 있는 상황에서 청과 명의 전쟁은 조선에서도 큰 관심사였다. 그리고 청 태종이 회은군의 딸을 피파 박시에게 하가시켰다는 것을 보고하였다. 뒤에 회은군의 딸과 피파 박시는 심양관에 와서 조선에 관계된 일을 살피겠다는 뜻을 밝혔다.[6] 피파 박시는 또 재신들에게 세자의 책봉을 청하도록 권유하고, 뒤에 조선에 사신으로 나가기도 하였다.

6 『심양장계』 기묘년 1월 21일.

홍시와 배의 매매

12월 23일

이달 11일 경군뢰 등이 나갈 때 이곳 사정은 치계하였습니다. 그 뒤로 왕세자와 빈궁의 기후는 안녕하시며, 대군도 평안합니다.

대군의 강학(講學)은 전에는 보덕 이시해(李時楷)[1]가 사부(師傅)의 직임을 겸하였는데, 이시해가 나간 뒤로 달리 강학할 사람이 없어 문학 정뇌경(鄭雷卿)[2]이 세자의 하령에 따라 우선 강학하고 있습니다. 강관(講官)

---

1 이시해(1600~1657)는 1637년 시강원 문학으로 소현세자를 배종하여 심양에 갔다. 1638년 보덕에 임명되었고, 귀국한 뒤에 대사간·이조참판 등을 지냈다.
2 정뇌경(1608~1639)은 병자호란 때 남한산성에 있다가, 시강원 겸사서로 소현세자의 배종을 자원하여 심양으로 갔다. 1639년에 횡포가 심한 청의 역관 정명수와 김돌시 등을 청에 고발하여 처벌을 받도록 꾀하였다가 실패하고 처형당하였다.

이 2원(員)뿐이라 서연 외에도 구차한 일이 많습니다. 또한 대군이 간혹 홀로 조참 등의 예에 나아갈 때 배행하는 사람이 없으므로 저들이 보기에도 매우 초라합니다. 사부 등 관원을 이조에서 품의하고 선정하여 들여보내 주십시오.

14일 이른 아침에 남아 있는 제장을 모두 아문에 모아 말을 먹이라는 영을 내렸는데, 내달 하순에 또 서쪽으로 갈 것이라 합니다. 세시(歲時) 사냥에는 팔왕(八王)[3]만 보내고 황제는 가지 않았습니다.

이곳에서 요구한 홍시 30만 개 중 2만 4,000개와 배 6,000개 전부를 봉황성에서 넘겨받았는데, 청역[4] 김돌시가 함께 가고, 팔고산에서 보낸 사람이 각자 나누어서 실어 왔습니다. 사사로이 보낸 홍시 1만 개 중 9,000개와 배 6,000개 중 5,000개는 차사원 방산만호 박사명이 봉황성에서 넘겨받아 매매한 뒤에 곧 아문에 바쳤습니다. 봉황성에서 매매하고 남은 홍시 6,000개, 아문에 바치고 남은 배와 홍시 1,000개에 대해서는, 청역들이 "조선에서 해마다 바치는 세폐를 줄이도록 하겠다"라고 하였습니다. 남은 것은 세자의 관소에 쓸 것이라 하여 아문에서 운반해 주기까지 하였습니다.[5] 그간의 사정은 헤아려 알기 어려우나 그들이 호

---

3 팔왕은 아지거(阿濟格), 누르하치의 제12자로 1636년 영친왕(英親王)에 봉해졌다. 세자와 대군에게 은밀히 호의를 보이고, 여러 물건의 구매를 청한 일이 『심양장계』에 나온다.(기묘년 6월 15일 · 21일, 8월 23일, 신사년 9월 25일 등)
4 여기서 청역은 청의 조선어 역관을 말한다. 또한 조선의 청어(淸語, 만주어) 역관도 청역이라고 하였다. 양자 모두 조선인 출신으로 만주어를 하므로 같이 청역이라고 한 듯하다.
5 이것은 『심양일기』의 내용과 차이가 있다. 12월 23일 일기에는 원래 대조(大朝)에서 보낸 홍시 4만 개와 배 1만 2,000개 가운데, 청의 분부에 따라 홍시 3만 개와 배 6,000개를 팔기로

의로 말하므로 우리의 도리로도 그대로 두고 심히 따질 필요는 없을 것입니다.[6] 관소에 보내온 물건은 처치하기 매우 어렵지만 마침 세시가 닥쳤으므로 임시방편으로 청역들에게 나누어 주어 처리할 생각입니다. 다만 차사원 박사명은 물목을 적은 별단도 가져오지 않았다고 하는데 그 까닭을 모르겠습니다. 봉황성에 있을 때 덜어낸 6,000개는 박사명이 병사(兵使)에게 치보하였다고 합니다.

신 박로는 상심이 쌓인 끝에 병이 위중하여 초겨울부터 지금까지 움직이지 못하고 있으며, 세자의 거둥에도 수행하지 못해 지극히 황공하고 민망합니다. 감·배 등을 실어 온 인마가 나가는 편에 사유를 치계합니다. 이러한 연유로 아룁니다.

戊寅十二月二十三日

本月十一日, 京軍牢等出去時, 此間事情段, 已爲馳啓爲白有在果. 其後, 王世子嬪宮氣候安寧敎是白乎旀, 大君亦爲平安爲白齊.

大君講學, 在前段, 輔德李時楷兼行師傅之任爲白如乎, 李時楷出去之後, 他無講學之人, 文學鄭雷卿, 因世子下令, 姑爲講學爲白乎矣. 講官只有二員, 書

하고 청인에게 내주었고, 김돌시가 나머지 홍시 1만 개와 배 6,000개를 운반해 왔는데, 홍시와 배 1,000개를 떼어내 관소에 바치게 하고 그 나머지는 가로채려 했다고 한다. 차사원 박사명도 그에게 동조하여 대조에서 보낸 것을 사사로이 줄였고, 심양관 관원들도 이것을 알았으나 한 재신이 불문에 붙이자고 주장하였다고 전한다.

6 김돌시가 홍시를 가로챈 일을 불문에 붙이자고 주장한 사람은 이 장계를 작성한 재신 박로이다. 박로는 청역을 접대하는 일을 맡아 정명수·김돌시와 친근하였다. 관소의 다른 재신과 강관들은 그를 꺼리고, 그는 또 이들을 원망하였다.(『심양일승』 정축년 10월 28일)

筵之餘, 事多苟簡吆不喩, 大君或有獨詣朝參等禮之時, 陪行無人, 彼人所見, 亦甚埋沒. 師傅等員, 令該曹稟差入送爲白齊.

十四日早朝, 盡會留在諸將於衙門, 已有喂馬之令, 來月念晦間, 又將西去云云爲白齊. 歲時山行段只送八王, 而皇帝則不往爲白有齊.

此處所求紅柹三萬箇內, 二萬四千箇及生梨六千箇專數段, 已爲交割於鳳凰城, 淸譯金乭屎眼同, 八高山所送人, 各自分執, 載來爲白有旀. 私送紅柹一萬箇內九千箇 · 生梨六千箇內五千箇段, 差使員方山萬戶朴士明, 自鳳凰城交割和賣後, 仍爲領納衙門爲白有在果. 鳳凰城和賣時, 所餘六千箇之柹子 · 衙門領納時所餘一千箇之梨·柹段, 淸譯等以爲, "我國年例除弊之地. 云云"爲白乎旀, 衙門餘數, 則欲爲世子館中所用是如, 至於輸送以來爲白有臥乎所. 其間情形有難測知是白乎矣, 渠等亦以好意言之, 在我之道, 亦當任他, 不必深卞是白在果. 館中送來之物, 則處置極難, 而適當歲時乙仍于, 臨時散給淸譯輩, 方便處置計料爲白齊. 唯只差使員朴士明段, 物目別單亦不持來是如爲白臥乎所, 未知其由. 在鳳凰城時, 除出六千段, 士明馳報於兵使云云爲白齊.

臣簹段積傷之餘, 身病極重, 自冬初至于今, 不得運動, 世子擧動, 亦不得隨參, 極爲惶恐悶慮爲白齊. 柹梨等物載持人馬出去乙仍于, 緣由馳啓爲白臥乎事是良尒. 詮次善啓云云.

이 장계는 봉림대군을 위한 사부를 선정하여 심양으로 보내줄 것과 다시 명을 침략하기 위해 청이 출병을 준비하고 있음을 보고하였다. 다음에는 청의 요구에 따라 조선에서 보내온 홍시와 배를 봉황성에서 넘겨받아 매매한 일에 대해 보고하였다. 이후로 홍시와 배는 청나라에서 해마다 구매하는 물품이 되었다. 이때의 홍시 2만 4,000개와 배 6,000개는 팔기에서 보낸 사람들이 각각 구입하여 운반해 갔고, 홍시 9,000개와 배 1,000개는 아문에서 사들였다. 나머지는 김돌시가 심양으로 운반해 와서, 홍시와 배 각 1,000개를 관소에서 쓰도록 심양관으로 운반해 주었는데, 사실은 김돌시가 남은 홍시 6,000개를 가로챈 것을 숨기려고 한 짓이었다. 이 사실을 알게 된 예부 소속 청역과 시강원 문학 정뇌경 등이 조선에 횡포를 부리던 역관 정명수와 김돌시를 처벌받게 하려고 꾀하였다. 이 일은 큰 파장을 불러일으켰다.

기묘년
(인조17, 1639)

29

피로인 속환의 폐단

1월 8일 [2]

전 우후(虞侯, 종3품 또는 정4품 무관) 권집(權潗)의 처와 딸이 모두 사로잡혀 들어왔는데, 그 처는 정축년(1637) 11월에 먼저 속바치고 데려갔고, 그 딸은 출신 조양(趙壤)이 나중에 속바치고 데려갔습니다. 그런데 애초에 사로잡아 왔던 자가 황제 친족으로 세력이 있는 사람이라, 속환할 때 강제로 몸값을 정하고 신들을 침책하는 정상이 이루 말할 수 없었습니다. 조양을 장계배지로 내보낼 때, 그 사람이 용골대에게 부탁하여 정명수를 보내 말하기를 "조양이 이미 그 딸을 속바치고 갔는데, 그 딸의 어미는 조양의 장모이다. 그 어미의 미수금은 130냥을 급히 조양에게 거두어 보내라고 말하고 내보내라" 하였습니다. 신들이 "이 일은 우리가 알 바 아니니, 조양에게 말하라" 하고 엄히 물리쳐서 보냈습니다. 이번에 사신이 오자,[1] 그 사람이 용골대에게 와서 '권집 처의 속은(贖銀)을 사신에게 받아내라' 하며 갖가지로 을러대고, 정명수를 보내 아침부터 저녁까지 신들을 협박하고 독촉하여 못하는 짓이 없고, 심지어 사신이 타는 역마까지도 빼앗으려 하였습니다. 신들이 "조양의 사채(私債)를 사신에게 받아내는 것은 터무니없다" 하며 이렇게 저렇게 수없이 타일렀으나 끝내 듣지 않았습니다. 어쩔 수 없이 신들이 사신과 상의하여 사행 원역 중 한지언(韓之彦)의 은자 130냥을 빌려서 갚은 다음, 용골대에게 "이곳의 사채를 사신에게 받아내다니 상국이 사신을 대우하는 도리로 이렇게 하는 것은 부당합니다. 우리나라 사신 또한 여기에 올 수 없을 것이니 후일의 폐단은 이루 말할 수 없을 것입니다. 이번에는 비록 위세에 몰려 빌려서 주었지만 이후로는 관례로 삼지 마십시오"라고 하자, 용골대가 "이후에 어찌 이처럼 난감한 일이 있겠습니까. 나중에는 절대 관례로 삼지 않겠습니다"라고 하였습니다. 해당 관사에서 권집을 조사하여 이 미수금을 한지언에게 지급하도록 해주십시오.

고(故) 신(臣) 유공량(柳公亮)[2]의 첩의 사위 이질(李秩)이라는 자가 사로잡혀 대왕(귀영개)의 집에 있다가 작년에 속바치고 갔는데, 그 미수금은 100냥을 아직도 들여보내지 않는다고 날마다 독촉하고 이번 사신에게 또 징수하려는 것을 겨우 타일러서 우선 중지시켰습니다. 듣자니 이

---

1 정조사(正朝使) 김영조(金榮祖)가 1638년 12월 26일 심양에 왔다.

2 유공량(1560~1624)은 황해감사 · 지중추부사 · 지의금부사 등을 지냈으나 인조반정 뒤에 중도부처되고, 이괄의 난에 연루자로 지목되어 참수되었다. 1627년에 이괄의 난의 억울한 죄인을 신원하라는 교지에 따라 관작이 복구되었다.

질은 회은군과 가까운 친족이라 합니다. 회은군에게 물으면 그 신원[根脚]을 알 수 있을 것입니다. 미수금 은 100냥을 이질에게 징수하여 빨리 들여보내십시오. 영중추부사 이성구의 아들을 속바친 속은(贖銀) 500냥도 독촉하고 있으니, 또한 그 집에 분부하여 빨리 마련해 보내도록 해주십시오.

우리나라 사람이 속환하러 들어와서 눈앞의 다급함에 절박하여 각자 서로 아는 청인에게 은자를 빌려서 속환하고 나간 다음에 갚으려고 하지 않습니다. 날짜가 오래되면, 은자를 빌려주었다가 돌려받지 못한 청인이 반드시 관소에 와서 신들에게 갖가지로 침책하는 바람에 그 고통을 견디기 어렵습니다. 하나같이 그들의 말대로 공문을 보내 거두어주려면 날마다 해도 부족합니다. 이것을 염려하여 징수하지 않으면, 몰래 빌린 자가 수없이 많은데 징수하지 않는 것을 달갑게 여기고 빌리고서도 갚지 않을 것이니, 간사한 꾀만 길러주게 되고 나라에 일이 생길 것입니다. 이것이 바로 지금의 큰 폐단입니다. 빌리는 길을 엄히 다스려서 끊지 않으면 후일의 끝없는 걱정은 이루 말할 수 없을 것입니다. 이후로는 우리나라 사람이 압록강을 건널 때 의주부윤으로 하여금 명백히 알리게 하여, 일절 청인에게 은자를 빌리지 못하도록 해주십시오. 만약 금지령을 어겼다가 발각되면 몰래 교역한 잠상(潛商)의 예로 논하여 처단한다는 것으로 규칙을 엄히 세우고, 그 사목(事目) 1건은 신들에게 내려보내고, 1건은 평안감사에게 보내서 엄히 경계하여 폐단을 막을 것을 묘당에서 품처(稟處)하기 바랍니다.

(己卯正月初八日) 同日

前虞候權澂之妻與女, 俱被擄入來爲白有如乎. 其妻段丁丑年十一月分先爲
贖去, 其女則出身趙壤追後贖去. 而所謂擄來者, 皇帝之親屬, 有勢力者也. 當
爲贖還時, 勒定價物, 侵責臣等之狀, 不可勝言爲白如乎. 趙壤陪狀啓出送時,
其人囑於龍骨大, 使鄭命守來言曰, "趙壤旣爲贖去其女, 其女之母乃趙壤之妻
母也. 其母之未收價銀一百三十兩, 趙壤處急急徵送之意, 言送"亦爲白去乙.
臣等曰, "此事非我等所知, 可於趙壤處言之. 云云." 峻斥而送爲白有如乎. 今
此使臣之來, 其人來在於龍骨大處, 恐嚇萬端, 權澂妻贖價, 使臣處徵給云云.
使命守自朝至暮來在於臣等處, 其恐㤼督促無所不至, 至於使臣所騎驛馬, 亦
欲奪取是如爲白去乙. 臣等以爲, "趙壤私債, 徵出使臣, 萬無其理." 橫說竪說,
無數開諭, 而終不回聽. 勢不得已, 臣等與使臣相議, 使行員役中, 韓之彦銀子
一百三十兩乙, 貸出還上後, 臣等言於龍骨大曰, "此處私債, 若於使臣處當徵,
則上國待使臣之道, 不當如是. 我國使臣, 亦不得接跡於此, 其日後之弊, 不可
勝言. 今雖爲威力所逼貸出而給, 而後勿以例"云, 則曰, "此後, 豈有如此難當之
事乎? 後則切不爲例. 云云"爲白在果. 令該司權澂推閱, 同未收債, 韓之彦處,
徵給爲白齊.

故臣柳公亮之妾婿, 稱云李秩者, 被擄於大王之家, 上年贖去, 而其未收價銀
一百兩乙, 尙今不爲入送是如, 逐日督促, 今番使臣處, 亦欲徵出是白去乙, 僅
得開諭, 今妨中止爲白在果. 竊聞, 上項李秩與懷恩君切族云. 問於懷恩君, 則
可知其根脚. 同未收恩一百兩, 李秩處, 當徵急急入送爲白齊. 領中樞府事李聖
求, 其子贖價銀五百兩, 亦爲催督爲白去等, 亦令分付其家, 從速備送爲白齊.

我國人以贖還入來者, 切於目前之急, 各於淸人相識處, 貸出銀子, 贖還出去

之後, 無意還償. 日月已久, 見貸淸人未由還徵, 必來館所, 臣等處萬端侵責, 不勝其苦. 而一從其言, 移文徵給, 則日亦不足. 慮此不徵, 則潛自貸出者, 不知其數, 甘心於不徵, 貸出而不給, 則適長其奸計, 生事於國家, 乃目今大弊也. 貸出之路, 若不痛治而杜絶, 則日後無窮之患, 不可勝言. 今後則我國人越江時, 令義州府尹明白知委, 切勿令淸人處貸出銀子. 若或犯禁現露, 則論以潛商例, 處斷之意, 嚴立事目, 一件乙良臣等處下送, 一件乙良送于平安監司處, 嚴飭杜弊事乙, 令廟堂稟處爲白只爲.

이 장계는 피로인 속환 때문에 벌어지는 폐해에 대해 보고한 것이다. 피로인의 주인이 세력가이면 속전으로 많은 은자를 요구하고, 속환하러 온 조선인에게 그 몸값을 모두 받아내지 못한 경우에는 심양관 관원들과 조선 사신에게까지 강탈하는 일이 벌어졌다. 또 속환하러 온 사람들이 부족한 은자를 급히 청인에게 빌려서 속환하고 돌아간 뒤에는 갚지 않기 때문에 청인들이 관소에 와서 책망하는 일도 자주 있었다. 이 장계를 쓴 재신은 이러한 폐단을 막기 위해, 청인에게 은자를 빌리면 엄벌에 처한다는 규정을 정하고 속환하러 가는 이들에게 의주에서 미리 고지할 것을 건의하였다. 이렇게 하여 속환 문제로 심양관에 끼치는 폐단을 막아보려 한 것이다.

그런데 속환 때문에 벌어지는 문제와 부작용이 많았음에도 당시 조정에서는 별다른 대책이 없었다. 속환은 피로인 가족이 직접 심양에 가서 속전을 치르고 피로인을 사 오는 사적인 일로 여겨지고 있었다. 게다가 피로인이 도망하여 고향으로 돌아가기도 어려웠다. 청의 힐책을 우려한 변방 관리들이 이들이 압록강을 건너는 것을 막았기 때문이다. 온갖 고난 끝에 고향에 돌아갔다 해도 관원들이 붙잡아 청나라로 쇄환하는 일이 벌어졌다.

30

정명수·김돌시 고발 사건

1월 28일

이달 21일에 심지상을 봉작하는 일[1]로 조회가 있어서, 세자와 대군께서 가서 참석하였는데, 막 궐문 밖에 이르자 형부(刑部) 관원이 5~6인을 거느리고 와서 시강원 관원을 보자고 하였습니다. 그때 사서 김종일(金宗一)[2]이 세자를 모시고 갔으므로 나가서 만났습니다. 형부 관원 등이 외진 곳으로 끌고 가서 은밀히 묻기를, "조선에서 통사 정명수·김

---

1 심지상은 이때 속순공(續順公)에 봉해졌다.
2 김종일(1597~1675)은 1637년 시강원 사서로 심양에 갔다. 정뇌경과 함께 정명수·김돌시의 처벌을 꾀한 일 때문에 1639년 4월 조선으로 송환되어 영덕에 유배되었다. 1643년 풀려난 뒤 수찬·교리 등을 지냈다. 그의 문집 『노암집(魯庵集)』 권3에 수록된 「심양일승(瀋陽日乘)」 은 1637년 7월 19일부터 1639년 4월 21일까지의 일기로, 당시 심양관의 실정과 정명수·김돌시 고발 사건 등에 대해 상세히 기록하였다.

돌시 등에게 은 2,600냥과 잡물 7태(馱) 등을 칙사가 돌아온 다음에 뒤따라 들여보내 주고, 또 황제께 바치는 홍시와 배도 1,000개씩 임의로 덜어내서 주었다던데, 그렇습니까? 성이 심가인 사람이 이 일로 아문에 소장을 냈습니다" 하고는 물목을 적은 쪽지를 꺼내 보여주었습니다. 김종일이 모른다고 답하고, 당초 문서를 맡았던 관원이 관소에 있으니 가서 물어보라고 하자, 형부 관원 등이 관소로 왔습니다.

신 신득연(申得淵)[3]은 마침 안질이 몹시 심해 배종하지 못하고 관소에 남아 있었습니다. 문학 정뢰경도 궁을 지키느라 남았는데, 하인이 갑자기 알리기를 '형부 관원 등이 문밖에 와서 시강원 서리 강효원(姜孝元)을 불러냈다'라고 하였습니다. 강효원이 나간 뒤에 하인이 또 '형부 관원이 묻는 말에 강효원이 상세히 알고 있다며 물 흐르듯이 응대했다'라고 고하였습니다. 신 신득연이 그 연유를 알지 못해 매우 놀라고 괴이하게 여길 적에, 정뢰경도 마침 자리에 있다가 놀란 기색이 있었는데 웃으며 "강효원이 스스로 감당할 것입니다" 하였습니다. 잠시 뒤에 하인이 고하기를 '형부 관원 등이 시강원 관원을 보겠다고 들어왔다' 하니, 정뢰경이 벌떡 일어나 나가며 "시강원에서 만나겠다"라고 하였습니다. 또 하인이 와서 전하기를 '강원 관리는 관소 문밖으로 나오라'고 하여, 정뢰경이 즉시 나갔습니다. 신이 소리치며 묻기를 "어떤 말로 대답하려

---

3 신득연(1585~1647)은 승지로 있다가 1638년 세자 빈객으로 심양에 갔다. 귀국 후 도승지가 되었으나, 청의 징병령과 원손을 심양으로 보내는 일을 반대한 것 때문에 1640년 김상헌 · 조한영 · 채이항 등과 함께 심양에 붙들려 가서 심문을 받고 의주에 구금되었다가 1643년 풀려났다.

하느냐?" 하였으나 정뇌경이 대답하지 않고 갔습니다. 신이 더욱 의아하여 하인들을 시켜 염탐하니, 정뇌경이 형부 관원과 함께 문지기 방에 들어가서 사람들을 물리치고 은밀히 말하였는데 강효원이 말한 것과 같다고 하였습니다. 중사(中使, 내관) 나업도 마침 와 있다가 같이 놀라며 영문을 알 수 없어 하였습니다.

시간이 흐른 뒤, 정뇌경이 이야기를 마치고 들어왔기에 신이 비로소 그 일을 물으니, 그가 "정명수와 김돌시 두 역관의 일을 피로인 심천로(沈天老)라는 자가 아문에 고발하였는데, 서리 강효원이 심문을 받고 이미 그것을 입증했으므로, 나도 감히 숨길 수 없어 사실대로 말하였습니다"라고 하였습니다. 신과 나업이 한 목소리로 "그처럼 막중한 일을 관소 안에서 의논하지 않고 경솔히 발설하였다면 필시 갖가지 난처한 걱정거리가 있을 것이다" 하며, 참으로 놀라서 탄식을 그치지 못하였습니다.

세자가 해질녘에 궐에서 파하여 돌아와서 비로소 그 일을 듣고서 매우 놀라고, 내관 나업과 선전관 구오(具鰲)[4]에게 하령하여 강효원에게 비밀히 묻게 하였습니다. 그랬더니 실은 강효원 혼자 한 것이 아니라 정뇌경과 김종일 등이 은밀히 그 일을 주도하여 갖가지 계책을 다 쓰고 안팎으로 서로 응한 자취가 드러났습니다. 신들 두 사람(신득연과 박로)과 관소의 모든 사람이 미리 알지 못하였으나, 반드시 앞으로 예측 못

---

4 구오(1607~?)는 1637년 선전관으로 소현세자를 배종하여 심양에 갔다. 1640년 형조판서 구인후(具仁垕)의 질자로 다시 심양에 갔다.

할 난처한 일이 있을 것이라 모두들 근심하고 두려워하였습니다.

이틀 뒤, 형부 관원 등이 정·김 두 역관을 데리고 또 관소 문밖에 와서 정뇌경·김종일·강효원 등을 불러 다시 전날의 일을 물었습니다. 김종일은 당초에 몰랐다고 답하니 즉시 도로 들어가게 했고, 정뇌경·강효원 및 청역 최막동(崔莫同) 등만 남았는데, 강효원에게는 다시 힐문하지 않았고, 정뇌경이 대답한 것은 전보다 더 상세하여 굳이 스스로 정직함을 보이려 하였습니다. 형부 관원 등이 "전후로 선사한 물건은 정뇌경이 직접 본 것이 아니고, 증명할 만한 문서도 없다. 물건을 전해 주었다는 사람도 이미 나갔다고 하니 헛일 같다" 하고 돌아갔습니다.

이튿날 신들이 세자를 뵙고 여쭙기를 "두 역관과 용장 등의 분노가 매우 커서 형세를 예측하기 어렵습니다. 우선 급히 서리 강효원을 무겁게 벌하고 곧 정뇌경을 내쫓아 보내 조정에 처벌을 청하면 조금은 그 화를 풀 수도 있을 것입니다"라고 아뢰니, 세자도 그렇게 여겼습니다. 신들이 관소 문에 함께 앉아, 서리 강효원을 잡아내 큰길 뭇사람이 보는 데서 중죄로 곤장을 치고, 곧 아문으로 가서 용장을 만나 내쫓아 보낸다는 뜻을 알리려고 하였습니다. 용장이 거절하고 만나주지 않으면서 "내가 통사를 보내, 듣고 오라고 할 것이니 물러가시오"라고 하여 신들이 물러 나왔습니다. 아문 역관들이 뒤따라 와서 말을 듣고 간 뒤에 끝내 회보하지 않기에 다시 탐문해보니, 용장이 '재신들은 다 나를 해치려는 자인데 무슨 낯으로 마주 대하겠는가? 이래서 물리쳤으니 그 전언한 일도 이렇다 저렇다 할 수 없다'라고 하였습니다. 그 뒤에 별다른 조치가 없고 정·김 두 역관은 여전히 호부에서 일하고 있으며, 황제가 특별히 명령하여 다시 명백히 조사하게 했다고 하였습니다.

어제 저녁에 형부에서 급히 정뇌경·강효원 등을 불러 가고, 조금 있다가 또 신들 두 사람을 부르기에 곧 달려가니, 정뇌경과 두 역관을 뜰에 꿇어앉히고 대질하고 있었습니다. 신들이 청사로 들어가니 형부왕(刑部王) 질가(質可)[5]가 북쪽 벽에 앉고, 용장 이하 10여 인이 양 벽에 나뉘어 줄지어 앉아 있었습니다. 신들이 예를 갖춘 다음 말석에 앉으니, 질가가 말하고 용장이 전하여 신들에게 물었습니다. "두 역관에게 사사로이 준 물건 및 배와 홍시에 대해 써놓은 문서를 불살랐다는 이유로 정뇌경 등이 두 역관을 해치려고 꾀한 일을 세자와 재신들도 다 미리 알고 있었는가? 또 정뇌경은 그 문서를 박로 시랑의 방에서 불살랐다 하고, 강효원은 시강원에서 불살랐다고 하는데, 두 사람의 말이 다른 것은 무엇 때문인가?"[6]

신들이 이 일이 있고부터 날마다 몹시 걱정되어 서로 의논하면서 "두 역관의 행태는 누군들 분노하고 한탄하지 않겠는가. 다만 동궁(東宮)을 모시고 이 위태로운 곳에 있음을 생각하면 범의 꼬리를 밟고서 구차히

---

5 질가는 지르갈랑(濟爾哈郞, ?~1655)으로, 누르하치의 동생 슈르가치의 제6자이다. 1636년 정친왕(鄭親王)에 봉해졌다. 1643년 청 태종 사후 제위 계승 문제로 하오거와 도르곤이 대립하자, 푸린(福臨, 순치제)의 즉위를 제의하고, 순치제 초기에 도르곤과 함께 정무를 보좌하였다.

6 형부의 심문에 정뇌경은 박로의 방에서, 강효원은 강원에서 불살랐다고 대답하였다. 그런데 박로는 물건을 준 것도 없고 불사를 문서도 없다며 이것은 혐원(嫌怨)에서 생긴 일이라고 하였다. 이에 질가왕은 더 이상 심문하지 않고, 정뇌경과 강효원을 결박하여 세자에게 보내며 '죽이라'고 하였다.(『심양일승』 기묘년 정월~4월)

시일을 보내는 것 같아, 오히려 한 가지 일이라도 혹 탈이 날까 두려워한다. 더구나 정명수·김돌시는 용골대·마부대의 심복이므로 관소의 안위가 그 입에 달려 있다. 칙사 행차 때의 일은, 이른바 용·마가 번갈아서 입술과 이가 되니 결코 경솔히 그 비위를 건드려서는 안 된다. 설령 정뇌경 등의 계책이 마침내 실행되었더라도 용·마는 본디 두 역관의 말을 익히 들어왔고, 두 역관을 비호하는 것이 두 역관을 위한 것만이 아니다. 그러니 그들이 힘을 다해 주선하는 것이 어떠하겠는가. 또 두 역관이 핑계를 대고 공갈하며 못하는 짓이 없을 터인데, 어찌 입을 다물고 죄를 승복하면서 양장을 끌어대지 않을 리가 있겠는가” 하였습니다. 또 듣자니, 양장이 공공연히 “우리가 정묘년(1627) 이후로 조선에 원한을 맺은 것이 한 가지 일에 그치지 않는다” 하며 낱낱이 거론하고 이르기를 “조선에서 반드시 우리를 죽이고서야 달갑게 여길 것이니, 이는 한두 사람의 짓이 아니다. 필시 조선에서 더불어 같이 모의하여 이런 일이 있었을 것이다”라고까지 하였습니다. 용·마가 이구동성으로 서로 어지럽게 황제에게 알려서, 이를 다시 명백히 조사하라는 명령이 있었습니다. 혹 조금이라도 미진한 것이 있으면 반드시 나라에 망극한 화를 끼칠 것이고 전혀 미봉하여 선처할 수 없는 형세이지만, 본래 미리 알지 못한 것이 또 신들의 실정이므로 형부에 갈 때 연유를 갖추어 세자에게 아뢰고, 가서 어쩔 수 없이 사실대로 모른다고 대답했습니다. 질가 이하의 사람들이 다들 수긍하고 곧 돌아가라고 하였습니다.

신들이 관소에 와서 세자를 뵙고 그 연유를 아뢰는데, 말을 다하기도 전에 용장과 형부 관원 2인이 급히 관소 문밖에 와서 신들과 정뇌경·

강효원을 불렀습니다. 신들이 나가 만나보니, 질가왕의 뜻으로 황제의 말을 전하기를 "정뇌경이 두 역관을 모해한 정상이 이미 다 드러났다. 이 일을 세자와 재신이 모두 미리 알고 있었는가? 국왕이 선사한 것이 있어도 그 신하가 고발했다면 이는 국왕을 모함한 것이다. 조선 사람도 나의 백성이므로 나의 법으로 다스릴 것이다" 하고, 즉시 거느리고 온 사람들에게 정뇌경·강효원의 손을 뒤로 묶게 하고, 또 "세자가 미리 알지 못하였다면 반드시 여기서 죽이겠다고 맹세해야만 그것이 사실임을 알겠다" 하였습니다. 곧 세자에게 들어가 고하게 하자, 세자가 친히 나와 맞으며 "오로지 황제의 은덕을 입어 무사히 편안하게 있으니 항상 황감해하며 매양 삼가고 있습니다. 뜻밖에 요사이 거느리고 있는 신료가 이런 망령된 일을 저지른 줄 알지 못하고 황제의 명이 내리게 하였으니, 더더욱 송구하여 아뢸 바를 모르겠습니다. 나뿐 아니라 재신들도 다 몰랐다는 것은 맹세할 수 있습니다. 다만 조선의 법에 세자는 살리고 죽이는 일을 마음대로 할 수 없고 반드시 국왕께 아뢴 연후라야 조치할 수 있습니다"라고 하였습니다. 용장 등이 알았다고 하고 갔습니다.

이튿날 27일 아침 용장 등 3인이 또 왔기에, 세자가 문에 나가 맞아들였습니다. 용장 등이 세자로 하여금 꿇어앉아 황제의 명을 듣게 하고서, 다시 어제 저녁에 말한 것을 말하며 더더욱 힐책하였습니다. "칙서에 절대 사사로이 서로 뇌물을 주면 안 된다는 말이 있는데 국왕이 실제 선사한 것이 있다면 이는 국왕에게 죄가 있습니다. 설령 준 것이 있다 하여 그 신하가 고발했다면 이는 신하가 임금을 고발한 것입니다.

관소의 신하와 세자가 미리 알고 고발했다면 세자에게도 죄가 있습니다. 고발한 자를 죽이지 않는다면 이는 국왕과 세자가 서로 함께 모의한 것이 틀림없습니다. 몰랐다는 것을 밝히려면 이 사람을 죽이겠다고 맹세해야 합니다. 세자가 마음대로 할 수 없고 국왕에게 여쭙겠다는 말은 매우 옳으니, 고발한 자는 여기 가두어두고 사람을 보내서 그가 갔다 오면 즉시 처단하십시오."

세자가 답하기를 "황제의 명을 감히 어길 수 있겠습니까. 다만 여기서 죽인다면 조선 사람들이 보고 경계로 삼을 수 없으니, 우리나라에 내보내 엄히 국문하고 죄를 다스려야 체모에 맞을 것입니다. 혹 믿지 못한다면 청국 사람이 함께 가도 됩니다" 하자, 3인이 일제히 "국왕이 이 일을 미리 알았는데도 고발했다면 내보내 죽이는 것이 맞습니다. 그러나 정뇌경은 여기서 스스로 모해하려 했으니 이곳에 관계되는 일인 만큼, 내보낼 수 없습니다"라고 하였습니다. 그 뜻이 점점 더 거세어져서 어쩔 수 없이 사람을 보내기로 하였습니다. 맹세하라고 거듭 말하기에, 세자가 이미 맹세한다고 했고 조만간 명대로 하겠다고 하자, 용장이 "차인이 다녀온 다음 죄인을 처단하는 날에야 맹세했다고 할 것입니다"라고 하고는 갔습니다.

대개 정뇌경 등이 한 일은 원래 본뜻이 해악을 제거할 계획에서 나왔으나, 일의 형세를 헤아리지 않았으며 신들에게 의논하지 않고 세자에게 여쭙지 않고서 경거망동하여 이처럼 예측하지 못한 화를 불렀습니다. 이곳의 모두가 황망하여 걱정하는 정상을 어찌 형언할 수 있겠습니까. 우리 조정과 이곳을 핍박하여 그 사이에서 힘을 쓸 수 없게 하고 반드시 유감을 풀고야 말려 하니 그 계략이 또한 교묘하고 무자비하지 않습니까. 생각하면 기가 막히고 말하자니 목이 멥니다. 이때의 정경이 거의 전에 오달제·윤집 등을 내준 것과 흡사하여 더욱 차마 볼 수 없고 차마 말할 수 없습니다. 신들이 죽음을 무릅쓰고 주선하려 했으나, 비로소 놀라운 계책이 이미 시행되어 파탄나서 미칠 수 없게 되었음을 깨달은 뒤에는 써볼 방도가 없고 어찌할 힘이 없으니, 스스로 가슴을 치며 통탄할 뿐입니다.

세자가 신들에게 하령하기를, "정뇌경은 시강한 지 오래되었을 뿐 아니라, 남한산성에서 앞장서 배종을 자원하여 들어왔다. 험난한 일을 모두 겪고 공로가 매우 큰데, 이런 뜻밖의 망극한 화를 당하였으니 몹시 괴롭고 슬프다. 몸소 궐에 나아가 대죄하고 변명하겠다"라고 하였습니다. 신들이 상의하여 아뢰기를 "이 나라의 관습은 죄인을 변명하여 구원하려 들면 곧 그 일에 동참한 것으로 의심합니다. 본국과 세자가 미리 알고 있었다고 하며 맹세하라고까지 했으니, 더욱 궐에 접근하기도 어려울 뿐 아니라 의심을 더하게 할 것입니다. 결코 가벼이 입을 열기 어렵습니다" 하니, 그만두었습니다.

정뇌경 등의 일은 본디 이용(李龍)·이성시(李聖詩)·김애수(金愛守)[7] 등

---

7 이용과 이성시는 청의 예부 역관으로, 본디 관서의 사족(士族)이었다. 김애수 또한 예부 역관으로 정명수와 김돌시의 비리를 고발한 일로 태형을 받았다. 이 장계 뒤에 첨부된 정뇌경과 김종일의 문목(問目, 진술서)을 보면, 이용과 이성시가 먼저 정명수·김돌시가 홍시와 배를 가로챈 일을 고발하겠다고 제의하며 허락을 구하였고, 또 시강원 하인을 증인으로 해야 한다고 하여, 서리 강효원이 가담하였다. 강효원이 상호간에 연락을 한 다음, 심천로가 형부에 고소장을 냈다.

무리가 두 역관을 원망하여 보복할 생각을 한 데서 나왔으니 또한 이는 정뇌경 등이 먼저 꾀한 것이 아닙니다.[8] 이들을 끌어대면 정뇌경의 화가 조금이라도 덜할까 하여, 세자가 또 신들에게 이들을 끌어들여 다시 변명하도록 권하였습니다. 정뇌경과 신들이 거듭 상의하고서 "이용 등은 다 실패한 사람이고 이용이 전에 범한 것이 지극히 패역한데, 서로 고발하고 끌어대 옥사가 더 번지게 된다면 또 나라에 크게 화를 끼치게 될 수도 있으니 굳이 끌어대 고발할 수 없습니다"라고 하였습니다.

정뇌경·김종일이 처음에 같이 일을 벌였더라도 마지막에 진술한 문답은 각자 다르므로 정뇌경 한 사람만 처벌하게 되었으나, 김종일도 태연히 관소에 있기 어려우므로 질자관으로 내보내 조정의 명을 기다리게 하였습니다.[9] 이들의 사정과 연유에 대해서는, 서리 강효원은 문초하여 진술을 받고, 정뇌경·김종일·이휘조(李徽祚)[10] 등은 조신(朝臣)이므로 따로 문목(問目)을 만들어, 모두 별지로 서계하였습니다. 모든 곡절은 다 그 문목에 있습니다. 불행히 이렇게까지 되어 시강원에 관원 한 사람도 없고 서연도 폐하였으니 더욱 지극히 걱정스럽습니다. 일이 갑자기 벌어졌고 차인을 보내라고 독촉하고 있어서 위급하고 괴로운 정

---

8 정뇌경과 김종일의 문목에, 아문 역관들 사이에 좋아하지 않는 자를 서로 고발하려고 시강원 관원들의 뜻을 알아보는 일이 많았다고 나온다. 조선 출신의 청 아문 역관들 사이에 갈등이 있었음을 알 수 있다.

9 청은 정뇌경과 강효원을 4월 18일 심양성 서문 밖 형장에서 교수형에 처하였다. 김종일은 4월 20일 조선으로 송환되어 유배형에 처해졌다.

10 이휘조(1603~1681)는 1637년 이조판서 이현영(李顯英)의 질자로 심양에 갔다. 이용과 아는 사이로, 정뇌경의 부탁을 받고 강효원에게 이용의 집을 알려주어 연락하게 한 일이 있다.

상을 또한 상세히 아뢰지 못합니다. 신들은 모두 불초한 자로서 이곳에 명을 받았는데, 이들이 이런 일을 꾸민 지 오래되었어도 내내 미리 알지 못하여 전에 없는 망극한 변이 났으니, 신들이 그간 일을 잘하지 못한 것이 이에 더욱 뚜렷합니다. 황공함을 견디지 못하여 엎드려 대죄합니다.

正月二十八日

本月二十一日, 以沈志祥封爵事, 有朝會之擧, 世子·大君亦往參敎是白如乎, 纔詣闕門之外, 刑部之官率五六人來到, 要見侍講院官員爲白去乙. 其時, 司書金宗一陪往, 故出見, 則刑部官等引去僻處, 密問曰, "通事鄭命守·金乭屎等處, 朝鮮, 銀二千六百兩·雜物七馱等乙, 勅使回還後, 追載入送以給, 且皇帝前所獻柿·梨各一千箇, 亦任意減除以給云, 然耶? 沈姓人以此已爲告狀於衙門"云, 仍出物目列錄小紙示之. 宗一以不知答之, 當初文書次知官員, 留在館所, 往問可也, 則刑部官等轉來館所.

臣得淵適眼疾極重, 不得陪從, 留在館所. 文學鄭雷卿以守宮, 亦留在爲白有如乎, 下人忽報, 刑部官等來到門外, 招出侍講院書吏姜孝元云. 孝元出去之後, 下人又報, 刑部官所問之言, 孝元以詳知之意, 應對如流是如爲白去乙. 臣得淵莫知其由, 不勝驚怪之際, 鄭雷卿適在坐, 亦有驚動之色, 且嘆曰, "孝元必自當之." 俄報, 刑部官等欲見講院官員入來. 雷卿遽爲起出曰, "當相見於本院." 又來傳, 講院官吏之出來於館門之外. 雷卿仍自出去. 臣呼問曰, "將欲以何辭答之." 雷卿不答而去. 臣益疑訝, 使下輩密探, 則雷卿與刑部官, 入坐門直房內, 屛人密語, 一與孝元所言上同云. 中使羅業亦適來坐, 相與錯愕, 莫究其端.

移時後, 雷卿語罷入來, 臣始問其事, 則曰, "鄭·金兩譯之事, 有被擄人沈天老者, 發告於衙門, 姜吏因其問, 而已爲立證, 故我亦不敢諱之, 據實言之"云. 臣與羅嶪同聲言曰, "如許莫重之事, 不議於館中, 輕易發說, 必有種種難處之患." 誠爲可駭, 咄歎不已.

世子, 自闕下日暮罷還, 始聞其事, 極爲驚愕, 下令於內官羅嶪·宣傳官具鏊, 使之密問於姜吏, 則其事實非姜吏所自爲之, 鄭雷卿·金宗一等, 陰主其事, 費盡許多機關, 表裏相應, 顯有其跡. 而臣等兩人及館中大小之人, 俱不得預知, 必知前頭有罔測難處之事, 上下憂懼爲白如乎.

過二日後, 刑部官等竝率鄭·金兩譯, 又來館門之外, 招雷卿·宗一·孝元等, 更爲憑前日事. 而宗一則當初旣以不知答之故, 則令還入, 只留雷卿·孝元及淸譯崔莫同等, 而孝元處則不爲更詰, 雷卿所答, 比前尤詳, 强欲自直. 而刑部官等則以爲, "前後所贈物件, 旣非雷卿親自目見, 且無可證文書. 所謂物件傳給之人, 亦以出去之人爲言, 似是虛事"是如, 爲言而去.

翌日, 臣等入對稟達曰, "兩譯及龍將等之怒甚盛, 勢將叵測. 急先重罪姜吏, 仍黜送鄭雷卿, 請罪本朝, 則或可小解其意." 世子亦以爲可. 臣等同坐館門, 捉出姜吏, 從重決棍於大路衆見處, 仍往衙門, 欲見龍將而通言黜送之意. 龍將拒而不見曰, "吾當送通事聽來, 退去可也." 臣等退來. 衙門譯輩, 踵後而至聽言去, 後終不回報爲白去乙, 更爲探問, 則龍將曰, "宰臣等, 皆是欲爲害我者也, 何面相對? 以此揮斥, 其所傳言之事, 亦不可否. 云云"爲白有如乎. 其後別無處置, 鄭·金兩譯, 依舊使喚於本部爲白於, 皇帝特令更爲明査是如爲白如乎.

昨日夕時, 自刑部急招鄭雷卿·姜孝元等而去, 未久又招臣等兩人, 臣等卽馳往, 則雷卿與兩譯, 跪於庭中, 方爲對辨. 臣等入去府中, 刑部王質可, 北壁而

坐, 龍將以下十餘人, 分壁列坐. 臣等施禮後, 坐於其末, 則質可發言, 龍將傳
之, 問於臣等曰, "鄭雷卿等, 以兩譯處所私給之物及梨·柿所錄文書焚燒之意,
謀害兩譯之事, 世子及宰臣等, 亦皆預知乎? 且雷卿則其文書焚之於朴侍郎下
處, 姜孝元則以爲, 焚之於侍講院云. 兩人之言, 不同何也?"

臣等自有此事以來, 日甚憂悶, 相與議之曰, "兩譯情態, 孰不憤惋? 但念陪
奉東宮, 處此危地, 若陷虎尾, 苟過時日, 猶恐一事或有釁跡, 況鄭·金兩譯爲
龍·馬之腹心, 館中安危係其口吻. 而勅行時事, 則所謂龍·馬迭爲脣齒, 決不可
輕犯其鋒. 設令雷卿等之計, 終果得行, 而龍·馬自在烹頭耳熟之中, 其爲營護
兩譯者, 不但爲兩譯之也. 則其所盡力周旋, 宜如何哉? 且爲兩譯者, 憑藉恐動,
亦必無所不至, 豈肯緘口服罪, 不爲援引兩將之理乎?" 且聞, 兩將公然倡言曰,
"吾等自丁卯以後, 結怨於朝鮮者, 不止一事." 至於歷擧枚數, 謂"朝鮮必欲殺己
而後甘心, 此非一二人所爲. 必是朝鮮, 相與同謀有此擧措." 龍·馬同聲相應,
眩亂帝聽, 有此更爲明查之令. 若或有一毫未盡, 則必將貽國家罔極之禍. 萬無
彌縫善處之勢, 而本不預知, 且是臣等實情, 故將往刑部時, 具由入達而去, 不
得不從實狀對以不知. 則質可以下之人, 皆唯唯, 卽令還去.

臣等來到館中, 世子前面達其由, 語未及竟, 龍將及刑官二人遽到館門外, 招
臣等及鄭雷卿·姜孝元. 臣等出見, 則以質可王之意, 傳皇帝之言曰, "雷卿謀害
兩譯之狀, 已盡敗露. 此事世子·宰臣皆預知之乎? 國王設有所贈, 其臣告之,
則是謀陷國王也. 朝鮮之人, 亦是吾民, 當以吾法治之." 卽令所率之人, 反接雷
卿·孝元, 且曰, "世子若不預知, 則必爲盟誓, 殺於此地, 然後可知實情矣." 仍
令入告于世子前, 世子親自出接曰, "專蒙皇帝恩德, 無事安存, 常爲惶感, 每切
戒心. 不意今者所率臣僚, 强其不知有此妄作之事, 致勤帝命, 益增漸悚, 罔知

所達. 非但我也, 宰臣亦皆不知, 可爲盟誓矣. 但朝鮮之法, 世子則不得擅便生殺, 必須啓知國王, 然後可以處置." 龍將等唯唯而去.

翌日是白在二十七日朝, 龍將等三人又來, 世子出門迎入. 則使世子跪聽帝命, 更申昨昏所言, 而益加詰責曰, "勅書中, 有切不爲私相賄賂之語, 而國王實有贈給, 則是國王有罪也. 設有所給, 其臣告之, 則是臣告君也. 館中之臣及世子, 預知而告之, 則世子亦有罪也. 告者若不殺之, 是國王及世子, 互相通議也無疑矣. 若欲發明不知之跡, 則盟殺此人可也. 世子不能自擅, 欲稟國王之言, 則甚是, 告者則拘留於此, 送人往來後, 卽爲處斷可也.

世子答曰, "皇帝之命, 不敢違越. 而但在此殺之, 則朝鮮之人, 不得見知而懲戒, 出送我國, 俾得嚴鞫正罪, 方以得體. 如或不信, 淸國之人, 偕去亦可"云敎是, 則三人齊聲發言曰, "國王若預知此事而告之, 則出送殺之可也. 雷卿在此, 自爲謀害, 則事係此處, 不可出送." 其意愈往愈駭, 勢不得已, 許以送人爲白乎旀. 盟誓事, 重複言之爲白去乙, 世子已許爲盟, 早晚唯命, 龍將曰, "差人往來後, 罪人處斷之日, 可以爲盟云." 而去爲白齊.

大槩雷卿等所爲之事, 原其本情, 則出於除害之計, 而不量事勢, 不議臣等, 不稟世子, 率爾妄擧, 致此罔測之禍. 此間上下遑遑悶慮之狀, 何可形言? 逼迫本朝及此處, 使不得用力於其間, 必欲逞憾而後已, 其爲計, 不亦巧且慘乎? 念之氣斷, 言之哽塞. 此時景像, 殆與曩日出給嗚·尹等臣相類, 尤不忍見, 尤不忍言. 臣等雖欲抵死周旋, 始覺於駭機已發, 破甗無及之後, 計無所施, 力無所措, 只自拊膺痛心而已.

世子下令臣等曰, "鄭雷卿, 非但侍講日久, 自山城挺身, 自願陪從入來. 備常艱險, 功勞倍多, 而遭此意外罔極之禍, 極可矜惻. 欲躬詣闕下, 待罪陳卞"敎是白去乙. 臣等相議入達曰, "此國之習, 若伸救罪人, 則輒疑其同參. 方以本國及世子預知爲言, 至令盟誓, 則尤難摟足於闕下叱不喩, 適足以益增致疑. 決難輕易開口." 故中止爲白有旀.

雷卿等之事, 本出於李龍·李聖詩·金愛守等之徒, 怨於兩譯, 以爲報復之計, 則亦是雷卿等先自生意. 若引此輩, 則雷卿之禍, 似或小舒, 故世子又使臣等勸爲援引更卜. 雷卿等與臣等. 反覆相議以爲, "李龍等, 皆是見敗之人, 而龍之從前所犯, 尤極孛逆, 若傳相告引, 獄事滋蔓, 則又不無重貽國家之禍. 故亦不敢强使引告"爲白有齊.

雷卿·宗一始雖同事, 末抄問答各異, 故只以雷卿一人爲罪, 而宗一亦難晏然仍在館中, 故出置質子館, 以待朝命爲白乎旀. 渠等情由段置, 書吏則捧招, 鄭雷卿·金宗一·李徽祚等則係是朝士, 別爲問目, 竝別紙書啓. 多少曲折, 俱在其中爲白齊. 不幸至此, 講院無一員現存, 書筵亦廢, 尤極悶慮爲白齊. 事出蒼卒, 督迫送人, 危苦之狀, 亦不能詳悉陳達爲白在果. 臣等俱以無狀, 受命於此, 此人等經營此事, 其來已久, 而終始不得預知, 致有無前罔極之變, 臣等之不能有無於其間, 到此尤著. 不勝惶恐, 伏地待罪爲白臥乎事.

❈

이 장계는 청의 역관 정명수와 김돌시의 비리를 형부에 고발하여 처벌받게 하려다가 실패하고 도리어 시강원 문학 정뇌경 등이 처형당한 사건을 보고한 것이다. 청의 형부 관원과 시강원 관원들이 문답한 내용을 말한 그대로 상세히 기술하고, 장계 뒤에 별지로 이 사건에 가담한

서리 강효원, 문학 정뇌경, 사서 김종일, 질자 이휘조의 진술서를 첨부하였다. 이것으로 알 수 있는 사건의 전말은 이렇다.

예부 역관 이용과 이성시가 조선에 횡포를 부리는 정명수와 김돌시를 고발하겠다고 제의하여 정뇌경과 김종일이 이를 허락하였고, 서리 강효원이 가담하여 상호간 연락을 담당하였다. 그리고 심천로라는 자가, 조선에서 뇌물을 받고 또 홍시와 배를 몰래 가로챈 일로 정명수와 김돌시를 형부에 고발하였다. 형부에서 정뇌경·김종일·강효원을 조사하고, 두 역관과 대질시켜 심문하였다. 그러나 서로 유착 관계에 있는 용골대·마부대가 정명수·김돌시를 비호하여, 도리어 정뇌경 등이 처벌을 받게 되었다. 청은 이들의 고발을 두 역관을 모해하고 나아가 국왕을 모함한 것이라고 몰아붙여, 결국 정뇌경과 강효원을 처형하고, 김종일은 조선에 내보내 치죄하게 하였다. 소현세자는 어떻게든 이들의 처형을 막아보려고 온갖 노력을 하였으나, 오히려 이 일을 이미 알고 있었던 것으로 청의 의심을 받는 위험한 상황에 몰리게 되었다. 이 사건 이후로 정명수·김돌시 등 청의 역관들이 심양관의 일에 번번이 행패를 부리며 방해하는 작태를 보였다는 내용의 다음 장계가 이어진다.

청의 조선어 역관들은 본디 조선 출신으로, 1618년 명의 요청에 따라 출병한 사르후 전투에서 후금에 항복했거나 1627년 정묘호란 때 청군에게 붙잡혀 가서, 청인이 되어 만주어를 익힌 사람들이었다. 병자호란 때 조선이 굴복하고 청과 사대 관계를 맺은 뒤, 청의 조선에 대한 압박이 강화되면서 이들 역관의 위세도 높아져갔다. 칙사를 수행하여 조선에 들어오면 갖가지 횡포를 부리고, 자신과 일족의 삶을 보살피고 벼슬을 내려달라는 요청도 하였다. 조선 조정에서는 출신이 미천한 이들을 멸시하면서도, 이들의 요청을 들어주는 일이 많았다. 특히 정명수·김돌시는 호부 역관으로서, 조선에 관련된 일을 주관하는 용골대·마부대와 결탁되어 있었다. 이러한 관계를 이용하여 자신들의 비리 사건을 뒤집어 시강원 관원들을 처벌받도록 획책한 것이다.

이때 세자는 정뇌경을 구할 마지막 방법으로 몸값을 치르고 속환하려고까지 하였다. 결국 속수무책으로 정뇌경과 강효원이 처형된 다음, 세자는 이들의 장례를 관소에서 준비하여 치르게 하고 시신을 조선으로 내보내도록 하였다.

더욱 엄중해진 검문 수색

2월 8일

지난달 28일 선전관 박형(朴泂)이 나갈 때, 이곳 사정은 치계하였습니다. 왕세자와 빈궁의 기후는 안녕하시며, 대군도 평안합니다.

황제의 서행 날짜는 오는 9일로 정해졌고,[1] 지난달 그믐날에야 비로소 제장에게 영을 내렸습니다. 그날 날이 저문 뒤에 정명수가 와서, '황제의 이번 서행에 세자가 수행하도록 분부하였다'라고 하고, 일행으로 갈 종신 이하 원역 및 타는 말[騎馬]과 짐말[卜馬]의 수를 써달라고 하기에, 신들이 모여서 놀라고 당황하여 어찌할 바를 몰랐습니다. 작년에는 기일에 석 달 앞서 행장을 꾸렸어도 모든 일에 미비한 것이 많았는데,

---

1 날짜가 연기되어 청 태종은 2월 14일에 출병하였다.

이번은 갑자기 나온 일이라 온갖 기구들을 전혀 정리할 수 없는 형편입니다. 부마도 관소의 공용 말과 개인 말, 질자관에 있는 말을 죄다 징발해도 수가 많지 않고 거의 다 파리하고 병들어서 길을 떠날 수 없으니 형편이 몹시 민망하고 절박합니다. 아문에 가서 하소연하려 할 적에 정명수가 와서 "용장이 은밀히 저에게 이르기를 '세자가 말을 타기 힘들고[2] 또 산증이 있음은 황제가 아시는 바이다. 그 아우가 형을 위해 대신 가겠다고 청할 생각이 없는지 재신에게 말해 회답하라'고 했습니다"라고 하였습니다.

신들의 생각으로는 대군이 다시 가는 것도 매우 어려우나, 용장의 말은 실로 우연한 것이 아니므로 이 뜻을 대군에게 고하니, 대군이 쾌히 대신 가겠다고 청하도록 허락하였습니다. 곧 신들에게 아문에 가서 회답하게 했는데, 용장은 신들을 만나지 않고 황제에게 아뢰겠다고 답하였습니다. 2일에 용장이 피파·범문정 등과 더불어 제왕에게 의견을 모으고 재결한 다음, 또 정명수를 보내 전언하기를 "황제께서 대군이 대신 가는 것을 허락하였고, 장막과 낙타 3마리, 대군이 탈 말 3필도 보내도록 명하였다. 수행 원역이 탈 말은 스스로 사야 한다" 하였습니다. 출병 때는 말 값이 매우 비싸서 많은 말을 사들이기가 어렵다고 말했지만 끝내 들어주지 않고 억지로 사게 하였습니다. 어쩔 수 없이 말 2필을 샀는데, 1필은 80냥을 주고 또 1필은 75냥을 주었습니다. 내내 아문에서 맡아서 아뢰기까지 하고 매매하라고 하였습니다. 짐말도 관소 안

---

2 소현세자가 기마에 능숙하지 못하여 낙마한 사실이 여러 번 『심양일기』에 전한다.

의 공용·사용 말을 빠짐없이 모아도 수를 채우지 못해서, 그동안 평안도에서 들어온 부마를 아울러 징발하였으나 하나같이 지치고 약해 필시 갔다 오기 어려울 것이므로 매우 걱정됩니다.

내관 박지영(朴之榮)이 2일 무사히 들어왔습니다. 가져온 자문은, 조정의 분부에는 신들에게 전해주어 바치라고 하였으나, 그가 처음 온 날 동관을 폐쇄하여 서로 통하지 못하게 하고 짐을 검사할 때 자문이 있음을 알고서 내관에게 바로 아문에 바치게 하였습니다. 그래서 박지영이 신들에게 알리지 못하고 직접 아문에 바쳤습니다. 한 번 사건이 난[3] 뒤로는 짐을 뜯어 검사하는 폐단이 더욱 심하여 모든 문서를 거의 다 빼앗겼는데, 아직도 돌려주지 않으니 뜻밖의 일이 생길까 더욱 걱정스럽습니다.

정명수가 또 와서 전하기를, "남초 금지는 이미 황제의 칙서가 있었고 국왕의 자문도 있었는데, 아직도 법을 지키지 않고 모든 행차에 많든 적든 다 남초를 숨겨 가져오다니 매우 놀랍다. 이후로는 다시 명백히 밝혀서 일절 숨겨 오지 못하게 하라. 매매하는 것까지 청국에서 본디 금지한 것이 아니다. 나쁜 것은 삭선이나 사행(使行)이 올 때 상고(商賈, 상인)라고 하지 않고 섞여 들어와서 사사로이 가져온 물화로 틈을 타서 이익을 노리는 것이다. 이후로는 각 행차에 사사로이 가져오는 것을 일절 금단한다. 단 상고라고 밝히고 들어온다면 매달 와도 된다. 들어온 뒤에 이 나라에서 또한 어떻게 지키고 금지할 수 있겠는가. 이 일을 마침 조선에 자문으로 보내려던 참이었다. 반드시 내관 한 사람을 정해

---

3 정명수·김돌시를 고발한 일을 말한다.

가져가게 하라" 하였습니다. 내관 김희안(金希顔)에게 영을 받들어 호부의 자문 1통을 가져가도록 보냅니다.

반드시 내관으로 정하게 한 것은, 청인들이 '조정 신하는 국왕의 명을 따르지 않고 또 바른말로 고하지 않으나, 내관은 그럴 염려가 없을 것'이라고 하기 때문입니다. 그 말이 무리하기 짝이 없기는 하지만, 청국이 우리나라의 마음을 불신하는 것이 이와 같습니다. 정명수가 또 와서 아문의 말을 전하기를, '이번에 온 내관이 남초 금령을 범한 일은 어떻게 조치하였는가?' 하기에, 그 내관은 여기서 마음대로 처단할 수 있는 사람이 아니므로 본국 조정의 조치를 기다릴 뿐이라는 뜻으로 말을 만들어 답하여 보냈습니다.

대군의 서행에 따라갈 인원 중에 재신 박로가 차출되었습니다. 그런데 그는 가을 겨울에 크게 앓은 끝에 요즈음 또 감기 증세까지 겹쳐 병세가 위중하여 거의 위독한 지경이라 따라가기 어려운 형편입니다. 또 관소에는 강관이 현재 한 사람도 없고 신 신득연 혼자 있어, 모든 응대하는 일에 또한 몹시 구차하므로 매우 걱정스럽습니다. 이러한 연유로 아룁니다.

二月初八日

前月二十八日, 宣傳官朴洞出去時, 此間事情段, 已爲馳啓爲白有在果. 王世子 · 嬪宮氣候安寧教是白乎旀, 大君亦爲平安爲白齊.

皇帝西行之期, 來初九日爲定, 去月晦日良中沙, 始爲出令於諸將爲白乎旀, 同日向晩後, 鄭命守來言, "皇帝今行時, 世子隨行事, 已爲分付"是如爲白遣, 一行從臣以下員役及騎·卜馬匹之數, 書給亦爲白去乙, 臣等聚首驚惶, 罔知所措. 上年段, 前期三朔治行爲白良置, 凡事亦多未備爲白去乙等, 今則事出急遽, 凡百諸具, 萬無整理之勢. 夫馬段置, 館中公私馬及質子館現存之數, 盡數調出位白良置, 數且不多, 率皆疲病, 不堪登道, 事勢尤極悶迫. 將欲赴愬於衙門之際, 鄭命守來言, "龍將密謂渠身曰, 世子不堪跨馬, 且有疝症, 皇帝之所知也. 其弟, 其無爲兄請代之意乎, 可語宰臣而回話."

臣等之意以爲, 大君之再行, 亦極重難, 而彼之有言, 誠非偶然, 故此意告於大君前, 則大君快許請代. 卽令臣等往報於衙門, 則龍將不見臣等, 而答以當奏稟云云爲白如乎. 初二日良中, 龍將與皮牌·范文程等, 收議於諸王而定奪後, 又使鄭命守傳言, "皇帝已許代行, 帳幕及橐駝三頭·大君所騎馬三匹, 亦爲命送. 隨行員役所騎, 則勒令自買"爲白乎矣. 軍行之時, 則馬價甚高, 許多所騎, 決難買得之意言之, 而終不聽, 從强逼使買. 故勢不得已, 買得二匹, 而一馬則給價八十兩, 一馬則給價七十五兩爲白乎矣. 終始衙門次知, 至於奏知而買賣是如爲白齊. 卜馬段置, 館中公私馬, 無遺括出爲白良置, 猶不充數, 前後平安道入來夫馬, 竝爲調用爲白乎矣, 一樣疲孱, 必難往還, 尤爲悶慮爲白齊.

內官朴之榮段, 初二日無事入來. 賷來咨文段, 朝廷分付內, 臣等傳給, 使之呈納是如爲白乎矣, 初來之日, 鎖閉東館, 使不得相通, 而卜物披檢之時, 知有咨文, 使內官直呈衙門. 故朴之榮不能通於臣等, 而自呈於衙門爲白有齊. 一自生事之後, 披檢之弊益甚, 大小文書, 幾盡被奪, 尙不還給, 恐有意外生事之患, 尤爲悶慮爲白齊.

鄭命守又來傳言, "南草之禁, 皇帝旣有勅書, 國王又有咨文, 而猶不遵法, 大小之行, 多少間無不挾持, 極爲可駭. 今後則更加申明, 一切勿許挾來爲旀, 至於買賣段置, <u>淸國</u>本非禁斷. 所惡者, 如朔饌或使行, 不稱商賈混同入來, 以其私貨乘時射利者也. 今後則各行私賫一切禁斷. 只令商賈明白入來, 則雖逐朔可也. 入來之後, 此國亦豈有守直防禁之理乎? 以此等事, 適將移咨本朝. 須定一內官, 使之賫去"亦爲白乎等以. 內官<u>金希顔</u>承令, 戶部咨文一角, 賫送爲白在果.

所以必定內官者, <u>淸人</u>等以爲, '外廷之臣, 不從國王之命, 且不直辭以告, 內官則必無此患. 云云'爲白臥乎所. 其言, 雖是無理無倫, <u>淸國</u>不信我國之心, 則類如此爲白齊. <u>鄭命守</u>又以衙門言來傳曰, "今來內官南草犯禁事, 何以處置? 云云"爲白去乙, 厥內官, 非自此所可擅便之人, 只俟本朝處置之意, 措辭答送爲白有齊.

大君西行時, 隨去人員段置, 宰臣<u>朴簪</u>已爲見差, 而秋冬大病之餘, 近又添得中寒之症, 病勢甚重, 幾至危域, 勢難隨行. 館所段置, 講官無一員現存, 獨有臣<u>得淵</u>一人, 凡大小酬應之事, 亦甚孤陋, 極爲悶慮爲白臥乎是良尓. 詮次善啓.

❋

청 태종의 출병에 또다시 봉림대군이 수행하게 된 일과 조선에서 들어온 짐바리에 대한 수색이 엄중함을 보고한 장계이다. 세자에게 다시 대명전쟁에 수행하라는 명이 내렸으나 용골대의 귀띔으로 봉림대군이 또 참전하게 된 것이다. 이때 세자는 자기 대신 대군이 또다시 전쟁터로 가게 된 것을 마음 아파하고 자신이 가겠다고 청하려 하였으나, 재신들의 만류로 무산되었다. 대신 가도록 허락을 받고서, 대군은 2월

14일 청 태종의 출병을 수행하여 나갔다가 4월 14일 무사히 돌아왔다.

다음에 조선에서 들어온 짐바리에 대한 수색이 엄중함과 남초 금지령에 대한 자문을 조선으로 내보내는 일에 대해 보고하였다. 청 태종은 남초가 토산물이 아니고 재물을 소모시킨다고 하여 1638년 금지령을 내렸다. 그럼에도 남초값이 폭등하고, 청인들의 흡연은 일상화되었다고 한다. 청은 금지령 시행 중에도 심양관에서 쓸 것은 금하지 않았는데, 남초는 관소에서 청인을 접대하거나 찬물(饌物)을 구입하는 데 요긴하였다. 피로인 속환을 위해 남초를 몰래 가지고 들어오는 사람도 많았다. 금령이 내린 이후로 청은 조선에서 들어오는 모든 짐바리를 수색하여 남초가 나오면 빼앗고 불태워버렸다.[4]

또 청은 호부의 자문을 반드시 내관에게 가져갈 것을 요청하였다. 조선의 신료들을 불신하기 때문이었는데, 청은 1638년 징병령을 어긴 것도 국왕이 신하들의 말을 듣고서 한 일이라고 여겼다. 청은 인조가 자신들의 요구에 순응하는 자세를 보이는 데 비해, 조정 신하들은 여전히 청을 배척하고 있다는 사실을 잘 알고 있었다.

---

4 『심양장계』 무인년 4월 26일, 5월 27일.

32

고발 사건 처리에 대한 염탐

3월 4일

지난달 24일 주청사가 나갈 때[1] 이곳 사정은 이미 치계하였습니다. 그 뒤 왕세자와 빈궁은 기후 안녕하십니다. 대군이 서행한 뒤로 아직 평안하다는 소식을 듣지 못하여 매우 걱정됩니다.

팔왕이 황제보다 이틀 앞서 가서 산해관 바깥에 이르러 연대(烟臺, 봉수대) 대여섯 곳을 쳐서 차지하고, 남녀를 많이 사로잡아 이곳으로 보냈다 합니다.

내관 윤완이 지난달 28일 들어왔는데, 가져온 과일과 물품은 무사히

---

1 왕비와 세자 책봉을 청하는 주청사 윤휘(尹暉)가 2월 15일 심양에 왔다가, 24일 하직하고 돌아갔다.

바쳤습니다. 심지상의 물건도 전해주었더니, 내관에게 잔치를 베풀고 물건을 하사하여 보냈습니다.

주청사의 군관 유성립(劉成立)이 남의 속전을 받아 왔으나 값이 비싸 속바치기 어려워 떠날 때 그 돈을 피로인에게 전해주었습니다. 이것이 청인에게 발각되어 곧 관소로 보냈기에 잡아 가두었는데, 아문에서 조사한 뒤에 더는 별다른 것이 없으므로 매듭짓고 내보냈습니다.

전날 만월개에게 줄 물건은 이미 다 받았습니다.[2] 이번 주청사가 갈 때 서로 통할 일이 있어 만월개가 동행하므로 관소에 저축해둔 은 100냥을 내어 사행에 가져온 표피 2영과 함께 그에게 보냈습니다. 그 뒤에 전언하기를 '국왕이 하사한 물건과 이번에 정으로 준 것은 감히 사양할 수 없으나, 뒤에 말이 있으면 죄책을 받을까 염려되므로 자신이 붙잡은 파주 거주 노인 최득복(崔得福)을 속환한다고 핑계하여 아문에 등록한 뒤에 관소로 보낸다' 하였습니다. 신들이 역관 이형장을 그 집에 보내서 이래서는 안 된다는 뜻으로 재삼 말하였으나, 만월개가 끝내 듣지 않아서 최득복을 우선 관소에 두었습니다.

어제 저녁에 재자관 이응징(李應徵)이 들어왔는데,[3] 동관에 있게 하고 더욱 엄히 사람이 접근하지 못하도록 금하였습니다. 이응징이 동관에

---

2 1639년 1월 문안사가 만월개에게 줄 선물도 가져와서 비밀리에 전해준 일이 있다.(『심양장계』 기묘년 2월 15일)
3 재자관 이응징은 정뇌경·김종일을 처벌하는 일로 의금부 나장(羅將)을 대동하고 들어왔다. 그는 4월 18일 정뇌경과 강효원의 처형을 보고, 20일 김종일을 붙잡아 돌아갔다.(『심양장계』 기묘년 4월 20일)

들어간 뒤, 용골대와 만월개 장군이 호부에 모여 몰래 서로 의논한 뒤에 김돌시와 하사남(河士男) 등을 보내 묻기를, "무슨 일 때문에 들어왔는가?" 하여, 정뇌경을 조치하는 일로 들어왔다고 대답했다 하였습니다. 하사남이 은밀히 알리기를, '몰래 용장과 만장의 말을 들으니, 조선에서 구원하려고 해명하는 말이 있으면 재자관을 당초에 내관과 함께 곧 내보내려 하였으나, 이제 재자관의 말을 듣고서 내관은 먼저 보내고, 재자관은 여기 머물게 하여 황제가 돌아온 뒤에 처리하겠다는 뜻으로 여기에 남아 있는 제왕에게 여쭈자고 상의하고 파하였다' 하였습니다. 과연 그 말처럼 황제가 돌아오기를 기다린다면 혹 처벌이 늦추어질 가망이 있으나, 매우 엄밀하여 말을 누설하지 못하게 하니 확실한지 알수 없었습니다. 그런데 전날 만장에게 사람을 보내 염탐했더니, 그 말이 이번에 나온 말과 서로 들어맞았습니다.

관소에서 일이 생긴 뒤로 우리나라에 오가는 문서는 모두 수색하여 빼앗습니다. 양국이 한집안이 되었고 조금도 의심할 꼬투리가 없어도 배종 신하들이 집에 보내는 편지까지 죄다 빼앗으니 대국의 체통으로 어찌 이럴 수 있느냐는 뜻으로 간절히 통사들에게 말하였습니다. 그랬더니 이번에 내관이 나갈 때부터는 수색하여 빼앗지 않았습니다. 듣자니, 의주부윤이 조정의 분부라 하여 배종 신하들의 편지도 일절 금지하고 들여보내지 못하게 하였다 합니다. 이후로는 피로인의 사사로운 편지 외에 배종 신하들의 편지를 들여보내는 것은 금지하지 말도록 공문을 보낸 연유를 아울러 치계합니다.

三月初四日

去月二十四日, 奏請使出去時, 此間事情段, 已爲馳啓爲白在果. 其後, 王世子嬪宮氣候安寧敎是白齊. 大君西行之後, 尙未聞平安消息, 極爲悶慮爲白齊.

八王, 先帝行二日而去, 及至關外, 攻得烟臺五六處, 多獲男女, 已送于此處云云爲白齊.

內官尹完, 去月二十八日入來, 賫來果物, 則無事入納, 沈志祥物貨亦爲傳給, 內官則設宴賜物以送爲白齊. 奏請使軍官劉成立, 受人贖價而來, 價高難贖, 臨發時, 以其價傳給被擄人處, 見覺於淸人, 仍送館中, 拘留爲白有如乎, 衙門推問後, 更無別情, 故結末出送爲白齊.

前日滿月介處所給之物, 則已盡領受. 今番奏請使之行, 以有相通之事同行, 貸出館中所儲銀一百兩, 並將行中所賣豹皮二令而送之爲白有如乎. 其後送言曰, "國王所賜之物及今此情饋, 不敢辭之, 而後若有言, 恐被罪責, 以其所得坡州居老人崔得福, 托以贖還, 籍于衙門, 後送于館所"爲白有去乙, 臣等使譯官李馨長往于其家, 以不當如是之意, 再三言之, 而終不聽從, 故崔得福姑留館所爲白齊.

昨日夕, 賫咨官李應徵入來, 接置於東館, 尤加嚴禁, 使人不得相近爲白乎旀. 入館之後, 龍·滿兩將會於戶部, 私相與議後, 使金兲屎·河士男等往問曰, "因何事而入來乎?" 以鄭雷卿處置事入來, 答之云爲白乎旀, 河士男密通曰, "竊聽兩將之言, 則曰, 朝鮮若有救解之言, 則賫咨官, 初欲與內官一時卽爲出送矣, 今聞咨官之言, 內官則先送, 咨官則留此, 以待帝回後處置之意, 稟於留在王子處云云, 相議而罷"是如爲白去乙等, 果如其言, 以待帝回, 則或有可緩之望, 而極其嚴密, 不令漏言, 未知的實與否爲白在果, 前日滿將處, 使人密問, 則其言與今此云云者, 相符爲白齊.

館中生事之後, 我國往來文書, 盡爲披奪爲白如乎, 而兩國旣爲一家, 少無致疑之端, 而陪從諸臣所寄家書, 盡爲見奪, 大國事體, 豈有此理之意, 懇說於諸通事, 則自今內官之行, 不爲披奪爲白齊. 聞義州府尹朝廷分付是如, 陪從諸臣家書, 一切禁斷, 不許入送云. 今後則被擄人私札外, 陪從諸臣家書乙良勿禁入送事, 移文緣由, 并以馳啓爲白臥乎事.

❀

먼저 청 태종이 직접 출전한 대명전쟁에서 팔왕이 산해관에서 전공을 세운 일, 내관이 들어와서 방물을 바친 일과 주청사의 군관이 피로인에게 속전을 주고 간 일에 대해 보고하였다. 그 다음에 주청사와 동행하여 조선에 나가는 만월개에게 은 100냥과 표피 등을 선사한 일을 보고하였다. 이전에 만월개는 자신이 예부에 있으면서 조선의 일을 주선한 공이 많음을 재신들에게 은근히 말한 일이 있었다. 그것을 듣고 세자가 은을 보내고, 조정에 알려 그에게 줄 선물도 가져오게 한 것이다. 선물을 받은 만월개는 황제의 뇌물 금지령을 어긴 일로 처벌받을까 염려하여 속환한 것이라 핑계 대려고 피로인 노인 1명을 관소로 보내주었다. 뒤에 용골대나 천타마 등도 피로인을 심양관에 보내며 많은 속전을 요구하는 일이 종종 벌어졌다.

이어서 정뇌경과 김종일 등을 처벌하는 일 때문에 조선에서 재자관이 들어왔으나 관소 사람과의 접촉을 엄금하여 청의 역관들에게 염탐한 결과, 용골대·만월개 등이 그 일은 청 태종이 전쟁터에서 돌아오면 처리하기로 논의하였음을 보고하였다. 또한 정명수·김돌시를 고발한 사건 때문에 이때까지 관소에 오가는 모든 문서는 사적인 편지까지 모두 수색하여 빼앗는 일이 계속되고 있었다. 이 장계에서 청의 역관 하사남이 은밀히 알려준 일, 배종 신하들의 사사로운 편지까지 빼앗지 않도록 통사들에게 사정한 일에서 보이듯, 심양관에서 청측과 소통하고 청조의 상황을 탐지하는 일에 조선 출신 역관들의 도움이 필수적이었다.

33

중전과 세자 책봉의 규례

5월 18일

이달 14일 문안사 송국택(宋國澤)[1]이 나갈 때 요사이의 사정은 치계하였습니다. 그 뒤 왕세자와 빈궁은 기후 안녕하시며 대군도 평안합니다.

전에 박시들이 예부에 모두 모여서 신 박로를 불러 중전과 세자를 책봉하는 규례를 묻기에, 신이 한결같이 중조(中朝, 명)의 고사를 말하였습니다. 중전 책봉에 대해서는 따로 사신을 보낸 예가 전혀 없고 늘 다른 사신 편에 붙여 보냈다고 거듭 설명하자, 박시들이 다들 수긍하고 갔습니다. 어제 아침에 용골대와 마부대가 호부에서 신들을 불러 묻기

---

1 송국택(1597~1659)은 1624년 문과 급제 후 한림·지평·정언·장령 등을 지냈고, 병자호란 때 강화도에서 원손을 피신시키는 데 기여하였다. 그 뒤로 병조참지·승지·예조참의 등을 지냈다.

를, "책봉 절목을 대명(大明) 전례(典禮)에서 상고하니, 하사하는 물품이 극히 약소하여 심히 무안합니다. 이제는 양국이 한 나라가 되었으므로 모든 일을 넉넉히 하지 않을 수 없는데, 보(寶)²가 있는지 하사한 물품이 얼마나 되는지 상세한 것을 알고 싶습니다" 하였습니다. 신들이 "중전의 보는 대명 고황제(高皇帝, 태조)가 하사한 금인(金印) 1과(顆)를 국왕의 보와 마찬가지로 대대로 전하는데, 정축년(1637)에 강도에서 잃어버렸고, 장복(章服)은 구슬로 장식한 적의(翟衣)와 적관(翟冠)입니다.³ 세자의 보는 일찍이 하사한 예가 없고, 장복은 오장복(五章服)⁴ 및 채단(綵緞) 3~4표리(表裏, 옷감)라고 합니다. 예전 규례는 대개 이러한데, 짐작하여 조치하는 것은 오직 대국에 달려 있습니다. 세자 책봉으로 말하면, 칙사가 나갈 때 세자가 국왕과 함께 친히 교외에서 마중하고 온 나라에 반교(頒敎)하며, 내외 관원이 모두 전문(箋文)을 바치고 하례드립니다. 종묘에 고하고 알성과를 설행하는 등의 예를 세자가 또한 반드시 친히 행하여 황제의 은혜를 펴는 것이 예로부터 내려오는 상규입니다"라고 하니, 용·마가 머리를 끄덕이며 알았다고 하였습니다. 신들이 또 "칙사가 조만간 나간다면 우리나라에서 반드시 그 전에 알아야 미리 정

---

2 보는 왕이나 왕비의 인장을 말한다. 왕세자의 인장은 인(印)이라고 한다.

3 왕비의 법복(法服)은 꿩 문양을 수놓은 적의와 적관이었다. 조선 초에 명에서 왕비의 적의와 주취칠적관(珠翠七翟冠) 등을 하사하였다.(『증보문헌비고』 권79, 예고26 章服) 그러나 인조대에는 적관 제도를 알지 못해 체발(髢髮)로 수식(首飾)을 만들어 예식을 치르게 했다.(『인조실록』 23년 7월 6일)

4 오장복이라고 한 것은 박로의 오류이다. 왕세자의 장복은 칠장복(七章服)과 면류관(冕旒冠)이다.(『국조오례의』 서례 권1, 吉禮, 祭服圖說)

돈하고 대기할 수 있을 것입니다. 그렇지 않으면 우리나라에서 미처 준비하지 못하여 궁박할 걱정이 있을 뿐 아니라 대국 사신의 체면도 많이 손상될 것이니, 이것은 매우 중요합니다"라고 하자, "이 일 또한 분부가 있을 것입니다"라고 답하였습니다.

또 "삼전나루의 비석돌은 개비하였습니까? 전에 개비하는 즉시 회보하라고 하였는데 어찌하여 지금까지 아무 소식이 없습니까? 시랑들은 다 알고 있습니까?" 하였습니다.[5] 신들이 "대국에서 개비하라는 영이 있었으니 반드시 개비하였을 것입니다. 회보가 오고 안 오는 것은 우리가 아는 바가 아닙니다"라고 하자, 또한 수긍하였습니다.

신들이 파하여 돌아온 뒤에 양장이 곧 입궐하였다가, 잠시 후 아문에 돌아와 다시 역관들을 보내서 중전 어보의 체제와 크기를 상세히 묻고 갔습니다. 정명수가 은밀히 신들에게 말하기를 "칙사는 이달 그믐이나 내달 초에 나갈 것인데, 용장은 조선에 역질이 치성하다는 말을 듣고서 나가지 않습니다. 마장과 형부 관원 1인, 몽골인 1인이 선정되었고,[6] 역관은 정명수·김돌시·한보룡(韓甫龍) 등이 따라갑니다. 그런데 형부 관원은 오로지 징병 때의 속은(贖銀)에 대한 일로 나갑니다" 하였습니다. 만월개가 또 청역 하사남을 보내 몰래 전하기를, "속은, 중전, 세자의 일 등 3건은 세 번 사신을 보내야 하는데, 나는 세자 책례 때 칙사로 세

---

5 1638년 7월에 삼전도비의 몸돌 석재를 더 큰 것으로 바꾸라는 청의 요구가 있었고, 8월에 그 석재를 충주에서 채취해 오라는 인조의 명이 있었다.

6 칙사는 상사 마부대, 부사 소흘내(所屹乃), 삼사(三使) 실은(實恩)이었다.(『심양장계』 기묘년 5월 29일)

자를 모시고 함께 나갈 것"이라 하였습니다. 신들이 매우 놀라고 심히 의아하여 하사남에게 두 번 세 번 오가며 묻게 했더니 대답한 것이 일치하였습니다. 비록 그 말을 다 믿기는 어려우나, 과연 그 말처럼 끝내 세 번의 칙사행을 피할 수 없다면 우리나라가 지탱할 길이 전혀 없을 것이니 참으로 민망하고 절박합니다. 신들이 서서히 이들이 어떻게 처리하는지를 보고, 민사(民事)가 망극하다는 뜻으로 말을 만들어 변명할 생각입니다. 사명을 받들고 나가는 것은 큰 이익이 있어서 청인이 죽기로 다툰다고 하니, 신들의 말을 결코 들어줄 리 없을 것이라 더욱 답답합니다. 소문과 같이 그믐에서 초승 사이에 과연 칙사가 나간다면 반드시 낭패하여 미치지 못할 염려가 있습니다. 왕년에 칙사가 나갈 때 끝까지 비밀로 한 것을 보면, 용장이 말한 '분부가 있을 것'이라는 것도 반드시 믿기 어려우므로 더욱 염려스럽습니다. 또 피파의 말은 '세자 책봉은 여기서 할 것이고, 상주문에 대한 회답 자문은 그믐에서 초승 사이에 나가는 사행이 가져갈 것'이라 하니, 이것은 만장의 말과 크게 달라서 누구의 말이 옳은지 모르겠습니다. 그들은 모두 말이 새어나가는 것을 두려워하며 끝없이 경계하므로, 서로 물어볼 수도 없어 매우 답답합니다.

또 가만히 정역(정명수)에게 물으니, 이번에 세 사신이 나가는 것은 하나는 중전 책봉을 위해, 하나는 징병 때의 속은을 위해, 하나는 비석을 새겨 세우는 일로 가는데, 수행하는 두목은 팔고산에서 각각 10명을 보내고 세 사신의 가정(家丁)이 모두 20명이므로 통틀어 100명이라고 합니다. 그래서 세 번 사신을 보낸다는 말은 사실이 아님이 틀림없으며, 이밖의 일은 아직 의논하여 정하지 못하였으므로 알 수 없다고 합니다. 들은 말 중에서 피파의 말은 송국택이 떠나기 전에 이미 들었지만 주청에 대한 회답 자문은 그 행차에 부칠 것이라고 합니다. 회답 자문을 보고 그 실상을 안 뒤에 연유를 갖추어 아뢰려고 생각하였는데, 송국택이 떠나는 날까지 아문에서 끝내 아무런 말이 없고 역관들이 매우 다급하게 출발을 독촉할뿐더러, 막중한 일이 혹 사실과 다를까 염려되어 감히 가벼이 아뢸 수 없었습니다. 정역과 하역이 한 말이 갑자기 며칠 안에 나왔으나 그 말이 각각 달라서 허실을 알 수 없고, 아문에서는 아직까지 한마디도 언급하지 않고 있지만, 들은 것이 이러하므로 어쩔 수 없이 모두 낱낱이 아룁니다.

어제 저녁에 용·마와 여러 박시 등 10여 인이 예부에 함께 모여 신들을 불러 묻기를, "전사(前史)를 두루 상고하니, 왕후의 인을 반사(頒賜)한 일은 나타난 곳이 없습니다. 이것은 무슨 까닭입니까? 양국이 이제 한집안이 되었으니 모든 일을 극진히 조처해야 하는데, 대명에서 하사했던 인을 이번에 하사하지 않는다면 매우 흠이 되는 일이 되고, 전에 하사하지 않았던 인을 이번에 하사한다면 뒤에 반드시 말이 있을 것입니다. 시랑들은 상세히 말하십시오. 또 그 인을 보았습니까?" 하였습니다. 신들이 대답하기를, "이는 국초의 일이므로 보지는 못하였으나 왕후의 인을 대대로 전해오다가 강도에서 잃었다는 말은 상세히 들었습니다" 하니, 박시가 인장을 찍은 종이를 내보였는데 장경(章敬)·장성(章聖)·인순(仁順)·인목(仁穆) 네 왕후[7]의 보문(寶文)이었습니다. 이 왕후 인은 다 강도에서 습득하였는데 대명에서 하사한 인만 없으니 어찌된 것이냐고 하였습니다. 신들이 대답하기를, "이것은 종묘에 간직했던 보입니다. 그 수가 이것만이 아닌데 4과만 얻었다면 그 밖에 잃어버린 것이 많음을 알 수 있습니다. 대명에서 하사한 인이 없다는 것이 어찌 감히 낭설이겠습니까" 하자, 다들 알았다고 하였습니다.

또다시 비석돌은 다듬어놓고 기다리는지 묻기에, 신들이 대답하기를 "비석돌은 강 상류의 먼 곳에서 나고 몸체가 큰 돌은 반드시 방선(防船, 수군 병선)으로 날라야 하는데, 작년에는 가뭄이 심해 물이 얕아서 진작 운반해 오지 못하였다고 합니다. 이제는 과연 운반해 왔는지 모르겠습니다" 하자, "미처 준비하지 못했다면 매우 염려스럽습니다"라고 하였습니다.

재자관 신원유(辛遠벼)가 들어온 그날, 아문에서 자문을 바치라고 재촉하므로 신원유가 곧 가서 바치자, "황제가 자문 내용을 빨리 알고 싶어 하셔서 바치라고 재촉하였습니다"라고 하였습니다. 또 웅도(熊島)를 굴복시킨 일[8]을 묻기에, 신원유가 "나는 자문을 가져왔을 뿐 그간의 사정을 모릅니다"라고 하자, 잘 대접하여 보낼 것이니 잠시 머무르라고 하였습니다. 어제 병부에서 신원유에게 회답 자문을 내주고, 잔치를 열고 상을 주어 보냈습니다. 이러한 연유로 아룁니다.

---

7 장경왕후는 중종의 계비, 장성은 선조의 원비 의인왕후(懿仁王后)에게 1590년에 올린 존호이고, 인순왕후는 명종의 비, 인목왕후는 선조의 계비이다.

8 경흥 건너편 웅도에 어피달자(魚皮韃子)라는 야인여진 무리가 있었는데, 청은 조선에 웅도의 경하창(慶河昌)을 공격하여 탈취하라는 명을 내렸다.(『심양일기』 기묘년 1월 18일·19일) 조선은 군병 500을 보내 웅도를 공취하고, 경하창 등을 붙잡아 청으로 보냈다. 청은 이 일을 포상하여 조선에 은 200냥을 보내고 역관 김명길 등에게도 은을 내렸다.(『심양장계』 기묘년 7월 19일)

五月十八日

本月十四日, 問安使宋國澤出去時, 此間事情段, 已爲馳啓爲白有在果. 其後, 王世子·嬪宮氣候安寧敎是白乎旀, 大君亦爲平安爲白齊.

頃日, 博時等大會於禮部, 招臣簹, 問中殿·世子冊封規例是白去乙, 臣一以中朝故事, 言之爲白乎矣. 至於中殿册封, 則全無別遣使臣之例, 每於順便兼付以送之意, 反覆開說, 則博時等, 皆唯唯而去爲白如乎. 昨日朝, 龍·馬在戶部, 招臣等問曰, "册封節目, 考諸大明典禮, 所賜之物, 極甚薄摺, 甚爲無顏. 今則兩國已爲一國, 凡事不可不優厚, 寶之有無, 賜物多小, 欲知其詳"云. 臣等曰, "中殿寶則大明 高皇帝所賜金印一顆, 與國王之寶一體世傳, 而丁丑年見失於江都, 章服則珠飾翟衣翟冠. 世子寶則曾無頒賜之例, 章服則五章之服及綵數四表裏云矣. 舊時規例, 大槪如此, 斟酌處置, 唯在大國. 至於世子册封, 則勅使出去時, 世子同國王, 親自郊迎, 而頒敎一國, 內外之官, 亦皆奉箋稱賀. 告宗廟·謁聖設科等禮, 世子亦必親行, 以侈皇恩, 乃自古流來之常典也"云. 則龍·馬點頭唯唯. 臣等又曰, "勅使早晚若出去, 則我國必前期得知, 可以預先整待. 若不然則非但我國未及措置, 致有窘塞之患, 大國使臣體面, 亦多虧損, 所關極重"云, 則答云, "此事亦當有分付. 云云."

又曰, "三田浦碑石已爲改備耶? 前有改備卽時回報云, 而何至今無黑白耶? 侍郞等皆知之乎." 臣等曰, "大國旣有改備之令, 則必已改備. 回報之來不來, 非俺等所知"云, 則亦唯唯.

臣等罷歸後, 兩將旋卽入闕, 俄還本衙, 更送譯輩, 詳問中殿御寶體制·大小, 以去爲白齊. 鄭命壽潛言於臣等曰, "勅使今晦來初間, 當爲出去, 而龍將則聞朝鮮疫疾方熾, 不爲出去. 馬將及刑部官一人·蒙古一人已爲差定, 譯舌則鄭命

壽·金乭屎·韓甫龍等隨往. 而刑部官則專爲徵兵時贖銀事出去"是如爲白乎旀,
滿月介, 又使淸譯河士男密傳曰, "贖銀·中殿·世子三件事, 當爲三起使行, 而
渠則世子冊禮時勅使, 陪世子一時出往"云. 臣等極爲驚慮, 且甚疑訝, 使河譯
再三往復問之, 則所答如一. 雖難盡信, 果若其言, 終不免三起, 則我國萬無可
支之路, 誠極悶迫. 臣等徐觀處置之如何, 以民事罔極之意, 措辭陳辯計料爲白
乎矣. 淸人之奉使出去, 大利所在, 以死爭之是如爲白去等, 以臣等口舌, 決無
回聽之理爲白乎去, 尤極渴悶爲白乎旀, 若如所聞, 晦初間果爲出去, 則必有顚
倒未及之患. 以往年勅使出去時, 終始諱秘之事觀之, 龍將所言, 當有分付者,
亦難必信, 尤爲可慮是白齊. 且皮牌所言, 則世子冊封, 當在此而行之, 奏文回
咨, 則晦初出去之行, 亦當持去云. 此則與滿將所言大相逕庭, 未知何說爲是.
而渠輩皆以言洩爲懼, 戒飭不已乙仍于, 未得互相質問, 亦極悶鬱.

又潛問於鄭譯處, 則今番三使出去者, 一則爲中殿冊封, 一則爲徵兵時贖銀,
一則爲刻立碑石而去, 隨行頭目則, 八固山各送十人, 三使家丁竝二十人, 通共
百名也. 至於三起送使之言, 不實無疑, 此外之事, 則時未議定, 故未得知之云
云爲白臥乎所. 所聞說話中, 皮牌所言, 則宋國澤未發時, 雖已聞之, 而奏請回
咨, 將付其行云. 故欲觀回咨, 知其實狀, 然後具啓計料爲白如乎, 宋國澤發去
之日, 衙門終無皂白, 譯輩督發甚急勞不喩, 莫重之事, 恐或不實, 不敢輕易上
聞爲白有如乎, 鄭譯·河譯所言之說, 遽出於數日之內, 而其言各異, 莫知虛實,
至於衙門, 則尙無一言及之, 而所聞旣如此, 故不得不竝爲枚啓爲白齊.

昨日夕, 龍·馬及諸博時等十餘人, 同會禮部, 招臣等問曰, "遍考前史, 王后
之印頒賜事, 無現出之處. 是何故也? 兩國今爲一家, 凡事當極盡處置, 若大明
所賜之印, 今若不賜, 則甚是欠典, 前所未賜之印, 今若賜之, 則後必有言. 侍郎

等詳言之. 且其印亦得見之乎?" 臣等答曰, "此是國初之事, 雖未得目睹, 王后之印, 世世傳來, 見失於江都, 則聞之詳矣"云, 則博時出示踏印空紙, 章敬·章聖·仁順·仁穆四王后之寶文也. 此王后之印, 皆得之於江都, 而大明所賜之印獨無何也. 臣等答曰, "此乃宗廟所藏之寶也. 其數不止此, 而只得四顆, 則其他見失之多可知矣. 大明若無所賜, 則豈敢浪說"云, 則皆曰唯唯.

又申問, 碑石已爲磨正以待與否, 臣等答曰, "碑石出於水上遠地, 體大之石, 必須方船輪運, 而上年旱甚水淺, 趂未輪來云. 未知今果已得下來否耶." 則曰, "若未及措備, 則極可慮也. 云云"爲白齊.

賚咨官辛遠曳入來卽日, 衙門催納咨文, 遠曳卽來呈之, 則曰, "皇帝欲速知咨文之意, 故催呈矣." 且問熊島就降之事, 遠曳曰, "吾則只賚來咨文, 不知其間事情"云, 則當善待而送之, 姑留之云爲白如乎. 昨日, 自兵部出給回咨, 開宴給賞, 以送爲白有置. 右良緣由, 詮次善啓.

❀

이 장계는 청에서 중전과 세자의 책봉 규례에 대해 물은 일, 칙사 행차의 소식, 삼전도비에 대해 물은 일을 보고한 것이다. 재신이 답변한 내용에서, 명나라가 하사한 중전의 어보가 병자호란 중 강화도에서 분실된 사실, 중전의 법복과 왕세자의 장복 및 책봉 의례에 대해 알 수 있다. 청이 왕비 책봉에 대해 물은 것은, 인조가 1638년 12월에 계비(장렬왕후 조씨)를 맞아들였기 때문이다. 그런데 재신이 대답한 내용은 인조 대 당시의 중전 및 왕세자의 복색과는 조금 차이가 있다. 임진왜란을 거친 이후로 기존 규례와 달라진 부분이 있었는데, 재신도 이에 대해 명확히 알지 못하였기 때문으로 보인다. 또 장계 뒷부분에서 명이 하사한 중전의 어보와 역대 왕후 4인의 어보 등을 강화도에서 청군이 습득한 사실을 알 수 있다. 그리고 칙사 행차에 대해서는 중전 책봉, 징병 때의 속은, 삼전도비 문제로 칙사가 각각 나갈 것이라는 말에 접대의 막대한 부담을 걱정했다가, 계속 탐문하여 사신 3인이 가정 100명을 데리고 나갈 것임을 보고하였다. 청은 칙사행에 팔기에서 가정을 딸려 보내 필요한 물품을 교역해 오게 하였는데, 칙사는 따로 자신의 가정을 데려갈 수 있었고 이것은 큰 이익을 얻을 수 있는 기회로 여겨졌다.

뒤에는 삼전도비의 비석돌을 교체하는 일에 대한 내용이 나온다. 비석돌을 더 큰 것으로 바꾸라는 청의 요구에 따라, 충주에서 석재를 채취해 남한강 수로로 운반해 오게 했는데 가뭄으로 지연되었던 것이다.

칙사 마부대 일행은 6월 5일 조선으로 떠났다. 조선왕비 책봉 고명을 전하고 삼전도비의 건립을 살펴보기 위한 것이었다. 세자의 책봉은, 세자를 귀국시키지 않고 9월 22일 청의 대궐 정전에서 의례를 행하였다.

34

제왕이 베푼 잔치

7월 19일

이달 2일 금군 김경신이 나갈 때 이곳 사정은 치계하였습니다. 그 뒤 왕세자와 빈궁은 기후 안녕하시며 대군도 평안합니다.

이곳의 제왕 9인의 집에서 참외잔치[眞瓜宴]라는 것을 날을 정해 궐 안에서 베풀었습니다. 4일은 호구가 진연하고, 6일은 질가가 진연하였 는데, 세자와 대군이 모두 가서 참석하였습니다.

8일에 진하사(陳賀使)[1] 일행이 무사히 들어왔는데, 이것은 뜻밖에 나 온 일이라 자못 기쁘게 여기고 대우도 도타웠다고 합니다.

몽골왕 2인이 그 처와 여종 수십 인을 거느리고 들어와 대궐 뜰에 모

---

1 청의 승전을 축하하는 진하사로 우의정 심열(沈悅)이 심양에 왔다.

전장막을 치고 거처하고 있는데, 이들은 황제 부지(夫之)²의 부모라고 합니다. 11일, 몽골왕이 황제에게 진연하였는데, 몽골왕의 처와 여종들이 옷을 차려 입고 또한 다들 전상(殿上)에서 예를 행하고 그대로 앉아서 잔치에 참석하였습니다. 황제의 다섯 부지와 또 다른 젊은 여자 10여 인도 안에서 나와 동참하였습니다. 세자와 대군이 모두 가서 참석하고, 사신도 몽골왕의 잔치에 참석하게 하였습니다. 잔치가 파한 뒤, 구왕이 또 진연하였는데 이는 차례로 베푸는 잔치입니다. 두도(杜度)³의 누이는 아들이 장성하였으나 지아비를 잃고 홀로 지낸 지 여러 해인데, 16일에 이번에 온 한 몽골왕에게 개가하였습니다. 그래서 몽골왕들이 궐에서 잔치를 열고 세자도 동참하게 하였습니다. 몽골왕이 그 족속을 거느리고 예를 행한 뒤에 납채례(納采禮)로 안장을 갖추고 갑주(甲胄)를 실은 말 9필과 안장이 없는 말 71필, 낙타 10마리를 바쳤습니다. 말과 낙타의 턱 아래에는 모두 초피(貂皮) 1영(領)이 매달려 있었습니다. 낱낱이 점검하여 받은 뒤에 곧 잔치를 베풀고 또 음악을 연주하였습니다. 날이 저물어서 파하여 돌아왔습니다.

사신이 가져온 방물은, 이곳에 제사하고 치재(致齋)하는 일이 있어서

---

2 부지 곧 푸진(福晉)은 만주어로 버일러(패륵)의 아내를 가리킨다. 청 태종의 다섯 부지는 황후와 황비 4인을 말하는데, 이들은 모두 몽골인이었다. 황후와 신비(宸妃) · 장비(莊妃)는 코르친부 출신이었고, 귀비(貴妃) · 숙비(淑妃)는 차하르부 릭단 칸의 비였다가 그의 사후에 청 태종의 비가 되었다.

3 두도(杜度, ?~1649)는 누르하치의 장자인 추엔의 장자로, 패륵이었다. 『심양장계』에 툐斗 · 斗斗 · 杜度 · 頭頭 등으로 나오는데, 예부왕이었다가 1639년 8월 11일 교체되고, 1641년 3월 23일에는 패전으로 강등된 사실이 전한다. 이 책에서는 두도로 통일하였다.

즉시 바치지 못하였습니다. 그저께서야 바치게 하였고 또 사신에게 세
자를 뵙게 하였습니다. 또 들으니, 10여 일 전에 말을 먹이라는 영이 있
었다고 합니다만, 징발하는 날이 언제일지는 알 수 없습니다. 성안에서
날마다 각(角, 나발)을 부는데, 이것도 다시 군장을 보수하라는 영이라
고 합니다. 연유를 치계합니다.

　　七月十九日

　本月初二日, 禁軍金景信出去時, 此間事情段, 已爲馳啓爲白有在果, 其後,
王世子·嬪宮氣候安寧敎是白乎旀, 大君亦爲平安爲白齊.

　此處諸王九家, 稱以眞瓜宴, 排日進設於闕內. 初四日則虎口進宴, 初六日則
質可進宴, 世子·大君皆往參.

　初八日, 進賀使一行無事入來, 而此出於所望之外, 頗以爲喜, 待之亦優是如
爲白齊.

　蒙王二人, 率其妻及女從數十餘人入來, 設氈幕於闕廷而處之, 此乃皇帝夫
之之父母云云爲白如乎, 十一日, 蒙王進宴於皇帝前, 而蒙王之妻及女從等, 盛
飾衣服, 亦皆行禮於殿上, 仍坐參宴. 皇帝五夫之及他年少之女十餘人, 自內而
出, 亦爲同參. 世子·大君皆往參, 使臣亦令入參蒙宴. 罷後, 九王又進宴, 此則
次例宴也. 豆斗之妹, 生子長成, 而喪夫寡居有年矣, 十六日, 改婚於今來一蒙
王, 而蒙王等進宴於闕內, 亦令世子同參. 蒙王率其屬行禮, 後以納采禮, 進鞍
具馬載甲冑者九匹·無鞍馬七十一匹·橐駝十頭, 而馬·駝頷下, 皆懸貂皮一令.
一一点受後, 仍爲設宴, 且陳音樂, 日暮罷還爲白有齊.

　此處有行祭致齋之擧, 使行方物, 未卽捧之, 再昨始令入納, 又使來謁於世子

前爲白有齊. 且聞十餘日前, 已有秣馬之令, 調用早晚雖不可知. 而城中連日吹
角, 此亦改修補軍裝之令云爲白置. 緣由馳啓爲白臥乎事.

❀

청의 대궐에서 제왕(諸王)과 몽골왕이 베푼 잔치에 세자와 대군이 참
석한 일을 보고한 장계이다. 청 태종은 몽골과 중첩된 혼인을 맺었는
데, 그의 황후와 황비 5인 모두 몽골 출신이었고, 제왕이나 자기 자녀
들의 혼인도 몽골과 맺게 하였다. 청 태종은 혼인 관계를 활용하여 몽
골의 일부 세력과는 연합하고, 일부는 정벌하여 몽골 지역으로 세력을
크게 확대하였다. 몽골을 복속시킨 뒤로는 명나라 공략에 집중하였다.
이 장계에는 청 황실과 혼인을 맺은 몽골왕이 대궐에서 베푼 잔치와 두
도의 누이가 몽골왕에게 개가하여 몽골왕이 납채례를 행한 일을 전하
고 있다. 두도의 누이는 그 아들이 이미 장성했음에도 개가했다고 하였
는데, 유교 윤리에 의해 여성의 재혼이 금지되었던 조선의 상황으로는
생각하기 힘든 일이었을 것이다. 만주사회에서 귀족 여인의 재혼은 인
구 증가를 위해 장려되는 일이었다. 또 여자들도 기마와 활쏘기를 잘하
고 사냥에도 나갔다고 하는데, 청 태종의 사냥에 부지와 여자아이가 동
행한 사실이 『심양일기』에 전한다.

35

관원 파견 요청

8월 23일

이달 11일, 삭선을 실어 온 말이 돌아갈 때 이곳의 사정은 치계하였습니다. 그 뒤 왕세자와 빈궁은 기후 안녕하시며, 대군은 요사이 감기 증세가 있었으나 약을 복용하고 화해(和解)하여 거의 회복하였습니다.

15일 조참 때 제왕과 제장 등이 상을 받은 일[1]로 사은의 예를 행하고 파하였는데, 세자도 가서 참석하였습니다.

차흘라(車屹羅)[2] 몽골이 지난해 패배한 뒤로 그 딸을 황제의 처소에서 길렀는데, 구왕이 본처에게 아들이 없다 하여 본처를 황제의 명으로 내

---

1 8월 5일 조참에서 산해관에 들어간 장수들의 공로를 포상하여, 구왕 이하 제장에게 상을 내리고 벼슬을 높여주었다.(『심양장계』기묘년 8월 11일)

쫓고, 기르던 몽골 여자를 주었습니다. 20일이 그 혼인날이므로 구왕이 잔치를 베풀었는데, 안장을 갖추고 갑주를 실은 말 10필을 예물로 삼았습니다. 세자도 잔치에 참석하였습니다.

5~6일 전에 성안에서 말을 달려 출병하는 일이 있어 그 연유를 물으니, 서쪽으로 2일 거리 지방에 새로 쌓은 가해성(駕海城)이 있는데, 이 성을 지키고 있던 몽골인 장수 1인과 청의 장수 1인 등이 부하 10여 명을 거느리고 말 100여 필을 훔쳐 금주위(錦州衛)³로 투항해 간 것을 쫓아가서 잡는다고 하였습니다. 그런데 2명만 붙잡고 나머지는 다 놓쳐버려서, 추포하라고 보냈던 각 고산의 장수를 각각 문에 가두었다고 합니다. 예부 아문에 일찍이 한장(漢將) 1인이 있었는데, 이는 제남왕(濟南王)⁴과 함께 붙잡혀 온 자로, 굴복하지 않아 머리를 깎게⁵ 하지 않고 음식물도 넉넉히 제공했으나, 몽골인 등이 도망갈 때 말한 것이 연관이 있다 하여 즉시 죽였습니다.

전날 역관 김명길이 압송해 왔던 경하창(慶河昌)·애두(艾頭) 등 2인을 그 처자가 있는 경흥(慶興) 건너편 나한(羅漢) 땅으로 돌려보냈는데, 청

---

2 차흘라는 몽골 차하르부를 말한다. 차하르는 릭단 칸의 사망 후 1638년 청에 복속하였고, 릭단 칸의 아들은 청 태종의 부마가 되었다. 『심양장계』 무인년 7월 3일자에 차흘라 왕자가 부마로서 황제의 딸과 함께 청 태종을 조알한 일이 실려 있다.

3 금주는 현재 요녕성 금주시 일대이다.

4 명의 제남왕 일행은 4월 15일 심양에 들어왔다.(『심양장계』 기묘년 4월 20일) 제남왕은 제남부(濟南府)에 봉해진 친왕(親王)을 말하는데, 침입한 청군에게 붙잡혔다.(『심양장계』 기묘년 3월 20일)

5 만주족의 머리 모양과 같이 머리 앞부분을 깎아서 변발(辮髮)을 하는 것을 말한다. 청은 한인에게 만주족의 두발과 복장을 강요하고, 투항한 장수들은 명 침략에 앞장세웠다.

인 사을비(沙乙非)가 군병 100여 명을 거느리고 함께 갔습니다. 남은 무리를 불러 회유하고 그대로 안무할 계획이라고 합니다.

경군뢰 박덕춘(朴德春)이 여름부터 학질로 고생하다가 이질에 걸려 죽었습니다. 세자가 매우 불쌍히 여겨 염하고 장사지낼 물품을 지급하도록 하령하여, 지금 초장(草葬)하였습니다. 익위사(翊衛司)[6] 관원 중 익찬 현술선은 저번에 말미를 받아 나갔고, 부솔 강문명 한 사람만 있을 뿐입니다. 사어 허억(許檍)은 2월에 공무로 나간 뒤에 빨리 돌려보내라고 병조에 공문을 보냈으나 지금까지 오지 않았습니다. 병조에서 그 후임자를 무관 음관(蔭官) 중에서 속히 선정하여 들여보내도록 해주십시오. 선전관 안발(安鈸)도 나간 뒤에 벼슬을 옮겼는데, 교대할 자가 들어오지 않았습니다. 세자의 거둥이 있을 때 종관이 적어 구차한 일이 많으니 모두 병조에서 빨리 조처하도록 해주십시오. 의관도 침의는 유달만 남아 있습니다. 질병 사고 또한 예측하기 어려우니, 침의 가운데 의술이 정밀하고 밝은 자를 한 사람 더 선정하여 들여보내도록 내의원에서 품처해주십시오.

청역 김돌시가 사행에 갔다 오면서 병이 위중해졌는데, 집에 도착하여 죽었습니다. 영의정 최명길의 질제 최의길(崔誼吉)[7]과 병조판서 이시

---

6 익위사는 왕세자의 호위를 담당한 관청으로, 관원은 익위(翊衛)·사어(司禦)·익찬(翊贊)·위솔(衛率)·부솔(副率)·시직(侍直)·세마(洗馬) 각각 2인씩 모두 14인이었다. 심양에 배종한 익위사 관원은 처음에 4인이었으나, 1637년 6월의 인원 감축 이후에는 3인이었다.

7 최명길의 아들 최후량이 과거에 응시하기 위해 귀국을 청하자, 청나라에서 질자를 교체하라고 하여 최의길이 질제(質弟)로 들어왔다.

백(李時白)의 질자 이유(李愉)가 들어와 교체하도록[8] 허락을 받았으므로, 최후량과 이열 등이 함께 나갑니다. 관소 안에 의관이 있어도 뜻밖의 일에 쓸 의녀가 없어서는 안 됩니다. 전날 내의녀(內醫女) 은진(銀眞)이 마침 사로잡혀 심양에 왔는데, 대군의 궁인이 속바쳤습니다. 그래서 관향은(管餉銀) 55냥을 빌려 그 몸값을 맞추어 주고, 은진에게 의술을 익히게 하여 관소에 두었으며, 이를 내의녀로 다시 귀속하도록 내의원에 공문을 보냈습니다. 그 몸값은 호조에서 채워 들여보내도록 해주십시오.

八月二十三日

本月十一日, 朔膳回馬出去時, 此間事情段, 已爲馳啓爲白有在果. 其後, 王世子·嬪宮氣候安寧敎是白乎旀, 大君近得感冒之症, 服藥和解, 幾盡差復是白齊.

十五日朝參時, 諸王·諸將等以賞給行謝恩禮而罷, 世子亦爲往參敎是白齊.

車屹羅蒙古, 昔年見敗之後, 其女養在帝所爲白如乎, 九王本妻無子是如, 帝命使棄黜, 而所養蒙女許給. 二十日乃其婚期, 故九王進宴, 而以鞍具馬載甲冑十疋爲禮. 世子亦爲參宴敎是白齊.

五六日前, 城中有馳突出兵之擧爲白去乙, 問其緣由, 則西邊二日程地方, 有

---

8 이시백(1581~1660)은 인조반정의 공신으로 연양군(延陽君)에 봉해졌다. 정묘호란 때 수원방어사로서 인조의 강화도 피란을 인도하였고, 병자호란 때는 병조참판 겸 수어사로 남한산성을 수비하였다. 1638년 병조판서가 되었는데 질자를 보내면서 서자를 보낸 사실이 탄로나 여산에 유배되었다. 이때 적자 이유가 질자로 심양에 오고, 서자 이열은 조선으로 돌아갔다.

新築鴽海城, 屯守蒙古將一人及清將一人等, 率其下十餘名, 偸取百餘馬匹, 投來錦州衛, 故追捕云云爲白如乎, 只捕二名, 餘皆失捕, 故定送各高山之將, 方囚縶各門云云爲白乎旀, 禮部衙門, 曾有漢將一人, 乃濟南王一時擄來者也, 不屈故不爲剃髮, 供饋亦從優厚爲白如乎, 蒙古等逃去時, 有所辭連是如, 卽爲殺害爲白齊.

前日, 譯官金命吉押來爲白在慶河昌·艾頭等二人, 還送於其妻子所在慶興越邊羅漢地爲白乎矣, 清 沙乙非, 領軍兵日百餘名, 一時偕去. 蓋爲招諭餘衆, 仍爲安撫之計云云爲白齊.

京軍牢朴德春, 自夏間瘧疾苦痛爲白如乎, 繼得痢疾物故爲白去乙. 世子極可矜惻, 下令題給斂葬之需, 時方草葬爲白有齊. 翊衛司官員中, 翊贊玄逑先段, 頃以受由出去, 只有副率姜文明一人. 司禦許檍, 二月間因公出去後, 斯速還送事, 移文該曹, 而至今不來. 其代武蔭中, 令該曹急速擇差, 入送爲白乎矣. 宣傳官安鈸段置, 出去之後已爲遷轉, 而交代亦不入來. 凡有擧動, 從官缺少, 事多苟簡, 竝令該曹斯速處置爲白齊. 醫官段置, 針醫則柳達労留在, 疾病事故, 亦所難料. 針醫中術業精明者, 一人加差入送事, 令內醫院稟處爲白齊.

清譯金乭屎, 勅使往來時, 病重爲白有如可, 到其家物故爲白有齊. 領議政崔鳴吉質弟崔誼吉·兵曹判書李時白質子李愉入來, 許令交替乙仍于, 崔後亮·李悅等一時出去爲白齊. 館中雖有醫官, 意外不時之用, 亦不可無醫女是白如乎, 前日內醫女銀眞, 適被擄到此, 爲大君宮人所贖爲白有去乙, 貸出管餉銀五十五兩, 准價換贖, 仍令溫習舊業, 留置館中爲白有乎旀, 同人內醫女還屬之意, 內醫院良中, 移文爲白有置. 同價銀乙良, 令該曹充數入送爲白只爲.

이 장계는 여러 소식을 전하고 있다. 8월 15일 조참에 세자가 참석한 일, 구왕이 차흘라 몽골의 공주와 혼인한 일, 명의 금주위로 투항해 간 몽골 장수 등을 추포하고 이 일에 연루된 한장 1인을 처형한 일, 경흥 건너편 웅도에 있는 야인여진 무리를 안무하러 군병을 보낸 일 등이다. 앞의 5월 18일자 장계에서 보듯, 웅도의 야인여진은 청의 명령에 따라 조선에서 수군을 보내 굴복시킨 일이 있었다.

다음에는 관소의 여러 인원에 대한 보고가 있는데, 익위사 관원과 선전관 후임자를 선정하여 보내줄 것, 의관을 더 뽑아 보내줄 것, 질자를 교체한 일, 속바친 내의녀 은진을 관소에 두었다는 것 등이다. 이때 심양에서 소현세자를 배종하고 있는 시강원과 익위사 관원은 각각 4인과 3인으로 평상시 인원수에 비해 반도 못 되었다. 더구나 정뇌경이 처형된 일처럼, 사건이 발생하거나 관원이 교체되는 즈음에는 그 수마저 채우지 못하는 일이 잦았다. 다른 장계에도 관원을 선정해 빨리 보내달라는 요청이 종종 나오지만, 심양에 가는 일은 당시 관원들이 기피하는 일이었다. 또 의관 파견을 요청하는 일도 가끔 나오는데, 내의녀는 심양관에서 세자빈을 비롯한 여인들의 질병을 보살피는 데 꼭 필요하였다. 강빈은 강화도 피란 중 붙들려 청 군영에 머물다가 그대로 심양으로 온 뒤 신경쇠약 증세를 보였고, 마비 증세·안질·복통 등을 앓기도 하였다. 더욱이 강빈은 심양에 있는 동안 다섯 번이나 출산을 하였다.

36

삼전도비문 새김

9월 4일

지난달 28일 내관 나업이 나갈 때 이곳 사정은 잇달아 치계하였습니다. 그 뒤로 왕세자와 빈궁의 기후는 안녕하시며, 대군은 전에 앓던 감기 증상에서 이제 회복하였습니다.

방금 청역이 와서 '조선에 급히 알릴 일이 있으니 말을 잘 달리는 자 2인과 말 4필을 빨리 내보내고, 아문에서 영을 듣고 달려가게 하라'고 하였습니다. 그래서 대군 군관 신진익(申晉翼)과 별감(別監) 안남(安男) 등을 정해 보냈습니다. 어제 피파가 몰래 통지하기를, "몽서(蒙書)를 잘 쓰는 사람 1명과 한자와 청서(淸書)를 잘 쓰는 사람 각 1명이 초순에 조선에 나갈 것인데, 이는 비문을 다시 쓰기 위한 것"이라고 하였습니다. 즉시 신진익이 아문에 나아가니 용골대 장군과 피파·가리 박시 등 3인

삼전도비

현재 서울 석촌호수 서호 언덕에 있다. 받침돌이 또 하나 있는
것은 청의 요구에 따라 비석돌을 교체한 때문으로 보인다.

삼전도비 전·후면 상단

삼전도비 전면에는 만주문 비액(碑額) 아래 만주문과 몽골문 비문이, 후면에는 '대청황제공덕비'라는
비액과 한문 비문이 새겨져 있다.

이 함께 앉아서 말하기를, "나 태감(나업)의 말이 비석 공사를 겨울에는 할 수 없다고 하니, 처음에는 비문 글씨를 쓸 사람을 먼저 보내려 하였으나, 겨울에 사행이 있을 것이라 번거롭게 민폐가 될 듯하여 그때 함께 보내기로 했다. 시급히 집을 짓고 사면에 밝은 창을 내고 온돌을 만들어 그 안에 비석돌을 두어 겨울철에 일을 시작할 수 있게 하라" 하였습니다. 어제 피파가 말한 것과 조금 다르나 이는 폐단을 없애려는 황제의 뜻이라고 합니다. 이번에 사람을 보내는 것은 먼저 알려서 미리 대비하게 하려는 조치입니다.

이후에도 이번과 같이 시급히 사람을 내보낼 일이 많을 터인데, 관소 안에 보낼 만한 사람이 거의 없습니다. 이번에도 어쩔 수 없이 대군 군관과 액정(掖庭)[1] 하인을 뜻밖에 정해 보내느라 어려움이 많았습니다. 그러니 경금군 한두 명을, 용렬하지 않고 젊고 건장하여 사환하기 합당한 사람으로 뽑아서 들여보내 주십시오. 타고 가는 말도 매번 질자들이 사사로이 기르는 말을 내보내므로 일이 매우 구차할뿐더러 그들에게 끼치는 폐단도 염려해야 합니다. 대기시키는 말 네댓 필을 정하여 보내 불시의 쓰임에 대비하는 것이 마땅할 듯하니, 아울러 묘당에서 품처해 주십시오. 이러한 연유로 아룁니다.

---

1 액정서(掖庭署)는 내시부 소속 관서로, 왕명의 전달과 알현 안내, 궐내 각 문과 시설물 관리 등을 담당하였다.

九月四日

本月二十八日, 內官羅嶪出去時, 此間事情段, 連續馳啓爲白有在果. 其後, 王世子·嬪宮氣候安寧敎是白乎㫆, 大君則前患感冒之症, 今以乎復爲白有齊.

卽刻淸譯來言, "有急通于本朝之事, 善馳馬者二人及所騎四匹, 急急出送, 聽令衙門馳去. 云云." 故大君軍官申晉翼·別監安男等, 定送爲白有在果. 昨日皮牌密通曰, "能寫蒙書人一名·漢淸各一名, 初旬間當出往本國, 蓋爲改書碑文事"是如爲白如乎, 卽刻晉翼進詣衙門, 則龍將及皮牌·加里博時等三人, 同坐言曰, "羅太監言內, 碑役多卽不可爲云, 初欲先送寫碑差人, 多間當有使行, 恐煩民弊, 當合送其時. 急須造作房屋, 四面開明窓, 作爲溫突, 安碑石於其中, 以爲寒節始役之地. 云云"爲白臥乎所, 與昨日皮牌所言稍異, 而此則出於皇帝除弊之意是如爲白去等. 今此送人, 乃是先通預備之擧是白齊.

此後段置, 如此時急出送之事, 必多有之, 而館中可送之人絶乏. 今番段置, 不得已, 大君軍官及掖庭下人, 不意定送事, 多難便. 京禁軍一二人, 庸殘除良, 年少壯健, 可合使喚之人以, 擇定入送爲白乎矣, 所騎馬段置, 每以質子等私養之馬出送, 事甚苟簡弊不喻, 渠輩情弊, 亦所可念, 立待馬四五匹定送, 以備不時之用, 似爲宜當, 並令廟堂以稟處爲白之爲. 詮次善啓.

❀

삼전도비의 비문을 쓰기 위해 몽골문과 만주문, 한문 글씨를 잘 쓰는 사람이 다음 칙사행에 함께 나갈 것임을 보고한 장계이다. 청은 비석 건립을 재촉하며 겨울에도 온돌집을 지어 공사를 계속하도록 요구하였다. 이 장계 앞의 8월 28일자에는 청이 조선에서 보내온 한문 비문의 탁본을 보고, 또 수정을 요구하며 탁본을 돌려보내고 비면을 다시 갈아내고 기다리라고 했다는 내용이 있다. 삼전도비는 1639년 6월 칙사로 나온 마부대가 비석 전면을 셋으로 나누어 그 하나에 한문 비문을 새기도록 하였는데, 그 말에 따라 한문 비문을 새긴 비면의 탁본이 심양에 전해진 것이다. 그런데 마부대는 다시 말을 바꾸어, 후면에 한문을 새겨놓고 자신이 나가기를 기다려 만주문과 몽골문을 새기라고 하였다.[2] 이 때문에 11월에 마부대가 다시 칙사로 올 즈음에 후면 전체의 크기에 맞추어 다시 비문 글씨를 쓰고 새기는 작업을 하였다. 그리고 마부대와 함께 온 박시 3인이 한문 비문을 만주문과 몽골문으로 번역하여 글씨를 쓰고 이것을 전면에 새겼다. 이렇게 하여 12월 초에 비석이 세워진 것을 본 뒤 마부대 일행은 돌아갔다. 삼전도비(대청황제공덕비)는 현재 서울 잠실의 석촌호수 자리, 곧 인조가 청 태종에게 항복의식을 행한 곳에 세워졌다. 뒤에 청의 칙사들이 조선에 오면 삼전도비를 보고 가는 일이 이어졌다.

---

2 『심양장계』 기묘년 8월 24일, 『인조실록』 17년 11월 15일.

경진년
(인조18, 1640)

37

인평대군의 숙배

2월 25일

왕세자 행차가 우리나라로 간[1] 뒤로, 빈궁은 기후 안녕하시며, 두 대군도 평안합니다.

20일 황제가 이른 아침에 조참 의식처럼 아문에 제왕과 제장을 모으고, 비로소 둘째 대군[2]이 숙배하는 예를 행하는데 첫째 대군도 참석하

---

1 소현세자는 인조의 병환이 위중하다는 소식에 여러 차례 간청하여 귀국을 허락받고, 2월 13일 관소를 출발하였다. 그런데 청의 요구에 따라 원손과 인평대군이 세자를 대신해 심양에 들어와야 했다. 세자는 2월 28일 숙천에서 원손을 만나보고 서울로 갔다가, 4월 2일 서울을 출발하여 5월 3일 관소로 돌아왔다.

2 둘째 대군은 인평대군(麟坪大君, 1622~1658)이다. 이름은 요(㴭), 인조의 제3자로 1628년 인평대군에 봉해졌다. 1640년 원손과 함께 심양에 가서 볼모로 머물다 온 이후로 여러 번 사신으로 청에 다녀왔다. 시·서·화에 능하였다.

라고 하였습니다. 두 대군이 가서 참석하고 예단을 바치니, 황제가 두 대군을 전(殿)에 오르게 한 뒤에 범문정을 시켜 둘째 대군에게 묻기를 "나이가 몇인가?" 하여, 대군이 "올해 열아홉입니다"라고 답하였습니다. 이어서 자녀가 있는지 물으니, 대군이 없다고 답하고, 또 첫째 대군에게 자녀가 있는지 묻기에, 대군이 "병자년(1636) 이전에 여식을 낳았으나 이곳에 온 뒤에 역질로 죽었습니다"라고 답하니 황제가 알았다고 하고, 차를 돌리고 파하였습니다.

두 대군이 관소로 돌아온 뒤, 예부에서 역관들에게 둘째 대군의 명첩(名帖, 명함)을 돌려보내고, 또 "제왕 등이 세자와 첫째 대군의 이름[諱]을 알고 싶어하니 세자와 두 대군의 이름을 모두 써서 보내라" 하였습니다. 신들이 상의하기를, "대군의 이름은 써서 보낼 수 있으나, 세자의 이름까지는 관소에 있는 신하로서 감히 경솔히 써서 보낼 수 없다" 하고, 이러한 뜻을 아문에 말하려 하였으나, 역관들이 들어주지 않았습니다. 어쩔 수 없이 빈궁에게 들어가 아뢰고,[3] 대군에게 품의하여, 세자의 이름은 별단에 쓰고 두 대군의 이름은 한 단자(單子)에 나란히 써서 역관 김명길을 시켜 예부로 가져가게 했더니, 만월개 장군이 받았습니다.

오후에 예부에서 둘째 대군과 일행 원역을 아문으로 청해 하마연(下馬宴, 환영연)을 행하였는데, 만월개와 초고루(肖古壘) 등이 접대를 맡아 술을 권하였으며, 하인들에게도 상을 차려주고 술을 베풀었습니다.

이튿날 아문에서 역관들을 보내 이르기를, "구왕에게 보내는 예단을

---

3 세자가 부재중일 때, 심양관에서는 빈궁에게 문안하고 관소의 일도 보고하였다.

바쳐야 한다" 하였습니다. 김명길에게 구왕 집으로 가져가게 하니, 예단을 받아들인 뒤에 차를 대접해서 보냈습니다.

같은 날 삭선을 실어 오는 인마가 들어왔습니다. 첫째 대군의 군관 신진익이 장계배지로, 돌아가는 삭선 인마와 함께 나가게 되어 연유를 감히 이렇게 치계합니다. 이러한 연유로 아룁니다.

承政院開坼 庚辰二月二十五日

王世子回軫之後, 嬪宮氣候安寧教是白乎旀, 兩大君亦爲平安爲白齊.

二十日, 皇帝早衙會諸王諸將, 如朝參之儀, 始行二大君肅拜之禮, 一大君亦爲進參亦爲白去乙. 兩大君往參, 且進禮單, 則皇帝使兩大君陞殿, 後令范文程問于二大君曰, "年歲幾何?" 大君答曰, "今年十九矣." 仍問有子女否, 大君以無爲答, 則又問大君[4]子女有無爲白去乙, 大君答曰, "丙子年前生有女息, 而來此地後, 因疫化去"云, 則皇帝唯唯, 行茶而罷爲白齊.

兩大君還館之後, 禮部使譯輩, 還送二大君名帖爲白遣, 且曰, "諸王等欲知世子及一大君之諱, 世子·兩大君諱乙, 並書送"亦爲白去乙, 臣等相議以爲, "大君諱則可以書送, 而至於世子諱, 則留館之臣, 不敢輕易書送." 故欲以此意言于衙門爲白乎矣. 譯輩不爲聽從爲白去乙. 不得已入達于嬪宮, 稟議于大君, 世子諱則別單書寫, 兩大君諱則聯名一單, 使譯官金命吉, 持往禮部, 則滿將受之爲白齊.

午後, 禮部請二大君及一行員役于衙門, 行下馬宴, 滿月介·肖古壘等, 管接

---

4 '大君'은 원본에 '一大君'으로 나온다.

勸酒爲白乎旀, 下人等乙, 亦給床排饋酒爲白齊.

翌日, 衙門使譯輩來言, "九王處所送禮單乙, 當爲傳納"亦爲白去乙, 使金命 吉, 持往厥家, 則捧入之後, 饋茶而送爲白齊.

同日, 朔膳載持人馬入來爲白有如乎. 一大君軍官申晉翼狀啓陪持, 朔膳回馬 一時出去爲白乎等以, 緣由敢此馳啓爲白臥乎事是良尒. 詮次善啓云云.

❋

이 장계는 심양에 온 인평대군이 청 태종에게 숙배한 일과 예부의 요 청에 따라 세자와 대군들의 이름을 써서 보낸 일을 보고한 것이다. 또, 같은 내용을 세자에게 보고하는 장달(狀達)이 이어서 실려 있는데, 장달 서두에 '시강원 개탁'이라고 하였다.

1640년 봄, 소현세자는 인조의 병구완을 위해 일시 귀국을 허락받았 다. 청은 세자를 대신해 원손과 인평대군을 심양으로 들여보내도록 요 구하였다. 인평대군이 2월 10일 심양관에 들어온 뒤, 세자는 2월 13일 관소를 출발하여 귀국길에 올랐다. 그 뒤 2월 20일 인평대군과 봉림대 군이 함께 궐에 가서 청 태종에게 숙배하는 예를 행한 것이다. 다음에 세자와 대군들의 이름을 써서 보내라고 한 예부의 요청에 대해, 세자 의 이름을 별단에 쓰고 두 대군의 이름은 한 단자에 같이 써서 보냈음 을 보고하였다. 이 일은 강빈에게 아뢰고 대군에게 상의한 다음 시행되 었다. 세자 부재시 관소에 일이 생겼을 때 재신들이 세자빈에게 아뢰고 세자빈의 재결을 받아 일을 처리한 것이다. 세자는 청 태종의 명에 따라 전쟁터에 나아가고, 장기간의 사냥에 수행하기도 하였다. 이처럼 세자가 부재중일 때 심양관 관원들은 세자빈에게 문안하고, 질자들이 번갈아 숙직하며 관소를 순찰하였다. 곧 세자빈은 세자를 대리하는 역할을 하였다.

38

원손의 심양 도착

4월 15일

이달 3일 책문(柵門)¹에 들어온 뒤에 원손아기씨의 기후가 평안하다는
것은 의주로 나가는 사람 편에 치계하였습니다. 3일은 책문 안 15리쯤
에 있는 연대(烟臺)에서 묵고, 4일은 송참에서 묵고, 5일은 통원보에서
묵고, 6일은 그대로 머물고, 7일은 연산관에 묵고, 8일은 첨수참에 묵
고, 9일은 낭자산(狼子山)에서 묵고, 10일은 그대로 머물고, 11일은 요
동에서 묵고, 12일은 식리보(食里堡)에서 묵고, 13일에 심양에 들어왔습
니다. 오는 동안 원손아기씨의 기후와 침식은 한결같이 평안하였고,

---

1 책문은 구련성(九連城)과 봉황성(鳳凰城) 사이에 있던 청의 국경 검문소이다. 봉황성 부근에
   국경을 표시하는 유조변책(柳條邊柵, 버드나무 울타리)이 설치되어 있었다.

하늘의 돌보심으로 무사히 이르렀으니 매우 다행입니다. 지금 빈궁의 기후는 안녕하시며, 원손의 기후는 전과 다름없고, 두 대군도 평안합니다.

심양에 들어온 날, 용골대 장군이 장관 5인을 거느리고 수수문[秫門]² 밖에 나와 맞이하였습니다. 길에 말을 세우고 신을 불러 앞으로 나오게 하고 역관들을 시켜 말을 전하기를, "원손이 출발한 지 넉 달이 되었는데 무슨 꿍꿍이가 있기에 중도에 배회하다가 이제야 들어옵니까? 조선으로 돌아가고 싶습니까? 빈객은 엄중한 힐책을 면치 못할 것입니다" 하였습니다. 신이 원손이 어리고 병이 심하여 계속 나아가기가 쉽지 않았다고 설명하기를 반도 못했는데, 용장이 손을 저으며 그치게 하고 더는 말을 하지 말라고 하며 말에서 내려 교자(轎子) 앞으로 가서는 "필시 다른 아이로 바꾸어 보냈을 것이니 내가 잠깐 보겠다"라고 하였습니다. 중관에게 휘장을 걷게 하고 아기씨의 얼굴을 본 뒤, 그대로 대동하여 관소 문밖까지 들어왔습니다.

또 역관들 편에 은밀히 들으니, 황제는 이달 20일쯤 이주위(伊州衛)의 축성하는 곳으로 떠나려 하였으나, 출정하여 솔옹(率甕)·왈가(曰可) 부락에서 승리를 거둔 장관과 군병들이 며칠 내로 돌아온다고 하여, 황제가 기다렸다가 이들을 본 뒤에 떠날 것이라고 합니다.

---

2 수수문은 심양 외성(外城)의 출입문을 가리키는 말이다. 당초 토성(土城)인 외성을 쌓지 못하고 수숫대로 울타리를 둘렀기 때문에 외성의 8문을 수수문이라고 했다(정세규의 「연행일기」 4월 23일)

전 문학 신유(申濡)³는 신이 들어오는 것을 본 뒤에 나가라는 세자의 하령이 있었으므로 이제야 나갑니다. 원손 행차 때의 부마도 죄다 내보 낸다는 사유를 아울러 치계합니다. 이런 연유로 아룁니다.

承政院開坼 庚辰四月十五日

本月初三日入柵門後, 元孫阿只氏氣候平安之意, 因義州出去人, 已爲馳啓爲白有在果. 初三日止宿於柵門內十五里許烟臺, 初四日止宿於松站, 初五日止宿於通遠堡, 初六日仍留, 初七日止宿於連山館, 初八日止宿於眊水站, 初九日止宿於狼子山, 初十日仍留, 十一日止宿於遼東, 十二日止宿於食里堡, 十三日入瀋陽. 而行路之間, 元孫阿只氏, 氣候寢食, 一樣平安, 賴天之靈, 無事得達, 極爲多幸爲白齊. 目今, 嬪宮氣候安寧敎是白乎旀, 元孫氣候與前無異, 兩大君亦爲平安是白齊.

入瀋之日, 龍將率將官五人, 出迎於秫門外. 立馬路上, 招臣進之前, 使譯輩傳言曰, "元孫發行, 已至四朔, 有何別謀, 而中路徘徊, 今始入來乎? 欲還歸朝鮮乎? 賓客未免重責"云. 臣以元孫稚弱病重, 未易前進之意開陳, 未半而龍將揮手止之, 更勿多言云, 仍下馬, 就立轎子前曰, "必以他兒換送, 吾且見之." 使中官揭帳, 見阿只氏顔面後, 仍爲帶同, 入來於館所門外爲白齊.

且因譯輩竊聞, 則皇帝欲於本月二十日間, 發向伊州衛築城處, 而率甕·日可部落, 已爲勝捷, 出征將官軍兵等, 數日內還來是如, 皇帝待此見之後, 欲發云

---

3 신유(1610~1665)는 1636년 문과 급제 후 정언·지평 등을 지내고, 1639년 시강원 문학으로 심양에 갔다. 1640년 귀국한 뒤 교리·이조좌랑·도승지·호조참판·예조참판 등을 지냈다.

云爲白齊.

　前文學申濡, 見臣入來後出去事, 曾有世子下令乙仍于, 今始出去爲白乎旀, 元孫行次時夫馬段置, 盡爲出送爲白乎等以, 緣由並以馳啓爲白臥乎事是良尒. 詮次善啓云云.

❈

　소현세자를 대신할 인질로 심양에 온 원손이 무사히 도착하였음을 알리는 장계이다. 원손이 심양에 들어온 날 용골대가 외성 문 밖에 나가 맞이하였는데, 그는 도착이 지연된 일을 추궁하고, 원손을 다른 아이로 바꾸어 보냈을 것이라고 의심하는 말을 하였다. 실제로 원손의 출발을 앞두고 당시 조정에서는 보내지 말아야 한다, 다른 아이로 바꾸어 보내자는 등의 논의가 있었다. 또한 원손을 보내게 된 일 때문에 전에 정조사로 청에 가서 소현세자의 귀국을 청했던 부사 이경헌(李景憲)과 서장관 신익전(申翊全)은 정배 형을 받았다. 이때 다섯 살이던 원손은 1640년 윤1월 9일 인평대군과 같이 서울을 출발하였으나, 도중에 병을 앓아 행차가 지연되었다. 이 장계에 나오는 용골대의 의심하는 말과 행동을 보면, 청은 이미 조선 조정의 상황을 세세히 파악하고 있었다.

39

원손과 봉림대군의 귀국

6월 21일

12일, 용골대 장군과 범문정 등 박시 6인이 와서 세자를 뵙고 황제의 명을 전하기를, "봉림대군이 나가야 하고, 원손도 나가야 한다.[1] 언제 나갈지는 뜻대로 하되 대군은 본국에 오래 머물지 않아야 한다"라고 하였습니다. 세자가 답하기를 "황제께서 이처럼 명하시니 감격해 마지않습니다. 대군은 곧 나갈 것이나 원손은 날씨가 몹시 덥고 어린아이에게 병이 있으므로 잠시 기다렸다가 내달 초순에 보내겠습니다"라고 하자, 용장 등이 모두 "뜻대로 하십시오" 하였습니다. 세자가 또 "봉림대군이

---

1 소현세자가 돌아온 뒤, 청은 인평대군을 심양에 계속 머물게 하고 대신 봉림대군을 일시 귀국시켰다.

오래 머물지는 않을 것이나, 국왕을 옆에서 모실 사람이 없으니 나처럼 잠깐 만에 다녀올 수는 없습니다"라고 하니, 용장 등이 대답하지 않았습니다.

생각하니, 봉림대군을 나가도록 허락하였으면 부인[2]도 당연히 함께 나가야 할 터인데, 부인은 끝내 함께 가도록 허락하지 않으니 매우 서운합니다. 인마를 들여보내라고 알리면 일이 지연될 것이므로, 부득이 관소와 질자들의 말을 거두어 21일에 출발합니다. 청의 호행은 조선에 폐를 끼친다 하여 내보내지 않고, 의주에 이르면 돌아올 것이라고 합니다. 원손 행차가 나갈 때 필요한 부마는 간략히 마련하여 7월 20일 이전에 들여보내 점검을 받도록 조치하라고 평안감사에게 공문을 보냈습니다. 대군은 당초 17일에 떠나려 하였으나, 아문에서 20일로 물려 정하라고 해서 그 말대로 기다렸습니다. 20일에 황제 처소에서 대군에게 들어오라고 청하여, 대군이 갔더니 안장을 갖춘 말 1필, 초구(貂裘)·호구(狐裘) 각각 1벌, 흑단령 1부, 사모(紗帽)·이엄(耳掩)·가죽신[靴子] 각각 1부를 내주었습니다. 잔칫상은 관소로 보내왔습니다. 20일은 날이 저물었다 하여 내일로 물려 떠나라고 해서 21일 떠납니다. 이러한 연유로 아룁니다.

---

2 봉림대군 부인(인선왕후 장씨, 1519~1674)은 장유(張維)의 딸로 1630년(인조8) 혼인하여 풍안부부인(豊安府夫人)에 봉해졌다. 1637년 심양에 인질로 갔다가 1645년 귀국한 뒤, 봉림대군의 세자 책봉에 따라 세자빈이 되었다. 1649년 효종이 즉위하면서 왕비가 되었다.

承政院開坼 六月二十一日

十二日, 龍將及范文程等博氏六人, 來謁世子前, 以皇帝之命傳言, "鳳林大君當爲出去, 元孫亦當出去, 遲速任意, 而大君則不宜久留本國"云. 世子答以皇命如此, 不勝感激. 大君卽當出去, 而元孫則日候極熱, 稚兒有病, 姑待來月初旬發送云, 則龍將等皆曰, "當任意爲之"亦爲白齊. 世子又以鳳林大君雖不宜久留, 而國王侍側無人, 不可如我之往來悠忽云, 則龍將等不答爲白齊.

意以爲, 鳳林大君旣許出往, 則夫人似當一時出去是白如乎, 夫人則竟不許偕往, 極爲缺然爲白齊. 人馬若知委入送, 則勢必遲延乙仍于, 不得已, 收合館中及質子等人馬, 二十一日發行爲白在果. 護行則於本國有弊是如, 不爲出送, 至義州回來是如爲白齊. 元孫行次出去時, 應入夫馬從略磨鍊, 七月二十日前入送現點事, 平安監司處行會爲白齊. 大君初欲於十七日發行, 而衙門使之退定於二十日爲白去乙, 依其言, 等待爲白如乎. 二十日, 自帝所, 請大君入見, 出給鞍具馬一匹·貂·狐裘各一襲·黑團領一部·紗帽·耳掩·靴子各一部爲白齊. 宴床則送于館內爲白齊. 二十日日晚是如, 明日退行亦爲白乎等以, 二十一日發行爲白臥乎事是良尒. 詮次善啓.

✿

소현세자의 일시 귀국 때 심양에 인질로 들어왔던 원손을 돌려보내고, 아울러 봉림대군이 일시 귀국하게 된 일을 보고한 장계이다. 청나라가 인평대군을 계속 심양에 머물게 하고 봉림대군은 일시 귀국하게 한 것이다. 세자의 귀국 때와 같이 대군부인은 동행하지 못하게 하였다.

대군 행차에 필요한 사람과 말은 관소에서 마련했고, 대군을 호행하는 청인은 의주까지만 가도록 하여, 세자 행차보다 간략하게 하였다. 또 귀국길에 오르는 봉림대군에게 청 태종이 말과 의복 등을 하사하였다.

40

군령을 따르지 않은 조선 수군

7월 3일

　전날 범문정 등 3인이 주사(舟師, 수군)가 도착한 곳에 나갔다가 이달 26일에 돌아왔습니다. 이튿날 아침, 범문정과 피파 등 6인이 황제의 명으로 와서 전하기를, "임경업 등의 주사는 전진하라 해도 나아가려 하지 않고, 쌀포대를 요하(遼河) 어귀에 부리게 하려 해도 가려고 하지 않았다. 이것이 무슨 뜻인가?" 하였습니다. 세자가 답하기를, "오랫동안 주사의 소식을 알지 못해 매우 답답했습니다. 이제 이 기별을 들으니, 그간의 형세와 진퇴가 어떤지를 모르기는 하나 놀라움을 금할 수 없습니다"라고 하였습니다. 범문정 등이 "5월 그믐날 주사와 한선(漢船, 명의 군선)이 서로 지나는데 한선이 와서 후군의 배를 공격해도 발포하지 않았고, 혹 발포해도 사람을 상하게 하지는 않았으며, 앞의 배도 서로 구원하지 않았습니다. 또 3척이 질풍처럼 갔다고 핑계하였으나, 한인이 빈 배 1척에 조선인 2명을 싣고 돌아갔습니다. 이달 12일에 한선 38척이 멀지 않은 곳에 나타났는데 이때에도 맞서 싸우지 않았으니, 이것은 조정의 분부에 따라 한인과 서로 통하여 내응한 일이 아닙니까?"라고 하였습니다. 세자가 답하기를, "본국에서 힘을 다해 징발하여 화기(火器)와 전쟁 장비를 많이 실었는데 어찌 다른 뜻이 있겠습니까. 또 이미 장수를 정해 국경을 넘었으면 성패는 장수에게 달려 있습니다. 이를 어떻게 조정과 관소에서 알겠습니까. 임경업 등의 공과에 대한 상벌은 오직 대국의 조치에 달렸으니, 본국에서 어찌 감히 간여하여 알려고 하겠습니까" 하였습니다. 범문정 등이 "이는 관소에 허물을 돌리는 것이 아니라 이러한 사정을 알리려는 것뿐입니다. 또 우리 가운데 두 사람이 이 칙서를 가지고 곧 임경업에게 갈 것입니다"라고 하면서 칙서 초본을 세자에게 바쳤는데, 그 내용은 대략 범문정 등이 말한 것과 다름이 없었습니다. 세자가 "이 일은 본국 조정에 치계하지 않을 수 없습니다. 또한 임경업에게 사람을 보내 전진하지 않은 사유를 힐문하겠습니다"라고 하자, 범문정이 "여기서는 통하지 않는 일이 별로 없으니 사람을 보낼 것은 없고, 조정에 치계할 것까지는 없습니다"라고 했다가, 조정에 치계하는 것은 마침내 뜻대로 하도록 허락하였습니다.

범문정 등이 또 "이번 주사에 유림은 오지 않습니까?"라고 하여, 세자가 "주사 상장과 부장은 모두 칙사가 나갔을 때 정한 것입니다. 유림은 그때 왜(일본)에 관한 경보가 있어서 통제사로서 남쪽 지방에 갔습니다"라고 답하니, 범문정 등이 바쁘다고 하면서 곧 일어나 갔습니다. 조금 있다가 범문정 등 4인이 또 와서, "세자가 말한 뜻을 황제께 즉시 아뢰었습니다. 전에 남조(명)에 조공하는 것이 1년에 두세 번이어도 배가 결딴났다는 말을 듣지 못했는데 이번에는 이렇게 핑계를 대었습니다. 무오년(1618) 남조에서 군병을 징발했을 때에는 죽음을 무릅쓰고 전장으로 깊이 들어갔었는데, 이번에는 전진할 뜻이 없어 명령을 따르지 않고 또 사사건건 말과 어긋납니다. 유림으로 말하면, 이미 중죄를 졌으므로 이번 같은 때에 종군하게 하였는데 조선에서 정해 보내지 않았으니, 이것도 당초 분부와 어긋납니다"라고 하였습니다. 세자가 답하기를, "무오년에 군병을 일으키고 이번에 배를 징발한 것은 다 대국의 호령을 따른 것으로 전후에 차이가 없습니다. 군병을 거느리고 국경을 나간 뒤에는 그 진퇴와 승패를 임금이 멀리서 통제할 수 있는 것이 아닙니다. 유림의 일은 칙사가 장수를 정하였다는 연유를 이미 앞에서 다 말하였습니다"라고 하였습니다. 범문정 등이 "이제는 이미 죽은 마부대 장군을 핑계 대고 있습니다"라고 하기에, 세자가 "장수를 정할 당시의 일은 정명수와 내관 나업이 여기 있으니, 불러서 물으면 알 것입니다"라고 하자, 범문정 등이 "지난 일이니 여러 말 하지 마십시오" 하고는 일어나서 갔습니다.

전에 왔던 박시 2인은 칙서를 가지고 임경업 등에게 갔다고 하였습니다. 그 칙서를 베껴 써서 올려 보냅니다. 이 일은 매우 비밀히 하므로 이잇석(李㠠石)[1]도 범문정과 함께 왕래하였으나 그간의 사정을 전혀 언

---

1 이잇석은 청의 역관으로, 이엇석(李㠠石)으로도 나온다. 이 책에서는 이잇석으로 통일하였다.

급하지 않았습니다. 다른 데서 전해 들은 바로는 주사가 많이 패하였
다고도 하고 중조(명)에서 실어 보낸 조선인 2명을 범문정 등이 돌아올
때 붙잡아 온다고도 하니, 반드시 그간의 사정을 힐문할 것입니다. 임
경업 등에게 전하는 칙서는 엄한 말뿐이고 별로 전진과 후퇴에 대해 명
백히 지휘하는 내용이 없었습니다. 이후 일의 형세가 매우 걱정스럽습
니다.

承政院開坼 七月初三日

前日, 范文程等三人, 舟師所到處, 出去爲白有如乎, 本月二十六日還來. 翌
日朝, 文程·皮牌等六人, 以帝命來傳曰, "林慶業等舟師, 使之前進, 則不旨前
進, 使之卸下米包於遼河口, 則亦不肯往. 此何意耶?" 世子答曰, "久未知舟師
聲息, 深以鬱悶. 今聞此奇, 雖未知其間形勢. 進退難易, 而不勝驚愕之至"云,
則文程等曰, "五月晦日, 舟師與漢舡相過, 漢舡來擊後殿之舡, 而舡中不爲放
砲, 雖或放砲, 不至傷人, 前舡亦不相救. 且三舡托以飄去, 而漢人以空舡一隻,
載還鮮人二名. 本月十二日, 漢舡三十八隻, 見於不遠之處, 而亦不迎戰. 此非
因朝廷分付, 與漢人交通相應之事耶?" 世子答曰, "本國竭力調發, 多載火器·
戰具, 豈有他意? 且旣已定將出境, 則成敗利鈍在於將臣. 此豈朝廷與館中之所
知也. 慶業等功罪賞罰, 唯在大國處置, 本國何敢與知乎?" 文程等曰, "此非敢
咎於館中, 只爲報知如許曲折. 且我輩中兩人, 持此勅書, 卽往慶業處"是如, 以
勅草納于世子前, 勅意略與文程等所言, 無異爲白齊. 世子曰, "此事, 不可不馳
啓於本朝. 亦當送人於慶業等處, 詰問其不爲前進之狀"云, 則文程以爲, "自此
別無不通之事, 不必送人, 至於馳啓朝廷, 亦無所爲之事"是如爲白如可, 馳啓

朝廷, 則終許任意爲之爲白齊.

　文程等曰, "今番舟師柳琳不來耶?" 世子答曰, "舟師上·副將, 皆勅使出去時所定, 柳琳則因其時有倭報, 以統制使往南方"云, 則文程等稱以忙遽, 卽爲起去爲白有如乎. 有頃, 文程等四人又來曰, "卽以世子所言之意, 回達於皇帝前矣. 大槪從前朝貢南朝之時, 一年再三, 而未聞有致敗之言, 而今番則如是退托. 戊午南朝徵兵時, 則冒死深入, 而今番則無意前進, 不遵命令, 且事事與言相違. 至於柳琳, 旣負重罪, 故使之從軍於如此之時, 而不爲定送, 此亦如當初分付相左矣." 世子答曰, "戊午發兵, 今番調舡, 皆遵大國號令, 前後無異. 領兵出境之後, 其進退勝敗, 非君上之所能遙制. 柳琳事, 則勅使定將之由, 已盡於前言"云, 則文程等以爲, "今乃推諉於已死之馬將"是如爲白去乙, 世子答曰, "當其定將之時, 鄭命守與內官羅業在此, 招問則可知"云, 則文程等曰, "已往之事, 不煩多言." 仍爲起去爲白齊.

　前來博氏兩人段持勅書, 已往林慶業等處云云爲白在果. 同勅書段, 謄書上送爲白齊. 大槪此事極其秘諱, 李藒石段置, 范文程一時往來爲白有乎矣, 其間事狀, 絶不言及. 他處傳聞, 或云, 舟師多數見敗是如爲白旀, 或云, 自中朝載送鮮人二名, 范文程等回還時, 捉來是如爲白去等, 必欲盤問其間事情是白齊. 慶業等處, 所傳勅書, 只是嚴辭而已, 別無進退去留明白指揮之意. 此後事勢, 亦甚可慮爲白臥乎事.

임경업과 조선 수군이 청군의 명령에 따르지 않은 일에 대한 추궁을 받고서 보고한 장계이다. 병자호란 뒤 조청관계의 가장 큰 현안이었던 조선 군병의 징발이 실현되어, 임경업이 이끄는 조선 수군이 참전하였다. 그런데 이전의 5월 22일자 장계에 청은 임경업의 수군이 조선 영내에 머물며 일부러 지체하고 전진하지 않는다며, 조정이 온통 공모하여 일부러 그런 것이라고 힐책한 일이 있었다. 이 장계에는 참전한 수군이 명의 군선을 보고도 적극적으로 공격하지 않고 있고, 1618년 명이 징병했을 때와 달리 출동을 지체하였으며, 청 태종의 명을 어기고 유림을 보내지 않았다고 조선을 힐책하였다.

1640년 전선 120척에 많은 군량미·공미를 싣고 출항한 조선 수군은 며칠 뒤부터 배가 침몰하거나 파손되고 표류하여 없어졌다고 보고하면서 계속 지체하였다. 대명전쟁에 마지못해 나서기는 했으나, 청의 의도대로 움직이지는 않았던 것이다. 이 장계에서 범문정은 조선이 명과 교전을 회피하는 것은 명과 내통하고 있기 때문이라며, 세자에게 힐책하였다. 이어서 범문정은 칙서를 가지고 임경업에게 가서 거듭 회유하였으나, 임경업은 여전히 명군과 교전하지 않았다. 임경업이 명과 밀통한 일은 1642년 명장 홍승주의 투항으로 명백히 드러나게 되었다.

41

군량을 나를 부마의 징발

9월 16일

왕세자의 기후는 요즈음 밤에 번열이 많고, 목과 혀가 말라서 차를 마셔 목을 축이고서야 조금 풀립니다.[1] 또 오른쪽 팔다리가 때로 마비되고 정강이에 늘 시린 통증이 있으므로, 의관 박군·정훤 등과 상의하여 약은 가입퇴열탕(加入退熱湯)[2]을 지어 올렸습니다. 저린 증세는 침과 뜸으로 치료할 생각인데, 상세한 것은 의관들이 올린 서계에 있습니다. 빈궁의 기후는 안녕하시며 대군의 기후도 평안합니다.

---

1 이때의 번열은 겨울까지 계속되었다. 세자는 1638년부터 산증·귀통증·심화(心火) 등 자주 병을 앓았다.

2 가입퇴열탕은 퇴열탕에 환자의 증세에 따라 몇 가지 약재를 첨가한 것이다. 퇴열탕은 겉과 속의 허열(虛熱)이 밤이 되면 심해지는 증상을 치료하는 탕제이다.

군량을 나를 부마에 대한 일로, 이달 6일 사어 민선이 장계를 가지고 나갔습니다. 7일에 황제가 목욕소에서 돌아왔는데, 9일 범문정과 피파 등 4인이 한인 4명을 데리고 관소에 와서 황제의 명으로 세자에게 고하기를, "이들은 본래 여기서 살던 사람인데 도망하여 조선으로 가서 창성(昌城)에 붙어산 지 여섯 달이 지났고 머리를 길러 망건을 쓰고 의복까지도 다 바꾸어 입고 영영 숨을 생각을 하였습니다. 이로써 미루어보면, 도망해 돌아간 조선인들을 쇄송할 리가 있겠습니까. 이들이 도로 넘어온 지도 한 달이 넘었는데, 황제께서 돌아오시니 이제서야 데려와서 실상을 알렸습니다" 하였습니다.

　세자가 답하기를, "들어보니 놀라움을 금치 못하겠습니다. 이는 붙어산 한인을 숨겨준 죄에 불과합니다. 지방 수령이 단속하지 못한 책임을 면하기 어려우나, 어찌 조정에서 아는 바이겠습니까. 아마도 이들은 조정에서 엄히 단속하여 쇄환한다는 소식을 듣고서 스스로 나타나 죄를 면하려는 여지로 삼으려 했을 것입니다" 하자, 피파 등이 "한인을 이렇게까지 숨겨주는데, 조선인을 쇄환할 리가 없을 것입니다" 하고는 즉시 일어나서 갔습니다.

　15일 아침에 정명수가 와서, "황제께서 약으로 쓰려고 하니, 생강 200근을 얼기 전에 급히 좋은 것으로 가려서 들여보내되, 그 일을 전담할 차인을 보내 밤낮으로 가져오게 하라" 하였습니다. 의주부윤의 군관 강응립을 장계배지로 내보내니, 이 생강을 빨리 들여보내십시오.

　부마(夫馬)를 동원하는 일[3] 때문에 정명수 무리가 날마다 와서 묻고, 책문에 이르렀다 돌아간 말까지도 아직 오지 않았다고 하여 험악한 말을 많이 하였습니다. 그 말뜻을 살펴보면 공갈이 아닌 듯합니다. 변난(卞難)과 박돌시 등이 "장관이 탈 말이 들어오는 즉시 전날 배에 탔던 청장 2인과 함께 임경업이 있는 곳에 갈 것인데 그 말이 아직도 들어오지 않는다" 하며 날마다 독촉하고 있습니다.

신들이 근일의 사정을 살펴보건대, 주사(수군) 사건 때문에 쌓인 의심과 분노를 터뜨리려 하다가 우선은 포수 1,000명을 남겨두어 끝까지 어찌하는지 보려는 것 같습니다. 이제 군량을 나를 부마에 관한 일을 요구대로 따르지 않으면, 반드시 조선에서 애초에 군병을 지원할 뜻이 없었다고 할 것이고, 군병을 구박하여 쫓아낸 뒤에는 전부터 품었던 의심을 힐책하는 중에 죄다 터뜨릴 것입니다. 그동안 뜻밖의 말을 스스로 해명하지 못하여 마침내 헤아릴 수 없는 우환을 면하지 못할까 염려됩니다. 국가에서 부득이 온 나라의 힘을 다해 이번 주사의 일을 주선하였는데, 마침내 부마 수백 필 때문에 이전의 공(功)을 날리고 화를 당하게 되지나 않을까 하여 염려스럽기 그지없습니다. 조정에서 각별히 헤아려 조치하십시오.

이번에 강응립을 내보내는 것은 생강을 요구한 일 때문이지만, 정역이 힘주어 말하기를 "부마가 빨리 오지 않으면 반드시 큰일이 날 것"이라며 독촉하였습니다. 이곳 사정을 다 아뢰지 못하므로 감히 이렇게 치계합니다.

또 어제 정명수가 불시에 와서, 황제가 세자 행차 때의 가교(駕轎, 말이

---

3 금주위에 남은 조선 군병 1,000명의 식량·의복·장비 등을 나를 부마를 말한다.

끄는 가마)를 보고 싶어한다고 하였습니다. 가교 제구(諸具)를 갖추어 가
서 우리나라 말에 메우고 달리는 것을 황제가 본 뒤에 그대로 두었습니
다. 황제가 이 규격에 따라 가교를 만들려고 한다는 듯합니다.

承政院開坼 庚辰九月十六日

王世子氣候, 近患夜多煩熱, 喉舌焦乾, 必以茶飮潤喉, 然後梢解. 且右邊
臂脚, 時或麻木, 而足脛常常酸痛教是白去乙, 與醫官朴頏·鄭暄等相議, 藥
則方以加入退熱湯, 劑進爲白乎旀. 麻木之症則將欲鍼灸計料爲白去乎, 祥
在醫官等書啓中爲白齊. 嬪宮氣候則安寧教是白乎, 大君氣候亦爲平安爲
白齊.

軍糧夫馬事段, 本月初六日, 司饔閔壔持狀啓, 出去爲白在果. 初七日, 帝
自沐浴所還來. 初九日, 范文程·皮牌等四人率漢人四名, 來詣館中, 以帝命
告于世子前曰, "此輩本來此處居生之人, 而逃還本國, 接着於昌城, 已過六
朔, 至於長髮網巾, 衣服亦皆變着, 以爲永匿之計. 以此觀之, 本國人逃歸者,
豈有刷送之理乎? 此人還爲越來, 亦已月餘, 而皇帝終還, 今始率來, 使知實
狀"云爲白去乙.

世子答曰, "聞來不勝驚駭. 此不過接置之人, 容隱之罪. 守土之官, 亦難免
不爲檢飭之責, 而朝廷之所知乎? 或不無此輩聞朝廷嚴督刷還之奇, 因此自
現, 以爲免罪之地"云, 則皮牌等曰, "容隱漢人, 至於如此, 甚於本國之人, 必
無刷還之理"是如爲白遣, 卽爲起去爲白齊.

十五日朝, 鄭命守來言, "皇帝欲爲藥用, 生薑二百斤, 未凍前, 急急擇好入
送爲乎矣, 專差送人, 罔夜領來"亦爲白乎等以. 義州府尹軍官康應立, 狀啓

賫持, 出送爲白去乎, 同生薑乙, 斯速入送爲白齊.

以夫馬一事, 命守輩日日來問, 至以到柵門還去之馬, 亦尙不來是如, 多有
危言爲白去等, 觀其辭意, 似非虛喝是白齊. 卞蘭·朴乭屎等亦言, "將官所騎
馬入來, 卽時與前日騎舡淸將二人, 當赴林慶業所在處, 而其馬尙不入來"是
如, 日日督迫爲白齊.

臣等竊觀近日事情, 以舟師一事, 畜疑含怒欲發, 而姑爲存留一千砲手, 以
觀末抄所爲. 今若不副運糧夫馬, 則必以本國, 爲元無意於助兵云, 而迫逐軍
兵之後, 則從前含畜之疑, 盡發於詰責之中. 其間情外之言, 不能自解, 而終
恐未免不測之患爲白齊. 國家迫不得已, 竭盡一國之力, 辦此舟師之役, 而終
以數百匹夫馬, 棄前功而受實禍爲白去乙可, 不勝憂慮. 朝廷以各別商量處置
爲白齊.

今此康應立出送, 雖緣求請生薑之事, 而鄭譯力言, "夫馬若不速來則, 必
生大事"是如督迫. 未盡此間事情, 故敢此馳啓爲白齊.

且昨日, 鄭命守不意來到, 稱以皇帝欲見世子行次時駕轎是如, 俱諸具持
去, 駕以我國馬, 驅馳以觀後, 仍爲留置爲白有臥乎所. 似聞皇帝欲依此制造
作云云爲白臥乎事.

✿

세자의 번열 증세, 향화인과 주회인 쇄환 문제, 부마 동원 문제에 대
해 보고한 장계이다. 먼저 범문정 등이 한인들을 데려와서, 조선에서
이들에게 조선옷을 입게 하여 오랫동안 숨겨준 일을 말하고, 향화인·

주회인의 쇄환에 성의를 보이지 않고 있음을 힐책하였다. 다음에는 금주위로 군병의 식량과 장비 등을 운반해 갈 부마를 독촉하였다. 청은 조선 군병이 부실한 것을 질책하면서 징발된 5,000명 가운데 포수 1,000명만 뽑아 쓰고 나머지는 돌려보냈다. 이들 1,000명의 식량·의복·말 등을 조선에서 마련해 들여오게 하였는데, 이것을 운반할 부마까지 조선에 요구한 것이다.

42

약조를 어긴 일 12가지

10월 5일 [3]

삭선을 실어 온 인마가 막 떠나려 할 적에 용골대 장군과 피파·범문정 등 6인이 12건의 일을 열거하여 써가지고, 황제의 명으로 와서 말하기를, "전날 군병을 징발하였을 때 이미 군기를 그르쳤고, 올해 주사는 바다에서 결딴났다고 하면서 지체하였으며, 바닷가에 내린 뒤에는 탈 말을 15필만 마련하여 책임을 면했고, 군량을 나를 부마도 진작 징발하여 보내지 않아 한겨울이 되어 마침내 쓸데없는 것이 되었다. 주회인들을 착실히 쇄송하지 않고, 향화인은 처음에 한두 사람만 보내 책임을 때우다가 이제는 전혀 들여보내지 않고 있다. 성지(城池)를 수축하지 않는다는 것 등이 약조에 있는데도 마음대로 남한산성을 수축하였으니 그 뜻이 어디에 있는가? 도망간 한인은 으레 다 숨기고 의관을 바꾸어 입혀서 영영 숨길 생각을 하였다. 유림을 장령으로 들여보낼 것을 전에 말하였으나 고의로 남쪽 지방에 임무를 맡겨 보냈다. 육경의 질자는 서얼이나 먼 친족을 속여 들여보냈다. 월경 채삼인도 금지하지 않았고, 정축년(1637) 가도 전투에서 달아난 배(명의 군선)는 붙잡아 보내지 않았다. 몇 년 전 철산에 와서 정박한 한선을 접대한 사람을 잡아 보내는 일도 행하지 않았다. 김통가(金通哥)가 받은 피로인은 병으로 죽었다고 하고 이제까지 들여보내지 않았다.[1] 조선은 사사건건 이렇게 매양 속이는 것을 일삼고 조금도 '성신(誠信)'이 없다. 하늘의 도움으로 부자(父子)의 나라가 되었어도 이처럼 속이니 무슨 일을 할 수 있겠는가" 하여, 차마 듣지 못할 언사가 많았습니다.

또 "이번 자문에 곡식을 사겠다고 청한 것도 역시 핑계 대고 거행하지 않으려는 뜻에서 나온 것이므로, 감히 황제께 아뢰지 못하고 아문에서 도로 내보냈다"는 등 말이 아주 많았습니다.

호행하는 청인이 문에 서서 독촉하는 바람에 잠시도 지체할 수 없기에 감히 이렇게 간략히 아룁니다. 시직(侍直) 민후(閔煦)가 직접 그들이 말하는 것을 들었으니, 묘당에서 그를 불러 물으면 사정을 알 수 있을 것입니다.

---

1 청 군병이 포로로 잡은 3인을 역관 김통가에게 주었는데, 김통가는 이들을 잃어버렸다고 했다. 그 뒤 조선에서 이들을 찾아 보내지 못하자, 용골대는 이들의 몸값으로 3만 냥을 평안감사와 병사에게 강제로 요구하였다.(『인조실록』 18년 12월 18일)

承政院開坼 (十月初五日) 同日

郎刻朔膳人馬將發之際, 龍將·皮牌·范文程等六人, 列書十二件事, 以帝命來言曰, "前日發兵之時, 旣誤軍機, 今年舟師, 稱以海上致敗, 故爲遲留, 旣爲卸下海邊之後, 所騎馬, 只以十五匹塞責, 運糧夫馬, 亦不趁郎調送, 以至嚴冬, 終歸無用. 走回人等, 不爲着實刷送, 向化等, 當初則以一二人塞責, 而今則全不入送. 城池不爲修築, 在於約條, 而擅修南漢, 其意何在耶? 漢人逃去者, 輒皆莊匿, 至於變着衣冠, 以爲永匿之計. 柳琳以將領入送事, 前已言之, 而故爲差送南方之任. 六卿質子, 或以庶孽, 或以疏族欺瞞. 越境採蔘者, 亦不禁斷. 丁丑年假島之戰所逃舡隻, 不爲捉送. 年前鐵山來泊, 漢舡接待人捉送事, 亦不擧行. 金通可所受被擄人, 稱以病死, 至今不爲入送. 本國事事如此, 每爲欺瞞爲事, 少無誠信. 荷天之助, 旣爲父子之國, 如此相欺, 何事可爲?"是如, 言辭多有不忍聞者是白齊.

且 "今番咨文中, 貿穀之請, 亦出於退托, 不欲擧行之意, 故不敢聞於帝前, 自衙門, 還爲出送. 云云." 說話甚多爲白乎矣.

護行淸人, 臨門督促, 急於星火, 不得暫刻遲留, 敢此草草陳啓爲白在果, 侍直閔煦, 親聽其所言是白在果, 自廟堂招問, 則可知曲折爲白臥乎事.

❀

이 장계는 청이 조선의 약조 불이행 사항 12가지를 통고한 일에 대해 보고하였다. 징발한 조선 군병이 늦게 도착하여 봉황성에서 쫓아 보내 버린 일부터, 임경업이 이끄는 수군이 참전해서도 명령에 따르지 않은 일, 주회인과 향화인을 착실히 쇄환하지 않은 일, 육경의 질자를 속여 보낸 일, 월경 채삼이 계속되고 있는 일 등 조선에 대해 '성신'하지 못하다고 힐책한 문제들이 포괄되어 있다. 이 12건의 일을 힐책하고, 청의 군병 징발에 대해 횡의(橫議)를 일으켜 군기(軍機)를 그르친 사람을 적발하라는 청 태종의 명에 따라 용골대 등이 10월 15일 의주로 나갔다.

43

인평대군의 귀국

12월 6일 [2]

6일 아침 대군의 행차[1]가 떠나려 할 때, 만월개 장군과 범문정 등 박사 4인이 황제의 명으로 와서 말하기를, "행차를 보낼 적에는 황제가 반드시 친견하고 연회를 베푸는데 이번은 마침 감기에 걸려 뜻대로 하지 못하였다. 이것은 소홀히 하여 그런 것이 아니다" 하였습니다. 세자가 답하기를, "저도 압니다. 다만 황제의 모습을 오래도록 뵙지 못하여 사모하는 정을 견딜 수 없습니다"라고 하였습니다. 만장이 "조선에 말해야 할 일이 없지 않으나, 용장이 친히 황제의 명을 듣고 만상(灣上, 의주)에 가 있으니 말을 전하는 사이에 서로 어긋날까 염려되어 사은사행과

---

1 인평대군의 귀국 행차이다. 일시 귀국했던 봉림대군은 11월 21일 심양관에 돌아왔다.

이번 대군 행차에 모두 언급하지 않았습니다. 용장이 들어온 뒤에 결말이 있을 것입니다"라고 하고, 또 "세자께서 여기 있으니 모든 일을 마땅히 스스로 처단하셔야 할 것인데 때로 본국에 미루니, 무엇 때문입니까? 우리의 이 말은 다른 뜻이 있는 것이 아니라, 다만 세자께서 모든 일을 잘 처리하기를 바라는 것입니다"라고 하였습니다. 세자가 답하기를, "내가 감히 마음대로 할 수 없는 일은 부득이 국왕께 통보하고, 내가 마음대로 할 수 있는 일은 스스로 힘을 다해 하고 있습니다. 어찌 미루는 일이 있겠습니까?" 하였습니다.

만장 등이 또 "근자에 들으니, 둘째 대군에게 젖먹이 아이가 있다던데, 이처럼 한추위에 길에서 병이 날까 우려됩니다. 오는 봄에 내보내겠다면 유모에게 맡겨 머물게 해도 무방하고, 함께 데려가겠다면 그것도 안 될 것이 없습니다. 뜻대로 좋도록 하십시오"라고 하였습니다. 둘째 대군이 답하기를, "황제께서 절절이 이렇게까지 염려하시니 감격해 마지않습니다. 아이에게는 본디 유모가 없고 또 따뜻한 가교가 있으니 데려가려고 합니다" 하자, 만장 등이 알았다고 하며 파하고 갔습니다. 이러한 연유로 아룁니다.

(十二月初六日) 同日 別狀啓

初六日朝, 大君行次臨發之時, 滿將及范文程等博氏四人, 以帝命來言曰, "凡送行之際, 皇帝必自親見, 設宴爲有如乎, 今則適觸風寒, 未得如意. 此非怠忽而然也." 世子答曰, "吾亦知之, 而但久不見皇帝面目, 不堪思戀之情"云. 則滿將曰, "本國不無可言之事, 而龍將親聽帝命, 方在灣上, 傳語之間, 恐相抵牾, 故謝恩使行及今此大君之行, 竝不言及. 龍將入來之後, 則當有結末"是如爲白乎於, 且曰, "世子在此, 凡事自當處斷, 而時或推諉於本國, 是何故也? 俺等此言, 非有他意, 只冀世子好了凡事"是如爲白去乙. 世子答曰, "吾所不敢擅便之事, 則不得已, 通報國王, 吾所自擅之事, 則自當極力爲之, 而有推諉之事乎?"

滿將等又曰, "近聞, 二大君有乳下之兒云, 當此隆寒, 恐有中路致傷之患. 如欲待春出送, 則授乳母留置無妨, 如欲一時率去, 則亦無不可. 任意好樣爲之."亦爲白去乙. 二大君答曰, "皇帝節節念及, 至於如此, 不勝感激. 幼兒則本無乳母, 且有溫好駕轎, 欲爲帶去"云, 則滿將等唯唯, 罷去爲白臥乎事. 詮次善啓云云.

✱

인평대군이 귀국하게 된 일을 보고한 12월 6일자 별장계이다. 2월 10일 심양관에 들어왔던 인평대군은 소현세자에 이어 봉림대군이 일시 귀국한 뒤에도 계속 심양에 머물다가, 11월 21일 봉림대군이 돌아온 다음에 조선으로 돌아가게 되었다. 또 만월개가 세자에게 심양에서 스스로 일을 처단하지 않고 모든 일을 본국에 미루고 있다고 한 말이 나온다. 청의 요구와 힐책에 대해, 인질로 있는 세자가 할 수 있는 일은 조선의 형편을 사정하고 변명하는 것밖에 없었다. 세자에게는 정사에 관여할 권한이 주어져 있지 않았고, 조청 관계의 현안은 세자 재량으로 조처할 수 있는 문제가 아니었다. 그러나 청의 관원들은 세자에게 말하면 국왕에게 말하는 것과 같다고 여긴 것이다. 그런데 청의 제왕은 각자 통솔하는 기(旗)가 있고, 육부 등의 직책을 맡아 권한을 행사하고 있었다. 청 태종의 황제권 강화에도 불구하고, 제왕은 기주(旗主)로서 독자적 권한이 상당히 있었다. 이러한 차이 때문에 더욱 소현세자의 처신을 이해하지 못하였던 듯하다.

44

쇄환인의 도착

12월 19일

왕세자의 증후와 빈궁의 병환에 차도가 있는 것은 의관의 서계에 상세히 적혀 있습니다. 대군의 기후는 안녕합니다.

이달 9일 우리나라에서 쇄송한 향화인이 아문에 도착하였기에 그 숫자와 최종 조치를 물으니, 당초 의주에서 58명을 보냈지만 1명은 도중에 얼어 죽고 57명이 도착하였는데, 황제 고산 및 아월을준왕(阿月乙俊王)[1]에게 나누어 보낼 것이라고 하였습니다.

15일에 황제가 요구한 청대죽(靑大竹) 2태(馱)를 의주부윤의 군관 김

---

1 아월을준왕(阿達禮, 穎郡王)은 아월왕 또는 준왕이라고도 하였다. 준왕은 대왕의 손자이며, 사하(沙河)의 아들로 왕위를 승습하였다.(『심양장계』기묘년 8월 3일)

견철(金堅鐵)이 가지고 들어왔기에 즉시 아문으로 보냈습니다. 16일 아침에 아문 통사 이잇석이 와서, "청대죽이 들어오기는 했으나, 오래된 것이라 말라서 즙을 낼 수 없습니다.[2] 내년 3월에 청죽 2태를 다시 들여 보낼 것을 조정에 알리십시오"라고 하였습니다. 청죽이 들어올 때, 쇄환인(주회인) 130명이 의주에서 일시에 강을 건너 들어왔다가 중도에 뒤떨어졌는데 그날 저녁때쯤에야 도착하였습니다. 위 쇄환인들은 팔문(八門)에 나누어 가두었다가 당초 사로잡아 온 사람들에게 나누어 보낸다고 하였습니다.

빈객 이행원(李行遠)[3]이 의주에 나간[4] 뒤로 관소 안에 배위하는 재신이 없어서,[5] 이곳의 모든 응대하는 일을 시강원에서 담당한 지 여러 달이 되었습니다.[6] 일의 모양새로 볼 때 온당치 못할 뿐 아니라, 사기(事機)로 말하면 맡은 것이 중대하므로 걱정으로 날을 보내고 있습니다. 이제 들으니, 빈객 이행원이 용골대 장군과 함께 들어올 것이라고 하는데, 용장이 언제 들어올지는 아직 정해지지 않았다고 합니다. 신 등의 변변

---

2 청죽은 죽력(竹瀝)을 만들기 위해 요구한 것으로 보인다. 죽력은 중풍과 열담(熱痰)·번갈(煩渴) 등을 치료하는 데 쓰인다.

3 이행원(1592~1648)은 병자호란 때 인조를 호종하여 남한산성에 들어갔고 척화를 주장하였다. 1640년 부빈객으로 심양에 갔다. 귀국 후 대사헌·이조판서·병조판서 등을 지냈다.

4 약조 불이행으로 문제 삼은 12가지 일을 조사하러 10월 15일 의주로 나간 용골대 일행을 응대하기 위해 빈객 이행원과 보덕 정치화가 함께 나갔다.(『심양장계』 경진년 10월 13일)

5 또 한 사람의 재신은 이사(貳師) 김신국(金藎國)인데, 그는 병이 위중하여 5월 말에 의주로 나갔다.(『심양장계』 경진년 5월 22일)

6 시강원 문학 임전(林㙉)은 문안하러 나가서 돌아오지 않았고, 관소에는 필선 권임중(權任中)만 있었다.(『심양장계』 경진년 10월 13일)

찮은 소견으로는 일을 그르치는 우환이 있을까 매우 걱정될 뿐 아니라, 앞으로 사기가 전날과 크게 달라지면 이행원이 들어와도 재신 1원으로는 고단함을 면하지 못할 것입니다. 묘당에서 빨리 헤아려 처리하고, 새로 제수한 강관도 재촉하여 들여보내 주십시오. 이러한 연유로 아룁니다.

承政院開坼 庚辰十二月十九日

王世子症候及嬪宮病患加減事段, 祥在醫官書啓中是白乎旀. 大君氣候安寧爲白齊.

本月初九日, 我國刷送向化, 來到衙門爲白去乙, 問其名數及末終處置, 則當初義州所送五十八名, 而一名段中路凍死, 五十七名來到, 當爲分送於皇帝高山及阿月乙俊王處是如爲白齊.

十五日, 皇帝所求靑大竹二駄, 義州府尹軍官金堅鐵, 押領入來爲白有去乙, 卽送衙門. 十六日朝, 衙門通事李芚石來言, "靑大竹雖以入來, 而日久則乾, 不得取汁. 明年三月及良, 靑竹二駄, 又爲入送事, 報知朝廷"亦爲白齊. 靑竹入來時, 刷還人一百三十名, 自義州一時渡江入來爲白有如可, 中路落後爲白有如乎, 同日夕時量, 始爲來到. 而同刷還人等, 分囚八門爲白有如可, 分送于當初擄來人處是如爲白齊.

賓客李行遠 義州出去之後, 館中無陪衛宰臣, 此處大小酬應之事, 自講院擔當, 今已累月. 非但事體未安, 且以事機言之, 所管重大, 悶慮度日爲白有如乎. 今聞賓客李行遠, 當與龍將一時入來, 而龍將入來遲速, 時無定期云. 乃臣等孤陋所見, 恐有誤事之患爲白乎乙去, 極爲悶慮哛不喩, 前頭事機, 大異前日, 李

行遠入來之後良中置, 宰臣一員亦不免孤單是白置. 請令廟堂, 斯速商量處置爲
白乎旀, 新除講官, 亦爲催促入送爲白只爲, 詮次善啓云云.

❋

　조선에서 쇄송한 향화인과 주회인 및 청 태종이 요구한 청죽(靑竹)이
들어온 일에 대해 보고한 장계이다. 향화인은 여진족으로 일찍부터 조
선에 들어와 여러 대에 걸쳐 살아왔으므로 조선에서 찾아 보내기 어렵
다고 여러 차례 호소하였으나, 청의 독촉에 몰려 쇄송한 것이다. 향화
인 쇄송 요구는 청의 만주족 인구수 확보를 위한 방책이었다. 장계 내
용에서 청은 이들을 팔기에 나누어 소속시켜 기인(旗人)으로 만들었음
을 알 수 있다. 또 쇄환인은 피로인으로 압록강을 건넌 뒤에 도망하여
조선으로 돌아간 주회인(走回人)을 조정에서 다시 색출해 붙잡아 보낸
자들을 가리킨다. 이들은 발꿈치를 잘리는 형벌을 받고 다시 자신을 붙
잡았던 청인의 노비가 되었다. 계속되는 청의 강압에 못 이긴 조선 조
정은 결국 주회인 색출에 골몰하였고, 이것은 많은 폐해를 낳았다. 그
리고 장계 말미에는 재신이 한 사람도 없는 상황임을 보고하고, 심양관
에서 담당하는 임무의 중대함에 비추어 재신을 더 임명하여 파견해줄
것을 요청하였다.

신사년
(인조19, 1641)

김상헌·신득연·조한영·채이항의 진술

1월 10일 [2]

사은사[1] 일행이 7일 상마연(上馬宴, 환송연)을 행하고 8일 길을 떠나야 했는데, 그날 아침에 정역(정명수)이 말하기를, "김상헌(金尙憲)[2] 등을 신문하는 일이 있는데[3] 사신도 동참해야 하니 오늘은 나갈 수 없습니다"라고 하였습니다. 조금 있다 정역이 와서 말하기를, "형부 질가왕이 아

---

1 사은 겸 정조사로 좌의정 신경진이 1640년 12월 28일 심양에 왔다.
2 김상헌(1570~1652)은 1623년 인조반정 이후 대사간·도승지·예조판서 등을 지내며 서인 청서파의 영수가 되었다. 병자호란 때 인조가 항복한 뒤 안동으로 내려가 대명의리를 지키라는 상소를 한 뒤 은거하였다. 청의 군병 징발에 반대한 일로 1640년 심양에 끌려가서 투옥되었다. 1645년 귀국한 뒤, 효종대에 좌의정을 지냈다.
3 김상헌·신득연·조한영·채이항 등 4인은 용골대의 소환에 따라 의주로 가서 심문을 받았다. 용골대는 이들을 1640년 12월 26일 심양으로 끌고 갔다.

문에 나와서 일을 볼 것이니, 세자께서 사신 이하를 거느리고 형부로 나가십시오" 하여, 세자께서 그 말대로 나갔습니다. 김상헌 등 4인은 목에 쇠사슬을 채우고 양팔을 모아 묶어서 미리 형부 문밖 길가에 두었고, 용골대 장군과 피파·가리·범문정 등 박시들과 형부 관원들이 모두 모여 있었습니다.

이윽고 질가왕이 나와 앉아서 세자를 맞아들이고, 또 사신 이하를 불러 참석하게 하였습니다. 형부 관원 3인을 대문 밖으로 보내서 먼저 김상헌에게 묻기를, "국왕이 산성에서 내려올 때 따라오지 않은 것은 무슨 까닭인가?" 하니, 김상헌이 답하기를, "신하의 심정이 어찌 따라가고 싶지 않겠는가. 그때 병이 중하여 모시고 가지 못하였다" 하였고, 또 묻기를, "과연 병이 중하였다면 어찌 가까운 곳으로 가지 않고 영남으로 멀리 갔는가?" 하니, 답하기를, "조리하여 조금 나은 뒤에야 내려갈 수 있었다" 하였고, 또 묻기를, "병이 나은 뒤에는 서울로 내려와야 할 것인데 끝내 국왕에게 와 보지 않고 곧바로 향리로 내려간 것은 무슨 까닭인가?" 하니, 답하기를, "나이 70에 벼슬에서 물러가는 것은 본디 예로부터의 일이다. 몸이 이미 늙고 병들어 벼슬을 감당할 수 없어서 그랬다" 하였고, 또 묻기를, "벼슬을 받지 않고 관교(官敎, 임명장)를 돌려보낸 것은 무슨 까닭인가?" 하니, 답하기를, "국왕이 이미 늙고 병든 줄을 아시고 거두어 쓰지 않아서 따로 벼슬을 제수한 일이 없다. 관교를 돌려보냈다는 말은 어디에서 나왔는지 모르겠으나 나는 전혀 모른다" 하였고, 또 묻기를, "주사를 징발할 때 반대 의견을 상소한 것은 무슨 까닭인가?" 하니, 답하기를, "군신지간은 부자지간과 같으니, 생각한 것이 있으면 말하지 않을 수 없다. 몸이 늙고 병들었더라도 어찌 임금을 사랑하는 마음이 없겠는가" 하였고, 또 묻기를, "늙고 병들어서 벼슬할 수 없다면 어떻게 상소는 하였는가?" 하니, 답하기를, "벼슬하는 것은 근력이 못 미치나, 마음에 품은 생각은 어찌 말하지 않을 수 있겠는가. 다만 말한 것이 있어도 국왕께서 채택하여 쓰시지 않았다. 이 나라의 일은 내 말 때문에 끝내 거행되지 않은 것이 없다" 하였습니다.

그 다음에 신득연에게 묻기를, "부마를 징발했을 때, 계사(啓辭)를 올려 말린 것은 무슨 까닭인가?" 하니, 신득연이 답하기를, "용골대 장군이 만상에 있을 때 이미 그 까닭을 상세히 설명하였다. 당초 대국에서 부마를 징발하였을 때, 조정에서는 우리나라 부마가 먼 길을 갈 수 없을 것을 염려하여 가은(價銀)을 들여보내려 하였다. 나는, 상국에서 마필을 징발해 보내라는 영이 있는데 이에 대해 재결하지 않고 지레 가은을 들여보내는 것은 매우 온당하지 못한 일이니, 반드시 황제에게 아뢰고 여쭈어 정한 뒤에 말이나 은을 분부에 따라 들여보내야 마땅하다고 여겨 대략 소견을 아뢰었으니, 이것은 신중히 하려는 뜻에 불과하다. 어찌 그 사이에 횡의(橫議)가 있었겠는가" 하였습니다.

그 다음에 조한영(曺漢英)[4]에게 묻기를, "그대는 무슨 일로 상소하였는가?" 하니, 조한영이 답하기를, "국왕께서 오랫동안 조섭하시는 중

---

4 조한영(1608~1670)은 1637년 문과에 급제하였고, 1640년 청의 징병령과 원손을 심양에 보내는 일에 대해 반대 상소를 올린 일로 심양으로 붙들려 가 투옥되었다. 1642년 의주로 옮겨졌다가 석방된 뒤에 동부승지·한성우윤 등을 지냈다.

에 신료들을 드물게 만나셔서 모든 일이 부진하기에, 침소에서라도 자주 대신을 만나 치도(治道)를 강론하기를 청하였다. 상소는 이러한 것에 불과할 뿐이다. 만일 횡의를 하였다면 스스로 물러가서 밭을 갈았을 것이다. 정축년(1637) 과거에 나아가 급제하고, 주사를 징발했을 때 내가 병조 낭관이 되어 함께 군병을 징발하였으니, 다른 뜻이 없었다는 것은 이것으로 알 수 있을 것이다" 하였습니다.

그 다음에 채이항(蔡以恒)[5]에게 묻기를, "그대는 무슨 일로 상소하였는가?" 하니, 채이항이 답하기를, "시골에 사는 사람이 조정의 일을 아는 것이 별로 없으나 다만 부역(賦役)이 편중된 것을 민망히 여겨 부역을 고르게 하도록 청하는 상소를 대략 아뢰었다" 하였고, 또 묻기를, "부역이란 어떤 일들을 가리켜 말하는가?" 하니, 답하기를, "우리나라는 전결(田結)에 따라 역을 지우는데, 양전(量田)한 뒤에 전세(田稅)와 쇄마 등 역이 전보다 번거롭고 많아져서 백성이 괴로움을 견디지 못하므로 과연 상소하여 폐단을 아뢰었을 뿐이다. 이 밖에 별다른 일이 없었다" 하였습니다.

다시 신득연에게 묻기를, "조한영과 채이항이 진술한 것은 이러한데, 그대가 당초에 말한 것은 어찌하여 서로 다른가?" 하니, 답하기를, "이 것은 다 내가 심양에 있을 때의 일인데, 용골대 장군이 엄히 심문할 적

---

5 채이항(1596~1666)은 병자호란 때 의병을 일으켰다. 1640년 청의 징병령을 물리치고 청과 맞설 것을 상소하였다가, 김상헌·조한영 등과 함께 심양으로 잡혀갔다. 1643년 돌아온 뒤에 선공감역·평시서령을 지냈다.

에 단지 들은 것을 말하였을 뿐이다. 상소 내용은 실로 알지 못하였다"
하였습니다.

형부 관원들이 이를 질가왕에게 들어가 고하니, 모두 내정(內庭)으로
끌고 오게 하였는데, 그 심문한 일과 공초한 말은 문밖에서 문답한 말
과 다름이 없었습니다. 도로 문밖에 끌어다 두고 형부 관원 3인이 문
옆에 서서 정역을 시켜 말을 전하기를, "신하 된 자는 나라를 지키고 백
성을 편안하게 하는 것이 그 직분이다. 병자년(1636) 이전에 도에 어긋
난 횡의가 분분하여 국가를 위태롭게 하고 민생을 편안치 않게 하였다.
황제께서 특별히 너그러이 용서하여 곡진히 보전해주었으니 성심으로
순종해야 할 것인데, 오히려 뉘우칠 줄 모르고 아직도 이전 버릇을 쫓
고 있으니, 그 죄는 죽어 마땅하다. 신득연은 부마를 징발하여 보낼 때
아뢰어 말썽을 일으켜서 제때 도착하지 못하게 하였다. 조한영과 채이
항은 처음에는 고발하였으나 맞대면한 뒤에는 도리어 흐릿하게 말하였
다. 조한영이 상소하여 자주 신하들을 만나도록 청한 것은 좋지 않은
일을 꾀한 것이 틀림없고, 채이항이 부역이 많아졌다고 한 말은 세폐와
군량을 가리켜 말한 것이 분명하니, 네 사람의 죄는 하나같이 죽어 마
땅하다" 하였습니다. 이들 4인을 가두어두었던 곳으로 도로 보낸 뒤,
질가왕이 곧 연회를 베풀고 파하였습니다.

9일 아침에 용장과 피파·범문정·가리 박시 등이 관소에 와서 세자
를 뵙고 사신도 참석하도록 청하고 정역을 시켜 말을 전하였습니다.
"김상헌 등의 죄상을 어제 형부에서 죽을죄로 논단하여 황제께 들어가
아뢰었는데, 황제께서 '조선이 종전에 일을 그르친 일은 다 이들의 횡의

에서 나왔으니 그 죄는 만 번 죽어도 아까울 것 없다. 그러나 이번 칙사가 나갔을 때 12가지 일을 조선이 다 자복하였고 이 죄인들도 즉시 압송하여 마침내 어기지 않았다. 조정의 기왕의 잘못은 이제 다 놔두고, 이들의 범죄도 헤아려 처치하겠다. 이 뜻을 알라' 하고, '박황에게도 곧 물어볼 일이 있으니 일찍 들여보내라' 하였으며, '의주부윤·평양서윤·창성부사·창주첨사·청성첨사 등의 범죄는 조선에서 경중을 논단하되, 죄가 가벼운 자는 무겁게 벌할 수 없고 죄가 무거운 자는 가볍게 벌할 수 없으니 상세히 실상을 밝혀 논죄하는 것이 마땅하다' 하였으며, 또 '붙잡은 주회인도 낱낱이 들여보내되 지체하지 말라' 하였습니다."

이어서 좌우를 물리치고 사신 및 재신 이행원과 보덕 신 정치화(鄭致和)[6]만 남게 하고 은밀히 말하기를, "기마 포수 1,000명이 오는 3월 20일에 여기 와서 점검을 받되 견마부 500명도 징발해 보내십시오" 하고, 또 "유림을 장수로 정한 것은 그가 용맹하고 건장하여 쓸 만하기 때문이 아니라 전일 상국에 죄를 지었기에 스스로 공을 세워 정성을 보이게 하려는 것이니, 이 사람을 장수로 정해 보내고 그 밖의 제장도 규례대로 정하여 보내십시오"라고 하였습니다. "전쟁이 언제 그칠지 미리 알 수 없으니, 양식을 차차로 계속 운송하여 떨어질 걱정이 없게 하십시오" 하기에, 좌의정(신경진)이 '포수는 본디 말을 타지 않고 기한도 매우 급박하므로 우리나라의 물력으로는 시기에 맞추어 징발해 보내기

---

6 정치화(1609~1677)는 1640년 보덕으로 심양에 가서 소현세자를 배종하였고, 이듬해 귀국 후 승지·평안감사·광주부윤 등을 거쳐 육조 판서와 우의정을 지냈다.

어려울 듯하다. 또 주회인은 이미 죄다 쇄송했는데, 어찌 끝없이 할 수 있겠는가. 혹 빠트린 사람이 있어도 모조리 수색해 잡으려 하니, 사세가 절로 지연되는데 어찌 그 기한을 정할 수 있는가. 또 마필로 천리 길에 군량을 나르는 것은 결코 하기 어려운데 이곳에서 군량을 사는 것도 허가하지 않으니 앞으로 군량을 대는 일을 어떻게 처리해야 할지 모르겠다'는 뜻으로 말을 만들어 해명하였으나, 용장은 못 들은 체하였습니다. 문답한 내용은 대신의 치계에 있습니다.

이곳에 와서 군량을 사는 일은, 용장이 의주에 있을 때 영의정 이하가 연유를 갖추어 사정을 설명한 뒤에 정역도 그대로 허가될 것이라고 하였습니다. 오늘 문답할 때 세자께서 말을 갖추어 거듭 청하자, 용장이 "본국의 군량을 스스로 운반해 와야 하고 여기 와서 군량을 사는 것은 결코 안 됩니다" 하며 끝내 들어주지 않았습니다. 앞으로 군량을 살 일이 매우 난처합니다. 또 '마필로 먼 길에 군량을 나르는 것은 결코 계속할 수 없는 형편이므로 일이 매우 민망하니 수레를 사서 나를 수 있게 해주기를 바란다' 하니, 용장이 "그것은 뜻대로 해도 무방하다" 하였습니다. 9일 저녁쯤에 사어 민선 등이 해주위에서 돌아와서 한 말이, "임경업 등이 7일 해주위에서 떠나 돌아오는데, 남은 군량 2,334석(石) 9두(斗)를 해주위에 봉해두었다" 하였습니다.

(辛巳正月初十日) 同日

謝恩使一行, 初七日行上馬宴, 初八日當爲發程是白如乎, 同日朝, 鄭譯言, "金尙憲等, 將有推覈之擧, 使臣亦當同參, 今日不可出去"是如爲白有如乎, 差晚, 鄭譯來言, "刑部質可王, 將爲坐衙, 世子敎是率使臣以下, 進詣刑部"亦爲白去乙, 世子敎是依其言進去, 則金尙憲等四人, 項加鐵鎖, 合結兩袖, 先置於刑部門外路邊. 龍將·皮波·加獜·范文程等諸博氏及刑部官員等, 盡爲齊會.

俄而質可王來坐, 邀入世子, 又招使臣以下入參, 使刑部官員三人出大門外, 先問金尙憲曰, "國王下城之時, 不爲隨來何也?"金尙憲答曰, "臣子之情, 豈不欲隨行? 其時病重, 未得陪往耳."又曰, "果爲病重, 則何不來近地, 而轉往嶺外遠處乎?"答曰, "調理差歇之後, 始得下去耳."又問曰, "病差後, 則所當下來王京, 而終不來見國王, 而直爲下鄕何也?"答曰, "七十致仕, 自是古事. 身旣老病, 不堪從仕, 故如是耳."又問曰, "不受官爵, 還送官敎何也?"答曰, "國王已知老病, 不爲收用, 別無除職之事. 還送官敎之說, 未知出於何處, 而吾則全未知."又問曰, "舟師徵發之時, 橫議陳疏何也?"答曰, "君臣之間, 有同父子, 凡有所懷, 不得不言. 身雖老病, 豈無愛君之心乎?"又問曰, "老病不得從仕, 則何能上疏乎?"答曰, "從仕則筋力不逮, 而心有所懷, 何可不言乎? 但雖有所言, 國王不爲採用. 此處之事, 以吾之言, 終不擧行者, 未之有也."

次問申得淵曰, "夫馬之時, 啓辭止之何也?"申得淵答曰, "龍將在灣之日, 旣已詳陳其曲折矣. 當初大國徵發夫馬之時, 朝廷以我國夫馬不能得達遠路爲慮, 欲以價銀入送. 吾以爲, 上國有馬匹調送之令, 而不爲定奪, 徑先以價銀入送, 事極未安, 必須奏聞稟定, 然後, 或馬或銀, 依分付入送宜當, 略陳所見, 此不過愼重之意. 豈有橫議於其間乎?"

次問曺漢英曰, "爾則以何事陳疏乎?"曺漢英答曰, "國王久在調攝之中, 罕接臣僚, 庶事委靡, 請於臥內頻接大臣, 講論治道. 上疏不過如斯而已. 萬一橫議, 則自當退去耕田. 而丁丑年赴擧登第, 舟師之時, 身爲兵曹郞官, 與調軍兵,其無他意, 據此可知矣."

此問蔡以恒曰, "爾則以何事陳疏乎?" 以恒答曰, "鄕居之人, 別無預知朝家之事, 而只以賦役偏重爲悶, 略陳均役之疏矣." 又問曰, "所謂賦役, 指何等事而言耶?" 答曰, "我國則以田結出役, 而量田之後, 田稅刷馬等役, 比前煩重, 民不堪苦, 故果爲上疏陳弊而已. 此外別無他事耳."

更問申得淵曰, "曺·蔡兩人所供如此, 爾之當初所言, 何其相左也?" 答曰, "此皆吾在瀋時事, 龍將嚴問之際, 只以所聞言之. 而疏中辭意, 果未知之耳."

刑部官等, 以此入告於質可王, 則並爲押致內庭, 其推問之事, 所供之言, 與門外問答之事無異. 還爲出置門外, 刑部官三人立於門左, 使鄭譯傳言曰, "爲人臣者, 保國安民, 乃其職耳. 丙子之前, 橫議紛紜, 使國家傾危, 民生不寧. 而皇帝特爲寬宥, 曲加保全, 則所當誠心順從, 而尙不知悔, 猶踵前習, 厥罪當死. 申得淵段, 夫馬調送之時, 陳啓作梗, 以致不及期會. 至於曺·蔡兩人, 初旣發告, 及至相面, 乃反朦朧. 曺漢英段, 疏請頻接臣僚者, 必是謀爲不善之事. 蔡以恒段, 徭役煩重之說, 必指歲幣·軍糧而言也, 四人之罪, 一樣當死'是如爲白遣, 同四人等還送拘留之處後, 質可王仍爲設宴而罷.

初九日朝, 龍將·皮波·范文程·加鱗博氏等, 來詣世子館所, 並請使臣入參, 使鄭譯傳言曰, "金尙憲等罪狀, 昨日刑部以死罪論斷, 入奏帝前矣. 皇帝以爲, '本國從前誤事, 皆出於此輩之橫議, 厥罪萬死無惜. 而今番勅使出去之時, 十二件事, 本國皆已自服, 此罪人等, 亦卽押送, 終不越違. 朝廷旣往之失, 令皆置之, 此人等罪犯, 亦當思量以處. 此意知悉'爲白乎㫆, '朴潢亦卽可問之事, 趁卽入送'亦爲白㫆, '義州府尹·平壤庶尹·昌城府使·昌洲僉使·靑城僉使等罪犯, 自本國分輕重論斷, 而輕者不可重施, 重者不可輕施, 詳覈論罪爲當'是如爲白乎旀, 且‘走回捉得者, 亦爲這這入送, 毋致稽緩’亦爲白齊."

辟左右, 只留使臣及宰臣李行遠·輔德臣鄭致和, 密言曰, "騎馬砲手一千名, 來三月二十日, 來此逢點爲乎矣, 牽馬隨從五白名, 亦爲調送"亦爲白乎旀, 且言, "柳琳定將者, 非爲其驍健可用, 前日得罪上國, 故欲令自立功以效, 以此人定將入送, 而其他諸將, 亦爲依例定送"亦爲白乎. "罷兵遲速, 未可豫料, 糧餉乙良, 鱗次繼運, 俾無之絶之患"亦爲白去乙, 右[7]議政以爲, ‘砲手元不騎馬, 期限亦甚急迫, 以我國物力, 恐難趁期調送. 且走回之人, 旣已盡刷, 安得無窮. 雖或有遺漏之人, 窮搜捉得之際, 事勢自至遲延, 何可定其期限. 且以馬匹千里運餉, 決難得達, 而此處貿粮, 亦不見許, 前頭繼粮, 罔知所處’之意, 措辭陳卞, 而龍將聽若不聞爲白臥乎所. 問答說話, 亦在於大臣馳啓中是白齊.

來此貿粮之事, 龍將在彎之日, 領議政以下, 俱由陳懇後, 鄭譯亦言當爲准許是如爲白如乎. 今日酬酢之際, 世子教是措辭申請, 則龍將以爲, "本國糧餉, 自可輸致, 來此貿粮, 決不可爲"是如, 終不聽許. 前頭貿粮一事, 極爲難處爲白齊. 且以‘馬匹遠路運粮, 決無可繼之勢, 事極悶迫, 願買車子以爲輸運之地’云, 則龍將言, "此則任意爲之無妨"是如爲白齊. 初九日夕時量, 司禦閔璹等, 自海州衛還來言, "林慶業等, 初七日自海州衛發還, 而其所餘軍糧二千三百三十四石九斗, 封置於海州衛"是如爲白臥乎事.

---

7 ‘右’는 左의 오기로 보인다. 이때의 사신 신경진은 좌의정이었다.

이 장계는 '횡의'를 주장한 일로 심양에 붙들려 온 김상헌 등 4인이 형부에서 심문을 받은 일을 보고한 것이다. 여기서 '횡의'라고 한 것은 '일을 그르치게 만든 논의'라는 뜻으로 쓴 말이다. 즉 조선이 약조를 이행하지 않고 청의 명령에 따르지 않아서 '성신'하지 않은 것은 조정의 그릇된 논의 때문이라는 것이다. 앞의 1640년 10월 5일자 장계에 언급된 12가지 일을 조사하기 위해, 용골대가 의주에 나와서 영의정 홍서봉·이조판서 이현영·도승지 신득연과 박황 등을 소환하였다. 이때 용골대의 추궁을 받은 신득연이 군병 징발과 원손이 심양에 들어가는 일에 대해 반대하는 의견을 주장한 자로 최명길·김상헌·조한영·채이항 등의 이름을 써주었다.[8] 용골대는 이들을 붙잡아 보내도록 하여 의주에서 심문하고, 다시 심양으로 끌고 갔다. 이 장계는 김상헌 등이 청의 형부에서 심문을 받으며 문답한 내용을 대화 그대로 옮겨놓은 것이다. 청의 추궁에 김상헌 등 4인은 대체로 변명으로 회피하는 듯한 답변을 하였으나 형부에서는 이들을 모두 죽을죄로 논단하였다. 그리고 조선 포병 1,000명의 교체 징발과 군량 운반을 더욱 압박하였다.

---

8 『인조실록』 18년 11월 17일.

46

사신의 선물을 받은 청역들

3월 8일

왕세자는 침을 맞은 뒤에 뜸을 뜨려 하고 있습니다. 빈궁의 환부에 침과 약을 쓴 일과 대군의 발에 생긴 습창에 차도가 있는지는 의관의 서계에 상세히 써 있습니다. 2월 22일에 황제가 궐에서 잔치를 베풀고 세자와 대군을 초청하여, 세자와 대군이 모두 참석하였습니다.

서울에 살던 피로인 한득인(韓得仁)이 지난 정축년(1637)에 속환되었는데, 처자를 속환하기 위해 2월 삭선이 올 때 쇄마부로 들어와 관소에 있었습니다. 한 호인(胡人)이 한득인을 붙잡아서 아문에 고하기를, "이 자는 내가 당초에 사로잡은 자인데 봉황성에 이르러 잃어버렸다. 이제 다행히 붙잡았으니 돌려달라" 하였습니다. 위 한득인의 진술에 "저는 사실 당초 이 호인이 사로잡았는데 중도에 병이 나자 버렸고, 다른 호인이 저를 데려와 자기가 붙잡은 양 팔았다"라고 하였습니다. 아문에서 그 진술에 의거해 한득인은 당초 사로잡은 호인에게 돌려주고, 그를 훔쳐 판 호인은 처벌한 뒤에 속은을 도로 징수해서 주었다고 합니다.

아문에서 관소에 말하기를, "채소는 규례대로 여러 고산에서 번갈아 제공하고 있는데, 그 채소는 제공하는 데 적합하지 않으니 폐단만 끼칠 뿐이다. 올해는 밭을 떼어주고 관소에서 경작하여 뜻대로 쓰게 하겠다"라고 하였습니다. 그러고는 정역이 선전관 송사호와 역관 이형장 등을 데리고 남문 밖에 나가 한달갈이[一月耕] 밭을 떼어주었습니다.¹ 이에 대해 세자가 하령한 뜻으로 경작하기 어렵다고 여러 차례 설명하였으나, 황제께서 재결한 공사(公事)라고 하면서 들어주지 않으니 매우 난처합니다.

요동에서 군량을 나를 수레를 살 은자를 들여보낼 일은 이미 치계하였습니다. 앞으로 기일이 머지않아 은자가 들어오는 것을 기다릴 수 없으므로, 만상(의주)에서 쓰도록 호조에서 보낸 은 150냥으로 수레 100량을 사두었습니다. 이번 삭선을 가져온 인마가 나갈 때 수레 30량은 붙여서 요동으로 내보냈고, 그 나머지는 우선 두고 다음 편을 기다리고 있습니다.

진주사가 돌아갈 때 종이와 서피를 아문 통사 하사남 등 5인에게 나누어준 일이 발각되어 이들이 구금되었는데,² 용장이 돌아오거든 처리

---

1 야판(野坂)을 가리킨다.

하도록 한 일은 이미 치계하였습니다. 지난달 29일 용장이 이주(伊州)에서 돌아와서 심문한 뒤, 하사남은 귀를 꿰고 코를 꿰고 가죽 채찍으로 100대를 친 뒤에 아문의 직임을 해제하고, 나머지 한보롱 등 4인은 가죽 채찍으로 80대를 친 다음에 풀어주었습니다.

이달 1일에 황제가 궐에서 잔치를 베풀고 세자와 대군을 청하였습니다. 세자께서 전처럼 나아가 참석하셨으나, 대군은 병환이 있어 따라가지 못하였습니다.

3일, 정역이 용장의 뜻으로 와서 말하기를, "박황은 어찌하여 이제까지 오지 않습니까?[3] 김통가의 은자[4]를 재촉하여 들여보내십시오" 하였으며, "용장이 만상에 있을 때 명단을 써준 향화인과 주회인들이 아직도 소식이 없으니 모두 재촉하십시오"라고 하였습니다.

같은 날 황제 처소에서 잔치를 베푼다고 세자와 대군을 초청하여, 세자께서 전처럼 참석하셨고, 대군은 병환이 있어 참석하지 못하였습니다.

지난달 28일에 내관 현덕성(玄德成)과 김희안이 삭선과 함께 들어왔

---

2 진주사는 회은군 이덕인으로, 쇄환자의 속환과 심양에 구금되어 있는 김상헌 등의 일을 변명하기 위해 왔다. 종이와 서피는 그가 돌아가면서 청의 역관들에게 선사한 것인데, 정명수에게 발각되었다.(『심양장계』 신사년 2월 18일)

3 용골대가 의주로 소환하였을 때 박황은 순검사(巡檢使)로 남쪽 지방에 가 있었으므로 추후에 심양으로 들어오도록 하였다.

4 청의 역관 김통가가 잃어버렸다는 피로인 3인의 속은을 말한다. 용골대의 요청을 평안감사·병사가 거부하자, 청은 조정에서 마련해 보내도록 심양관에 독촉하였다. 결국 3인의 몸값으로 은자 3,000냥을 아문에 바쳤다.(『심양장계』 신사년 4월 2일)

습니다. 필선 이원진(李元鎭)[5]은 모친상 소식을 듣고 나갔습니다.

이달 4일 팔왕·십왕·아월왕·노리홍(老里弘) 등이 교체하기 위해 이주로 나갔다고 하였습니다.

전 판서 김상헌 등이 있는 곳에는 우리쪽 사람과 서로 통하지 못하게 하지만, 식량과 찬은 관소에서 사서 들여주게 하므로, 각각 그 집의 은자로 두 번 사서 들여주었습니다. 앞으로 식량을 대는 일이 쉽지 않으니 매우 염려스럽습니다.

承政院開坼 辛巳三月初八日

王世子受針後, 將爲施灸爲白乎旀. 嬪宮所患針藥及大君足部濕瘡加減事段, 詳在醫官書啓中是白乎果. 二月二十二日, 皇帝設宴于闕, 邀請世子·大君爲白去乙, 世子·大君, 俱爲進參爲白齊.

京居被擄人韓得仁, 去丁丑年贖還爲白有如乎, 以其妻子贖還事, 二月朔膳時, 以刷馬夫入來, 留在館中爲白有如可. 有一胡人捉告於衙門曰, "此漢乃我當初所擄, 而到鳳凰城見失矣. 今幸得捉, 還爲推給"亦爲白去乙. 同韓得仁供招內, "矣身果爲當初此胡人所擄, 而中路得病, 棄置乙仍于, 他胡率來, 以自己所擄樣以放賣"是如爲白乎等以. 衙門據其所供, 得仁段, 還給當初所擄之胡, 而盜賣胡人段, 治罪後, 所贖價銀乙, 還爲徵給云云爲白齊.

自衙門于言館中曰, "例供菜物, 諸高山輪次進排爲白如乎, 同菜物不合供用,

_____

5 이원진(1594~?)은 1630년 문과에 급제하여 장령·교리·승지 등을 지내고, 1640년 필선으로 심양에 갔다. 뒤에 동래부사·제주목사·병조참의·강원감사 등을 지냈다.

只貽弊端乙仍于. 今年段, 以田折給, 使館中耕種, 任意常用"亦爲白遣, 鄭譯因率宣傳官宋士豪·譯官李馨長等, 出往南門外, 折給一月畊爲白有去乙, 以下令之意, 耕種難便是如, 屢次陳說爲白乎矣, 皇帝前定奪公事是如, 不爲回聽, 極爲難處爲白齊.

自遼東運糧車子貿易銀子入送事, 曾已馳啓爲白如乎, 前頭日期不遠, 銀子入來, 不可等待乙仍于, 以灣上所用次, 戶曹所送銀一百五十兩, 車子一百輛, 已爲貿買爲白有如乎. 今番朔膳人馬出去時, 車子三十輛, 順付出送于遼東爲白遣, 其餘則姑爲留置, 以待後便爲白齊.

陳奏使回還時, 紙地·黍皮分給于衙門通事河士男輩五人爲白有如可, 現捉囚禁, 以待龍將回還處置事, 曾已馳啓爲白有如乎, 前月二十九日, 龍將自伊州還來推閱後, 河士男段, 貫耳貫鼻, 決皮鞭百度後, 除下衙門之任爲白遣, 其餘韓甫龍等四人段, 決皮鞭八十度後, 放送爲白齊.

本月初一日, 皇帝設宴于闕內, 邀請世子·大君爲白去乙, 世子教是依前進參, 而大君則有所患, 不得隨往爲白齊.

初三日, 鄭譯以龍將之意來言曰, "朴潢, 何至今不來? 金通可銀子, 催促入送"亦爲白旀, "龍將在灣上時, 書給向化·走回人等, 尙無消息, 竝只催促"亦爲白齊.

同日, 自帝所設宴是如, 邀請世子·大君是白去乙, 世子教是, 依前進參教是白遣, 大君因有所患, 不得進參爲白齊.

前月二十八日, 內官玄德成·金希顔, 朔膳一時入來爲白齊. 弼善李元鎭, 聞母喪出去爲白齊.

本月初四日, 八王·十王·阿月王·老里弘等交替次, 出往伊州云云爲白齊.

前判書金尙憲等所在之處, 使我人, 雖不得相通, 而所食糧饌段, 使館貿入乙
仍于, 以其各家所有銀子, 再次貿入爲白有在果, 前頭繼粮, 事甚不易, 極爲可
慮爲白只爲.

❋

　2월 18일의 장계 이후에 심양관에 있었던 일들을 보고한 것이다. 먼
저 세자와 세자빈, 대군의 질병과 치료 사실을 보고하였다. 다음에 관
소에 온 쇄마부를 보고, 그가 자신이 붙잡은 포로였다고 주장하는 호
인에게 되돌려준 일을 보고하였다. 그리고 야판(野坂)을 조성하게 된 일
이 나오는데, 청은 채소를 제공하는 대신 밭을 떼어주며 심양관에서 직
접 경작하여 조달하도록 하였다. 세자와 관소 관원들은 반대하였으나
황제의 명에 따라야 했다. 야판은 채소와 과일나무를 심어 가꾸고 가축
을 기르는 곳이었고, 때로는 세자 일행이 나가서 바람을 쐬는 곳이기도
하였다. 징발된 조선 군병이 전쟁터로 가기 전이나 교체되어 귀국할 때
잠시 머무는 곳이 되기도 하였다.

　또한 심양에 온 진주사 이덕인이 귀국하며 아문 통사들에게 준 물품
때문에 그들이 처벌받은 일을 보고하였다. 조청 양국 사이의 모든 일은
역관을 거쳐야 했기 때문에, 이 시기 역관들의 역할과 영향력이 클 수
밖에 없었다. 그래서 진주사가 청의 역관들에게 뇌물을 준 것으로 보인
다. 그러나 조선에서 사신을 보내 잘못 쇄송한 자를 속환하고 김상헌
등의 일을 변명하려고 한 것에 용골대가 유감을 가지고 있었기 때문에

이들을 엄벌에 처한 것이었다.

　마지막에는 심문을 받고 북관에 갇혀 있는 김상헌 등에게 식량과 찬을 사서 들여보낸 일을 보고하였다. 북관에 투옥된 이들도 관소에서 살펴야 했다. 이후에도 소현세자는 병을 앓고 있는 김상헌에게 의관을 보내 치료해주고, 음식물과 땔감 등을 보내주도록 하였다.

47

조선 군병의 교체

5월 8일

왕세자와 빈궁의 기후는 안녕하시며, 대군의 기후도 평안합니다.

이달 4일, 황제가 나갈 때 지송(祗送)하지 말라고 하였습니다. 정역이 신들에게 와서 말하기를, "용 장군이 고할 일이 있어서 저녁에 세자께 올 것입니다" 하였으나 그날은 오지 않았습니다. 7일 정역이 세자에게 와서 용장의 뜻을 전달하기를, "유림의 군병은 겨울을 날 수 없으므로 교체해야 합니다. 그중 포격에 능하지 못한 자가 많으니, 후군 군마(軍馬)는 이전 수효대로 정예한 포수를 엄정히 뽑아서 7월 15일에 심양에서 점검을 받고, 8월 1일 금주위 군영에서 교체하십시오"라고 하였습니다. 세자께서 "이 일은 마땅히 곧 치계하겠지만, 이 장계가 이달 보름 뒤에야 서울에 도착할 것이고, 조정에서 전라도·경상도 등 먼 지방에 분부하

여 군병을 선발하여 군장을 꾸리고 말을 준비하는 일도 여러 날이 소요
될 것이다. 6월 이전에 서울에서 점검하기는 형세상 미치지 못할 것이
며, 설령 6월 그믐 전에 서울에서 점검하더라도 7월에 심양에 도착한다
는 것은 전혀 불가능하다. 더구나 장마철이 닥쳐서 막중한 군사 기일을
혹시 어길까 염려되니, 이러한 것을 헤아려 기한을 넉넉히 하지 않으면
안 된다. 또 유림의 군병은 겨울옷을 준비하지 못하였고 요동은 일찍 추
워지므로 8월 초에 교체하여 돌아가는 것이 우리나라 사정으로 말하면
편하고 좋다. 하지만 새로 뽑은 군병이 필시 기일까지 도착하지 못할 것
이니, 이것이 걱정이다"라고 하였습니다. 정역이 호부에 가서 용장을 만
나고 곧 돌아와 고하기를, "황제께서 출발하면서 분부한 일이므로 감히
임의로 기한을 물릴 수 없습니다" 하였으며, 또 "유림의 후임은 반드시
늙지 않고 벼슬이 높은 사람으로 가려 보내십시오"라고 하였습니다.

이 군병을 교체할 날짜는 매우 급박하고, 이 나라의 기세는 자잘한
일이 아니어도 한번 정한 뒤에는 조금도 바꾸는 일이 없습니다. 이번
막중한 군사 기일은 황제가 참작하여 기한을 정한 일이어서 하루이틀
도 늦출 리 만무하므로 매우 걱정스럽습니다. 이러한 연유로 아룁니다.

承政院開坼 五月初八日

王世子氣候敎是及嬪宮氣候安寧敎是白乎旀, 大君氣候亦爲平安爲白齊.

本月初四日, 皇帝出去時, 勿爲祇送亦爲白齊. 鄭譯來言于臣等曰, "龍將有所
告之事, 夕間當來詣世子前"云, 而其日不來爲白有如乎. 初七日, 鄭譯來詣世子
前, 以龍將之意傳達曰, "柳琳軍兵, 不可過冬, 當爲替代. 而其中多有不習放砲

者, 後運軍馬, 依前數, 極擇精砲, 七月十五日, 瀋陽逢點, 八月初一日, 錦州衛
軍前交替"亦爲白去乙, 世子敎是以爲, "以此事意當卽馳啓, 但慮此狀啓, 今月
望後, 方可得達京城, 自朝廷分付全·慶遠道, 抄發軍兵, 治裝備馬之際, 亦將消
了許多日子. 六月之前, 京中逢點, 勢所未及, 設使六月晦前, 京中逢點, 七月到
瀋, 萬無其理. 況値霖潦之節, 莫重軍期, 恐或違誤, 此意不可不商量寬限. 且
柳琳之軍, 多衣未備, 遼左早寒, 八月初替歸, 以我國事情言之, 亦甚便好. 而
新抄之軍, 必未及期, 以此悶迫"云. 則鄭譯往見龍將於戶部, 卽爲還告曰, "皇
帝臨行分付之事, 不敢擅自退限"是如爲白乎㫆, 且"柳琳代乙, 須以未老官高之
人擇送"亦爲白去等.

此軍交替之期, 甚爲急迫, 而此國氣勢, 雖不關微細之事, 一定之後, 小無前
却爲白在如中. 今此莫重師期, 皇帝參酌定限之事, 萬無一兩日遲延之理, 極爲
悶迫爲白臥乎事是良尔. 詮次云云.

❋

대명전쟁에 참전하고 있는 군병을 교체하라는 통고에 대해 보고한
장계이다. 청은 유림의 군병을 교체할 병사로 동일한 수의 정예 포수를
뽑아 보내라고 하고, 7월 15일 심양에서 점검하고, 금주위 군영으로 가
서 교체하도록 명하였다. 소현세자는 조선에서 군병을 뽑아 장비를 갖
추고 점검하고 이동하는 데 많은 시일이 걸리는 형편이니 기한을 늦추
어 달라고 청하였다. 그러나 황제가 결정한 일은 바꿀 수 없다는 통보
를 받고, 급히 장계한 것이다.

48

세자와 봉림대군의 참전

8월 28일

이달 6일 금주위에 군병을 보충하는 조치가 있을 것이라고 들었는데, 7일 새벽에 용장이 군병 3,000을 거느리고 나갔습니다. 9일에 황제가 서행한다는 영이 있었으나, 11일 출발하려 할 적에 도로 정지하고, 12일 갈 것이라고 하였습니다. 그날 초어스름에 황제 집 앞과 팔문(八門)에서 북을 쳤는데 무슨 일인지 모르겠습니다.

피파·가리·범문정 등 3인이 와서 세자를 뵙고 황제의 명을 말하기를, "15일 떠날 것이니 세자와 대군은 모두 따르라" 하였습니다. 그래서 탐지해보니, 금주위에 남조(명)의 원병이 매우 많아 나라의 군병을 모두 다 징발하여 계속 구원한다고 합니다. 세자의 수행은 뜻밖에 나온 것으로 매우 민망하고 절박합니다. 신들이 민망한 사정을 일제히 아문에 호소하려 하였으나, 정역이 괘씸한 말을 많이 하며 못하게 막고, 신들이 여러 가지로 타일러도 끝내 듣지 않으니 더욱 통탄스럽습니다.

관소 안에 타는 말과 짐말 수십 필도 없을 뿐 아니라 모든 일이 다 매우 볼품없습니다. 관소에 있는 갖가지 은냥을 거두어 모아 낙타 7마리와 말 13필을 사고, 자원하여 바친 말 12필, 세자를 수행할 질자와 역관들이 스스로 준비한 말과 짐말을 모두 합하여 일행의 말 총 85필을 겨우 꾸렸습니다. 황제는 14일에 먼저 떠나고 질가왕은 진을 지키고, 세자와 대군께서 15일 사시에 십왕 일행과 길을 떠났습니다. 그간의 창황하고 군색한 사정은 이루 말할 수 없습니다. 빈객 최혜길(崔惠吉),[1] 보덕 조계원(趙啓遠),[2] 질자 구오·신여형(申汝泂), 내관 김희안·정응성(鄭應星), 사어 허수(許邃), 익찬 최정현(崔廷顯), 선전관 박민도(朴敏道)·김유(金瑜)·박형, 의관 정지문(鄭之問)·이득길(李得吉), 역관 신계암·김명길·이형장·서상현(徐尙賢)·이읍(李揖)·안대기(安大起) 및 금군 박신룡(朴信龍)·최계복(崔繼福)·박이성(朴已成), 이사 김신국(金藎國),[3] 군관 오성국(吳成國) 등이 수행하였습니다. 가는 길의 군량은 각자 10일분

---

1 최혜길(1591~1662)은 인조반정 이후 승지·병조참의·대사간 등을 지내고, 1641년 부빈객으로 심양에 갔다. 귀국한 뒤에 대사성·대사헌·경기감사·개성유수 등을 지냈다.
2 조계원(1592~1670)은 1628년 문과에 급제하고, 1641년 보덕으로 심양에 갔다. 1644년 금주전투 참전 후 귀국하여 수원부사·강화유수·도승지·경상감사·형조판서 등을 지냈다.
3 김신국(1572~1657)은 인조반정 이후에 일시 유배되기도 했으나 실무 능력을 인정받아 평안감사에 임명되었다. 정묘호란 때 호조판서로서 이정구와 함께 후금과 화약을 맺는 일을 담당하였고, 국방 강화 및 화폐 유통 방안을 건의하여 실현시켰다. 1640년에 이사로 심양에 갔다 와서 기로소에 들어갔다.

을 가지고 가므로 반드시 곧 식량을 대주어야만 바닥날 걱정이 없을 터
인데, 말 1필과 식량 한 바리도 마련할 길이 없습니다. 수레 20여 량을
정돈하고, 요동에 두고 기르며 식량을 나르는 데 쓰던 몽골 소 60마리
를 가져왔으나, 아문에서 수레를 보내는 것을 허락하지 않는다고 하였
습니다. 신들이 어쩔 수 없이 질자관의 신하들을 거느리고 예부의 만월
개 장군에게 일제히 호소하였지만, 완강히 거절하고 들어주지 않았습
니다. 다만 어렵게 준비한 5필의 말을 허락받아, 행차 때 미처 가져가지
못한 물건을 내관 유호선(兪好善)에게 운반하도록 하고, 교체 군병 50명
과 함께 이달 19일에 보냈습니다.

　재자관 노상현(盧尙賢)도 11일에 들어왔으나 또한 내보내는 것을 허
락해주지 않았습니다. 세자가 출발한 상황과 이곳 사정을 치계하려 해
도 아문에서 사람 보내는 것을 허락하지 않을 뿐 아니라 모든 일을 비
밀로 하는 바람에, 세자가 출발한 지 이제 7일이 지났지만 소식을 듣지
못하고 있습니다. 앞으로 일이 어찌될지 몰라 통탄스럽고 민망하기 그
지없습니다. 본국의 1진 포수를 교체하는 것도 허락해주지 않으니, 군
량이 참으로 염려됩니다. 세자 행차가 언제 돌아올지 예측할 수 없는
데, 갑자기 준비한 인마라 필시 쓰러지고 지탱하지 못할 우려가 있습니
다. 인마와 노자·잡물을 전례대로 마련하여 급히 들여보내라고 한편
으로 평안감사 정태화(鄭太和)[4]에게 관문을 보냈습니다. 조정에서도 각

4　정태화(1602~1673)는 1636년 도원수 김자점의 종사관으로 있다가, 병자호란이 일어나자 황해
　도 여러 산성에서 패잔병을 모아 항전하였다. 뒤에 육조의 판서와 대사헌·영의정 등을 지냈다.

별히 독촉하여 보내주십시오. 많은 인마의 노자와 여러 군데에 쓸 비용을 하나도 가져가지 않았으니, 일이 매우 위태롭고 군색합니다. 은자와 남초 따위 물건을 급히 밤낮없이 들여보내십시오. 이번 사기(事機)는 전일 대군이 수행했을 때와 크게 다르므로 염려스럽기 그지없습니다. 이러한 연유로 아룁니다.

承政院開坼 八月二十八日

本月初六日, 聽得錦州衛有添兵之擧是如爲白如乎, 初七日曉頭, 龍將率三千兵出去爲白齊. 初九日, 皇帝有西行之令, 而十一日將發之際, 還爲停止, 十二日當往是如爲白乎旀, 同日初昏量, 皇帝家前及八門擊鼓, 未知何事是白齊.

皮波·加鱗·范文程等三人來謁于世子前, 以帝命言, "十五日當發, 世子·大君並爲隨往"云. 大槪探知, 則錦州衛南朝援兵極盛, 故盡發國中兵, 繼援是如爲白齊. 世子行次出於不意, 極爲悶迫. 臣等欲以悶迫情由, 齊訴于衙門, 而鄭譯多發不測之言, 搪塞不許, 臣等萬分開諭, 而終不聽從, 尤極痛惋爲白齊.

館中無數十匹騎卜馬旀不喩, 凡事皆極無形. 收合館中各樣所在銀兩, 貿得駝七頭·馬十三匹, 願納馬十二匹, 隨行質子及譯官等, 皆自備騎卜馬, 一行都合馬八十五匹以難窘結束. 皇帝則十四日先發, 而質可王留鎭爲白遣, 世子·大君敎是, 十五日巳時, 十王一行發程. 而其間蒼黃窘急之狀, 不可盡言是白齊. 賓客崔惠吉·輔德趙啓遠·質子具鐅·申汝迥·內官金希顔·鄭應星·司禦許遂·翊贊崔廷顯·宣傳官朴敏道·金瑜·朴泂·醫官鄭之問·李得吉·申繼黯·金命吉·李馨長·徐尚賢·李揖·安大起及禁軍朴信龍·崔繼福·朴巳成·貳師金藎國·軍官吳成國等隨行爲白有齊. 一路糧餉, 各持十日粮, 必須卽爲繼餉, 然後

48 세자와 봉림대군의 참전　　355

可無絶乏之患, 而馬駄無一匹措備之路, 車子二十餘輛整齊, 遼東留養運糧蒙牛六十頭取來, 而衙門不許車子發送是如爲白去乙. 臣等, 不得已率質館諸臣, 齊訴于禮部滿將之前, 則牢拒不聽. 只得難備五匹之馬, 行次時未及之物, 內官兪好善押領, 改立軍兵五十名一時, 本月十九日發送爲白齊.

賽咨官盧尙賢段置, 十一日入來, 而亦不許出送爲白乎旀. 世子發行緣由及此間事情欲爲馳啓, 而衙門不許送人勞不喩, 凡事諱秘, 世子發程, 今已七日, 而亦不聞消食. 不知前頭事機如何, 痛悶無際爲白齊. 本國先運砲手亦不許替運, 糧餉委屬可慮爲白齊. 世子行次, 回還遲速, 不可豫料, 猝備人馬等, 必有顚仆難支之患是白置. 人馬及行資雜物, 依前磨鍊, 急速入送事, 一邊移文于平安監司鄭太和處爲白在果. 朝廷以置, 各別督送爲白齊. 許多人馬行資及各處必用盤纏, 全無所賚, 事甚危窘爲白置. 銀子及南草等物, 罔晝夜入送爲白齊. 今番事機, 與前日大君隨行時, 萬分不同, 憂慮罔極爲白臥乎事. 詮次云云.

❀

대명전쟁에 소현세자와 봉림대군이 참전하게 되었음을 보고한 장계이다. 청 태종의 갑작스러운 명에 따라 세자와 대군이 금주위 전투에 나아가게 되어 배종 인원과 말·군량·장비 등을 급히 준비하여 8월 15일 떠났고, 뒤이어 군량과 물품 등을 보냈음을 보고하였다. 그리고 세자에게 보낼 인마와 노자·물품 등을 신속히 보내줄 것을 거듭 요청하였다. 이후의 장계들에는 요동에 두었던 군량, 심양관 안에서 마련하기

나 조선에서 들여보낸 식량과 물품 등을 거두어 금주위로 보낸 내역이
나온다.

49

송산 전쟁터에서

9월 10일

세자가 송산(松山) 근처에 계속 머물고 있는데 기후 안녕하시며, 대군도 평안합니다. 지난달 18일과 24일, 27일, 28일 등 모두 네 번 치계하였습니다. 29일에 황제가 말과 낙타 각각 2필을 세자에게, 말과 낙타 각 1필을 대군에게 보내며, "이것은 진(陣)에서 얻은 것"이라고 하였습니다. 어제 호행하는 박시가 황제의 뜻으로 와서 말하기를, "세자가 갑자기 들어오느라 방한구를 갖추지 못했을 것이다. 모레 구왕과 호구 친왕이 교체되어 심양으로 돌아가고 그 대신 우진왕(右眞王)[1]이 올 때 방

---

1 우진왕은 질가왕(지르갈랑)을 가리킨다. 1644년에 우진왕이 구왕과 함께 섭정친왕(攝政親王)으로서 조선국왕에게 국서(國書)를 보낸 사실이 있다.(『인조실록』 22년 1월 20일)

한구를 아울러 가져오도록 하고,[2] 이곳의 전투 상황은 청서(만주문)로 기록하지만 이제 한문으로 번역하여 명백하니 이대로 베껴서 조선에 보내라" 하였습니다. 그것을 별지에 베껴서 보내며, 일행 중에 더 얇은 옷을 입은 하인 15명과 병든 말 21필을 그 말에 따라 내보냈습니다.

전에는 서행을 위해 징발할 인마와 사용할 모든 물건을 관서(평안도)에서 마련하여 대기하였습니다. 그런데 이번 행차는 뜻밖에 나온 일이라, 미처 통지하지 못하고 사흘 안에 바삐 행장을 꾸렸기 때문에 백에 하나도 갖추지 못하였습니다. 배종하는 인원 두세 사람당 말[兼卜] 1필을 주었을 뿐이고, 하인은 원래 짐말[都卜]이 없어 10여 일치 식량만 싸서 각자 짊어지게 했으니, 어렵게 도착할 수 있었던 사정은 말로 다할 수 없습니다.

세자께서 "서도(西道)의 물력이 다 없어져서 이번에 지원하지 못한 것이 다행이다. 행장이 매우 부족하기는 하지만 오래 머물지 않는다면 오히려 괴로움을 견디며 지낼 수 있으니 번거롭게 관서에 부담 지우지 말라"라고 하셨습니다. 이제 박시가 방한구를 가져온다는 말이 있습니다. 청 군병이 군영과 진을 벌이고 사방으로 송산을 포위하여 주둔하고 대포를 많이 쏘고 있습니다. 또 몽골병이 크게 진을 치고 어제 다시 들어왔습니다. 이것으로 보면 필시 송산을 오래 포위하여 결전하려는 뜻임을 알 수 있고, 돌아갈 기약은 쉽지 않을 듯하므로 참으로 매우 걱정입

---

2 이에 따라 우진왕이 송산에 갈 때 심양관에서 사람을 딸려보내 내출(內出)한 물건 약간을 보냈다.(『심양장계』 신사년 9월 13일)

니다. 남은 식량은 당초 수레 30량으로 뒤이어 운반하도록 아문에 여쭈어 결정하였는데, 그 뒤에 수레 보내는 것을 허락해주지 않아서 식량이 떨어진 지 오래되었습니다. 어쩔 수 없이 유림 장군[3]에게 10여 석을 빌려 쓰고, 한편으로 이주에 역관을 보내 지금 식량을 사고 있으나 사들이기가 쉽지 않으니 어찌할지 모르겠습니다. 시초(柴草)는, 이곳은 초목이 본디 무성하지 않은데 많은 군마를 여러 날 놓아 먹여서 수십 리내 들에는 작은 뿌리도 없습니다. 몽골 진영 사람이 먼 곳에서 풀을 베어다가 간혹 팔러 오는 자가 있으나 작은 풀 한 뭇도 값이 매우 비쌉니다. 더 심히 여위고 병든 말은 이미 내보냈지만 이곳에 남은 말도 다 파리하고 병들어 살아나기 힘든 상황입니다. 하인으로 말하면 여름철에 들어왔기 때문에 방한구가 전혀 없고 삭풍이 날로 혹독해져 추위와 굶주림이 함께 닥쳤는데, 모두 다 내보내자니 부릴 사람이 없고 머물게하자니 견뎌내기가 어려워서 매우 걱정스럽습니다.

이곳에서 식량과 꼴·잡물을 사고 아무 때나 늘 쓰기에는 남초만 한 것이 없고, 은(銀)이 아울러 쓰입니다. 은자와 남초를 넉넉히 급히 들여보내도록 묘당에서 호조와 평안감사에게 분부해주십시오. 세자와 대군 행차에 쓸 방한 도구와 여러 가지 잡물도 빨리 들여보내도록 하고, 인마도 평안감사에게 따로 차사원을 정해 적절히 헤아려 들여보내도록해주십시오.

---

3 금주위의 조선 군병은 1641년 9월 교체되고, 영병장(領兵將) 유림은 유정익(柳廷益)으로 교체되었다.

송산에서 대포가 때로는 막차(幕次) 근처에 떨어져서 위급하기 그지없습니다. 급히 흙담을 두께 1파(把) 반, 높이 2파 반으로 쌓아서 세자와 대군의 장막을 막았습니다. 황제의 진에서도 흙담을 쌓았다고 합니다. 지난 밤 습격 때 어지럽게 군병들이 막차 앞뒤로 달려들었으나, 일행 원역이 적어 배위하는 자가 없으니 매우 놀라고 황망하였습니다. 유림이 갈 때 황제가 포수 30여 명을 뽑아서 남으라고 하였기에, 그들에게 세자를 배위하게 하려고 명령대로 따랐는데, 이제는 싸움터에 뽑아 쓰고 있어서 사상자가 날까 걱정이지만 어쩔 수 없습니다.

배종한 침의 이득길(李得吉)이 병으로 여기 오래 있을 수 없어 심양으로 돌려보냈습니다. 초관(哨官) 신가귀(申可貴)가 자못 침술을 알고 있어서 배종하기 적합합니다. 전에 계청하였으니 밤낮없이 신가귀를 급히 내려보내십시오. 이러한 연유로 아룁니다.

辛巳九月初十日. 去九月初三日在松山, 義·平監·兵三處出送粘付狀啓, 承政院開坼

世子仍留松山近處, 氣候安寧教是白乎旀, 大君亦爲平安爲白在果. 去月十八日·二十四日·二十七日·二十八日, 凡四度馳啓爲白有齊. 二十九日, 皇帝送馬·駝各二于世子前, 馬·駝各一于大君, 曰, "此乃陣上所得"是如爲白齊. 昨日, 護行博氏, 以帝意來言曰, "世子倉卒入來, 寒具未備. 再明, 九王及虎口親王, 替番還藩, 其代右眞王來時, 並令持來爲旀, 此處戰事, 淸書記錄, 而方今文字飜書明白, 依此謄送于本國"亦爲白乎旀, 一行中尤甚薄衣下人十五名·病馬二十一匹, 依其言, 出送爲白齊.

前日爲西行入把人馬及需用凡具, 關西措備以待爲白有如乎. 今番之行, 出於意外, 未及通知, 三日內拮据治行, 百不備一. 陪從之員數三人, 只給兼卜一匹, 下人則元無都卜, 只裹十餘日糧, 各自負持, 艱難得達之狀, 不可盡言是白乎矣.

世子教是以爲, "西路物力亦甚蕩殘, 今之不及策應, 亦爲幸矣. 行具雖甚難乏, 若不久留, 則猶可耐苦支過, 勿爲煩責於關西"教是白如乎. 節博氏有寒具持來之言是白旀. 淸兵布置營陣, 四面圍駐松山, 多放大砲. 且蒙古大陣, 昨日又爲入來. 以此觀之, 其必欲久圍松山, 以爲決戰之意可知, 回還之期, 似爲未易, 誠極悶迫是白在果. 留粮段, 當初以車子三十輛後運來事, 稟定衙門爲白有如乎, 其後不許送車, 故粮絶已久. 不得已貸用十餘石於柳將處爲白遣, 一邊送譯於伊州, 時方貿粮, 而未易貿得, 罔知所爲. 柴草段, 此地草木, 元不茂盛, 許多軍馬, 累日放牧, 數十里之內, 野無寸根. 蒙陣人刈取遠地, 或有來賣者, 而寸草一束, 其價甚重. 尤甚疲病馬匹雖已出送, 留此者亦皆疲病, 勢難生活. 至於下人段, 夏節入來, 全乏寒具, 朔吹日嚴, 凍餒俱迫, 若欲盡爲出送, 無可使喚, 留之必難支保, 極爲悶慮是白置.

此處粮·草·雜物貿用及不時常用, 莫如南草, 而銀亦幷用是白去乎. 銀子·南草, 優數急急入送事乙, 令廟堂分付于戶曹及平安監司處爲白旀. 世子·大君兩行次所用禦寒諸具, 凡于雜物, 亦令趁速入送爲白遣, 人馬段置, 令平安監司別定差使員, 量宜帶領, 入送爲白齊.

松山大砲, 時或落於幕次近處, 危迫罔極, 急築土墻, 厚一把半, 高二把半, 以遮世子·大君帳幕爲白有在果. 皇帝陣中, 亦築土墻是如爲白齊. 前日夜擊時, 亂兵馳突於幕次前後, 一行員役數少, 無可陪衛者, 極爲驚遑爲白如乎. 柳琳去時, 帝令擇留三十餘砲爲白去乙, 以爲陪衛之地是白乎去, 唯令是從是白有如乎, 今則抽用於戰地, 恐有死傷是白可, 悶慮無可奈何是白齊.

　陪從針醫<u>李得吉</u>, 病不可久留此地, 還送<u>瀋陽</u>次以, 哨官<u>申可貴</u>, 頗解針術, 實合陪從是白乎等以. 前已啓請爲白有如乎, 罔晝夜急急下送爲白只爲. 詮次云云.

✤

　소현세자와 봉림대군이 참전하고 있는 송산에서 9월 3일 작성한 장계이다. 의주부와 평안 감영·병영에 공문을 보내며 덧붙여 보낸 장계로 전쟁터의 상황을 생생하게 전하고 있다. 먼저 청 태종이 세자와 대군에게 말과 낙타를 보내주고, 방한구를 가지고 오도록 조처한 일과 당시의 전투 상황을 조선에 알리게 한 것에 대해 보고하였다. 이어서 청군이 송산에서 오랫동안 주둔하며 전투를 벌일 것 같아서, 돌아갈 기약이 없음을 걱정하였다. 일행의 군량이 부족하고, 꼴과 방한구도 없어 말과 하인들이 버티기 어려운 상황이므로, 은자와 남초·방한 도구 등을 들여보내 줄 것을 요청하였다. 또 전장에서 쏘아대는 포탄이 세자의 막차 옆에까지 떨어지는 위급한 상황에도 수행 원역이 적어 배위하지 못하는 실정임을 보고하였다. 한편 이즈음의 장계에는 심양관에 있는 관원이 전쟁터의 세자에게 보낸 장달, 곧 '시강원 개탁'이라고 표기한 보고가 함께 실려 있다.

50

신비의 장례

10월 2일

세자와 대군 행차가 무사히 돌아온 일[1]은 역관 김명길 등이 나갈 때 치계하였습니다. 이번 부지(夫之, 신비)의 상(喪)[2]은 당초에 장막을 설치하고 곧 시신을 동문 밖에 내어두었다가 사흘 만에 불살랐습니다. 황제가 상을 당한 뒤로 오랫동안 슬퍼하고 있고 제왕 등이 날마다 궐문 밖에 모이므로 세자와 대군이 연일 나아가 참석하였습니다.[3] 황제가 부지를 위해 북문 밖 10리쯤에 있는 들에 종이로 탑과 집을 짓고, 오색 종이

---

1 금주위 전투에 나갔던 세자와 대군은 9월 18일에 관소로 돌아왔다.
2 청 태종은 신비(宸妃)가 위독하다는 소식을 듣고, 전장에서 급히 9월 18일 새벽 심양으로 돌아왔으나 신비는 이미 운명한 뒤였다.

로 무늬가 있는 기[綵幡]와 지전[綵錢]·꽃병[綵樽]·조화[綵花] 등을 만들어 매우 호화롭게 하였습니다. 29일에 승려와 도인 무리를 모으고, 황제와 제왕이 친히 가서 완렴(完斂)하였습니다. 완렴이라는 것은 도인이 경을 읽고 신에게 제사를 설하는 일입니다.[4] 황제가 크게 슬퍼하며 울고 길에서도 곡하며 울기를 그치지 않았습니다. 세자와 대군도 수행하였다가, 오후에 관소에 돌아왔습니다.

며칠 전에 황제가 여러 장관에게 분부하여 말을 먹이라고 당부하기에 다시 서행하는 일이 있을까 매우 걱정하였는데, 다시 탐문해보니 서행하려는 것이 아니라 돌아온 뒤에는 으레 말을 먹이라는 영을 내린다고 하였습니다.

이사(貳師)[5] 신 이경석(李景奭)[6]이 지난달 28일에 동관에 들어와 있다가 이달 1일 관소로 왔고, 전 이사 신 김신국은 임무를 교대한 뒤에 나갔

---

3 청 태종이 이 상사(喪事)를 매우 중히 여기고 있고, 또 정명수의 권유에 따라 세자와 대군은 상화지(霜華紙)·백면지(白綿紙)·단목(丹木) 등을 부의로 예부에 보냈다.(『심양장계』 신사년 9월 25일)

4 완렴은 천도재와 같은 행사로 보이는데, 자세히 알 수 없다. 이후에도 완렴이 몇 차례 더 있었다.

5 이사는 종1품 관직으로, 의정부 좌·우찬성 가운데 1인이 겸임하였다. 심양에 파견된 빈객 2인 중 1인을 이사로 바꾸고 명망 있는 중신을 뽑아 보내 세자의 보도와 강학을 강화하라는 건의에 따라, 1640년 3월 처음으로 이사를 두었다. 김신국이 선정되어 심양에 있다가 이때 교체되었다.

6 이경석(1595~1671)은 청요직을 역임한 뒤 홍문관·예문관 대제학을 거쳐 이조판서를 지냈다. 1641년 이사로 심양에 갔다 온 뒤 영의정에 오르고 현실론적 입장에서 대청 외교 문제를 해결하며 조정을 이끌었다. 문장가로 이름이 높았으나, 삼전도비문을 지은 일로 오명을 쓰게 되었다.

습니다. 삭선을 실어 온 인마가 이사와 함께 도착하였기에 도로 내보냈습니다. 2차, 3차로 군량을 나른 인마가 금주에서 돌아왔기에 또한 내보냅니다. 이달 1일 초관 신가귀와 침술에 밝은 평양의 사인(士人) 조시열 및 호조에서 보낸 짐을 실어 온 인마가 뒤따라 왔기에, 신가귀는 관소에 머물게 하고 조시열과 인마는 모두 내보냈습니다. 이러한 연유로 아룁니다.

承政院開坼 十月初二日

世子教是及大君行次無事回還事段, 譯官金命吉等出去時, 已爲馳啓爲白有在果. 今次夫之之喪, 當初設帳幕, 卽爲出置於東門外爲白有如可, 三日而燒火爲白乎旀. 皇帝自遭喪之後, 長在哀傷之中, 諸王等逐日會于闕門外爲白去乙, 世子 · 大君, 亦爲連日進參爲白齊. 皇帝爲夫之造紙塔 · 紙屋于北門外十里許野中, 以五色紙爲綵幡 · 綵錢 · 綵樽 · 綵花等物, 極其豐侈. 二十九日, 聚會僧道之流, 皇帝與諸王親往完斂. 所謂完斂, 道者誦經, 設神祀之事也. 皇帝大加悲慟, 至於路上, 亦哭泣不止爲白齊. 世子 · 大君教是, 亦爲隨行, 午後還館爲白有齊.

數日前, 皇帝分付諸將官, 使之申飭秣馬爲白去乙, 恐有更爲西行之事是白乎可, 極爲悶慮爲白如乎, 更聞之, 則此非西行之意, 乃是回還後, 循例秣馬之令是如爲白齊.

貳師臣李景奭, 前月二十八日, 入來東館留在爲白有如可, 今初一日, 來到館中爲白有在果. 前貳師臣金藎國交替後, 出去爲白齊. 朔膳人馬, 貳師一時來到爲白有去乙, 還爲出送爲白乎旀. 二三運運糧人馬, 自錦州廻來爲白有去乙, 亦

爲出送爲白齊. 今初一日, 哨官申可貴·曉解鍼術爲在平壤士人趙時說及戶曹所

送卜物載持人馬, 追乎來到爲白有去乙, 申可貴段留置館中爲白遣, 趙時說及人

馬, 并以出送爲白臥乎事是良旀. 詮次云云.

✿

　송산에서 전쟁 중이던 청 태종이 급히 심양으로 돌아와서 신비의 상

을 치른 일에 대해 보고한 장계이다. 신비는 황후 다음의 황비인데, 청

태종이 가장 사랑한 여인이었던 듯하다. 장사는 만주족의 전통 관습에

따라 화장으로 거행되었다. 세자와 대군도 부의로 종이와 단목 등을 예

부에 보내고 장례에 참석하였다. 그리고 신비의 죽음에 청 태종이 오랫

동안 슬퍼하며 대성통곡하였다는 것을 특기하였는데, 황제가 남의 눈

을 개의치 않고 대성통곡한 것은 조선 신료들의 눈에 매우 이채로운 일

로 보였을 것이다. 덧붙여 『심양장계』에는 요토가 전사하자 그 아내도

스스로 목을 매었으며, 함께 전사한 장수의 아내들도 다수가 따라 죽

었다는 사실이 전한다.[7] 이것은 순사(殉死) 풍습을 보여주는 것이다. 또

'완렴'이라는 장례 절차는 '도인이 경을 읽고 신에게 제사한다'는 장계의

내용에서 보듯이, 승려와 도인이 함께 행하는 천도재와 같은 의례로 여

겨진다.

---

7 『심양장계』 기묘년 4월 20일.

51

경중명의 도움

11월 9일

왕세자와 빈궁의 기후는 안녕하시며, 대군도 평안합니다. 이달 3일 중사(내관)가 들어올 때 대군 군관 박안의(朴安義)가 함께 왔습니다.

6일 아문에서 군량을 나르는 인마를 들여보내도록 독촉하라고 치계하게 하여, 금군 전사립(田士立)을 정해 보냈습니다. 그날 어스름에 아문에서 또 말하기를, "이제 식량을 나르는 말 500여 마리가 들어온다고 들었는데, 또 황제의 명으로 독촉하면 소동이 일어날까 걱정되니, 사람을 보내 쫓아가서 금군이 가는 것을 멈추게 하라" 했다가 다시 "쫓아가도 미치지 못할 것이니 그 장계를 보내도 무방하다" 하였습니다. 이것으로 보면 운반 독촉은 조금 늦추어질 듯합니다.

지난달 8일 약으로 쓸 청죽(靑竹)과 생강을 속히 운반해 들이는 일로 금군 안응남(安應男)·안응립(安應立) 등이 장계를 가지고 나갔습니다. 어제 이른 아침에 아문 관원이 통사 한보룡·변난 등을 보내 말하기를, "생강과 청죽이 지금까지 안 왔으니, 어찌 그리 늦습니까? 즉시 사람을 보내 재촉하십시오" 하였습니다. 신들이 답하기를, "청죽은 서울에 날라다 둔 수량이 많을 때도 있고 적을 때도 있습니다. 지금 조금밖에 없다면 반드시 멀리 남쪽에서 가져와야 수효를 맞추어 날라 올 수 있습니다. 또 길이 얼어붙고 험하여 빨리 운반하지 못한 것은 형편이 그렇기 때문입니다" 하였습니다. 아문에서 치계하게 했다가, 마침 생강과 청죽을 실어 오는 말이 군량을 운반하는 인마와 함께 들어온다는 통보를 듣고는 재촉하는 일을 도로 멈추게 하였습니다.[1]

군량을 나르는 폐단은 말로 하기 어려우나 어찌할 계책이 없으므로 매우 걱정할 뿐이었습니다. 그런데 지난달 경중명(耿仲明)[2]이 와 있을 때 세자께서 궐에서 서로 만났는데, 경장이 정성을 보이고 말하려는 기색이 많았습니다. 파하고 나온 뒤에 역관 서상현(徐尙賢)[3]을 이주에서 식량을 사는 일로 경장이 있는 곳에 보냈습니다. 경장이 "예전에 섬(가도)에

---

1 생강과 청죽은 11월 9일에 들어왔으나, 다시 황제의 명으로 청죽 4태를 연말까지 들여오게 하였다. 또 생강이 얼어서 쓸 수 없다며 다시 들여오라고 하였는데, 그것은 아문에서 관리를 잘못하여 얼어버린 것이었다.(『심양장계』 신사년 12월 3일)

2 경중명은 가도 도독 모문룡의 부장으로, 1633년 공유덕(孔有德)과 함께 홍이포를 가지고 후금에 투항하였다. 1636년 그는 회순왕(懷順王)에, 공유덕은 공순왕(恭順王)에 봉해졌다.

3 서상현은 한역(漢譯)이다. 이때 금주위의 군량 문제를 해결한 데 이어 1642년 상가희(尙可喜)와 공유덕의 요청을 받고, 해주의 묵은 쌀을 빌려주고 햇곡으로 돌려받도록 주선한 일이 있다.(『심양장계』 임오년 1월 28일, 2월 22일)

있을 때 국왕의 은혜를 후히 입어서 지금까지 잊지 못한다"라고 하기에, 틈을 타서 서상현이 "이주에 쌓아둔 쌀을 작년 최응천(崔應天)의 예에 따라서 사고 싶습니다"라고 하니, 경장이 "이주의 좁쌀 200석은 우리 수레로 금주 군영에 가져가겠으니, 요동에 둔 귀국의 쌀을 받았으면 합니다. 한꺼번에 떼어줄 필요는 없고 받는 대로 갚도록 하시오"라고 하였습니다. 금주까지 운반해주는 값으로 처음에 500냥을 요구했다가, 서상현이 갖가지로 말해서 200냥으로 줄여 정하였습니다. 즉시 이 내용을 범문정에게 말하고 황제에게 고하게 하여 허락을 받아 일이 타결되었습니다. 그래서 근일 서상현을 요동의 경장에게 보내 다시 약속을 받게 한 다음, 그 관하 1인이 철산부사의 군관 이중남(李仲男)을 데리고 이주의 곡물 저장소에 가서 운반한 뒤에 표적을 가지고 오기로 서로 약속하였습니다.

북도(함경도)의 채삼인 60명을 넘겨받은 일은 6일 장계에 이미 치계하였습니다.[4] 붙잡힌 채삼인은 본디 65명인데, 그중 5명은 니응고태(尼應古太)[5] 지방에 잡혀갔을 때에 많이 맞아 상해서 4명은 그곳에서 죽고 1명은 병이 중해 뒤처졌다고 합니다. 이번에 문안사[6]가 돌아갈 때 딸려 보내려 하였으나, 아문에서 아직 처리하지 않고 있어서[7] 우선 남겨

---

4 11월 6일자 장계에 만월개 등이 관소에 와서 채삼인 60명을 넘겨주며, 채삼을 엄금하지 않은 관원들의 죄가 크다고 하였다. 당시 인삼은 삼상(蔘商)들이 수집해 왜관(倭館)에 팔아 이익을 많이 남겼으므로 월경 채삼이 계속되었다.
5 니응고태는 회령 북쪽에 있던 여진 부족으로, 후금에 통합되었다.(『인조실록』 8년 8월 3일)
6 10월 22일 심양에 온 절사(節使) 원두표 일행이다.

두었습니다.

이달 3일에 대군의 종 순이(順伊)가 뜻밖에 병에 걸려 즉사하고, 서울에서 온 군뢰 송봉수(宋鳳壽)는 내상(內傷)으로 크게 앓다가 두어 달 지난 이달 4일에 죽었습니다. 이틀새 두 사람이 잇달아 죽었으니, 몹시 놀랍고 참혹합니다. 서쪽 변경의 연대(봉수대) 근처에 버려둔 말 3필을 청인이 또 끌고 왔는데, 1필은 거꾸러졌습니다. 그 가죽과 말 2필을 이번 삭선을 실어 온 군관 지기룡(池起龍)에게 맡겨 의주로 내보냈습니다.

정역이 용장의 뜻으로 전언한, 황제가 대과반(大果盤) 100개를 구하니 조선에서 만들어 관소에 보내 적당한 때를 살펴 바치라고 한 일을 8월에 치계하였는데, 근일 다시 또 말한 일이 있습니다. 공조에서 이전의 장계를 상고하여 처리하도록 하십시오.

문안 승지는 가지고 온 물건을 어제서야 바친 뒤 상을 받고, 오늘 중사와 함께 돌아갑니다. 이러한 연유로 아룁니다.

承政院開坼 辛巳十一月初九日

王世子及嬪宮氣候安寧教是白乎於, 大君亦爲平安爲白齊. 本月初三日, 中使入來時, 大君軍官朴安義亦爲偕到爲白有齊.

初六日, 衙門以運粮人馬催促事, 使爲馳啓乙仍于, 禁軍田士立定送爲白有如乎. 同日昏時, 衙門又言, "今聞運糧馬五百餘馱入來云. 若又以帝命催督, 則

---

7 청은 채삼인들을 심문하여 피로인이었다가 몰래 도망한 자와 향화인으로 의심되는 자들은 잡아두고, 나머지는 12일에 조선으로 내보냈다.(『심양장계』 신사년 11월 13일)

恐有騷擾之患, 若以走人追, 止禁軍之行. 云云." 旋稱, "追之不及, 其狀啓出去, 亦爲無妨"是如爲白臥乎所. 以此觀之, 催運之意似緩一節是白齊.

前月初八日, 以藥用靑竹·生薑從速運入事, 禁軍安應男·安應立等, 持狀啓出去爲白臥乎. 昨日早朝, 衙門官員以通事韓甫龍·卞難等來言曰, "薑竹至今不來, 何其太遲? 卽須領送人催促. 云云"爲白去乙. 臣等答曰, "靑竹輸致京中之數, 或有多時, 或有小時. 今若乏少, 則必須遠取南中, 然後方可依數輸來. 且氷路險惡, 運入之未速, 勢所然也"云. 則衙門使之馳啓爲白如可, 適聞薑竹載持馬, 偕運糧人馬入來之報, 催督事, 還令停止爲白齊.

運糧之弊, 難以形言, 而計沒奈何, 只切悶慮爲白如乎. 前月耿仲明來在時, 世子敎是相逢於闕中, 耿將多有致款欲言之色. 罷出後, 譯官徐尙賢乙, 以伊州貿糧事, 委送於所在處. 耿將說稱, "昔在島中時, 厚蒙國王之恩, 至今未忘. 云云"爲白去乙, 乘隙, "伊州所儲之米, 依上年崔應天例, 欲買"云, 則耿將答曰, "伊州小米二百石, 當以我之車輛, 致於錦州軍前, 請授遼東所在貴國大米, 而不必一時離給, 隨得隨償可也. 云云"爲白齊. 一路脚價, 初以五百兩, 求索爲白如可, 尙賢輩以費辭, 減定二百兩爲白遣. 仍將此意, 言諸范文程, 使之轉告, 帝亦許之, 事已停當. 故頃送徐尙賢於遼東耿將處, 使之更爲約束, 其管下一人, 帶同鐵山府使軍官李仲男, 委往伊州儲穀之所, 運致之後, 持標迹以來事, 已爲相約爲白齊.

北道採蔘人六十名交付事段, 初六日狀啓中, 已爲馳啓爲白有果. 採蔘人被拉者本六十五人, 而其中五名段, 捉致於尼應古太地方時, 多被打傷, 四名死於其處, 一名病重落留是如爲白齊. 今此問安使還歸時, 欲爲付送, 而衙門良中, 時未停當, 姑爲留置爲白齊.

本月初三日, 大君奴子順伊, 不意得病卽死. 京來軍牢宋鳳壽段, 內傷病重, 已過數月, 本月初四日物故. 二日之內, 兩人連死, 極爲驚慘爲白齊. 西邊烟臺近處棄置馬三匹乙, 烟臺淸人, 又爲牽來, 而一匹段倒損. 同皮張及馬二匹, 今番朔膳軍官池起龍處逢授, 出送于義州爲白齊.

鄭譯以龍將之意傳言, 帝求大果盤一百箇, 自本國造送館中, 伺便入納事, 八月分已爲馳啓爲白有如乎, 近日更有申言之事. 令該曹前狀啓相考處置爲白齊.

問安承旨所領之物, 昨日始受後, 領賞, 當日中使一時發還爲白臥乎事是良尔. 詮次云云.

❀

이 장계는 금주 참전 군병의 부족한 군량을 경중명과 논의하여 해결한 일을 보고한 것이다. 군량은 조달하기도 어려운 일이었으나, 그것을 금주까지 운송하는 일도 큰 일이었다. 군량 문제로 크게 어려움을 겪고 있던 참에 우연히 경중명을 만났는데, 그가 가도에 있을 때 조선국왕의 후의를 입었다며, 이주에 둔 좁쌀을 빌려주고 운반까지 해주겠다고 제의한 것이다. 흉년으로 군량을 사들이려 했으나 그것조차 어려웠던 조선으로서는 운반하는 일까지 동시에 해결된 셈이었다. 경중명은 가도에 있다가 홍이포를 가지고 청에 투항하여 회순왕에 봉해진 인물이다. 경중명과 함께 투항한 공유덕, 상가희 등도 왕에 봉해졌다. 이들은 명과 청 두 나라를 섬겼다 하여 이신(貳臣)이라고 불렸다. 청은 이들에게 변발과 만주인 복장을 하고 대명전쟁에 앞장서게 했다.

52

김상헌 등에게 내린 황명

12월 23일

이달 20일 저물녘에 정역이 관소에 와서 은밀히 세자에게 아뢰기를, "내일 북관 사람을 처분하는 일이 있으니, 아침 일찍 오셔야 합니다. 감히 고합니다"라고 하였습니다.

21일 이른 아침에 정역이 '세자를 청한다'는 영을 와서 아뢰기에, 세자가 곧 나아갔습니다. 압대·두도 패륵(貝勒)[1]과 함께 제왕이 모이는 청사에 앉아 다례(茶禮)를 한 뒤, 압대 패륵은 먼저 나가게 하고 우리도 물러가게 하였습니다. 용골대와 피파·가리·노시(盧氏, 羅碩)·어사거

---

1 패륵은 만주어로 바일러, 부장(部將)이라는 뜻이다. 이때 청의 작위는 친왕(親王)·군왕(郡王)·패륵·패자(貝子)·진국공(鎭國公)·보국공(輔國公)의 여섯 등급이 있었다.

(於土巨, 羅繡錦)의 네 박시 및 정명수 등이 세자에게 황명을 전하여 고하기를, "김상헌 등은 죽어도 남은 죄가 있으나 이제 병이 중하다고 하고, 그 나머지 사람들도 다 질병이 있다 한다. 또 그들을 따라온 죄 없는 사람이 그들을 공양하기 위해 죄인과 함께 고생하고 있고, 이처럼 흉년에 관소에서 공양하는 것도 폐단이 크다. 김상헌이 비록 연로하다 해도 글에 능하니 반드시 재주와 지략이 있을 것이다. 이들을 금주위에 보내 진(陣)을 지키는 데 협력하여 공을 세워 스스로 정성을 다하게 하거나 의주에 보내 가두어두려 하는데, 의주와 금주, 어느 쪽이 나은가?"라고 하였습니다. 세자가 답하기를, "이 사람들이 이제까지 살아있는 것은 모두 황제의 은혜이니, 그 덕이 하늘과 같습니다. 젊은 사람이라 경험이 많지 않으니, 지금 물으신 것을 어찌 알겠습니까. 이들의 죄의 유무와 경중, 시비에 대한 처결은 오직 황제께 달려 있습니다. 가을날 된서리에 초목이 시들어 떨어지는 것은 하늘이 하는 일이고, 봄날 따뜻해져 마른나무에 잎이 나는 것도 하늘이 하는 일입니다. 황제의 처분이 하늘 같으니 오직 황제께서 하실 뿐입니다"라고 하였습니다.

용장 등이 궐에 들어갔다가 곧 나와 고하기를, "늙고 병든 사람을 금주에 보낼 수 없으니 모두 의주에 가두어두고 이곳 사행이 왕래할 때 살펴보게 하겠습니다" 하고, 용장 등 모두가 세자를 칭찬하며 "황제께서 세자의 대답한 말을 듣고 매우 옳게 여겼습니다"라고 하였습니다. 세자가 "황제의 덕이 하늘 같아서 이처럼 용서하시니 우리나라 신민(臣民)이 누군들 감격하여 받들지 않겠습니까. 다만 우리나라 법은 함께 한 곳에 가두지 않고 각각 따로 둡니다. 또 울타리를 쳐서 위리안치하면 관가에서 먹을 것을 주는데, 이번에 가두어두는 것은 어떻게 조치해야겠습니까?"라고 하였습니다. 다시 들어가 고하고서 답하기를, "그렇다면 각각 다른 집에 두고, 울타리를 쳐서 가둘 필요는 없지만 놓치지 말도록 하십시오. 관소의 장관(長官)이 데리고 가서 여염집을 수리하여 붙여두고 그릇과 도구들도 다 관에서 준비해주십시오. 선천부사 이계(李烓)²가 잠상(潛商) 1인을 죽인 죄는 국가에서 그의 죄만이 아님을 알고 있는데, 뱃사람 5명을 감사에게 보고하지 않고 국가에 고하지 않고 사사로이 풀어주었으니 그 죄가 매우 무겁습니다. 이계도 의주에 두고, 그 나머지 죄인에게 형벌을 내리거나 방면하는 것은 장관이 나가서 신문하여 처리하십시오"라고 하였습니다. 또 장관이 누구냐고 묻기에, 세자가 "관소에 이사·빈객과 시강원 관원이 있는데, 보덕이 장관이 됩니다"라고 하였습니다. 용장 등이 돌아와 고하기를, "상서(尙書)를 보내십시오"라고 하였습니다.³

문답을 마치고 세자가 또 경작⁴의 어려움을 설명하며 "대국에 와 있

2 이계(1603~1642)는 1641년 말 선천부사로 있을 때, 명나라 배와 밀무역한 일이 청에 발각되어 의주에 구금되었다. 1642년 겨울 봉황성에 다시 소환되어 용골대에게 심문을 받을 때에 자구책으로 최명길·이경여·신익성·이명한 등이 명과 밀통했다는 내용의 쪽지를 바쳤다. 그러나 나라를 배반한 자이니 법대로 처치하라는 청 태종의 명에 따라, 1642년 11월 의주에서 참수되었다. 뒤에 이계를 처단하지 말라는 명이 뒤따랐는데, 청은 조선에서 일을 은폐하기 위해 서둘러 참수하였다고 질책하였다.
3 이 말에 따라 재신 이경석이 의주로 나갔다.
4 청은 1641년 봄 야판을 설치하게 한 데 이어, 12월에 1천일갈이[千日耕] 전지를 떼어주며 심양관에서 직접 농사를 짓게 하고, 추수하면 급료를 중지할 것이라고 하였다. 당시 심양에 있는 몽골왕이나 다른 투항자들은 한두 해 급료를 받다가 전지를 받아 스스로 농사지어 먹고

으면서 폐를 끼친 것이 많았습니다. 떼어준 밭도 은혜로운 일에 관계되
지만 인력이 부족해서 경작할 수 없으니 민망한 사정을 감히 다시 아
뢰지 않을 수 없습니다"라고 하였습니다. 용장 등이 돌아와 고하기를,
"말씀하신 것은 옳으나 또한 그만둘 수 없습니다.[5] 종자는 마련해줄 것
입니다. 농군을 살 때는 개성의 삯에 따라 조선 사람을 사도록 하십시
오"라고 하였습니다.

김상헌 등이 우리나라 땅으로 살아 돌아가는 것은 나라의 은혜가
아님이 없고, 감격스럽고 다행함을 이길 수 없습니다. 그러나 경작하
는 일은 세자가 친히 설명해도 들어주지 않으니 더욱 몹시 걱정스럽습
니다.

承政院開坼 辛巳十二月二十三日

本月二十日暮, <u>鄭譯</u>來到館中, 密達于世子前曰, "明有北館人處置之事, 當
爲早請, 敢告"是如爲白如乎.

二十一日早朝, <u>鄭譯</u>以請之之令, 來達世子, 卽爲進往. 與<u>押大·斗斗</u>貝勒,
坐于諸王所會廳, 茶禮後, <u>押大</u>貝勒, 使之先出, 我人亦幷去. 令<u>龍骨大·皮牌·</u>

사는데, 조선왕자만 5년이나 되었으니 마찬가지로 전지를 주자는 의론이 정해졌다고 한다.
심양에 흉년이 들고 몽골과 한인 투항자들이 많아지면서 청측의 식량 제공이 어려워진 때문
이었다.(『심양일기』 신사년 12월 12일 · 23일)

5 황제의 명에 따라야 한다는 말이다. 관소에서 여러 번 농사짓기 어려운 형편이라고 호소하
자, 청 태종은 전지를 6백일갈이로 줄여주고 피로인을 속환하여 농군으로 쓰다가 후일 세자
가 귀국할 때 데려가라고 하였다. 이 뒤로 용골대 등이 종종 심양관에 피로인을 보내며 많은
속전(贖錢)을 강요하는 일이 계속되었다.

加隣·盧氏·於土巨四博氏·鄭命壽等, 傳告于世子前曰, "金尙憲等, 死有餘罪, 而今聞病重, 其餘諸人, 亦皆有疾病. 且其隨來無罪之人, 爲其供養, 與有罪之人且爲辛苦, 如此凶年, 自館所養之, 亦欲甚有弊. 金尙憲雖年老, 能文則必有才智. 此人等欲送錦州衛, 恊守陣上, 使之立功自效, 亦送囚于義州, 義州與錦州孰優?" 世子答曰, "諸人之至今生存, 無非帝恩, 其德如天矣. 年少之人, 經事未多, 今承問及, 何以知之? 諸人等有罪無罪, 輕重是非間, 處決唯在於帝. 秋日嚴霜, 草木零落, 乃天之爲也, 陽春和暖, 枯木生葉, 亦天之爲也. 帝之處分亦如天, 唯帝之爲耳."

龍將等入去, 卽爲出告曰, "老病之人, 不可送于錦州, 當并囚于義州, 此處使行往來時, 使之看見矣." 龍將等皆稱, "帝聞所答之言, 極以爲是"是如爲白齊. 世子曰, "帝德如天, 分揀如此, 我國臣民, 孰不感戴? 但我國之法, 不爲同囚于一處, 置諸各所, 且圍籬置之, 則自官家供饋. 今此囚置, 何以處之置?" 入告則答曰, "然則置之各家, 不必圍籬囚之, 但令勿失可也. 館中長官率去, 使之修理閭家而接置, 器皿諸具亦皆自官備給. 宣川府使李烓殺一潛商之罪, 則國家之所知, 非獨渠罪, 而舡人五名, 不報于監司, 不告于國家, 私自放之, 厥罪甚重. 李烓亦置于義州, 其餘罪人乙良或刑或放, 長官出去, 推閱處置. 云云." 且問長官誰某也. 世子曰, "館中有貳師·賓客·講院之官, 則輔德爲長官也." 龍將等回告曰, "尙書送之可也"是如爲白齊.

問答已訖, 世子又陳耕作之弊曰, "來在大國, 貽弊已多. 所給之田, 亦係恩數, 而筋力不足, 無以耕作, 悶迫之情, 不敢不更達." 龍將等回告曰, "所言是矣, 而亦不可已. 種子則當爲備給. 農軍買時, 當依開城之價, 本國人買之爲可"是如爲白齊.

金尙憲等生還我國地方, 無非國恩, 不勝感幸. 而耕作事段, 世子親自陳之, 而亦未得請, 尤極悶慮爲白臥乎事.

✿

북관에 갇혀 있던 김상헌과 신득연 등을 의주로 내보내 구금하게 한 일을 보고한 장계이다. 청은 이들이 병을 앓고 있고, 관소에서 이들을 보살피기 어렵다고 하면서 의주로 내보내게 하였다. 또 선천부사 이계가 한선에 음식물을 제공하고 몰래 교역하다가 발각된 사건이 있었는데, 그 관련자들도 의주에 가두어두고, 심양관에서 장관을 내보내 신문하고 처리하도록 하였다.

다음에는 청에서 전지(田地)를 떼어주며 심양관에서 직접 농사를 지어 식량을 해결하라고 한 일을 보고하였다. 세자가 경작할 수 없는 형편이라고 사정하고, 재신 이경석도 대국에 볼모로 있게 하면서 식량을 제공하지 않는 것은 부당하다고 호소하였다. 청 태종은 이것을 받아들이지 않고, 관소에서 조선인 농군을 사서 농사지으라며, 떼어준다는 전지를 1천일갈이에서 6백일갈이로 줄여주었다. 이듬해 봄부터 심양관에서는 그 전지에 감관(監官)을 파견하여 농사를 짓고, 피로인과 채삼인 등을 속환하여 농군으로 일하게 하였다. 청이 관소의 식량을 자체 해결하도록 한 것은 심양의 식량난 때문이기도 했지만, 제왕이 논의하여 소현세자에 대한 처우를 몽골 등의 다른 인질과 동일하게 해야 한다고 정했기 때문이었다.

임오년
(인조20, 1642)

향화인 자손의 쇄송

1월 28일 [2]

이달 27일, 정역(정명수)이 아문의 분부에 따라 쇄환해 온 향화인의 자녀 이름을 언서(諺書, 한글)로 나열하여 적은 종이 하나를 가지고 와서 말하기를, "경기 풍덕(豐德) 동면에 살던 향화인 김모진금(金毛智金)의 딸 분이(粉伊)를 서모단(徐毛段)이라는 사람이 아내로 삼았으니 위 분이를 잡아 보내고, 풍덕에 살던 향화인 김자손(金自孫)의 딸 건리개(件里介)는 그 지아비 이름이 서산(徐山)이고, 위 건리개의 딸은 소합(蘇合)·득개(得介)·소비(蘇非)·악덕(惡德)·악생(惡生)·악희(惡希)이고 아들은 득룡(得龍)이니, 위 김자손의 딸 건리개와 손녀들을 아울러 잡아 보내고, 풍덕의 향화인 김윤근(金允斤)의 딸 막덕(莫德)은 그 지아비가 김업산(金業山)이라는 사람인데, 위 막덕의 딸은 업진(業進)·목은이(目卩伊)이고 아

들은 논생(論生)이니, 막덕과 그 자녀들을 아울러 잡아 보내고, 풍덕의
향화인 홍줏동(洪注叱同)의 딸 풍월(風月)은 그 지아비가 김이동(金伊同)
이라고 하며, 위 풍월의 딸 업생(業生)이 막돌시(莫乭屎)라는 사람 집 근
처에 사니, 위 풍월과 그 딸 업생을 잡아 보내고, 파주 남면에 살던 향
화인 박언남(朴彦男)의 딸 태진(太眞)은 그 지아비가 이인원(李仁元)이라
는 사람이며, 위 태진의 아들은 경룡(敬龍)이고 딸은 계향(繼香)·예향(禮
香)이니, 태진과 그 아들딸을 잡아 보내되, 위 박언남의 말 1필을 함께
살던 우응(禹應)이라는 사람에게 올 때 주었다 하니 그 말도 찾아 보내
고, 파주의 향화인 이애남(李愛男)의 딸 옥지(玉只)는 그 지아비가 한철
(韓鐵)이라는 사람이며 옥지의 딸은 순개(順介)이니, 옥지와 그 딸을 잡
아 보내고, 파주의 향화인 물가리(勿加里)의 딸 예절(禮節)은 그 지아비
가 변응립(邊應立)이고 변응립의 아비 이름은 변준(邊俊)이며, 위 예절의
아들은 명길(命吉)이니, 예절과 그 아들을 잡아 보내고, 파주 살던 이억
정(李億丁)의 아들 무금(無金)이 해룡(海龍)이라는 사람의 집 옆에 사는데
위 무금을 잡아 보내고, 충청도 전의(全義) 남면에 살던 김막동(金莫同)
의 딸 오월(五月)은 그 지아비가 동천남(董天男)이라는 사람이며, 위 오
월의 딸 일선(一善) 등 3명이 김 좌수(座首)의 집 옆에 붙어살므로 김 좌
수도 잘 알 것이니, 위 오월과 그 아들 등도 아울러 잡아 보낼 것을 장
계하십시오” 하였습니다.

　답하기를, “전날 만상에서 서로 약속할 때, 향화인의 자녀로 만상에
있을 때 와서 고한 자들 외에 뒤에 계속 와서 고하는 자들은 받아들이
지 않기로 결정했을 뿐 아니라, 그 아비는 향화인이라 하더라도 그 어

미는 우리나라 사람이니 그 자녀를 쇄송할 수 없습니다"라고 하자, 정역이 "만상에서 약속한 것은 그랬다 해도 그때 향화인들이 자녀가 있다는 것을 바로 고하지 않았던 것은 살륙당할까 염려하였기 때문입니다. 이제는 여기 와서 살고 있고, 그 자녀를 찾아오지 않을 수 없으니 이렇게 고소하는 것입니다. 위 향화인들의 처가 조선 사람이라면 실로 쇄송하는 것이 부당하나, 그 자손은 향화인의 골육입니다. 이 나라 법은 모든 사람의 자손은 다 아비 쪽을 따릅니다. 그래서 응당 쇄송해야 한다는 것을 용골대 장군이 전에 결정하였으므로 변경할 수 없습니다"라고 하였습니다. "법에 아비를 따르게 되어 있다면 위 향화인의 딸은 그 아비를 따르더라도, 향화인의 사위는 우리나라 사람이니 그의 딸은 아비를 따라 우리나라 사람이 되어야 합니다"라고 답하자, 정역이 말이 궁하여 "이런 일은 조선에서 스스로 실상을 조사하고 처리해야 할 것이니, 우선 장계하십시오"라고 답하였습니다. 이 말은 일시적으로 피하는 말에서 나온 것이더라도, 그 뜻은 돌이켜 들어줄 리가 없는 듯합니다.

접때 인삼을 캐다가 붙잡힌 사람 가운데 함흥의 김계득(金季得)은 향화인 자손이라 하여 아문에서 이곳에 남게 하고 보내지 않았던 일은 전에 장계하였습니다. 요즈음 정역이 또 "김계득의 아내는 역비(驛婢) 내종(乃終)이고 그가 낳은 딸 승옥(承玉)은 15세, 둘째딸 삼옥(三玉)은 13세, 아들 순귀(順貴)는 10세라 하니, 내종은 보내지 않더라도 그 아들딸들은 모두 잡아 보내십시오"라고 하였습니다. "역비의 자손은 여느 백성과 다르므로[1] 더욱 쇄송할 수 없습니다"라고 답하자, 정역이 "그 어미가 역비일지라도 아비는 향화인이니, 그 아들딸은 쇄송해야 합니다"

라고 하였습니다.

또 개성부 사람 박길남(朴吉男)[2]의 속은(贖銀)은 이미 들어왔으나, 그 사람을 보지 않고 먼저 속은을 받는 것은 타당하지 못할 듯하고, 박길남이 도망 중이라고 하지만 필시 돌아갔을 것이니 그를 들여보내 스스로 속바치라고 한 일은 전에 장계하였습니다. 요사이 정역이 또 "박길남을 들여보내라고 장계한 지 오래되었는데 이제까지 오지 않다니, 이것이 무엇 때문입니까? 다시 장계하여 재촉하십시오"라고 하였습니다. 답하기를 "박길남이 도망간 뒤에 생사와 간 곳을 몰라 잡을 길이 없어서 전에 그렇게 말했더니 속은을 들여보내는 것이 마땅하다고 하였습니다. 그래서 200냥의 은을 조정에서 마지못해 마련해 보냈는데, 이제 와서 반드시 박길남을 들여보내 스스로 속바치게 하라 합니다. 박길남을 잡을 수 있다면 잡아 보내는 것이 무엇이 어려워 200냥의 은을 마련해 보내기까지 했겠습니까. 이것에서 그를 잡을 길이 없다는 것을 알 수 있습니다. 도주한 사람이고 생사도 모르는데 어찌 도로 들어갔을 리가 있겠습니까. 이제까지 오지 않은 것은 잡지 못했기 때문일 것입니다"라고 하였습니다. 거듭하여 말하니, 정역이 "당초에 속은을 들여보내라는 말은 거짓으로 시험해본 것입니다. 박길남이 영영 도망하여 생

---

1 역비 소생은 종모법(從母法)에 따라 모두 그 어미의 역(役)을 따르도록 규정되어 있었다.

2 피로인 박길남은 용골대의 집에 있다가 도망하였고 다시 심양으로 쇄송되는 도중에 또 도망하였다. 청은 그를 잡지 못하면 대신 그 아비를 들여보내라고 했다. 조선에서 그 아비가 늙고 병들어 압송할 수 없다고 호소하자, 청은 박길남의 속은을 바치라고 하였다.(『심양장계』 신사년 6월 4일, 7월 7일 · 24일)

사를 모른다면 이것을 설명하고 말아야 마땅한데, 속은을 마련해 보냈
으니 공가(公家)에서 마련한 것이라 하더라도 박길남이 죽지 않았다는
것을 알 수 있습니다. 이제는 도로 들어갔을 것이니 그가 스스로 들어
와서 속바치라는 내용으로 다시 장계하십시오" 하고, 전혀 말을 듣지
않았습니다.

이번 여러 항목의 일을 모두 묘당에서 헤아려 거행하십시오. 이러한
연유로 아룁니다.

承政院開坼 壬午正月二十八日

本月二十七日, 鄭譯以衙門分付, 持諺書一紙列錄刷來向化子女之名, 來言
曰, "京畿 豐德 東面居向化金毛智金女子粉伊乙, 徐毛段稱名人作妻爲有昆, 同
粉伊捉送爲旀, 豐德向化金自孫女子件里介, 其夫名徐山, 同件里介女子蘇合·
得介·蘇非·惡德·惡生·惡希·男子得龍是昆, 上項女子件里介及孫女等, 并以
捉送爲旀, 豐德向化金允斤女子莫德, 其夫金業山稱名人也, 同莫德女子業進·
目卩伊·男子論生是昆, 莫德及其子女等, 并以捉送爲旀, 豐德向化洪注叱同女
子風月, 其夫金伊同稱名人也, 同風月女子業生亦莫乭屎稱名人家近處居生是
昆, 上項風月及其女子業生捉送爲旀, 坡州南面居向化朴彦男女子太眞, 其夫李
仁元稱名人也, 同太眞男子敬龍·女子繼香·禮香是昆, 太眞及其子女捉送爲乎
矣, 上項彦男馬一匹乙, 同居禹夜[3]已稱名人處, 來時逢授爲有去乎, 馬匹乙亦爲
推送爲旀, 坡州向化李愛男女子玉只, 其夫韓鐵稱名人也, 同玉只女子順介是

---

3 '夜'는 원본에 '應'으로 나온다.

53 향화인 자손의 쇄송　387

昆, 玉只及其女子捉送爲旀, 坡州向化勿加里女子禮節, 其夫邊夜[4]立, 夜立父名則邊俊也, 同禮節男子命吉是昆, 禮節及其子捉送爲旀, 坡州向化李億丁男子無金亦, 海龍稱名人家傍居生是昆, 同無金捉送爲旀, 忠淸道 全義 南面居向火金莫同女子五月, 其夫董天男稱名人也, 同五月女子一善等參名, 止接於金座首家傍, 金也亦當祥知, 上項五月及其子等并以捉送事, 狀啓"是如爲白去乙.

答曰, "前日灣上相約時以爲, 向化子女乙, 在灣時現告者外, 續續告訴者, 則勿爲聽理事, 已爲定奪勞不喩, 厥父雖曰向化, 厥母我國之人, 則其子女等乙, 不應刷送"云, 則鄭譯曰, "灣上之約雖如此, 其時則向化等不爲直告其有子女者, 恐其被戮故也, 今則到此居生, 其子女等不可不刷來, 故如是告訴是昆. 上項向化等妻, 則若是朝鮮之人, 固不當刷送, 而其子孫則乃向化之骨也. 此國之法, 凡人子孫, 皆從父邊. 故應爲刷送事乙, 龍將前已爲定奪, 不可撓改"是如爲白去乙. 答曰, "法旣從父, 則前項向化之女, 雖從其父, 向化之壻乃我國之人, 則其女亦當從父爲我國人"云. 鄭譯言窮, 乃曰, "如此事, 本國自當査覈處之, 姑爲狀啓. 云云"爲白乎矣. 此雖出於一時遁辭, 而其意似無回聽之理爲白齊.

頃日, 採蔘被捉人中, 咸興金季得向化子孫是如, 衙門留此不送事段, 前已狀啓爲白有果. 今者, 鄭譯又言, "金季得妻驛婢乃終, 其所生女子承玉年十五, 次女三玉年十三, 男子順貴年十歲是如爲昆, 同乃終雖不當送, 其子女等乙良, 并爲捉送"亦爲白去乙. 答曰, "驛婢子孫則異於凡民, 尤不當刷送"云, 則鄭譯曰, "厥母雖是驛婢, 厥父旣是向化, 則其子女段, 不可不刷送"是如爲白齊.

且開城府朴吉男贖價銀, 雖已入來, 而不見其人, 先捧其銀, 似爲未安, 吉男

---

4 위와 같다.

雖曰在逃, 必已還入, 使之入來自贖事段, 前已狀啓爲白有果. 今者, 鄭譯又言, "朴吉男入來事, 狀啓已久, 而至今不來, 此何故也. 更爲申啓催促"是如爲白去乙. 答曰, "朴吉男逃去之後, 不知死生去處, 無路可捉, 故前以此意言之, 則贖銀入送爲當云. 故二百兩銀乙, 自朝廷不得已措備以送爲有去乙, 到今, 必使朴吉男入來自贖爲臥乎所. 吉男乙若可得捉, 則捉送何難, 而至於二百兩價銀備送乎? 於此可見其無路得捉之意也. 逃走之人, 不知其生死, 豈有還入之理乎? 至今不來者, 必是不得捕捉之故也." 反覆言之, 則鄭譯曰, "當初贖銀入送之言, 乃所以欺而試之也. 吉男若永逃, 不知死生, 則所當以此意陳卞而已可也. 旣已贖銀備送, 則雖曰公家所備, 而可知其吉男之不死也. 今則必以還入, 渠自入來以贖事乙, 更爲申啓. 云云." 而切不動聽爲白去乎.

今此各項等事乙, 并以令廟堂商量擧行爲白良尒. 詮次云云.

❋

이 장계는 조선에 살고 있는 향화인 자손까지 쇄송을 요구한 일에 대해 보고한 것이다. 역관 정명수가 향화인 자손의 거주지와 이름을 적은 종이를 들고 와서, 청나라 법은 '자손은 모두 아비를 따른다'며 종부법의 논리로 향화인 자손의 쇄송을 요구하였다. 재신의 답은, 그렇다면 마찬가지로 향화인의 딸이 조선인과 혼인하여 낳은 자식은 그 아비를 따라 조선인이 되므로 들여보낼 수 없다는 것이다. 이에 앞서 청의 독촉에 못 이겨 조선은 향화인 자손을 몇십 명씩 쇄송하였다. 그런데 심양에 들어온 향화인들이 조선에 남아 있는 처자들이 보낸 편지를 가지고 아문에 와서 '조정에서 들여보내지 못하게 한다'고 호소하고, 심양관에도 호소하는 일이 있었다. 청은 향화인들이 그 아내도 향화인 자손이라고 말했다며 쇄환하라고 계속 독촉하였고, 조선은 향화인의 처라 해도 조선 여인은 쇄환할 수 없다는 입장이었다.[5] 향화인 쇄환이 향화인 가족의 이산을 초래한 것이다. 쇄환한 향화인들이 다시 조선으로 도망하는 일까지 벌어졌으나, 청은 이들을 다시 붙잡아 보내고 그 자녀도 보내라고 계속 독촉하였다. 뒤에는 피로인으로 도망간 박길남의 속은을 들여보냈음에도 청에서 다시 그를 붙잡아 반드시 쇄송하라고 요구한 일이 실려 있다. 청은 조선이 속은을 대납한 것마저 박길남을 고의로 쇄송하지 않은 증거로 여겼으며, 그를 심양에 보내 직접 속바치도록 하라고 요구한 것이다.

5 『심양장계』 신사년 6월 25일, 7월 24일.

54

승전 진하례

3월 12일

왕세자와 빈궁은 기후 안녕하시며, 대군도 기후 평안합니다.

10일, 정역이 와서 "의주부윤이 이달 6일 성첩해 봉황성장(鳳凰城將)에게 보낸 정문에 '우리나라 교체 군병 1진은 오늘 저녁에 의주부에 도착할 것이며, 대장은 지난달 29일 서울에서 출발하여 이달 15, 16일쯤 압록강을 건너기로 정하였다'라고 한 것을 봉황성장이 아문에 치보(馳報)하였습니다"라고 하였습니다.

그날 저물녘에 팔문에서 북을 치고, 제장과 관원들이 아문에 모였습니다. 역관을 아문에 보내 탐문해보니, 박시들이 호령으로 전하기를 "금주에서 보고가 들어왔다. 조대수가 이미 나와서 항복했고, 청군이 입성하여 진을 쳤는데, 성안의 재화와 군병·백성의 수는 아직 상세히 알 수 없다" 하고, 또 누가 날을 잡아 나와서 항복하였는지는 말하지 않았습니다. 아문 통사들이 "구왕과 우진왕이 금주에 있으면서 조대악(祖大樂)을 성안에 보내 그 형을 유인하게 했더니, 조장(조대수)이 조대악과 함께 성에서 나와 제왕에게 배례를 행하고 꿇어앉아서 식량이 떨어져 항복하겠다고 말할 때, 청 군병이 뒤에서 성으로 들어가 성 위에 진을 쳤다. 성안에 굶어죽은 사람이 매우 많고 군병은 단 몇천 명뿐이었다"라고 하였습니다. 통사들이 과장한 말을 다 믿을 수는 없으나, 명군이 금주성을 지키지 못한 것은 거짓말이 아닌 듯합니다.

전날 북을 쳤을 때는 사람과 말이 길을 가득 메웠는데 이번에는 자못 드문 듯하기에 아문 사람에게 물으니, 그가 말하기를 "금주·행산(杏山)·탑산(塔山) 세 곳에서 성을 포위했는데, 여기 남아 있던 군병이 막 나갔고 교대하여 돌아오는 자는 아직 오지 못해서 이처럼 드물다" 하였습니다. 정역이 "중조(명)에서 접때 진(陣)에 사람을 보내 강화를 청하기에, '반드시 대신과 고위 내관을 보내고 표적을 가지고 와서 의논하게 하라'고 답하고, 또 '산해관 바깥의 여러 성을 떼어주고 또 선사하는 물품을 후히 보내야 강화할 수 있다'고 하였다"라고 하였습니다.

11일 아침에 황제가 동문 밖 성황당(당자)에 갔습니다. 금주를 얻은 것을 기뻐하며 배례를 행하여 성황의 신[1]에게 감사를 올린 것입니다. 세자를 청하여 세자께서 함께 갔으나, 대군은 눈병이 조금 있어 바람을

---

1 하늘신을 말한다. 여진족의 신앙은 원래 하늘이 여럿이라는 것이었는데 17세기에 이르러 하나의 하늘, 최고의 하늘에 대한 믿음으로 바뀌었다.

쓸 수 없으므로 참석하지 못하였습니다. 이윽고 황제가 돌아왔습니다. 세자께서도 관소에 돌아온 뒤, 아문 통사가 와서 "제장 등이 아문에 모입니다" 하며 세자를 청하여, 아문에 갔습니다. 그런데 정역이 또 "황제께서 내일 진하를 받을 것이니, 오늘은 우선 파하여 돌아가십시오"라고 하였습니다. 황제가 성황당에 갔을 때, 범문정을 시켜 전날 사로잡힌 조장의 양자 조공숙(祖公淑)을 불러서 말하기를, "네 아비는 살려서 이곳에 데려올 것이니, 네가 만날 수 있을 것이다" 하자, 조공숙이 머리를 조아리며 사례하였다고 합니다. 조장이 나와 항복할 때 함께 온 장관 30여 인은 다 죽음을 면할 것이나, 성에 있던 장관들은 살아남기 어려울 것이라 하였습니다.

12일 황제가 나와 좌정하여 진하를 받는데, 세자와 대군을 청하므로 가서 참석하였습니다. 역관 이형장이 정역의 뜻을 탐지하고 와서, "금주성을 얻는 일은 이 나라에서 크게 바라던 것인데, 이제 얻었으니 이렇게 진하를 받는 행사가 있습니다. 이러한 내용을 사람을 보내 조선에 알려야 합니다"라고 하였습니다. 방금 정역이 송산과 금주에서 노획한 것을 열거한 쪽지를 가지고 와서 전하며, "즉시 장계배지를 선정해 조선에 내보내고, 이 별지도 장계에 써 보내십시오"라고 하였습니다. 그래서 감히 이처럼 치계하며, 별지는 베껴 써서 올려 보냅니다. 정역이 또 "청죽을 밤낮없이 재촉하여 들여보내십시오"라고 하므로, 아울러 치계합니다.

承政院開坼 壬午三月十二日

王世子及嬪宮氣候安寧敎是白乎旀, 大君亦爲平安爲白齊.

初十日, 鄭譯來言, "義州府尹, 今初六日成貼, 呈文於鳳凰城將曰, '我國交替軍先運則卽夕當來到本府, 而大將則前月二十九日, 京中離發, 今月十五六日間, 定爲越江'是如爲白有等以, 鳳凰城將馳報于衙門"是如爲白齊.

同日日暮時, 八門擊鼓, 諸將官等趁會于衙門爲白去乙. 使譯官探問于衙門, 則博氏等傳呼言之曰, "錦州之報入來. 祖將已爲出降, 淸兵入城結陣, 而城中財貨·軍民之數則時未詳"云, 而且不言某卜日出降爲白乎旀. 衙門通事等言, "九王·右眞王在錦州, 送祖大樂於城中, 使誘其兄, 則祖將偕大樂, 出城行拜于諸王處, 跪言粮盡請降之際, 淸兵自後得入城中, 結陣於城上. 城中之人飢死甚多, 軍兵則只有數千餘人. 云云." 通事輩誇張之言, 不可盡信, 而錦城之失守則似非虛言是白齊.

前日擊鼓時則人馬騈塡於道路爲白如乎, 今則頗似稀疎爲白去乙, 問于衙門之人, 則曰, "錦州·杏山·塔山三處圍城, 留此之軍, 纔已出去, 替歸者未及來到, 故如是稀疎"是如爲白齊. 鄭譯言, "中朝, 頃日送人於陣上, 請和爲白去乙, 答曰, '須送大臣及位高內官, 持標迹來議則可也' 又曰, '必割給關外諸城, 而且厚其贈給之物, 然後可以爲和' 云云"是如爲白齊.

十一日朝, 皇帝往東門外城隍堂, 蓋以得錦爲喜, 行拜禮以謝城隍之神也. 請世子敎是偕往, 而大君微有眼疾, 不可以風, 故未得往參是白如乎. 俄頃, 帝則回還. 世子敎是亦爲還館之後, 衙門通事來言, "諸將等會于衙門"是如, 請世子往衙門, 而鄭譯又言, "皇帝明日當爲受賀, 今日則姑爲罷還"是如爲白齊. 皇帝往城隍堂時, 使范文程招前日被擄祖將養子公淑, 言之曰, "汝父, 當爲生致此

處, 汝可得相見"云, 則祖公淑叩謝是如爲白齊. 祖將出降時, 偕來將官三十餘
人, 則皆得免死, 而在城將官等, 則難保其不死是如爲白齊.

　十二日, 帝出坐受賀, 請世子敎是及大君, 往參爲白在果. 譯官李馨長探鄭譯
之意而來言, "圖得錦城, 此國之所大欲, 今已得之, 故有此受賀之事. 此意不可
不送人通於我國"是如爲白如乎. 卽刻, 鄭譯持松·錦所獲列書小紙, 來傳曰, "卽
刻, 差定狀啓陪持人, 出送本國, 而此別紙亦送於狀啓中"是如乙仍于. 敢此馳啓
爲白乎旀, 別錄謄書上送爲白齊. 鄭譯又言, "靑竹, 罔晝夜催促入送"是如爲白
乎等以, 幷以馳啓爲白臥乎事.

✤

　이 장계는 금주 전투에서 승리하고 청 태종이 진하례를 행한 사실을
보고하였다. 청은 금주성을 포위하고 주변의 송산·행산과의 연결을 차
단하는 작전을 펼치며 집요하게 공격하였다. 청군의 포위로 식량이 떨
어지고 굶어죽은 자가 속출하자 금주를 지키던 명장 조대수가 성에서
나와 항복하였다. 청은 이로써 명의 산해관으로 곧바로 쳐들어갈 수 있
게 되었다. 이어서 명에서 화의를 제의한 사실을 정명수에게 탐지하여
보고하였다. 그리고 청 태종은 금주성을 얻은 일로 당자에 가서 배례를
행하였으며, 또한 승전 사실과 전과를 조선에도 곧 알리도록 하였다.

55

공미 오천 석

3월 19일

  방금 용장과 천타마(賤他馬)[1] · 보대평고 3인이 황제의 뜻으로 세자께
와서 말하였습니다. "송산 · 금주에서 얻은 사람이 죽여야 할 자를 제외
하고 조대수 등 투항한 장졸 및 그 가족이 1만여 명이나 됩니다. 이곳이
곡물이 부족한 것은 아니지만 몽골과 왈합(曰合)[2] 등에 식량을 지급하는
것이 전부터 매우 많아서, 이제 이 1만여 명에게 곡식을 주기 어렵습니
다. 조선의 공미(貢米)는 해마다 1,000석이니 올해부터 병술년(1646)까

---

1 천타마(陳檀阿馬)는 호부 아리암배(阿里岩排, 尙書)로 나온다.(『심양장계』 신사년 11월 19일)
  1641년부터 조선 관계 업무를 담당하였다.
2 왈합(와르카)은 야인여진이다. 1641년 청에 투항하였다.(『인조실록』 19년 12월 19일)

 396 임오년(인조20, 1642)

지 5년의 공미 5,000석을 지금 즉시 한꺼번에 실어 보내십시오. 의주에서 황해도까지 서로(西路)에서 가까운 곳부터 먼저 급히 봉황성으로 나르고, 먼 곳에서는 뒤따라 연속해서 들여보내라고 즉시 장계하십시오."

세자가 답하기를, "대국에 이처럼 큰일이 있으니 공미를 면제해주지 않더라도 쌀을 지원하라고 하면 감히 따르지 않을 수 없습니다. 더구나 공미를 면제하고 실어 오는데, 어찌 힘을 다하지 않겠습니까? 다만 본국에 해마다 흉년이 들어 백성이 많이 굶어죽고 있어서 얼마 안 되는 관곡을 다 풀어서 구제하느라 지금은 쌓아둔 것이 거의 없다고 합니다. 힘이 닿는다면 어찌 잠시라도 지체하겠습니까? 생각건대, 서도의 관곡은 다 흩어져 남은 것이 없고, 민간에서 거둔다면 지체될 염려가 없지 않으니 이것이 걱정스럽습니다. 다만 이러한 뜻은 즉시 치계하겠습니다" 하였습니다.

용장이 "즉각 급히 말을 달려 보내 가까운 지역의 쌀을 화급히 먼저 실어 보내고 먼 곳은 차차 운반하십시오. 이 일의 거행 상황을 신속히 회보하십시오"라고 하였습니다. 세자가 "감히 그렇게 하지 않겠습니까. 다만 1년에 1,000석을 나르는 인마도 동원하기가 매우 어렵습니다. 더구나 5,000석이라니, 순차적으로 한다고 해도 그 인마를 동원하기가 매우 어렵습니다. 해마다 식량을 운반한 나머지 물력이 고갈되어서, 성의는 간절해도 기력이 미치지 못할 듯합니다. 또 봉황성으로 운반하는 것도 매우 어려우니, 의주 강변이나 중강(中江)에 운반하여 넘겨주게 하는 것이 편하고 마땅할 듯합니다"라고 하였습니다. 용장이 "세폐를 봉황성에 운반하는 것은 이미 식례(式例)로 정한 것이니 고칠 수 없

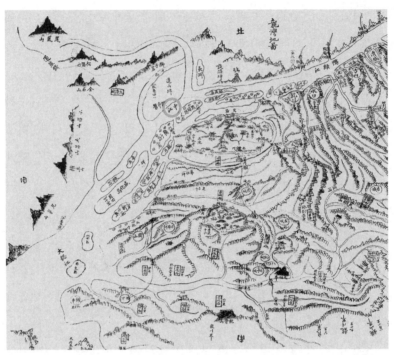

용만지도(龍灣地圖)

중강은 압록강 물줄기가 셋으로 갈라지는 곳에 있다(○ 표시). 지도에는 중강 위에 '개시장(開市場)'이
표기되어 있는데, 1646년 이후 중강개시가 재개되어 청과의 교역이 이루어졌다.

습니다. 여러 말 말고 즉시 치계하십시오"라고 하였습니다.

세자가 "해마다 바치는 공미는 쌀입니다. 쌀 5,000석을 한꺼번에 갑
자기 마련하기 어려우니, 좁쌀을 섞으면 어떨지 모르겠습니다"라고 하
자, 용장이 "쌀과 좁쌀을 섞어도 무방합니다. 긴급한 일이니 지체하지
마십시오" 하고는 곧 일어나서 갔습니다. 해마다 군량을 나른 끝에 또
이처럼 뜻밖의 일이 생겼습니다. 흉년이 들고 백성이 곤궁할 뿐 아니

라 얼마 안 되는 창고의 곡식도 이미 분급했으리라 생각됩니다. 이곳에서는 말이 나오면 반드시 시행해야 하므로, 어떻게 응대해야 할지 몰라 걱정스럽고 망극합니다. 금군 안응남을 장계배지로 올려 보내니, 비국에서 즉시 회보하여 돌려보내십시오.

承政院開坼 壬午三月十九日

即刻, 龍將·賤他馬·甫大平古等三人, 以帝意來言于世子前曰, "松·錦兩處所得之人, 除其可殺者外, 祖大壽等投降將卒及其家屬, 至於萬餘名. 此處非乏穀物, 而蒙古·曰哈等給食, 從前甚多, 今此萬餘人饋廩爲難. 本國貢米歲一千石, 自今年至丙戌年, 五年貢米五千石, 即今一時輸送爲乎矣, 自義州至黃海道等西路, 從近從先, 急運鳳凰城, 而從遠之處, 從後連續入送事, 即爲狀啓"云.

世子答以"大國有如此大事, 雖不除貢, 若令助米, 不敢不從. 況除貢而輪致, 豈不盡力? 但本國連歲凶歉, 民多餓斃, 若于些少官穀, 盡散以救, 目今儲時幾盡云. 力若可及, 寧容暫緩. 只念西路官穀, 盡散無餘, 若收捧於民間, 不無遲滯之患, 此爲可慮. 第以此意即當馳啓耳."

龍將曰, "即刻急馬馳送, 而近地之米, 急先輸送, 遠處次次運米. 此事擧行形止, 急急回報, 云云." 世子曰, "敢不如是爲之? 但一年千石輸運人馬, 亦極難辦. 況五千石, 雖云鱗次, 而其人馬責立尤難. 連年運粮之餘, 物力凋弊. 誠意雖切, 氣力恐不及. 且鳳凰城輪致, 尤爲極難, 義州江邊或中江, 輪至交輪, 似爲便當矣." 龍將曰, "歲幣輪於鳳凰, 已定式例, 不可更改. 勿爲多卜, 宜即馳啓"云.

世子曰, "歲貢大米也. 五千石大米, 一時猝備爲難, 雜以田米, 未知何如." 龍曰, "大小相參亦爲無妨. 此乃緊急事, 勿爲緩忽." 仍卽起去爲白有去乎. 年年飛輓之餘, 又有如此意外之擧. 非但歲飢民困, 若干倉穀, 相[3]必已散敎是白在果. 此處之言, 發口必施, 未知何以責應爲白乎喩, 爲慮罔極爲白齊. 禁軍安應男, 狀啓陪持上送爲白去乎, 令備局卽爲還送回報爲白只爲.

✿

 이 장계는 청에서 급히 식량을 요청한 일에 대해 보고하였다. 송산·금주의 승전으로 획득한 1만여 인구 때문에 앞으로 5년간의 공미 5,000석을 한꺼번에 들여보내라고 한 것이다. 송산성 전투에서도 청은 성안의 식량이 바닥나기를 기다리는 전술을 썼고, 오랫동안 포위하여 격렬한 전투를 벌인 끝에 성을 함락하였는데, 성안에서는 굶주린 사람들이 서로 잡아먹는 일까지 있었다고 한다.[4] 따라서 새로 얻은 인구의 식량 조달 문제가 시급하여, 조선에 공미를 앞당겨 보내도록 급히 요청한 것이다. 소현세자는 조심스럽게 조선에 해마다 흉년이 들어 비축 물량이 없는 실정이고, 그것을 거두어 봉황성으로 운반하는 일도 매우 어려운 형편임을 호소하였다. 그러나 용골대에게 묵살당하였다. 세자는 다시 쌀과 좁쌀을 섞어서 보내도 될지 물어서, 그의 허락을 받아냈다. 청의 강압적 요구에 세자가 어렵고 조심스럽게 응대하며, 조선의 부담을 줄

---

3 '相'은 원본에 '想'으로 나온다.
4 『심양장계』 임오년 2월 22일.

이려고 노력하였음을 볼 수 있다. 뒤에 청은 이 공미와는 별도로 부조하는 뜻으로 쌀을 더 보내도록 요구하였다.

56

일본에 대한 문답

4월 2일

　지난달 29일 신 이경석이 관소에 올라온 뒤, 저녁때쯤 용장과 천타마, 범문정·노시 박시, 보대평고 등이 여러 사안에 대한 자문을 가지고 관소에 왔습니다. 범문정이 먼저 왜(倭)의 동향에 대해 보고한 자문을 집어들고 손으로 가리킨 뒤, 한역 김귀인(金貴仁)을 시켜 읽게 하며 여러 가지를 물었습니다. 이를테면, 유도(柤島)·장기(長崎, 일본 나가사키)·다대포(多大浦)는 어디쯤 있는 지방인지를 묻기에, 세자께서 어느 섬은 어느 땅에 속한다고 답하였습니다. 또 묻기를 "대군(大君)은 무슨 이름입니까? 대군이 일국의 임금입니까?"라고 하자, 세자가 답하기를 "일본은 나라의 정권을 잡은 자를 본디 관백(關白)이라고 하였는데[1] 근년에 대군이라고 개칭하였습니다.[2] 대군 위에 천황이 있으나 천황은 일국의 일에 간여하지 않습니다" 하였습니다. 범문정이 또 묻기를 "그렇다면 천황은 하는 일이 없습니까?" 하니, 세자가 답하기를 "천황은 하는 일이 없습니다. 목욕하고 하늘에 절하는 것만 일삼으니, 속설에 왜황제³라고 이릅니다" 하였습니다. 범문정 등이 서로 돌아보며 웃고 또 묻기를 "등지승(藤智繩)·최의길(崔義吉)·홍희남(洪喜男)·이장생(李長生) 등⁴은 어떤 사람입니까?" 하기에, 세자가 아무개는 왜차(倭差, 일본 사신)이고 아무개와 아무개는 왜통사(倭通事)라고 답하였습니다. 또 묻기를 "왜선이 왕래하는 수효는 얼마나 됩니까?" 하고, 또 "서계(書契)⁵라는 것은 무엇입니까?" 하였습니다. 세자가 답하기를 "양국이 화호한 뒤에 세견선(歲遣船)·특송선(特送船)이라 하여 1년에 왕래하는 배의 수효를 우리나라에서 정하고 도서(圖書)⁶를 주어서 때때로 왕래하게 하여 서로 매매하는 일이 있습니다"라고 하였습니다. 또 묻기를 "도주(島主)란 무

---

1 관백은 일본 천황을 보좌하고 정무를 총괄하는 최고위 관직인데, 헤이안시대(平安時代, 794~1185)에 생겨난 직책으로 관례상 후지와라(藤原) 씨가 맡았다. 토요토미 히데요시는 1590년 일본을 통일한 뒤, 후지와라 씨의 후손임을 선언하며 관백을 자처하였다.

2 도쿠가와 막부의 성립 이후 17세기 초에 조선과 일본의 국교가 재개되고, 1636년(인조14)에는 통신사가 파견되었다. 이때 일본의 외교문서에 막부의 수장을 '대군'이라고 칭하였다.

3 '倭'의 옛 음은 '예'이다. '예황제'란 하는 일 없이 호의호식하며 안락하게 지내는 왕을 가리키는 말이다.(『표준국어대사전』)

4 등지승은 일본 사신으로 1634~1649년에 여러 번 조선에 왔다. 최의길·홍희남·이장생 등은 이때 왜역(倭譯)으로 활동하고 있었다.

5 서계는 조선의 예조·동래부사·부산첨사 등과 일본 대마도주 사이에 주고받는 외교문서를 말한다. 조일 외교 통상은 모두 서계에 따라 이루어졌다.

6 도서는 조선에서 왜인이나 야인 추장 또는 입공자(入貢者)에게 주고받는 문서에 사용하도록 하사한 동인(銅印)을 말한다.

엇을 말합니까?" 하자, 세자가 답하기를 "대마도(對馬島) 태수입니다, 서계는 대마도주가 예조판서에게 바치는 문서입니다"라고 하였습니다. 또 묻기를 "가강(家康)이라는 자는 누구입니까? 수길(秀吉)은 조선을 친 자입니까?" 하여, 세자가 답하기를 "가강은 지금 관백의 할아비이고,[7] 평수길(平秀吉)[8]은 임진년(1592)에 도둑질한 자입니다" 하였습니다. 또 묻기를 "전해준 물건이란 무엇을 말합니까?" 하기에, 세자가 답하기를 "종(鐘)이나 향로 같은 물건과 사(詞)와 신하들의 시편(詩篇)입니다[9]"라고 하였습니다. 또 묻기를 "상판한인(商販漢人)이란 무엇입니까?" 하기에, 세자가 답하기를 "전에 들으니, 중원 남방의 상인들이 왜국과 통교하였는데 이들을 말합니다" 하였습니다. 또 묻기를 "대장경은 어떠한 경입니까?" 하여, 세자가 답하기를 "여러 불경을 총칭하는 이름입니다" 하였습니다. 또 묻기를 "천황의 아들은 어찌하여 중이 됩니까? 중이 존숭하는 것은 옥황상제입니까, 부처입니까?" 하여, 세자가 답하기를 "왜국의 풍속은 천황의 맏아들이 계승하고 그 나머지 아들딸은 다 중이 되는데 그들이 받드는 것은 부처입니다" 하였습니다. 또 묻기

---

7 당시 에도 막부의 수장은 3대 도쿠가와 이에미쓰(德川家光, 재위 1623~1651)로, 도쿠가와 이에야스(德川家康)의 손자였다. 1603년 도쿠가와 이에야스가 정이대장군(征夷大將軍)으로 에도 막부를 창설하였다. 막부 수장은 '쇼군(將軍)'이라고 하였다.

8 도요토미 히데요시(豊臣秀吉)는 예로부터 유력한 가문인 다이라(平) 씨를 자칭하였기 때문에 '平秀吉'로 기록된 경우가 많다.

9 일본은 일광산(日光山)에 도쿠가와 이에야스의 사당[東照宮]을 완공한 뒤, 사신을 보내 편액(扁額)과 시문(詩文)을 요청하고 종(鐘)도 주조해줄 것을 요구하였다. 조선 조정은 논의 끝에 이것을 들어주었다.(『인조실록』 20년 2월 18일)

일본 일광산 동조궁(東照宮)
도쿠가와 이에야스의 위패를 봉안한 사당.

를 "이 밖에 별로 다른 뜻이 없다고 한 것은 무슨 말입니까?" 하여, 세자가 답하기를 "이것은 도주가 왜국 집정(執政)에게 대답한 말인데, 아마 이 말은 양국이 서로 화호하는 것 외에 달리 문제될 것이 없다는 말일 뿐입니다" 하였습니다. 또 묻기를 "온화한 모습으로 옷자락을 드리우고 팔짱을 끼고 있다는 것은 무슨 말입니까?" 하여, 세자가 답하기를 "스스로 태평한 모습을 형용한 것입니다" 하니, 범문정이 "예, 예" 하였습니다.

이 밖에 문답한 내용은 왜국 풍속에 관한 것이 많았는데 중요하지 않은 말이었으므로 번거롭게 아뢰지 않겠습니다. 용장 등이 또 청서를 아는 종인(從人)을 시켜 왜의 사정에 대한 자문을 번역한 글을 펴서 읽게 하며 서로 논란하는 듯하였는데, 내용은 오직 '한상(漢商)과 서로 통교한다'와 '별로 다른 뜻이 없다' 등의 조항을 중시하였으나 한가로운 말이 섞여 있었습니다.

범문정이 또 안주(安州)의 죄수 등에 대한 자문과 채삼인 등에 대한 자문을 들어 말하기를 "여기에 문지르고 고친 흔적이 있는데 무엇입니까?" 하여, 세자가 "급히 회보하느라 바삐 문지르고 고친 흔적이 남아 있는 것입니다. 이런 일은 이사가 소상히 알 것입니다. 자문 중에 착오가 있으므로 한편으로 치계하고 한편으로 고쳐 써서 대관이 몸소 가져온 것인데 어찌 허술한 일이 있겠습니까?"라고 답하니, 범문정 등이 "그것은 그렇습니다만 다른 문서에 문지르고 고친 것이 있다면 어찌 허술하지 않다 하겠습니까? 우리가 고쳤다고 한다면 또한 장차 어찌하겠습니까?"라고 하였습니다. 세자가 답하기를 "어찌 그럴 리가 있겠습니까? 또 중원에 사신을 보낼 때 표문·자문 중에 잘못 쓴 곳이 있으면 만상에서 다시 살피고 승문원(承文院, 외교문서 담당 관청) 관원이 고쳐 씁니다. 그래서 자문점마(咨文點馬, 자문의 문장을 점검하는 관원)가 간다는 것은 모두가 아는 일입니다. 이번에 고쳐 쓴 것도 이를 본떠 한 것인데, 급박한 때에 이렇게 되었으니 이것은 미안합니다" 하니, 범문정이 "당초에 문지르고 고친 것에 대해 말했더라면 어찌 물어보았겠습니까? 이는 위에 아뢸 일이 아니고, 우리의 생각을 말한 것뿐이니 앞으로는 이렇게 하지 마십시오"라고 하였습니다. 그 뜻은 한편으로는 자기가 밝게 살폈음을 과시하고 한편으로는 아량이 있음을 보이려는 것이었습니다. 범문정 등이 곧 일어나서 갔습니다.

그날 어스름에 범문정과 노시 박시가 또 와서 세자께 묻기를 "왜국에는 중이 있는데 도사(道士)도 있습니까? 도사는 무엇을 존숭합니까?" 하자, 세자가 "도사가 있다는 말을 듣지 못하였으나, 선비라고 하면서 머리를 깎고 아내를 둔 자가 있는데, 이들이 도사인·듯합니다. 그러나 도사라고 부른다는 것은 듣지 못하였으며, 그들이 존숭하는 것은 다 부처의 법입니다"라고 답하였습니다. 또 묻기를 "조선에도 도사와 거사(居士)가 있습니까?" 하여, 세자가 "비구는 있으나 도사는 없습니다"라고 답하였습니다. 그 밖에 물어본 내용도 한담이 많았고 거듭 왜국의 풍속에 대한 말을 반복하였다가, 말을 마치고 곧 파하여 나갔습니다.

죄수들을 처결하는 일과 채삼인 등의 일은 무사히 타결되어 다시 묻는 일이 없었습니다. 참으로 다행입니다.

承政院開坼 四月初二日

前月二十九日, 臣景奭上來于館所之後, 夕食量, 龍將及賤他馬·范文程·盧施博氏·甫大平古等, 持各項咨文, 來到館所. 范文程先拈倭情咨文, 手自點示, 次令漢譯金貴仁讀之, 多有尋問之事, 如枏島·長崎·多大浦, 問以何許地方爲白去乙, 世子敎是答以某島屬某地是如爲白齊. 又問, "大君是何名? 大君爲一國之主?" 世子答曰, "日本執一國之柄者, 本稱關白, 而頃年以來改稱大君. 大君之上有天皇, 而於一國之事, 無所與知." 文程又問, "然則天皇無所爲之事耶?" 世子答曰, "天皇無所爲, 但事沐浴拜天, 俗所謂倭皇帝也." 文程等相顧而笑, 又問, "藤智繩·崔義吉·洪喜男·李長生等, 是甚樣人?" 世子答以某也倭差也, 某某倭通事也. 又問, "倭舡之往來者, 幾何?" 且問, "書契者, 何也." 世子答曰, "兩國和好之後, 稱以歲遣舡·特送舡, 一年往來之舡, 自我國定其常數, 授以圖書, 以時往來, 有交相買易之事." 又問, "島主何謂也?" 世子答曰, "乃是對馬島太守也. 書契卽對馬島主呈于禮曹判書之書也." 又問, "家康者誰也? 秀吉乃攻朝鮮者耶?" 世子答曰, "家康卽今關伯之祖也. 平秀吉卽壬辰年作賊者也." 又問, "所謂以爲流傳之物, 何謂也?" 世子答曰, "如鐘·爐等物及詞臣詩篇是已." 又問, "所謂商販漢人者何也?" 世子答曰, "曾聞中原南方商賈相通於倭國云." 又問, "大藏經, 何等經也?" 世子答曰, "諸佛經之總名也." 又問, "天皇之子, 何以爲僧? 僧之所尊奉者, 至玉皇上帝耶? 抑佛耶?" 世子答曰, "倭國之俗, 天皇長子爲承襲, 其餘子女皆爲僧尼, 而其所存奉者乃佛也." 又問, "所謂他外別無他情云者, 何語也?" 世子答曰, "此乃島主答倭國執政之言. 意者此言不過兩國相好之外, 他無事端之謂也." 又問, "所謂雍容垂拱者, 何語也?" 世子答曰, "乃自形容太平底景象也." 文程唯唯.

此外問答之事, 多是倭國之俗, 語不緊關, 不爲煩達爲白齊. 龍將等, 又令從人之曉習淸書者, 披讀倭情咨文飜譯之書, 若相論難者然, 其意專以漢商相通及別無他情等事項爲重, 而雜以閑漫之說爲白齊.

范文程又據安州囚人等事咨文及採蔘人等事咨文而言之曰, "此有擦改之痕何也?" 世子答曰, "急急歸報, 忽忽擦改, 未免有痕. 此等事乃貳師之所詳知. 咨文中有錯誤處, 故一邊馳啓, 一邊改寫, 大官所自持來者, 寧有虛疎之事乎?" 文程等曰, "此則然矣. 而他文書若有擦改之事, 則豈不虛疎, 若謂吾等改之, 則亦將奈何?" 世子答曰, "豈有是理? 且中原通使時, 表·咨中或有誤處, 則灣上更查時, 承文院官員改寫, 故有咨文點馬之行, 此則人所共知. 今此改寫, 蓋亦倣此爲之, 而忽迫之際, 以致如此, 是則未安." 文程曰, "初若言其擦改之意, 則何

必問之? 此非奏知之事, 只以俺等之意言之, 後勿如是可也. 云云." 其意, 一以
示其明察, 一以示其德色. 即爲起去爲白有如乎.

同日臨昏, 范文程及盧施博氏兩人又爲來到, 問于世子前曰, "倭國有僧, 亦
有道士耶? 道士何所尊也?" 世子答曰, "道士則未聞有之, 而有儒名者, 落髮畜
妻, 似是道士之類. 而未聞道士之號也. 其所尊者, 等皆佛法也." 又曰, "朝鮮亦
有道士與居士耶?" 世子答曰, "有比丘而無道士耳." 他餘所問之事, 又多閑漫,
而反而反覆乎倭國之俗, 言訖, 即爲罷出爲白齊.

諸囚處決事及採蔘人等事, 無事停當, 亦無更問之事, 誠爲多幸爲白乎事.

❀

이 장계는 용골대와 범문정 등이 관소에 와서 일본의 사정에 대해 세
자와 문답한 내용을 보고한 것이다. 범문정 등은 일본의 대군(쇼군)과
천황, 조선과 일본의 사신 왕래 및 통상, 일본과 명의 교역, 일본의 신
앙과 풍속 등 다양한 내용을 질문하였다.

일본 도쿠가와 막부는 조선에 다시 통교할 것을 요청하였고, 조선은
1607년부터 세 차례 회답겸쇄환사를 파견하였다. 이어서 1636년(인조
14) 통신사를 파견하여 양국 관계를 정상화하였다. 병자호란 종결 후
조선은 남한산성과 강화도 등을 정비하면서 일본에 대비해야 한다는
이유를 내세우기도 했으나, 청의 강압에 시달리고 있는 상황에서 일본
에 유화적 태도를 보일 수밖에 없었다. 일본은 다시 통신사 파견을 요
청하고, 도쿠가와 이에야스의 사당이 준공된 것을 축하하는 선물로 인

조의 어필과 대장경, 범종, 향로 등을 보내달라고 청하였다. 이에 어필을 요청한 것은 불경하다는 성토도 있었으나 조정의 논의 끝에 일본의 청을 받아들여 어필과 중신들이 지은 시문, 범종과 향로 등을 보내주었다. 이러한 사정이 청에도 상세히 보고된 것이다.

청은 1637년 초 조선과 화의를 맺을 때부터 일본과 통교하고 싶다는 뜻을 밝혔다. 『심양장계』에도 용골대 등이 심양관에 와서 일본의 사정을 물어본 일이 몇 차례 나온다. 조선을 통해 일본에 대한 정보를 얻고 일본과 접촉하려고 한 것인데, 조선은 청과 일본의 직접 접촉을 막고 일본에 대한 정보를 제공하는 방안을 택하였다. 이 시기에 청이 일본과 통교하려 했던 이유는 명과 전쟁을 벌이고 있는 상황에서 일본의 무기를 수입하고 국제 정세를 파악하여 일본의 군사적 개입 가능성을 차단하기 위한 것으로 보인다.

57

명과 강화하는 일에 대한 의논

4월 28일

왕세자와 빈궁께서는 기후 안녕하시며, 대군의 기후도 평안하십니다.

이달 25일 낮에 팔문에서 북을 치는 소리가 들리기에 탐문해보니, 행산의 수보장 3인이 먼저 나와서 항복을 청했는데, 홍이포(紅夷砲)[1]로 그 한쪽 면 50여 파(把)를 무너뜨린 때문에 버티지 못하고 항복을 청하였고, 진(陣)에 있는 제왕이 사람을 보내 황제에게 여쭈기를 "그 항복을 받아야 합니까? 아니면 도륙해야 합니까? 이러한 뜻으로 와서 여쭙니다"라고 하였다 합니다. 역관들에게 몰래 염탐하게 했더니, 다 나와서 항복하면 전부 살려주라고 회보하였다는데 상세히 알기는 어렵습니다.

---

1 홍이포는 명 말에 유럽에서 수입한 대포와 그것을 모방하여 만든 대포를 모두 가리킨다.

전날 강화하는 일로 서쪽으로 간 일행이 돌아온 소식도 미처 탐지하지 못하였습니다. 어제 한낮에 범문정과 피파·노시 박시가 황제의 명으로 와서 행산을 쳐서 함락시킨 일을 전하였습니다. 세자께서 꿇어앉아 들은 뒤에 박시 등이 곧 자리에 앉아서 사람을 물리치고 비밀히 고하였습니다. "전날 중원에서 화의를 청하였을 때 청국에서는 연경(燕京)의 동쪽을 떼어주면 따르겠다고 하였으나 중원에서 듣지 않았는데, 이번에 네 성을 얻은 뒤에는 중원에서 영원(寧遠) 동쪽을 떼어주겠다고 청하였습니다. 이 두 가지 제의를 제왕·제장에게 의논하니, 우선 화친하자고도 하고 오직 싸울 뿐 화친할 수 없다고도 하여 아직 결정하지 못하였습니다. 황제께서 '조선 또한 한집안이므로 이 일을 국왕에게 의논하지 않을 수 없다. 또 이번에 금주의 여러 성을 쳐서 얻은 일은 큰 경사이므로 칙사를 보내려 했으나, 조선에 잇달아 흉년이 들어서 폐단을 끼칠 것을 염려하여 내보내지 않는다. 위의 의논하는 일 또한 매우 중대하니 반드시 장관을 보내 직접 탑전에서 아뢰게 하라. 단 문관이 가면 말을 빨리 달릴 수 없으니, 먼저 부지런하고 성실한 무관 1인을 달려가게 하여 이 뜻을 알리라' 하셨습니다."

그들이 설명한 뜻이 매우 정중한 만큼, 신 이경석이 내일 출발하여 나갈 것입니다. 그 칙서가 사문(赦文)인지 단지 포고문인지 아직 상세히 알지 못합니다. 책문 밖에 이르면 대동한 역관을 내보내 치계할 생각입니다. 금군 오성국(吳成國)에게 장계 3통과 내서(內書)를 아울러 가지고 먼저 달려가게 하였습니다.

承政院開坼 四月二十八日

王世子及嬪宮教是氣候安寧爲白乎旀, 大君亦爲平安爲白齊.

本月二十五日晝, 八門有擊鼓之聲, 聞之, 則杏山守堡將三人, 先出乞降, 以紅夷砲壞其一面五十餘把, 故不得支吾乞降, 自陣上諸王處送人來稟曰, "當受其降乎? 抑將屠戮之耶? 以此事意來稟"如爲白去乙, 使譯官輩微探, 則如盡出降全活亦回報是如云云, 而有難祥悉爲白乎旀.

前日以講和事西去之行, 回還消息段置, 未及探知爲白有如乎. 昨日午, 范文程·皮牌博氏·盧施博氏以帝命來, 傳杏山攻下之事. 世子教是跪聽之後, 博氏等仍爲上坐, 辟人密告曰, "前日中原請和時, 淸國以爲, 燕京以東割給, 則當從之云, 而中原不聽矣. 今得四城之後, 中原請割寧遠以東, 故以此兩段意, 議諸諸王·諸將, 則或以爲故[2]可許和, 或以爲惟有戰不可和, 時未決定. 帝以爲, '朝鮮亦爲一家. 此事不可不議於國王. 且此錦州諸城攻獲之事, 係是大慶, 欲送勑使, 而本國連歲凶荒, 慮貽弊端, 不爲出送. 上項所議之事, 亦極重大, 須送長官, 親陳榻前. 但文官之行不可疾馳, 先馳勤幹一武人, 以通此意' 云云."

其所陳說之意不啻丁寧乙仍于, 臣景奭, 明日當爲起程出去. 其勑書或時赦文, 或只播告, 時未詳知. 行至柵門外, 所帶譯官出送, 馳聞計料爲白齊. 禁軍吳成國, 狀啓三度內書, 幷以爲先賚持, 馳送爲白臥乎事.

---

2 '故'는 원본에 '姑'로 나온다.

행산 함락 사실 및 청과 명의 강화 논의에 대해 보고한 장계이다. 행산의 승전은 홍이포의 위력에 힘입은 것으로 나오는데, 성을 공격하는 데 사용된 홍이포는 이전의 대포에 비해 사정거리와 파괴력이 월등하였다. 청은 1626년 누르하치가 영원성을 공격했으나 홍이포 때문에 원숭환이 이끄는 명군에 실패하고 퇴각한 일이 있었다. 1633년 공유덕과 경중명이 홍이포를 가지고 투항함으로써, 청은 홍이포를 보유하게 되고 전력이 크게 증강되었다. 금주위를 계속 공략하던 청은 1642년 봄 금주·송산·행산에서 잇달아 승전하였고, 이로써 영원을 제외한 명의 산해관 북쪽 주요 요새와 거점은 모두 장악하였다. 명이 영원 동쪽 지방을 떼어주겠다며 화친을 제의하자, 청조에서 화친과 전쟁으로 의견이 나뉘었다. 이에 청 태종은 '조선 또한 한집안이므로 국왕에게 의논하지 않을 수 없다'며 급히 조선에 알리게 하여, 대명전쟁에 참전하고 있는 조선을 대우하는 뜻을 보였다.

심양관 원역들의 호소

4월 29일

관소에서 배종하는 여러 인원이 늠료(廩料)[1]에 의지하여 먹고살면서 늘 늠료가 지급되지 않으면 어찌할까 걱정하였는데, 지금의 사정은 또 전날과 달라졌습니다. 가을이 되어 늠료를 철폐한 뒤에는 경작한 곡식에만 의지해야 하는데, 수확의 풍흉은 알 수 없거니와 풍년이 들더라도 대어 쓰기가 매우 어려우니 변통하는 일이 있어야 할 것입니다. 이곳 아문에서 군색함을 염려하여 남초 등 물건을 임의로 사고팔게 하였습니다.[2] 그런데 이번에 역관 이형장 등, 의관 정지문(鄭之問) 등, 금군

---

1 늠료는 조선시대에 벼슬아치에게 주는 급료를 말하는데, 여기서는 청 아문에서 심양관에 지급한 찬값과 음식물 등을 가리킨다.

오성국 등이 소장을 올려 어려운 사정을 호소하였습니다. 그 말을 세세히 다 적을 수는 없으나, 내용은 대강 이렇습니다. '앞으로 양식이 떨어질 것은 말할 것도 없고 소금·채소·땔감·기름 같은, 없으면 안 되는 온갖 일용품을 모조리 사서 써야 하는데, 1년에 실어 오는 1태(駄)의 물건으로는 결코 지탱해갈 수 없습니다. 선전관과 익위사처럼 1년 8태의 수량은 감히 바랄 수 없지만 그 반이라도 얻어서 마찬가지로 실어 온다면, 양식을 스스로 마련하고 공름(公廩)을 번거롭게 하지 않을 것입니다. 바라건대 이러한 뜻을 아뢰어 장차 보전할 수 있도록 해주십시오.'

그 사정이 실로 민망하고 형세가 참으로 급하여 관원들의 목숨에 관계되므로 어쩔 수 없이 번거롭게 아뢰었습니다. 가을부터 그들이 바라는 것을 미리 허락하면 그들은 양식을 댈 길이 있고, 공가(公家)는 늠료를 지출할 걱정이 없어지므로 편리할 듯합니다. 묘당에서 헤아려 조치하십시오.

承政院開坼 四月二十九日

館所陪從多少人員, 仰食廩料, 常患不給爲白如乎, 卽今事勢, 又異前日. 秋來撤料之後, 則惟仰耕作之所出, 而收穫豐歉, 有不可知, 就令豐登, 支用極難, 合有變通之事. 此處衙門亦慮其窘艱, 南草等物, 任令貿換是白在果. 節譯官李馨長等·醫官鄭之問等·禁軍吳誠國等呈狀, 訴其艱者之狀. 其言縷縷不敢盡載,

---

2 심양관의 관원과 원역에게는 조선에서 물건을 들여와 매매하는 것이 허용되어 있었다. 또 앞의 4월 2일자 장계에는 종이와 남초·단목·포목 등을 보내주면 무역의 이익이 있다는 내용이 나온다.

而大槪其狀曰, '前頭粮食之乏, 固不可言, 如鹽·菜·柴·油, 凡百日用之不可闕
者, 皆將買用. 而一年一駄載來之物, 決無以支過. 宣傳官·翊衛司一年八駄之
數, 雖不敢望, 而如得其半一例載持, 則粮可自備, 不煩公廩. 願以此意啓聞, 俾
將保全'云.

其情果悶, 其勢誠急, 綱紀之輩, 性命所關, 不得不煩達. 自秋爲始, 豫許所
願, 則渠輩有繼糧之路, 公家無費料之患, 似爲便當. 請令廟堂商量處置云云.

❀

심양관의 원역들이 소장을 올려 조선에서 실어 오는 물품의 양을 늘
려달라고 청한 일에 대해 보고한 장계이다. 관소 인원의 식량과 일상
용품은 원래 청에서 제공하였다. 그러나 1638년 봄에 호부에서 1년치
찬값으로 은 1,000냥을 보내며 관소에서 직접 구입하여 충당하게 하였
고, 1641년 봄에는 야판을 설치하여 관소에서 채소를 가꾸고 가축을
길러서 쓰게 하였다. 이어서 1641년 12월에는 전지를 떼어주며 직접 농
사를 지어 식량을 마련하라고 하면서 가을에 수확하면 급료를 더는 지
급하지 않을 것임을 통고하였다. 그런데 이러한 것만으로는 생활을 유
지하기 어려우므로, 개별적으로 남초 등 물건을 들여와 매매하도록 허
용한 듯하다. 이에 따라 역관과 의관·금군 등 원역들이 조선에서 실어
오는 물건의 양을 늘려주도록 청하는 소장을 올렸다. 이들은 실어 오
는 물건의 양을 늘려준다면, 그것을 매매하여 얻는 이득으로 식량과
경비를 자체 해결하겠다는 것이다. 이 장계의 내용에서 심양관 소속

관원과 원역의 품계에 따라 각각 실어 올 수 있는 물건의 양이 정해져 있었고, 심양에서 그것을 매매하여 이득을 취할 권한까지 주어졌음을 알 수 있다.

59

홍승주·조대수의 복종 의식

5월 10일

왕세자와 빈궁께서는 기후가 안녕하시며, 대군의 기후도 평안합니다.

이달 1일 고양(高陽)의 어영군 박말남(朴㐌男)이라는 사람이 관소에 와서 스스로 말하기를, "금주에서 교대하고 돌아오다가 서쪽 책문 밖에 이르러 병이 심해 뒤쳐져서 거의 죽을 지경이었는데, 조금씩 앞으로 가서 겨우 살아 돌아올 수 있었습니다"라고 하였습니다. 이튿날 아문 통사 이잇석이 와서 말하기를, "이자는 책문에서 병이 심해 뒤쳐진 사람이 아니라, 교대하고 돌아올 때 요동에 이르러 조총 3자루를 가지고 남에게 은 10냥을 빌려 사로잡힌 아이 1명을 데리고 성안으로 들어오지 않고 몰래 도주한 자입니다. 내가 금주에 가서 이 일을 상세히 알았으니, 곧 장계하여 죄를 다스리십시오" 하고는, 글이 적힌 쪽지를 내보이며 "이것은 영병장의 서기가 써서 주며 나에게 찾아내 잡으라고 한 것입니다"라고 하였습니다. 쪽지에 '우영장(右營將) 이후여(李厚興) 영하(營下), 초관(哨官) 이정남(李廷男) 초하(哨下), 은율(殷栗) 화병(火兵) 호득길(扈得吉)을 대신한 고양 거주 박말남'이라고 써 있었습니다. 이러한 연유로 문초해보니 사실대로 고하지 않아서 그간의 사정은 알 수 없었습니다. 그 진술 내용은 비변사로 올려 보내고, 박말남은 의주로 내보내 가두어둔 다음 조정의 분부를 기다려 심문하여 처리하도록 하였습니다. 4일, 한보룡이 와서 "동대문 밖에 사는 야장(冶匠) 고천일(高天一)에게서 은을 걷어 들여보내라고 일찍이 장계하게 하였으나, 아직 걷어 보내지 않았으니 다시 재촉하십시오"라고 하였습니다.

아문 통사들이 와서, "5일 황제가 송산·금주의 항장(降將) 홍승주(洪承疇)[1]를 보고, 또 항복을 받을 것입니다. 제왕이 모두 참석하니 세자와 대군도 참석해야 합니다"라고 하여, 세자와 대군이 이른 아침에 나아갔습니다. 제왕과 제장이 다 모였으나 황제가 신(神)에게 제사하느라 나오지 않고 이르기를, "어찌 이리 일찍 모였는가. 나중에 와서 모이라" 하였습니다. 제왕이 다 흩어져 가고 세자와 대군이 관소에 돌아왔습니다. 낮에 다시 갔더니, 제왕·제장이 다 모여 있었습니다. 조대수 등이 가져와 황제에게 바친 재산을 좌우로 나누어 중문 밖에 벌여놓았는데,

---

1 홍승주(1593~1665)는 명의 계료총독(薊遼總督)으로 1641년 금주에서 조대수의 군대를 구원했으나 패하고 송산으로 갔다. 이듬해 2월 패전하고 사로잡혀 청 태종에게 굴복하였다. 순치제 때 병부상서가 되어 강남의 군무를 총괄하며 청에 저항하는 세력을 진압하였다.

뜰 아래 서쪽에는 조대수의 물건을, 동쪽에는 조대악 등 제장의 물건을 두고, 은자 1만여 냥과 의복·비단·기명·잡물 70여 가지는 탁상에 두었습니다. 한참 뒤에 황제가 나와 앉고 제왕이 내정에 줄지어 섰습니다. 세자와 대군이 들어가자, 황제가 가리 박시 등을 시켜 세자와 대군에게 고하기를, "이제 홍승주·조대수 등 제장이 예를 행할 것인데 놀랍지 않은가" 하여, 세자가 말을 갖추어 대답하였습니다. 이윽고 홍·조 등 제장이 인도를 받으며 내정에 들어왔습니다. 조장 등은 다 청나라 옷을 입었고, 홍장은 막 머리를 깎고 전립을 썼습니다. 이들이 세 번 절하고 아홉 번 머리를 조아리는 예를 행한 뒤, 제왕이 전(殿)에 오르고 세자와 대군도 올라가자, 홍·조 제장이 전에 들어가 동쪽에 앉았는데, 홍승주가 수석에 앉고 조대수 등은 차례로 앉았습니다. 이들에게 차 한 잔을 마시게 한 다음 황제가 박시를 시켜 홍승주에게 묻기를, "그대는 남방 사람이라 하는데, 일본인이 남방에 왕래하는가?" 하자, 홍이 "조공하지 않으니 어찌 왕래하는 일이 있겠습니까"라고 대답하였습니다. 또 묻기를 "그대는 문사(文士)인데, 금조(金朝)의 고사를² 잘 아는가?" 하자, "조금 압니다" 하였습니다. 또 묻기를 "나이가 몇인가?" 하자, "45세입니다" 하였습니다. 또 묻기를 "조선은 피로인을 속환하는데 그 친족의 정리가 참으로 이러해야 마땅하다. 중원은 어찌하여 속환하지 않는가?" 하자, "조정의 뭇 의논이 다 속환할 수 없다고 하여 그렇습니다" 하였

---

2 청 태종은 여진족이 세운 금(金, 1115~1234)의 역사를 공부하고 그것을 여러 정책 수립에 반영하였다.

습니다. 황제가 "인심이 바르지 않아서 그렇다. 조정의 의논뿐 아니라 그대도 같은 무리이다" 하고, 더는 다른 말이 없었습니다.

황제가 박시 등을 시켜 뜰에 배열한 물건들을 가져오게 하여 친히 만져보고 기뻐하였습니다. 특히 노시 박시를 시켜 구슬을 엮어 만든 물건 하나를 세자에게 보이고 "조선에도 이런 보물이 있는가?" 하여, 세자가 "조선에는 이런 물건이 없습니다"라고 답하였습니다. 황제가 "조선은 매사에 없다고 막아버리는데, 내가 무슨 요구를 하였기에 이러는가?" 하자, 세자가 "어찌 없는 것을 있다 하고, 있는 것을 없다 할 리가 있겠습니까. 황제께서 이미 환히 아실 것입니다"라고 답하였습니다. 또 "조선에는 쌀과 소금도 없는가?" 하여, 세자가 "그것은 사람이 일용하는 물건인데 이처럼 물으시니 황공하기 그지없습니다"라고 답하자, 황제가 웃으면서 그만두었습니다. 황제가 박시에게 말하기를, "조대수의 재화를 지금 받으면 그가 나를 업신여길 것이다" 하고, 약간의 물건만 받고 다 돌려주었습니다. 날이 저물어 파하고 나왔습니다.

7일, 정역이 와서 "부조미(扶助米)는 아직 마련해 보낸다는 기별이 없습니까? 몇 석을 보낼 것이라고 합니까?"라고 하여, 신과 시강원 관원이 답하기를, "본국의 몹시 힘든 상황은 전에 다 말하였습니다. 원래 공미 5,000석을 힘을 다해 마련한 끝에 또 부조미까지 있으니, 즉시 부지런히 힘써 모은다 하지만 몇 석이나 되는지 아직 모릅니다. 또 서도가 고갈되었는데 인마는 원래 공미를 운반해 들이는 일에 다 썼습니다. 이번 부조미는 마련하더라도 봉황성으로 운반하는 것은 전혀 대책이 없으니 더욱 매우 민망합니다. 전에 말한 대로 중강에 날라다 두겠습니다³"라고 하였습니다. 정역이 "부조미를 모두 봉황성으로 운송하면 조선은 빛이 나는 일이 많을 것인데, 청국에서 어찌 스스로 운반해 오려고 하겠습니까" 하여, 신들이 "어찌하여 접때 부조미를 만상에 가져다 두면 여기서 날라올 것이라고 한 말과 앞뒤가 서로 다릅니까?"라고 답하니, 정역이 "전날의 말은 내 뜻이지 아문의 뜻이 아닙니다. 이제 다시 생각하니 봉황성으로 운송해야 합니다"라고 하였습니다. 신이 또 "앞서 원래 공미를 날라올 때, 봉황성 수보장이 책문 밖에 쌓아두게 하기에 모두 그가 말한 대로 쌓아두었습니다. 요사이 호부 관원이 나가서 성안에 옮겨 들이게 하였는데, 인부와 말이 가버린 뒤에 수직하는 사람 몇 명이 어떻게 옮기겠습니까. 이미 들여온 쌀은 이 나라에서 날라 들이고, 뒤에 운송하는 쌀은 곧바로 봉황성에 들이게 하는 것이 편합니다"라고 하니, 정역이 "이 쌀은 공미의 규례에 따라 봉황성에 들여야 할 것인데 책문 밖에 두었으니 수보장의 분부가 잘못되었습니다. 이 나라의 인마는 규례를 어기고 책문 밖에 나가서 운반할 수 없습니다. 조선에서 모쪼록 날라 들이십시오"라고 하였습니다. 신들이 또 "쌀과 좁쌀을 섞어 들여보내는 것을 용 장군이 허락하였는데, 봉황성에 나간 호부 관원이 혹시 이것을 모르고 좁쌀을 물리칠까, 일이 매우 염려스럽습니다"라고 하자, 정역이 "그것은 이미 호부 관원에게 분부했습니다"라고 하였습니다.

---

3 부조미는 공미 5,000석 외에 따로 부조하는 쌀을 보내 정성을 보이라는 정명수의 말에 따른 것이다. 재신들이 기근에 쌀을 거두어 보내느라 힘이 다해 운반할 길이 없다고 말하여, 그 수효를 알려주면 청나라에서 인마를 내보내 운반하겠다는 정명수의 답변을 얻어냈다.(『심양장계』 임오년 4월 28일)

사서 유경창(柳慶昌)[4]과 이조판서의 질자 이일상(李一相), 형조판서의 질자 원만년(元萬年)이[5] 4일 들어왔고, 보덕 박서(朴遾)[6]와 금군 위성립(魏成立)이 7일에 들어왔으며, 생강과 차[茶]·대[竹] 및 호조에서 보내 의주에 두었던 은 2,000냥과 영병영장(領兵營將) 정한기(鄭漢驥)에게 보내는 인신(印信) 1과도 가져왔습니다. 전 보덕 조계원과 전 형조판서의 질자 구오, 전 병조판서의 질자 심석경, 이조판서의 질자 남두림(南斗臨), 금군 안응남, 청역 김응신(金應信) 등은 교체되어 나갑니다.

방금 정역이 아문의 뜻으로 와서 말하기를, "나가는 보덕은 만상에 이르거든 책임지고 부조미 운반을 독촉해[7] 들여보낸 다음 서울로 가십시오"라고 하였습니다.

五月初十日 承政院開坼

王世子及嬪宮教是氣候安寧爲白乎旀, 大君亦爲平安爲白齊.

本月初一日, 高陽御營軍朴㐲男稱名人, 來到館中, 自言, "由錦州替還, 到 西柵門外, 病重落後, 幾至顚死, 寸寸前進, 僅得生還"是如爲白如乎. 翌日, 衙

---

4 유경창(1593~1662)은 1628년 문과에 급제하고 부교리·수찬 등을 지내고 1642년 시강원 사서로 심양에 갔다. 이듬해 귀국한 뒤 지평·정언·사간 등을 거쳐 형조참판·예조참판 등을 지냈다.

5 이일상은 신임 이조판서 이명한의 질자, 원만년은 형조판서 원두표의 질자이다.

6 박서(1602~1653)는 1630년 문과에 급제하고 지평·수찬·장령·집의 등을 지내고 1642년 보덕으로 심양에 갔다. 귀국 후 사간·황해감사·병조판서·도승지·대사헌 등을 지냈으며 효종의 북벌정책에 동조하였다.

7 부조미는 독촉을 몇 번 더 받은 뒤, 6월 22일 2,000석을 완납하고, 청 태종의 치사를 받았다.(『심양장계』 임오년 7월 8일)

門通事李蓓石來言, "此非柵門病重落後之人, 替還時, 到遼東, 持鳥銃三柄, 貸他人銀十兩, 率被擄兒一名, 不入城內, 潛爲逃走者也. 吾亦往錦州, 詳知此事. 卽爲狀啓治罪"是如爲白遣, 仍出小紙書示之曰, "此乃領兵將書記所書以給, 使我聞見搜捕者云." 小紙有曰, '右營將李厚興營下, 哨官李廷男哨下, 殷栗火兵扈得吉代身, 高陽居朴㐖男. 云云'爲白有去乙. 以此緣由捧招, 則不爲眞告, 其間情迹, 有不可知. 同招辭, 備邊司上送爲白乎㫆, 朴㐖男段, 出送義州, 使之拘留, 待朝廷分付, 推問處置爲白齊. 初四日, 韓甫龍來言, "東大門外居冶匠高天一處, 徵銀入送事, 曾已狀啓, 而尙不徵送, 更爲催促"是如爲白齊.

衙門通事等來言, "初五日, 皇帝將見松·錦降將洪承疇, 亦當受降. 諸王皆參, 世子·大君亦不可不進參"是如爲白去乙, 世子教是及大君早朝進往. 則諸王·諸將皆會, 而皇帝方爲神祀, 不出曰, "何其早會耶? 乘晚來會"亦爲白乎等以. 諸王皆爲散去, 世子教是及大君亦爲還館爲白有如可. 臨午更往, 則諸王·諸將皆已會. 祖大壽等以其持來財産, 呈納於皇帝, 分左右配列於中門外, 庭下西則大壽之物, 東則大樂等諸將之物, 銀子萬餘兩·衣服·錦緞·器皿·雜物七十餘種, 置之卓上. 良久, 皇帝出坐, 諸王列立於內庭. 世子·大君亦入. 皇帝使加里博氏等, 告于世子·大君曰, "今者, 洪·祖等諸將當爲行禮. 無乃驚駭耶?" 世子措辭以答. 俄而引洪·祖諸將入內廷, 祖將等皆爲淸服, 洪將纔爲剃頭着氈笠. 行三拜九叩禮後, 諸王陞殿上, 世子大君亦陞, 洪·祖諸將入殿, 坐於東邊, 洪承疇居首, 祖大壽等以次列坐. 饋茶一器, 帝使博氏問於承疇曰, "汝是南方之人云, 日本人往來於南方耶?" 洪答曰, "不爲朝貢, 豈有往來之事?" 又問曰, "汝是文士, 能知金朝故事耶?" 答曰, "粗知之." 又問曰, "汝年幾何?" 答曰, "四十五歲." 又問曰, "朝鮮則贖還被擄人, 其親族之情理, 固當如是矣. 中原則何不贖

還耶?"答曰, "朝廷群議, 皆以爲不可贖, 故如此"云. 帝曰, "人心不淑, 故如此,
非獨朝廷之議, 汝亦同類耶"云, 而更無他言爲白遣.

帝使博氏等取庭排貨物而來, 親自看玩, 令盧施博氏特一珠絡之物, 示於世
子前曰, "朝鮮亦有此寶耶?"世子答曰, "朝鮮則無如此之物矣." 帝曰, "朝鮮每
事以無防塞, 吾有何求索而如是耶?"世子答曰, "豈有以無爲有, 以有爲無之理
乎? 皇帝必已洞知矣." 又曰, "朝鮮, 米·鹽亦無耶?"世子答曰, "此則人所日用
之物, 如是問之, 不勝惶恐"云, 則帝笑而止之. 帝言于博氏曰, "祖將財貨, 今若
受, 則彼必侮我"云, 而只受若干物, 盡爲還給. 日暮罷出爲白有齊.

初七日, 鄭譯來言, "扶助米尙無備送之報耶? 當送幾石云耶?"臣與講院官
答曰, "本國渴悶之狀, 前已盡言矣. 元米五千石, 竭力措備之餘, 又有扶助之
米, 今方拮据收合云. 而石數多少, 時未得知. 且西路凋弊, 人馬已盡於元米
運入之役. 今此助米則雖某條措備, 而運致鳳城, 百以無策, 尤極可悶. 依前
所言, 當爲輪置於中江"云. 則鄭譯曰, "助米并爲運送鳳城, 則其於本國, 生光
多矣. 淸國豈肯自爲運來乎?"臣等答曰, "何其與頃日助米備置灣上, 則自此
輪來之言, 前後相左耶?"鄭譯曰, "前日之言乃吾己意, 非衙門之意也. 今更
思之, 不可不運送於鳳城"云爲白齊. 臣且曰, "先運元米輪來時, 鳳凰城守堡
將, 使之積置於柵門外, 故一依其所言, 積置之. 今者戶部官出去, 而使之移
納於城中, 人馬旣去之後, 若干守直之人, 何以搬移? 旣來之米, 自此國運入,
而後運之米, 使之直納於鳳城爲便"云, 則鄭譯曰, "此米依貢米例, 應納於鳳
城, 而置之柵外, 守堡將之分付誤矣. 此國人馬, 不可違例出運於柵外, 自本
國某條運入"云爲白乎於. 臣等且曰, "大·小米相參入送之意, 龍將已許, 而鳳
城出去戶部官, 若或不知此意, 退却小米, 則事甚可慮"云, 則鄭譯曰, "此意則

已爲分付於戶部官"是如爲白齊.

司書柳慶昌·吏曹判書質子李一相·刑曹判書質子元萬年, 初四日入來爲白遣. 輔德朴遾·禁軍魏成立, 初七日入來, 生薑·茶·竹及戶曹所送義州留置銀二千兩·領兵營將鄭漢驥處所送印信一顆, 亦爲賚來爲白有齊. 前輔德趙啓遠·前刑判質子具鎣·前兵判質子沈碩慶·前史判質子南斗臨·禁軍安應男·淸譯金應信等交替後, 出去爲白齊.

卽刻, 鄭譯以衙門意來言, "出去輔德到灣, 句管扶助米, 督運入送之後, 上京"亦爲白臥乎事.

❋

송산과 금주를 지키다가 항복한 명장 홍승주·조대수 등이 청 태종에게 복종 의식을 행한 일과 부조미를 독촉받은 일을 보고한 장계다. 홍승주·조대수 등이 청인과 같은 머리와 복장을 하고 청 태종에게 삼배구고두의 예를 행하였는데, 이날 행사에도 청 태종은 소현세자와 봉림대군을 참여시켜 승전을 과시하였다. 청 태종과 홍승주의 문답에서 명나라는 피로인을 속환하지 않았음을 알 수 있다. 또 청 태종이 세자에게 말한 '조선은 매사에 없다고 막아버린다'는 말에서 당시 청의 강압에 대해 조선이 대응하는 방식과 청의 조선에 대한 인식을 엿볼 수 있다. 그리고 장계 뒷부분에는 공미 5,000석 외에 따로 부조의 뜻으로 쌀을 보내라고 한 부조미의 운송 문제가 나온다. 처음에 의주 중강에 운반하기로 했던 것을 다시 봉황성으로 '공미의 규례'에 따라 운반해주어

야 했다. 청나라에 군량이나 식량을 운반하는 일은 특히 서도 지역 주
민에게 큰 고통이었다.

60

심양으로 몰려오는 사람들

6월 26일

왕세자께서는 기후 안녕하시며, 빈궁께서 근일 자못 편찮은 증후가
있는데 대단하지는 않으나 매우 걱정스럽습니다. 상세한 것은 의관이
증세를 적은 서계에 있습니다. 대군도 평안합니다.

지난 16일 문학 이경상(李慶相)[1]과 역관 이형장이 들어왔는데, 호조에
서 보낸 물건을 이형장이 맡아서 가져왔습니다. 22일에 둘째 대군(인
평대군)과 중사 나업, 부사 변삼근(卞三近), 서장관 홍처량(洪處亮), 배행
차사원 용천부사 김시성(金是聲) 등이 모두 들어왔습니다.[2]

---

1 이경상(1602~1647)은 1627년 문과에 급제하고 지평·사서를 거쳐, 1642년 문학으로 심양에
   갔다.

아문에서 대군이 들어온다는 뜻을 황제에게 고하니, 황제가 첫째 대군(봉림대군)으로 하여금 야판에 나가서 만나게 하였습니다. 이는 우대하는 뜻에서 나온 것입니다. 만월개 장군과 천타마가 수수문 밖 연청에 나가서 잔치를 베풀어 영접한 뒤에, 대군과 중사는 동관에 들어가지 않고 바로 관소로 올라왔습니다. 부사 이하 원역은 동관으로 들어가게 하고, 짐을 실어 온 인마는 수수문 밖에 머물게 하였습니다. 거쳐온 길에 두질(痘疾, 천연두)이 있었을 것이므로 하루이틀 지난 뒤에 들여보낸다고 하였습니다. 대군 행차가 이처럼 찌는 듯한 더위에 먼 길을 달려왔으나, 대군의 기후가 평안하니 참으로 다행입니다.

이번에 받은 비변사 관문에 "관소에 양식을 대기가 매우 어려워 배종 원역을 줄여야 할 듯한데,[3] 일을 맡기는 데 필요한지 아닌지 멀리서 헤아릴 수 없어 재신에게 공문을 보내니, 줄일 수 있는 수효를 재신이 헤아려 결정하고 회보하라" 하였습니다. 원역을 줄이는 것은 관소 안에서 변통하는 일에 관계되므로, 잠시 기다려 이사가 들어오거든 상의하여 결정한 다음 회보할 계획입니다.[4]

22일, 정역이 공문 하나를 가지고 와서 보여주었습니다. 선천부사 홍이성이 부조미 2,000석을 완납했다는 공문인데, 말미에 쌀을 수납한 차관이 청서로 쓴 표적도 있었습니다.

---

2 청의 승전을 축하하기 위한 진하사로, 인평대군 일행이 심양에 왔다.
3 조정에서 심양관의 식량과 경비를 대기 어려워 다시 인원을 감축하도록 하였다.
4 이사 이경석이 들어온 뒤에 인원 감축을 상의하여 내관·선전관·역관·군관 등 총 29명을 감축하기로 하였다.(『심양장계』 임오년 8월 10일)

속환하려는 사람들은 정리가 불쌍하므로 조정에서 들여보내도록 허가하였으나, 상고(상인)들이 이를 틈타 공문을 얻으려고 하고, 법을 어기며 들어와 이익을 노리고 관소에 일을 일으킵니다. 그래서 규정을 엄히 세워 진위를 명백히 조사하고 2개월 간격으로 들여보내되, 그들이 와서 머무는 일에 중복이 없도록 할 것을 이전의 장계에 언급하였습니다. 그럼에도 이 속환하려는 사람들이 다 남초를 싣고 속속 들어오는 바람에, 관소 안에 머무는 사람 수가 너무 많고 사달을 일으켜 책망이 시강원에까지 미치고, 이로 말미암아 속가(贖價)가 나날이 더 높아졌습니다. 전날에 잇달아서 속전을 내고 피로인을 샀던 길도 이 때문에 막힐 것이니, 이것으로 말하면 속환에 해롭기만 하고 이로울 것이 없으며 관소에 폐단만 끼칠 뿐입니다. 더구나 아문 통사들이 다들 말하기를, "당초에 남초를 들여오도록 허가한 것은 관소 사람과 질자들이 피우는 일용할 거리로 삼으라는 것에 불과하였는데, 요즈음은 이처럼 짐바리로 실어 와서 번잡함이 너무 심하다"라고 하였습니다. 이전 장계에 속환하려는 사람을 2달 간격으로 들여보내도록 한 뜻은 어쩔 수 없이 나온 것이었지만, 거듭 생각하니 타당하지 않습니다. 어찌해야 될지 모르겠습니다. 전에 절사(節使) 행차에 간혹 속환하려는 사람을 데려왔던 때가 있었습니다. 지금도 그에 따라 미리 그들을 모아서 절사 행차가 올 때 일시에 들여보내면 속바치고 가는 길이 없어지지 않고, 관소에 잡다한 사람이 계속 체류하여 사달이 나는 폐단이 없을 것 같습니다. 관소 안 뭇사람의 뜻이 이러하므로 감히 이렇게 여쭙니다.

또 관소 원역들이 사지마(私持馬)를 이용하여 자신의 종으로 하여금 입고 먹을 것을 실어 오게 하는 것은 좋습니다. 그런데 요즘 이른바 사지(私持)라는 자는 다 서울과 외지의 이익을 탐하는 무리입니다.[5] 오로지 남초 등 화물을 실어 와 관소에 머물면서 청인의 빚을 쓰기도 하고, 피로인과 통하기도 하니 갖가지 폐단이 이루 말할 수 없습니다. 정역도, "사지가 몰려오는 폐단이 이처럼 끊이지 않으면 앞으로 일이 나는 것은 더욱 이루 말할 수 없을 것"이라고 하였습니다.

접때 김예간(金禮侃)·김대득(金大得)·박성립(朴成立)이라는 이들이 앞뒤로 들어와서 청인에게 빚을 내기도 하고 개인 편지를 전하기도 하여 잇달아 일을 냈습니다. 아문에서 공사(公私) 관계없이 짐을 강제로 빼앗아 그 값(빚)을 충당하고, 이로 인해 시강원 관원을 힐책하기까지 하여 매우 통탄스럽고 놀랍습니다. 더구나 속환하는 길이 열린 뒤에는 잡인들이 속환이나 사지라고 칭하며 같이 들어와서 난잡하게 일을 일으키는 것을 다 듣기도 어려운 지경이니 더욱 염려스럽습니다. 이제부터는 법을 어기며 들어와 이익을 노리는 자는 더욱 엄히 금단하도록 묘당에서 각별히 헤아려 잘 선처하십시오.

24일, 아문 통사가 아문에서 보낸 은자 한 봉지를 가지고 와서, "유정익(柳廷益)[6]이 금주에 가 있을 때 중영장(中營將) 김묵(金默) 휘하 군인

---

5 사지마는 사마(私馬) 즉 개인이 가진 말을 가리킨다. 여기서 '사지'는 사지마로 화물을 운반해주고 이득을 취하는 자를 가리키는 말로 쓰였다.
6 유정익은 1640년 통제사가 되었다. 1641년 영병대장에 임명되어 금주로 가서 9월에 유림과 교대하고 대명전쟁에 참전하였으나, 모친상을 당해 11월에 김대건(金大乾)과 교대하고 귀국하였다. 뒤에 통제사·전라병사 등을 지냈다.

이징화(李澄華)와 초군 김유량(金有良)이 은자를 도둑맞았는데, 아문에서 이제야 찾아내서 원래 은 13냥과 훔쳐간 자에게 징수한 은 2냥 반을 합해 15냥 반을 보냅니다. 이 은자를 조선에 보내 그 주인을 찾아서 주십시오"라고 하였습니다. 그 은자를 봉하여 싸고 인장을 찍어서 비변사로 올려 보냅니다.

문학 남노성(南老星)[7]이 교체되어 오늘 나갑니다. 대군 행차에 들어온 인마와 전에 이경상이 거느리고 온 인마를 모두 내보냅니다. 금군 김경신은 여러 해를 배종하며 진심으로 부지런히 일하여 공로가 가장 많았습니다. 포상을 베풀어 다른 사람에게 장려해야 할 것인데, 아직 나라에서 내리는 은전을 입지 못하였습니다. 묵은 병이 다시 도져 죽을 지경이 되어서 매우 불쌍하므로 하령에 따라 그도 내보냅니다. 장계 4통과 내서도 아울러 이 편에 올려 보냅니다.

承政院開坼 六月二十六日

王世子教是氣候安寧爲白乎旀, 嬪宮教是近日頗有未寧之候, 雖不至大段, 而不勝悶慮. 詳在醫官症錄書啓中爲白有果. 大君亦爲平安爲白齊.

去十六日, 文學李慶相·譯官李馨長入來, 而戶曹所送之物, 馨長亦爲領來爲白旀. 二十二日, 二大君及中使羅業·副使卞三近·書狀官洪處亮·陪行差使員龍川府使金是聲等, 皆以入來爲白有齊.

---

7 남노성(1603~1667)은 정언·교리·지평·수찬 등을 지내고, 1641년 문학에 임명되어 심양에 갔다. 이듬해 귀국 후 승지·이조참의·함경감사·개성유수·병조참판·호조참판 등을 지냈다.

衙門以大君入來之意, 告于皇帝, 則帝使一大君出往野坂相見. 此出於優待之意是白乎於. 滿將·賤他馬出往秫門外宴廳, 設宴延接之後, 大君及中使, 則不入東館, 直上館所爲白遣. 副使以下員役則入處東館, 而卜物載持人馬則留置秫門外. 蓋以所徑一路必有痘疾, 故過一兩日後, 許入云云爲白在果. 大君行次, 當此炎暑, 遠路驅馳, 而氣候平安, 誠爲多幸爲白齊.

節到付備邊司關內, "館中繼糧極難, 陪從員役似當裁減, 而任使緊歇, 不能遙度. 可減之數, 移文宰臣, 使之商量定奪回報"亦爲白有乎矣. 員役減省, 係是館中變通之事, 姑待貳師入來, 相議定奪, 回報計料爲白齊.

二十二日, 鄭譯持一公文來示, 乃是宣川府使洪頤性扶助米二千石完納公文, 而紙末亦有捧米差官淸書標跡是白齊.

贖還人等, 情理矜惻, 朝廷趂令入送, 而商賈輩, 因此圖得公文, 冒入牟利, 生事館中乙仍于. 嚴立科條, 明査眞僞, 間二朔入送, 俾無疊到留滯之意, 已及於前狀啓爲白有在果. 同贖還人等, 皆載南草, 絡繹入來, 方留館中者, 其數已多, 以致生事, 至於責及講院, 由是贖價日以益高. 前日續續贖買之路, 亦將因而廢塞, 以此言之, 則其於贖還, 有害無益, 而只爲貽弊於館中髣不喩. 衙門通事等皆言, "當初南草之許入, 不過欲使略爲館中人及質子等所喫日用之資而已, 今者如是馱載而來, 紛踏太甚"是如爲白去乎. 前狀啓中, 贖還人間二朔入送之意, 蓋出於不得已, 而反覆思之, 猶未妥當. 未知何以則可爲白乎喩. 在前節行, 或有贖還人帶來之時. 今亦依此, 預爲聚會, 待節使之行, 一時入送, 則贖去之路不廢, 而館中庶無雜人連滯生事之弊是白去. 館中群情如此, 故敢此申稟爲白乎於.

且館中員役等私持馬乙, 各使其奴子, 載來衣食之資可也. 而近來, 所謂私持者, 皆是京外牟利之輩. 專載南草等貨物, 留連館中, 或用淸人之債, 或通被擄之人, 種種弊端, 不一而足. 鄭譯亦言, "私持冒來之弊, 若此不已, 則前頭生事, 尤不可勝言"是如爲白置.

大槪頃日, 金禮侃·金大得·朴成立稱名人等, 前後入來, 或出淸債, 或傳私書, 相繼生事. 衙門勒奪不干公私卜物, 以充其價, 至於因此詰責講院之官, 已爲痛駭爲白如乎. 況此贖路, 旣開之後, 雜人等或稱贖還, 或稱私持, 歧等如入來, 雜難生事, 有難悉擧, 尤極可慮. 自今以後, 冒入牟利人等嚴加禁斷事乙, 令廟堂另加商量, 從長善處爲白齊.

二十四日, 衙門通事持衙門所送銀子一封來言, "柳廷益往在錦州時, 中營將金默標下李澄華·哨軍金有良被偸銀子爲白有去乙, 衙門今始推尋, 以送元銀十三兩及偸去人處徵銀二兩半, 合十五兩半是白去乎. 此銀子送於本國, 使之推給厥主"是如爲白去乙. 同銀子封裹踏印, 備邊司以上送爲白齊.

文學南老星交替後, 當日出去爲白乎旀. 大君行次入來人馬及前來李慶相所率人馬, 并以出送爲白齊. 禁軍金敬信, 累年陪從, 盡心勤苦, 功勞最多. 合施褒賞, 勸勵他人, 而未蒙國家酬報之典. 宿病重作, 將至死域, 殊爲矜惜爲白乎等以, 因下令亦爲出送爲白乎旀. 狀啓四道及內書, 并以因便上送爲白臥乎事.

✾

상인과 개인적으로 말을 소유한 '사지(私持)'라는 자들이 심양에 들어와서 일으키는 폐단에 대해 보고한 장계이다. 당시 심양은 청과 몽골, 조선을 연결하는 교역의 중심지였다. 그 때문에 관원의 종인이라거나 속환을 빙자하여 심양으로 들어가 매매 이익을 얻으려는 자들이 많았다. 이들은 남초를 대량으로 싣고 와서 관소에 머물며, 청인의 빚을 쓰고, 피로인 속환에도 개입하여 속전을 높이기도 하는 등 폐단이 심각하였다. 그런 탓에 청의 아문에서 모든 짐을 강제로 빼앗고, 시강원 관원들을 힐책하는 일까지 일어났다. 그 대책으로, 장계를 쓴 재신은 속환인을 미리 모아 사행이 올 때 함께 들여보내면 어떨지 건의하고, 불법적으로 심양에 들어와 이익을 노리는 자들을 엄금하도록 청하였다. 그 밖에 진하사로 인평대군이 들어온 일, 다시 관소 배종 원역을 줄이는 일, 부조미를 완납한 일 등을 아울러 보고하였다.

61

본국과의 통로가 막힌 심양관

9월 14일

왕세자와 빈궁의 기후는 안녕하시며, 대군도 평안합니다.

한선(漢船)이 출몰한 일이 초래한 괴로운 상황에 대해서는 이경석이 나갈 때 이미 치계하였습니다. 이달 1일, 의주에서 장달(狀達)이 또 들어왔는데, 한선이 요새 출몰한 일이 없다는 것이었습니다. 아문에서 장달을 가져온 자를 곧바로 쫓아버린 뒤, 다음날 용장이 아문에서 일을 보며 전언하기를, "이후로는 봉황성으로 가는 길을 서로 통하지 못하게 할 것이다"라고 하였습니다. 6일, 의주에서 보낸 보고와 비국에서 조사관을 정해 죄상을 밝히겠다는 관문이 왔는데, 또 수수문 밖에서 쫓아내고 그동안 온 장달과 문서를 모두 보지 못하게 하였습니다.

7일, 몽골의 여러 왕이 와서 낙타와 말·소·술을 바칠 때, 황제가

심양고궁 대정전

대아문[1]에 몸소 나왔고, 세자와 대군도 가서 참석하였습니다.

　13일 초저녁에 관소 문을 닫은 뒤, 오랫동안 병을 앓고 난 정역이 아문에서 관소로 와서 세자 뵙기를 청하였습니다. 좌우를 다 물리치고 비밀리에 여러 가지 들은 이야기를 전하였는데, 글에 쓸 수는 없지만 대개 말한 내용은 '이번에 나온 한선이 2척이라고도 하고 4척이라고도 하는데 곧바로 추포하지 않았으니 필시 명과 서로 통하고 받아들인 일이

1 　대아문은 대정전(大政殿)을 가리키는 것으로 보인다. 대정전은 황제가 조회와 중요 의례를 행하는 곳이었다.

있었다. 뿐만 아니라 근래에 투항해 온 한인의 말이 참으로 의심스러웠
어도 처음에는 믿지 않았는데, 이제 이 일로 말하면 실로 터무니 없는
말이 아니다. 봉황성으로 가는 길이 막혔으니, 아문에 정문(呈文)하고
조선에 사람을 보내 즉시 명백히 조사해야 할 것인데, 아직도 조용하니
무슨 뜻인지 모르겠다'는 것이었습니다.

세자가 답하기를, "조정에서 이미 조사관을 보냈으니 본국에서 명백
히 조사하여 회보하기를 기다릴 뿐이다. 여기서는 송구하여 바늘방석
에 앉은 듯한데 어찌 감히 억지로 변명하겠는가"라고 하였습니다. 정
역이 "내일 새벽에 장계를 가지고 말을 달려가도록 사람 하나를 내보

내고, 지방관인 감사·병사와 조정에 있는 신하들 중에서 한선을 받아들이자고 주장한 사람을 조사하여 죄를 물어 귀양을 보내든 파직하고 추고하든 간에 신속히 처리하고 급히 보고하십시오. 동쪽으로 가는 길이 한번 막히면 관소 상황이 어려워질 뿐 아니라, 성절(聖節)이 가까운데 사신이 들어오다 멈추는 것도 낭패스러우니, 그보다 일찍 와서 보고해야 할 것입니다. 이경석을 내보낸 것은 그 일을 중시하여 선처하라는 것입니다. 만약 다른 사람이 들어온다면 당초에 위임하여 보낸 뜻이 도리어 헛된 일이 될 것입니다"라고 하였습니다. 기왕 들은 것이 있으므로 어쩔 수 없이 치계합니다.

금주 군병은 12달 만에 교체하도록, 역관 이형장 등을 보내 아문에서 재결하도록 하였습니다. 이번에 장계를 내보내는 것은 오로지 정역이 힘을 썼기 때문이니 참으로 다행입니다. 선전관 이탁남(李卓男)을 장계배지로 화급히 내보냅니다.

承政院開坼 九月十四日

王世子·嬪宮氣候安寧教是白乎旀, 大君亦爲平安爲白齊.

漢舡出沒事, 此則致疑憫迫之狀, 李景奭之行, 已爲馳啓爲白有在果. 本月初一日, 義州狀達又爲入來, 漢舡今無出沒之事是白如乎. 自衙門直爲驅出之後, 翌日, 龍將坐衙門, 送言曰, "此後則當鳳凰之路, 不與相通. 云云"爲白如乎. 初六日, 灣報及備局定査官推覈移文來到爲白有如乎, 又自稅門外驅出, 前後狀達與文書, 皆不稱見爲白有齊.

初七日, 蒙古諸王來獻駝·馬·牛·酒時, 皇帝出臨大衙門, 世子·大君亦爲往參爲白有齊.

十三日初昏閉館後, 鄭譯久病後, 自衙門來到館所, 請謁世子. 盡辟左右, 密傳多聞說話, 不可形諸文字爲白沙餘良, 大槪所言皆是, "今番出來漢舡, 或稱二隻, 或稱四隻, 趁不追捕, 必有相通容接之事弊不喩, 近來新降漢人之言, 委屬可疑爲良置, 初不信聽爲白如乎, 今以此事言之, 則實非浪說. 鳳凰路塞, 則所當呈文衙門, 送人本國, 劃卽明査, 而尙今寥寥, 未知何意. 云云"爲白去乙.

世子答曰, "朝廷旣送査官, 則唯待本國明査回報. 自此悚慄如坐針氊, 何敢强言陳卞乎?" 鄭譯曰, "明曉, 持狀啓馳送一人, 地方官監 · 兵使及在庭諸臣中, 主張容接漢舡之人, 査出科罪, 竄殛罷推之間, 速爲處置, 急急報之爲齊. 東路一塞, 非但館中事勢難便, 聖節已迫, 使价入來中止, 亦甚狼狽, 宜趁此前來報. 云云. 李景奭出送, 以重其事, 爲善處. 若他人入來, 當初委送之意, 反歸虛地. 云云." 旣有所聞, 不得不馳啓爲白齊.

錦州軍兵, 十二朔交替事乙, 使譯官李馨長等, 定奪衙門爲白有齊. 今此狀啓出送, 專在鄭譯宣力, 誠爲多幸是白齊. 宣傳官李卓男, 陪持狀啓, 星火出送爲白臥乎事.

❀

한선이 출몰한 사건 때문에 청이 조선을 계속 의심하고 있음을 보고한 장계이다. 청이 심양에서 봉황성으로 가는 길을 막아버리고 의주와 비변사에서 보낸 공문을 가져온 사람도 쫓아버려서, 심양관과 조선의 통로가 봉쇄된 상황이 되었다. 정명수는, 한선을 추포하지 않은 일과 근래에 투항한 한인의 말이 겹쳐 더욱 조선을 의심하고 있음을 알렸다. 이에 소현세자는 조정에서 조사하여 회보하기만 기다릴 뿐이라고 담담히 답하였다. 정명수는 다시, 한선을 받아들이자고 주장한 사람을 조사해 처벌한 다음 급히 보고하여 청과의 경색된 관계를 풀도록 권고하였다. 그런데 조선에서 한선이나 한인들과 접촉하는 일은 이 무렵에도 종종 일어나고 있었다. 그 사실이 발각되면 청은 조사단을 내보내고 관련자들을 직접 처형하기까지 하였다. 1641년 11월에는 청의 박시와 정명수가 서울에 와서, 한선과 접촉했다는 이유로 전 의주부윤 황일호 등 11명을 공개 처형하였다.[2] 이러한 일을 겪으며 조선 조정과 신료들은 더욱 청을 두려워하고 점점 더 순응하게 되었다.

2 『인조실록』 19년 11월 9일.

62

청의 깊어가는 의심

9월 30일

왕세자와 빈궁의 기후는 안녕하시며, 대군의 기후도 평안합니다.

이달 24일과 25일, 황제가 매를 팔에 얹고 사냥터에 나갔다가 그날 돌아왔고, 27일도 마장(馬場)에 나갔다가 곧 돌아왔습니다. 봉황성으로 가는 길을 도로 통하도록 허가한 일은 이미 장계하였습니다. 25일 이곳에 전언하여 '우리나라 사신이 들어온다'고 먼저 전해준 다음, 27일에 문안사 안헌징(安獻徵)[1]과 이사 이경석이 함께 와서 지금 동관에 머물고 있습니다. 예물은 29일 무사히 아문에 바쳤으나 그중 후추 10두(斗)가

---

1 안헌징(1600~1674)은 1621년 문과에 급제한 뒤 예조정랑·장령·승지 등을 지내고, 1642년 문안사로 심양에 다녀왔다.

없어졌다고 하였습니다. 일이 날까 염려되어 세자께 들어가 아뢰었더니, 전날 관소의 잔치에 쓰려고 저장해둔 후추로 수량을 맞추어 내주게 하였습니다.

29일, 용장과 천타마가 세자께 와서 사람을 물리치고서, "이사는 대관(大官)으로 실상을 조사해 밝히도록 위임하여 보냈는데 중도에서 돌아오고, 죄를 선천부사에게 돌려서 벼슬이 낮은 사람에게 미루었습니다. 조정의 분부에 따라 연유를 와서 고한다고 하였는데, 필시 이는 조선의 조신이 일을 은폐하여 국왕이 알지 못하게 하고, 한선의 일을 미리 알고 있던 대관이 죄를 면하려 한 것이니 지극히 놀랍습니다. 세자는 반드시 사유를 물어야 합니다"라고 하였습니다. 그 자리에서 즉시 강관을 불러서, 세자가 그를 보내 이경석에게 돌아온 까닭을 물으니, 이경석이 대답하였습니다. "신이 이달 4일 의주에 이르고, 9일 안주에 도착하여 비국에서 보낸 관문을 받아보니, '황제께서 이처럼 진노하니 매우 놀랍고 황공하다. 따로 근시(近侍)를 보내 연해 여러 고을에 가서 실상을 조사하게 하였으니², 신 이경석도 도로 조사관과 함께 가서 명백히 조사하고, 죄가 무거운 사람을 먼저 붙잡아 보내서 조치할 수 있게 하되, 신 이경석은 조사관을 기다리지 말고 장달할 문서를 작성하고, 급히 말을 달려가서 구두로 아뢰어라' 하였으므로 이렇게 들어왔습니다. 이후의 처리는 오직 조정에 달려 있는데, 선천부사는 지방관이므

---

2 청의 요구에 따라 한선과 몰래 교역한 일을 조사하도록 사문사(査問使) 정치화(鄭致和)를 파견하였다.(『인조실록』 20년 9월 7일)

로 잡아간 것이고 반드시 모든 죄가 오직 이 사람에게 있다는 것은 아닙니다."

이것으로 회보하니 용장과 천타마가 "그렇다면 이 일이 옳습니까?"라고 하여, 세자가 "함께 앉아서 같이 들은 말을 어찌 시비할 수 있습니까?"라고 하였습니다. 양장이 곧 일어나 황제 처소로 갔다가 이윽고 돌아와 황제의 명을 알리기를, "이사는 대관으로서 세자가 내 명을 받들어 위임하여 보냈는데 중도에서 돌아왔으니, 위로는 내 명을 어기고 다음으로 세자의 영을 어겼다. 오랫동안 타국에 있었으니 어찌 그 임금을 보고 싶은 마음이 없었으랴. 그런데 서울에 들어가 국왕을 배알하지 않았으니 이는 또 국왕을 저버린 것이다. 서울에 들어가면 조신들과 이야기하기 편치 않아 이처럼 지레 돌아온 것이다. 사람을 속인 것이 많으니 마땅히 죄주어야 할 것이나 지금은 우선 그대로 둔다. 여기 머무는 것이 중요하지 않으니, 모레 사신과 함께 내보내라" 하였습니다.

대개 전후에 말한 것이 그 뿌리는 한 줄기인데 모두 성이 홍씨인 사람(홍승주)에게서 나왔습니다. 이야기의 첫머리까지 다 명백히 말하였으나 신뢰하지 않는 것 같아서, 그 뜻을 더욱 헤아려 알기 어렵습니다. 양장이 또 "조선의 법은 우리나라와 달라서 변방 장수나 수령은 한 가지 일도 마음대로 할 수 없습니다. 선천부사는 한낱 하찮은 자인데 무거운 형벌을 적용하면 매우 억울할 것입니다"라고 하였는데, 깊은 뜻이 있는 듯하였습니다.

이달 30일 아침, 정역이 와서 "세자는 내달 5일에 봉황성에 가야 합니다. 이것은 황제의 명입니다"라고 하였습니다. 이 일은 의도가 무엇인지, 신이 감히 알 수 없어서 그저 혼자 걱정할 뿐입니다.

承政院開坼 九月三十日

王世子·嬪宮氣候安寧教是白乎旀, 大君亦爲平安爲白齊.

此月二十四·五日, 皇帝臂鷹出獵場, 其日還來, 二十七日, 亦出馬場, 卽還
爲白有旀. 鳳凰路還許相通事, 已爲狀啓爲白有如乎. 二十五日良中, 此中傳言,
"我國使臣入來"是如, 先爲來傳之後, 二十七日, 問安使安獻徵·二師李景奭一
時來到, 時留東館爲有白在果. 禮物段, 二十九日無事呈納衙門, 而其中胡椒十
斗無去處是如爲白乎等以. 慮其生事, 入達世子前, 則以前日館所宴需所儲胡
椒, 准數出給爲白有齊.

二十九日, 龍將·賤他馬來于世子前, 辟人言, "貳師以大官委送査覈, 而中路
還來, 歸罪於宣川府使, 官微之人諉之. 因朝廷分付, 來告緣由, 云云爲臥乎所,
必是本國朝臣壅蔽, 國王不得聞知, 以爲大官之預知漢舡事者免罪之地, 極爲可
駭. 世子須問曲折. 云云"爲白去乙. 座上卽招講官, 世子教是使之往問景奭還
來之由, 則景奭答曰, "臣今月初四日到義州, 初九日到安州, 逢着備局移文, 則
以爲'皇帝如是震怒, 極爲驚惶. 別遣近侍, 往查沿海列邑, 臣亦還與査官同往明
查, 罪重之人爲先拿送, 以爲處置之地, 臣則不待査官, 修正狀達文書, 急急星
火馳進口達'亦云云乙仍于, 如是入來. 此後處置, 唯在朝廷. 而宣川府使, 則以
地方官拿去, 非必謂具罪專在此人也"云.

以此回報, 則龍·賤二人曰, "然則此事是耶?" 世子[3], "同坐同聽之言, 何可是

---

3 '世子'는 원본에 '世子曰'로 나온다.

非耶?"兩將卽爲起向帝所, 俄頃還報帝命曰, "貳師以大官, 世子承我命委送, 而中途而還, 上負我命, 次負世子之令. 久在他國, 豈無欲見其君之心? 不入國 中拜謁國王, 是又負國王也. 入國, 則與朝臣說話非便, 故如是經[4]還, 多詐人也, 所當科罪, 而今姑置. 留此不關, 明明日, 與使臣一時出送爲齊"爲白齊.

大槪前後所言, 一脈根抵, 皆出於洪姓人. 而話頭亦皆明言爲白乎矣, 有若不 爲深信者然, 其意尤難測知爲白齊. 二人且曰, "朝鮮之法, 異於我國, 邊將·邊 倅, 一事不得自由. 宣川府使特一螻蟻, 若抵重律, 甚是冤抑. 云云"爲白臥乎所, 測有深意爲白齊.

今月三十日朝, 鄭譯來言, "世子, 開月初五日, 當往鳳凰城. 此是帝命. 云云" 爲白臥乎所, 此事主意所在, 臣不敢知, 徒自悶慮爲白臥乎事.

❈

　　조선과 명의 내통 사건에 대해 소현세자가 봉황성에 나가서 조사하 게 되었음을 보고한 장계이다. 용골대는 한선이 출몰한 사건의 실상을 밝히도록 내보낸 이사 이경석이 제대로 조사하지 않고 중도에 돌아와 버린 것은 조선에서 이 일을 은폐하려고 한 때문이라고 의심하였다. 이 경석은 조사관을 보내 실상을 조사할 것이라는 비변사의 관문을 받고서 돌아왔음을 밝혔다. 그러나 청은 이경석이 황제의 명과 세자의 영을 어 기고 국왕을 저버린 것이라며, 그를 다시 조선으로 내보내도록 하였다.

---

4 '經'은 원본에 '徑'으로 나온다.

장계 뒷부분에, 명과 내통한 사실이 드러난 것은 항장 홍승주 때문이고, 청이 조선을 의심하는 뜻을 헤아리기 어렵다고 보고하였다.

홍승주는 투항한 뒤 최명길이 승려 독보(獨步)를 보내 명과 접촉했다는 사실을 청에 고하였다. 이 때문에 영의정 최명길은 곧 관작이 삭탈되고, 봉황성으로 가서 청의 조사를 받게 되었다. 최명길은 주화론자로서, 청과 마찰을 피하면서 종사를 보전하고자 노력하였다. 한편으로는 병자호란 때 청에 굴복한 조선의 사정을 명에 알리고, 청의 징병을 회피하여 대명의리를 지키고자 하였다.

63

봉황성에서의 심문

10월 4일

 지난달 30일, 정역이 황제의 명으로 와서, "내달 5일 세자가 봉황성에 가야 합니다"라고 하였으나, 무슨 일로 나가는지는 말하지 않았습니다. 신들이 놀랍고 두려워 어찌할 줄 몰라서 용장이 아문에 나오면 먼저 내보내는 까닭을 묻고, 또 세자께서 산증을 앓고 있어 증세가 수시로 일어나므로 엄동에 멀리 가는 것이 걱정스럽다는 사정을 설명하려 하였습니다. 그런데 연이어 사흘을 아문에 나오지 않으니 설명할 길이 없어 답답하였습니다. 4일, 비로소 자리에 있다고 하기에 신이 시강원 관원들과 함께 허겁지겁 문을 나서 막 아문으로 가려는 즈음에, 정역이 관소 문에 와서 "용 장군은 제왕의 집에 갔으니 만날 수 없습니다. 또 그가 관소에 올 터인데, 그에게 말할 것이 무슨 일인지 모르겠습니다"

라고 하였습니다. 신이 하려던 말을 상세히 설명하자, 정역이 "하필 이처럼 무익한 일을 하려고 합니까?"라고 하였습니다.

이윽고 용장이 천타마, 가리·노시 박시와 함께 관소에 와서 사람을 물리치고 세자에게 말하기를, "이번에 나가는 것은 사냥뿐 아니라 한선 사건 때문입니다. 홍승주 휘하의 예씨(倪氏) 성을 가진 사람이 분명히 '작년에 한선이 선천에 나타났을 때 명나라 뱃사람을 돌려보낸 것은 멀어서 헤아릴 수 없었다. 그러나 배에서 잔치를 베풀고 토산물과 쌀 500곡(斛)·인삼 500근을 주었다. 또 문서가 있어 군중(軍中)에서 진주하기까지 했으며, 인삼은 군중에서 쓰도록 허가받아 홍승주가 팔아서 군량으로 썼다'라고 하였습니다. 또 오난영(烏鸞營)이란 자가 말하기를, '임경업이 주사를 이끌고 들어갔을 때 폭풍을 핑계로 끝내 교전하지 않은 상황은 명백할 뿐 아니라, 이번에 나타난 한선이 많은 화기(火器)를 실었더라도 잡지 못할 리가 없는데 연해 고을에 전선(戰船)이 없다고 핑계대고 끝내 잡지 않았다'라고 하였습니다. 전날 말한 것은 다 믿지 않았으나 오늘 일로 보면 참으로 빈말이 아닙니다. 정축년(1637) 변고 때, 제왕은 다들 '조선 팔도 중에서 3도는 국왕이 다스리게 하되 6도는 이곳에서 장수를 정해 맡아 다스리자'라고 하였으나, 황제께서 '말이 통하지 않고 사리가 부당하다'라고 하셔서, 조선이 패망한 끝에도 보전하였습니다. 요즘 조선에서 하는 것이 이와 같으니, 비록 국왕은 모르는 일이라 해도 황제께서 무안하게 여기고 있습니다"라고 하였습니다.

세자가 답하기를, "병자년(1636) 이후로 소방(小邦, 조선)이 황제께서 아끼고 돌보신 은혜를 넘치게 받아서 오늘에 이를 수 있었습니다. 더구나 나는 6년 동안 의지하여 은혜가 하늘 땅과 같은데, 어찌 감히 추호라도 다른 뜻이 있겠습니까. 다만 아득히 천리 밖에 있으므로 본국 조정의 사정은 잘 알지 못하나, 국왕께서 위로는 대국의 은혜를 저버리고 아래로는 골육의 정을 끊으면서까지 이런 무익한 일을 하실 리가 전혀 없습니다"라고 하였습니다. 용장이 "이번에 동쪽 봉황성에 가는 것은 다른 일이 아니라 한선을 받아들이자고 주장한 사람을 잡아와서 죄주려는 것입니다"라고 하니, 세자가 "일을 처단하는 것은 우리가 간여할 바가 아니며, 본조에 있을 때에도 세자의 직임은 그저 문안하고, 수라를 살피고, 강학하는 것뿐입니다. 상벌은 내가 간여하여 아는 것이 아닙니다"라고 답하였습니다. 그가 "국왕에게 질병이 없으면 우리가 나가서 마주보고 의논하여 처단하겠으나, 국왕이 병이 있으니 서로 만나서 처리할 수 없습니다. 세자는 병이 없는데 병중의 국왕에게 미루려고 하십니까?"라고 하였습니다. 이 말이 나오니 세자가 답할 말이 없었습니다.

또 "200여 명의 갑군(甲軍)이 용장 등을 따라가고, 용만(龍灣, 의주) 건너편에서 사냥하는 기병은 여러 고산의 부대[部曲]에서 2,000여 명을 징발한다" 하였는데, 이 말이 다 옳지는 않을 것입니다. 또 이경석이 중도에 지레 돌아온 것은 자신의 편의대로 한 일이 아닌데, 여기서 이처럼 트집을 잡으니 매우 걱정스럽습니다.

承政院開坼 十月初四日

前月三十日, 鄭譯以帝命來言曰, "來月初五日, 世子當往鳳城. 云云" 而不言某事出去. 臣等驚惶罔措, 欲待龍將之到衙門, 先問出送之由, 且陳世子敎是所患疝症, 發作無常, 嚴冬遠行, 悶迫之情. 而連三日不來衙門, 無路陳卞, 方爲悶鬱爲白如乎. 初四日始爲坐堂是如爲白去乙, 臣與講院諸官, 顚倒出門, 方往衙門之際, 鄭譯已爲來到館門曰, "龍將已往諸王家, 勢無及矣. 且彼將到館所, 未知所言何事. 云云" 爲白去乙. 臣細陳欲言之語, 則鄭譯曰, "何必爲如此無益之擧乎?"

俄頃, 龍與賤他馬·加隣·盧氏兩博氏, 來到館所, 辟人言于世子前曰, "今番出去, 非但畋獵, 蓋爲漢舡一事是在果. 洪承疇標下倪姓人明言, '上年漢舡出來宣川之時, 發回本朝舡人, 則不敢遙度云. 而舡中設宴, 贈給土産與大米五百斛·人蔘五百斤. 且有文書, 至於自軍中奏聞, 蔘則許令軍中需用, 故洪也發賣, 以爲餉軍之用'是如爲白乎旀. 又有鳥鸞營言曰, '林慶業領舟師入往之時, 故爲飄風, 終不交戰之狀, 明白說道旀不喩, 今番出來漢舡, 雖載許多火器, 而豈有不得捕捉之理, 而沿海郡邑, 諉以無戰舡, 終不捕捉.' 前日所言, 萬分不信爲如乎, 以今日事觀, 信不虛矣. 丁丑之變, 諸王則皆以爲, '朝鮮八道中, 三道則使國王臨莅, 六道則自此定將句管'云, 而帝曰, '語音不通, 事理不當'云, 而保全於敗亡之餘矣. 今之所爲如此, 雖非國王所知之事, 皇帝以爲無顏. 云云" 爲白去乙.

世子答曰, "丙子以後, 小邦偏受皇帝愛恤之恩, 得至今日. 況俺則六年依歸, 恩同天地, 何敢有一毫他意哉? 但邈在千里之外, 本朝事情, 固不聞知, 而國王萬無上負大國之恩, 下絶骨肉之情, 而作此無益之事, 萬萬無此里矣." 彼曰,

"今此東行, 非有他事, 主張容接漢舡之人乙, 當爲捉來科罪. 云云"爲白去乙, 世子答曰, "事之處斷, 非俺所干預. 在本朝之時, 世子之職, 只問安視膳講學而已, 賞罰非吾預知. 云云." 則彼曰, "國王無疾病, 則吾等出去, 可以面議處斷, 而國王有病, 不可相接區處. 世子以無病之人, 欲推諉於有病之國王乎?" 此言一出, 世子亦無所答敎是白齊.

且言, "二百餘甲軍則隨龍將輩而去, 龍灣越過獵騎, 則調發諸固山部曲二千餘名"是如爲在果, 此言則不必盡是是白齊. 且李景奭中路徑還, 非出於自己任便之事, 而此中以此執言, 極爲可慮爲白齊.

청 태종의 명으로 소현세자가 용골대와 함께 봉황성에 나가서 조선과 명의 밀통 사건에 대해 조사하게 되었음을 보고한 장계이다. 용골대가 심양관에 와서 설명한 내용에서, 조선과 명의 내통 사실을 청이 이미 상세히 파악하고 있고, 또 이 일을 주도한 사람을 소환하여 직접 조사하고 치죄하기 위해 봉황성으로 나가는 것임을 알 수 있다. 곧 한선이 선천에 나타났을 때 이들에게 음식을 베풀고 쌀과 인삼 등을 제공한 일, 임경업의 수군이 참전하였으나 명과 교전을 회피한 일, 출몰한 한선을 추포하지 않은 일 등을 조사하고, 한선을 받아들이자고 주장한 사람을 직접 치죄하겠다는 것이었다. 이에 소현세자는, 국왕이 대국의 은혜를 저버리는 무익한 일을 했을 리 없다고 답하며, 치죄하는 일은 자신이 간여할 수 있는 일이 아니라고 하였다. 그러나 용골대는 세자가 병중의 국왕에게 일을 미루려고 한다며 세자의 말문을 막았다.

소현세자는 1642년 10월 6일 심양관을 출발하여 봉황성으로 갔다가 11월 22일 관소로 돌아왔다. 그 기간의 일은 『심양일기』에 '봉황성일기'라는 이름으로 자세히 전하고 있다.

이때 청 태종의 명에 따라 전 영의정 최명길, 전 판서 이현영, 비변사 당상, 사헌부·사간원의 장관, 전 평안감사·병사, 전 선천부사 등이 봉황성으로 소환되었다. 용골대는 이들과 그 밖의 관련 혐의자들까지 봉황성으로 불러 심문한 뒤, 심양으로 끌고 가서 구금하였다.

64

세자의 완강한 거부

11월 12일

어제 오후에 정역이 아문 제장의 뜻으로 세자께 와서 말하기를, "우리들 3인이 최정승(최명길)을 데리고 세자 관소에 가서 명을 받든 중사 나업과 함께 앉아, 최정승을 다시 조사하고 각각 진술한 것을 적어서 뒷말이 없게 할 것입니다. 그러나 속이기 좋아하는 문신(文臣) 등은 참여하여 들을 것 없습니다"라고 하였습니다. 세자께서 완강히 말하여 거부하였으나, 정역이 곧 일어나 가서 다시 아문에 알리고, 거듭 그렇게 말하였습니다.

용장 등 3인이 갑자기 와서 세자에게 말하기를, "우리가 나올 때 황제의 말씀이 '이번에 조사를 행할 때 죄명이 가장 중한 자는 즉시 압송해 오고, 범죄가 조금 가벼운 자는 즉시 국왕이 경중에 따라 처리하도록 하라. 왕년에 용만에서 김상헌 등을 심문 조사했을 때, 일이 지난 뒤에 혹 억울하다 하며 어지럽게 아뢴 것은 모두 너희들이 명백히 밝혀내지 못한 때문이다. 이번은 너희가 세자와 국왕이 신임하는 내관과 동석하여 중죄인을 심문하되, 평안감사는 양국 사이에서 이 나라(청)의 말을 조선에 전하여 치계하고 조선의 말을 전하여 청에 보고하는 자이니 동참하지 않을 수 없다. 궁료(宮僚, 강관) 중 노숙하고 진중한 자 한 사람이 붓을 잡고 각각 진술서를 쓰되, 청인은 청서로 쓰고 조선인은 조선 글로 써서 서로 인장을 찍고 서명하여 2장의 종이를 나누어 가져서 뒷날 말썽이 없게 하라' 하셨습니다" 하고, 또 "국왕의 중사를 부르려 했는데 때마침 왔기에 곧 받아들였으나, 문안사와 승지는 국왕의 측근이라도 모두 문신이라 필시 같은 부류일 터이니 책문에 들어오는 것을 허가하지 않았습니다. 처음부터 국왕의 명을 경시한 것이 아니니 온당치 못하다고 여기지 마십시오"라고 하였습니다.

세자가 답하기를, "이것이 무슨 말입니까? 수상은 일인지하 만인지상이며 또 사부의 존귀한 자리를 겸하여[1] 내가 가르침을 받는 사람입니다. 어찌 감히 앉아서 심문할 수 있겠습니까. 하물며 세자의 직분은 강학과 시선(視膳)뿐이니, 본디 국정에 간여하는 법이 없습니다. 그뿐 아니라 죄인을 심리하는 법은 반역을 다스리는 것보다 엄한 것이 없고, 대신을 유사에게 넘기면 세자가 감히 간여하여 알 수 없는 것입니다. 내가 당초에 몰려서 여기 나온 것은 어쩔 수 없었기 때문입니다. 최정

---

1 영의정은 세자사(世子師)를 겸하였다.

승은 부왕의 대신(大臣)이므로 아들 된 도리로 단연코 신문할 수 없으니, 결코 참석할 수 없습니다. 무릇 사람이 죽고 사는 것은 명에 달렸습니다. 이것이 황제의 명일지라도 황명을 어긴 죄를 달게 받겠습니다. 어찌 생사를 돌아보겠습니까" 하니, 용장이 "어찌 그리 답답합니까?"라고 하였습니다. 세자가 또 답하기를 "내 뜻은 앞에 다 말했으니, 이 밖에 다시 답할 것이 없습니다" 하고, 끝내 굳게 거절하였습니다.

용장이 불만스러운 기색을 보이다가, 이때 마침 이지룡(李之龍)·심천민(沈天民)[2] 등을 압송하여 숙천에 이르렀다는 보고가 들어오자, 용장 등이 조금 기쁜 빛을 보이고 일어나 가면서 "밤에 조용히 생각해보십시오. 이 일은 끝내 그만둘 수 없을 것입니다"라고 하였습니다. 이 일을 다시 제기할 염려가 없지 않아서 매우 걱정스럽습니다.

承政院開坼 十一月十二日

昨日午後, 鄭譯以衙門諸將意來, 達世子前曰, "俺等三人領往崔相於世子館所, 與承命中使羅業同坐, 更問崔相, 各記所供, 俾無後言. 而如好詐文臣, 則不必參聞"是如爲白去乙, 世子教是牢辭搪塞爲白乎矣, 鄭譯卽起去, 更報衙門如是者再是白如乎.

龍將等三人猝然來到, 言於世子前曰, "俺等出來時, 皇帝有敎曰, '今番行查之時, 罪名最緊者, 卽爲押來, 所犯稍輕者, 則仍令國王從輕重處置爲乎矣. 往

---

2 이지룡과 심천민은 군관인데, 평안감사의 분부로 선천에서 한선에 쌀과 음식 등을 제공한 일이 이계의 쪽지로 드러났다.(『심양장계』 임오년 10월 15일)

年龍灣金尙憲等查覈之日, 事過之後, 或稱冤枉, 陳奏紜粉, 莫非爾等之不得明查. 今則爾等與世子及國王信任內官, 同坐推問罪重之人爲乎矣. 本道監司則處於兩國之間, 將此國言而馳啓, 將本國言而狀達者也, 不可不同參是遣, 宮僚中老宿沈重者一人, 亦令執筆各書供辭, 淸人則以淸書書之, 鮮人則鮮書書之, 互相踏印, 互相着名, 分占兩紙, 以絶日後之人言'"是如爲白旀, 且曰, "國王中使, 方欲招之, 適到此際, 故卽爲容接, 而問安使及承旨段, 雖國王近密之人, 俱是文臣, 此必同類乙仍于, 不許入柵者. 初非輕視國王之命也, 勿以爲未安"是如爲白去乙.

世子答曰, "是何言耶? 首相乃一人之下萬人之上, 且兼師傅之尊, 吾之所受學者也. 其何敢坐而推覈? 況世子職講學·視膳而已, 本無干預國政之規弝不喩, 凡推按之法, 莫嚴於治逆, 而付之大臣有司, 世子不敢與知是去等. 當初被迫出來, 雖由於不得已. 至於父王之大臣, 於子職之道, 斷不可按問, 此則決不可參. 凡人死生有命. 此雖帝命, 甘受違命之罪. 何恤死生哉?"云, 則龍將曰, "何其沓沓耶?"世子又答曰, "吾意已盡於前言, 此外更無所答."終始牢拒是白乎等以.

龍將顯有不平之色是白如可, 此時適音, 李之龍·沈天民等押到肅川之報始至, 龍將等稍有喜色而起去曰, "夜來當從容思量. 此事終不可已"是如爲白臥乎所. 或不無更爲提起之患, 極爲渴悶爲白臥乎事.

전 영의정 최명길을 신문하는 일에 소현세자가 동참해야 하는 상황임을 보고한 장계이다. 청 태종은 명과 내통한 사건의 중죄인으로 최명길을 신문하는 자리에 세자와 내관·평안감사를 참석하게 하였다. 이에 대해 소현세자는 죽기를 무릅쓰고 완강히 거부하였다. 세자는 국정에 간여할 수 없음을 말하고, 또 영의정은 부왕의 대신이자 자신의 사부이니 결코 참석할 수 없다고 하였다. 다시 용골대의 종용을 받고도 끝내 심문하는 자리에 나아가지 않았다.

최명길이 조사받고 진술한 내용을 직접 보고한 장계는 『심양장계』에 실려 있지 않다. 최명길은 명의 사정을 정탐하기 위해 독보를 보냈다고 답하고, 명과 밀통한 일은 모두 자신이 주도했다고 주장하였다. 용골대의 신문이 있은 뒤, 최명길은 죄가 있으나 청과 화친을 주관했던 공이 있는 만큼 가볍게 처단할 수 없으므로 심양으로 데려오라는 청 태종의 명이 내렸다.

65

전 평안감사 민성휘의 진술

윤11월 15일

11일 이전의 사정은 이미 다른 사람에게 치계하도록 하였습니다.

민성휘(閔聖徽)[1]가 이달 12일 저녁에 비로소 들어와[2] 잠시 수수문 밖에 머물다 곧바로 관소 문앞 마패방(馬牌房)으로 왔습니다. 용골대와 천타마, 가리 박시 등 3인이 관소에 와서 세자와 함께 앉아, 민성휘를 불러

---

1 민성휘(1582~1647)는 1630년 평안감사 겸 부체찰사로 의주성을 수축하고 관서의 군비 강화에 힘쓰고, 가도의 명 군영을 통제하여 명장의 무모한 요구를 막았다. 병자호란 때 함경감사로서 병사 서우신(徐祐申)과 함께 군사를 이끌고 경기도 양근에 와서 싸웠다. 평안감사 겸 관향사를 지내고 호조참판으로 있던 1642년 겨울 심양에 소환되어, 명과 밀통한 사건에 대한 조사를 받았다. 귀국 후 호조·형조판서를 지냈다.
2 최명길과 임경업이 상의하여 독보를 보냈다는 것이 잠상 고충원·정이남 등의 심문에서 밝혀졌다.(『심양장계』 임오년 10월 17일) 이에 따라 청은 민성휘를 소환하였다.

들여 뜰에 꿇어앉히고, 재신과 시강원 관원 및 내관·역관 등을 물리친 다음 묻기를, "최명길이 사명(使命)을 받들고 심양에 들어올 때, 평양에 들러 임경업과 상의하여 청국과의 맹약을 어기고 남조를 도와 세우기로 하고 기자묘(箕子廟)에 제사하였는데, 그대가 그때 감사로서 제물을 준비하고 제사하는 데 동참하였고, 승려 독부(獨浮)³도 참여하였으며, 맹세하는 글을 지어 고하고 빌었다고 한다. 제문에 쓴 말과 그대와 독부가 제사에 참여한 상황을 사실대로 바로 고하라" 하였습니다.

민성휘가 "최명길이 수상으로서 사은사의 명을 받들고 내려와서, 기자는 동방의 성인으로 섬기니 그 사당에 제사해야겠다고 하기에, 제물을 준비하고 기자묘 솔밭에 따라가, 소나무 밑에 앉아서 제수를 들이는 것을 감독했을 뿐입니다. 제문 내용은 알 수 없었습니다. 임경업은 병사로서 안주에 있어서 따라오지 않았습니다. 만약 동참한 사람이라면 숨길 수 없고 불참한 사람이라면 또한 거짓으로 고할 수 없을 뿐 아니라, 독부가 함께 가서 제사에 참여하였는지 여부는 제가 더더욱 알수 없었습니다. 또 대관이 기자 성인의 사당에 제사하니 그 지방을 맡은 신하로 봉행하였을 뿐, 조정의 분부와 비국의 공사(公事)가 없었으니 감사·병사와 상의한 일이 아닙니다. 따라서 그 사이의 상황은 알기 어려운 형편입니다. 또 임경업은 처음에 저의 중군(中軍)이었으므로 과연

---

3 독부는 대개 독보(獨步)라고 한다. 독보는 묘향산 승려로, 1639년 기자묘에 제사한 일이 있은 뒤 최명길과 임경업의 부탁을 받고 명으로 가서 조선의 사정을 고하였다. 세 차례 조선과 명을 오가며 연락하였고, 명이 멸망한 뒤 임경업과 함께 북경으로 잡혀가 투옥되었다. 뒤에 조선에 돌아왔으나 울산에 유배되었다.

서로 가까웠습니다. 그가 의주부윤으로 있을 때 모친상을 당하였는데, 기복출사(起復出仕, 상중에 관직에 나아감)하여 직임을 살폈으며, 칙사 행차가 있어서 어머니의 소상(小祥) 제사에 가지 못하였습니다. 이 때문에 조정을 원망하여 패악하고 오만한 말을 많이 하기에, 제가 '나라에서 기복하게 한 것은 사람을 얻기 어려우므로 인재를 급하게 여겨 상중임에도 출사하게 한 것이다. 사람으로서 지극히 비통하더라도 한편으로는 감격할 일인데, 그대는 어찌하여 이처럼 변변치 못한 말을 하는가'라고 하였습니다. 마침 최명길이 일을 마치고 돌아와서 병으로 의주에 머물고 있어서, 제가 최명길에게 '임경업이 나라를 원망하는 말을 많이 하니, 장계하려 합니다'라고 하자, 최명길이 '지극히 비통하여 나온 말이니, 심하게 다스릴 것 없다' 하여, 제가 그만두고 치계하지 않았습니다. 그 뒤 임경업이 병사(兵使)로 있을 때 각 고을에 분정한 물건을 법을 어기며 마음대로 하기에, 그 이방과 영리·병방·군관을 잡아다가 형신하여 곤장을 치고는 가두었습니다. 이들에게 다시 추궁하려 할 즈음 임경업이 직접 달려와서 애걸하므로 풀어주었습니다. 이로부터 원수가 되어 드디어는 서로 절교하였습니다"라고 하였습니다.

청장이 다시 묻기를, "그대가 제사에 참여하고 중을 보낸 일을 명백히 증명해줄 사람이 있는데, 어찌 감히 숨기는가?" 하자, 민성휘가 "그 말이 어디에서 나왔는지 모르겠습니다. 명백히 증명할 사람이 있다면 대질해야 할 것이고, 최명길이라 하더라도 대질할 수 있습니다"라고 하였습니다. 청장이 "이 사람은 끝내 사실대로 진술하지 않고 매우 속이는 것이 많다" 하고 형구를 씌워 이지룡·심천민 등을 구금한 곳에 함께 두었습니다.

承政院開坼 閏十一月十五日

十一日以前事情段, 已爲專人馳啓爲白有在果.

閔聖徽, 今月十二日夕, 始爲入來, 小留柷門外, 直到館所門前馬牌房爲白有如可. 龍·賤兩將及加隣博氏等三人來到館所, 與世子同坐, 招入聖徽, 跪于庭中, 仍辟臣與講院官員及內官·譯官等, 後問曰, "崔鳴吉奉使入瀋, 過平壤, 與林慶業相議, 偸盟淸國, 扶植南朝事乙, 設祭箕子廟時, 汝以其時監司, 備祭物同參行祭, 僧人篤孚亦往參祭爲旀, 誓文製述告祝云. 祭文措語及汝與篤孚參祭事狀, 從實直告. 云云."

則聖徽曰, "崔鳴吉以首相, 奉使下來, 以箕子爲東方聖人, 當行祭其廟云, 故措備祭物, 陪往箕子廟松田, 坐於松下, 監入祭需而已, 祭文辭意, 無緣得知. 而林慶業則以兵使在安州, 不爲陪來爲有去等. 若同參之人則不可隱諱, 不參之人則亦不可瞞告旀不喩, 篤孚之同往參祭與否, 則矣身尤不可知是白齊. 且大官行祭於箕子聖廟, 方面之臣奉行旀是白遣, 旣無朝廷分付備局公事, 則非與監·兵使相議之事是置, 其間曲折, 勢所難知是白齊. 且慶業初爲矣臣中軍, 果爲相親爲如乎. 爲義州府尹時, 遭其母喪, 起復察任, 以勅行之故, 不得往參其小祥之祭. 以此多發怨朝廷悖慢之語爲去乙, 矣身曰, '國家起復, 難於得人, 以人才爲急, 至於奪情. 人雖爲至痛, 一則感激, 汝何爲如此無狀之言也?' 適音崔鳴吉竣事回還, 病有灣上爲有去乙, 矣身言于崔鳴吉曰, '慶業多發怨國之言, 欲爲狀啓'云, 則鳴吉曰, '至痛所發, 不必深治'是如爲去乙, 矣身中止, 不爲馳啓爲白齊. 厥後慶業爲兵使時, 各官分定之物, 冒法擅便乙仍于, 捉致其吏房·營吏·兵

房·軍官, 加刑決棍, 仍爲囚禁. 將爲重究之際, 慶業親自馳來哀乞爲乎等以放
送. 自此仍成仇怨, 遂與相絶"爲齊.

　　淸將更問曰, "汝之參祭送僧之事, 明有相證之人, 何敢隱諱乎?" 聖徽曰, "此
言未知從何以出耶. 若有明證之人, 則敢當面質, 而雖崔鳴吉言之, 亦可面質
矣." 淸將曰, "此人終不直招, 極爲多詐"是如爲遣, 使之加鎖枙, 同置於李之
龍·沈天民等拘囚處爲白臥乎事.

✳

　　전 평안감사 민성휘가 심문받은 사실을 보고한 장계이다. 용골대와
천타마 등이 심양관에 와서 소현세자를 동석하게 하고 민성휘를 심문
하였는데, 최명길·임경업과 상의하여 명나라를 돕기로 하고 평양의 기
자묘 제사에 참여한 일을 추궁하였다. 민성휘는, 영의정 최명길이 사은
사로 심양에 가던 길에 기자묘에 들러 제사하겠다고 하니, 자신은 당시
평안감사로서 제수를 준비했을 뿐이고, 제문 내용은 알지 못하며, 임
경업과 독보가 동참했는지도 알지 못하였다고 대답하였다. 또 임경업
에 대해서는 일찍이 친분이 있었으나 그가 국가를 원망하고 범법 행위
를 한 때문에 이미 절교한 상태라고 하였다. 곧 민성휘는 기자묘 제사
에 참여했고 임경업과 친분은 있으나, 명과 내통한 일은 알지 못하였다
는 것으로 혐의를 피하였다. 청은 그를 의심하면서도 증거가 없으므로
일시 가두어두었다가, 영구히 관직에 등용하지 말 것을 명하고 풀어주
었다.

계미년
(인조21, 1643)

66

척화신에 대한 처분

2월 2일

왕세자와 빈궁의 기후는 안녕하시며, 대군도 평안합니다.

박시 행차가 지난달 22일에 돌아왔는데, 서울에서 신익성(申翊聖)[1] 등 다섯 신하[2]와 김상헌을 함께 데리고 왔으며, 임경업의 처자와 족속 남녀 23인을 아울러 압송해 와서 동관에 구금하였습니다.[3] 박시가 올 때

---

1 신익성(1588~1644)은 신흠(申欽)의 아들로, 선조의 딸 정숙옹주와 혼인하여 동양위(東陽尉)에 봉해졌다. 병자호란 때 인조를 호종하고 끝까지 청과 싸울 것을 주장하였다. 1643년 척화신으로 심양에 붙들려 갔다가 소현세자의 구원으로 풀려났다.
2 다섯 신하는 신익성·이경여·신익전·허계·이명한이다. 이들을 '척화 5신'이라고 한다.
3 임경업은 봉황성으로 소환되었으나 압송 도중에 황해도 금교역에서 도망해버렸다. 용골대는 조선 조정에서 그가 도주하도록 모의한 것이라며 체포를 독촉하였다. 조정은 임경업 대신 그의 형제와 처자 등을 붙잡아 보냈다. 임경업은 1643년 해로로 명에 잠입하고 등주도독

467

지난달 15일 봉황성에 이르러, 차사원으로 하여금 선천부사 민응건(閔應騫)[4]이 전에 구금한 잠상 고충원과 뱃사람 신·김 등 8명을 성 밖으로 끌고 나가서 처형하게 했다고 치달하였습니다. 차사원은 창주첨사 최득남과 맹산현감 이흔(李俒), 금주에서 교대한 청역 김응신 등이었습니다.

22일, 용골대 장군과 가리가 관소에 와서 사람을 물리치고 말하기를, "이번에 온 신하들 가운데 동양위(신익성) 형제는 국왕의 가까운 친족이라던데, 세자에게는 몇 촌 친족이며 국왕과 과연 아주 가깝습니까?" 하고 두세 번 거듭 물었습니다. 세자가 답하기를, "동양위는 선왕의 부마(駙馬)이므로 국왕에게 외숙이 되고, 그 아우 신익전(申翊全)[5]도 국왕의 외척이며,[6] 그 밖의 재신들은 다 명경(名卿)으로서 나라와 더불어 기쁨과 걱정을 함께 하는 사람들입니다. 어찌 감히 이처럼 무익한 일을 꾸며 나라를 그르치겠습니까. 간악한 자가 틈을 타서 거짓을 꾸며 조정 신하를 모해하였으니, 그 정상은 말하지 않아도 알 수 있습니다. 대국

휘하의 명 군병을 이끌었으나, 1645년 초에 붙잡혀 북경으로 압송되었다. 1646년 청에서 조선으로 송환되어, 심기원 역모 사건 연루 및 나라를 배반한 죄로 심문을 받고 형장에서 사망하였다.

4 민응건(1608~1671)은 1642년 겨울 봉황성에 소환되어 심문을 받고, 한선을 추포하지 못한 일로 곤장형을 받았다. 뒤에 수군절도사·병마절도사·북병사 등을 지냈다.

5 신익전(1605~1660)은 신흠의 아들로 김상헌의 제자이다. 검열·정언·지평 등을 지내고, 1639년 사은사 최명길의 서장관으로 청에 가다가 평양 기자묘 제사에 참여하고 제문을 쓴 일로, 심양에 붙들려 갔다. 소현세자의 구명으로 풀려나 귀국한 뒤, 병조참판·도승지 등을 지냈다.

6 신익전의 부인 조씨는 인조의 계비 장렬왕후의 언니이다.

에서 여러 신하에게 중벌을 내린다면 신하들이 원통함을 품을 뿐 아니라, 또 악인의 바람을 이루어주는 것입니다. 황상의 밝은 성지로 피차의 사정을 굽어살피시면 그 진위를 알 수 있을 것입니다"라고 하였습니다. 용장 등이 별로 대답하는 말이 없이 "예, 예" 하며 파하고 나가 곧 아문으로 가서 다섯 신하를 불러 조사하였습니다. 이들이 진술한 내용은 별지에 베껴 보냅니다.

23일, 용장과 가리가 또 관소에 와서 세자에게 말하기를, "다섯 신하가 죄가 없고 억울한 정상과 동양위가 매우 가까운 국척(國戚)이기 때문에 국왕이 간절히 구원하는 말과 어제 세자가 간청한 여러 말, 다섯 신하가 진술한 것을 모두 아뢰니, 황제께서 '이들은 한 일이 있다 해도 어찌 실토할 수 있겠는가. 과연 아주 가까운 국척이 남조를 도와서 세우려고 국사를 그르쳤다면 친족을 가까이 하는 국왕의 훌륭한 덕을 저버리는 것이 아니겠는가. 여러 신하가 겁이나 이계를 죽이고 흔적을 없애려 했다는 것은, 이계가 살아있다면 변명할 수 있겠으나, 지레 죽여버렸으니 억울하더라도 실상을 밝힐 길이 없다. 부마는 한 사람이 아니고 재신도 한 사람이 아닌데 이계가 여러 신하의 이름을 지적했으니 이는 우연이 아니지만, 어찌 그가 말한 것을 다 믿을 수 있겠는가. 여섯 신하만[7] 남겨두고 나머지 사람과 말은 모두 내보내라' 하셨습니다"라고 하였습니다. 세자가 다시 어제 말한 것을 거듭하여 말하였으나, 들으려 하지 않고 파하고 나갔습니다.

---

7 여섯 신하는 5신과 김상헌을 말한다.

임경업의 처자와 족속을 동관에서 성 서북쪽 모퉁이의 내옥(內獄)으로 옮겨서 단단히 가둔 다음, 그중 먼 족속 2인과 노비 7명 등 9인을 관소에 보내며 말하기를, "이들은 자신이 저지른 죄가 없어서 가두어둘 근거가 없으므로, 황제가 특별히 관소에 보내 농사를 돕게 하였다"라고 하고, 임준업이 가지고 있던 짐말 3필도 관소에 보내며 잘 길러 쓰라고 하였습니다.

24일, 용장 등이 아문에서 일을 보며 김상헌을 불러 문초하였는데, 진술한 내용은 별지에 베껴서 보냅니다.

25일, 세자께서 여러 질자와 재신·강관들을 불러 일제히 모이게 하고 하령하기를, "국가가 이 비상한 변을 만나고, 명경과 국척이 뜻밖에 불측한 재앙을 당하여 이역에 붙잡혀 있다. 상께서 조섭하시는 중에 반드시 근심하실 것이니, 내 심신이 몹시 어지러워 몸 둘 바를 모르겠다. 직접 황궁에 가서 정문을 올리고 힘껏 구원하여 억울한 사정을 풀어보려 하는데, 어떨지 모르겠다" 하였습니다. 신들과 질자들이 모두 지당하게 여겼습니다.

26일 아침, 세자가 갖추어 쓴 정문을 올렸습니다. 황제가 즉시 신익성 형제를 용서하여 말하기를, "무죄라는 것은 아니지만 석방하라. 혹 죄가 있더라도 국왕의 가까운 척족이고 세자가 와서 간절히 호소하니, 특별히 용서하여 국왕과 세자를 빛나게 하겠다. 그 밖의 신하들은 세자가 이처럼 간청해도 절대 가벼이 석방할 수 없다" 하고, 차를 돌리고 파하여 보냈습니다.

세자가 관소로 돌아온 뒤, 용장·피파·가리가 관소에 와서 동양위

형제에게 형구를 채우고 손을 묶어 앞 기둥에 꿇어앉히고, 용장 등 3인이 일어서서 전처럼 황제의 명을 전하였습니다. 곧 형구를 풀어주고 갓을 쓰게 한 다음 황제가 있는 곳을 향해 사배하여 사은하게 한 뒤 질자관에 있게 하고, 마음대로 관소에 왕래하게 하였습니다. 동관에 둔 신하들 가운데 전 판서 이명한(李明漢)[8]이 병이 중하여, 세자가 의관을 보내 치료할 뜻을 아문에 말하자 허락하기에, 의관을 보내 치료하게 하였습니다. 이지룡·심천민 등을 북관에 함께 둔 뒤로 사람이 오가는 것을 더욱 엄밀히 금하는 바람에 소식을 알기가 어려우나, 최명길은 지금 큰병은 없다 합니다. 이들 3인은 아직 거론하지 않고 있으니 결말이 날 기약이 없습니다.

황제는 사냥에서 돌아온 뒤로 일체 바깥에 나오지 않고 있는데, 병이 있다고도 하고 두역을 꺼린다고도 하나 확실히는 알 수 없습니다.

제손(諸孫)[9] 아기씨는 아직 두역을 치르지 않았는데, 이곳은 역질이 곳곳에서 치성합니다. 본국으로 내보내 두역을 피하도록 하겠다고 아문에 고하니, 아문에서 곧 황제에게 여쭈어 윤허를 받았습니다. 그래서 삭선을 실어 온 인마가 돌아갈 때에 행차할 계획입니다.[10]

이달 삭선이 지난달 그믐날 들어오고, 내관 유호선도 왔습니다. 전

---

8 이명한(1595~1645)은 1624년 이괄의 난에 인조를 공주로 호종하여 이식(李植)과 함께 팔도에 보내는 교서를 지었다. 명과 밀통 사건 때 명에 자문을 지어 보낸 일로 1642년 심양에 붙들려 갔다. 1644년 이사로 다시 심양에 갔고, 귀국 후 예조판서가 되었다.
9 제손은 소현세자의 2남 석린(石磷)을 말한다. 석린은 1640년 심양에서 태어났다.
10 제손은 두역을 피해 질자관에 있게 했다가, 청의 허락을 받고 1643년 2월 12일 조선으로 내보냈다.

날 이곳에 투항해 와서 조선에서 제 처자를 죽였다고 무함하였던 이생 (李生)의 처자를 박시가 돌아올 때 감사(監司)가 탕참으로 압송하였습니다. 그들의 얼굴을 본 뒤에 압송해 가면 폐단이 있다 하여 진술을 받아 왔습니다. 위 이생은 아직 조처한 일이 없습니다.

전에 피로인으로 도망쳐 갔던 박길남은 개성부에 사는 자인데, 청이 쇄환을 독촉하므로 그 아비 박계흥(朴繼興)을 잡아 보냈습니다. 박계흥이 속은을 바치기를 원했으나, 아문에서 허락하지 않으니 박길남을 쇄송하라고 여러 번 장계하였습니다. 이제는 속은 300냥을 바치도록 허락하였는데, 200냥은 이미 들여보낸 것으로 주었으나 100냥은 나올 데가 없습니다. 또 정축년(1637)에 의주판관 김응준이 김여량에게 맡겨둔 피로인 1명의 속가를 김통가의 예에 따라 1명에 1,000냥으로 정한 것을, 정역(정명수)이 여러 가지로 말하여 600냥으로 줄였습니다. 전후 통틀어 700냥의 은을 마련할 길이 없을 뿐 아니라, 관소의 저축이 바닥나서 추가로 받은 4백일갈이[11] 밭을 경작할 밑천을 마련할 수 없으니 농사철을 놓칠까 매우 걱정됩니다. 속가를 채워줄 계책이 나올 데가 없으므로 어쩔 수 없이 이형장을 시켜 청인에게 빌려서 주었습니다. 위 700냥 은자는 호조에서 따로 금군을 정해 3월 안으로 급히 들여보내도록 하여, 독촉받을 걱정을 면하게 해주십시오. 이몽호(李夢虎)가 청인에게 빌려 쓴 은자 40냥은 곱으로 80냥을 징수하도록 전에 장계하였습니다. 이번에

---

11 청은 전지 4백일갈이를 추가로 떼어주었다. 심양관에서는 1643년부터 1천일갈이 땅에 농사를 지었다.

박시가 나갔을 때 40냥을 이미 들여보냈다는 말을 듣고 와서 곧 받은 사람에게서 추징하였습니다. 그 나머지 40냥을 이몽호에게 급히 징수해 보내야 할 것이니, 또한 호조에서 빨리 거두어 보내도록 해주십시오.

조효신(趙孝信)이 가져온, 만상에 유치한 신하들을 황제의 명에 따라 처리하였다는 자문을 예부에 바치니, 예부에서 회답할 것이 없다고 하였습니다.

접때 정역이 아문의 뜻으로 와서, "창성의 묘동보(廟洞堡) 근방에 사는 사람이 강을 건너 이쪽으로 와서 풀을 베어 쌓아두었다가 날라 갔을 뿐 아니라 고기잡이를 하였습니다. 금지령을 어기고 국경을 넘어, 죄가 있음이 자명하니 조사하여 조치하십시오"라고 하였습니다.

전날 장계한, 황제가 요구한 약용 생강 중 먼저 보낸 7두(斗)가 이달 1일 들어와서 즉시 아문에 바쳤습니다. 아문 역관이 또 말하기를, "전일 김명길이 주회인들을 압송해 올 때 평산에서 도망간 종 석숭(石崇)을 아직 잡아 보내지 않았으니, 다시 장계하십시오"라고 하였습니다.

동양위의 행차를 아침에 잠시 머물게 하고, 용골대·천타마·범문정·피파·가리·노시 6인 및 이름을 모르는 한림(翰林) 2인이 관소에 와서 곧 신익성 형제를 불러 당(堂)에 꿇어앉히고 사람들을 일어서게 하고서, 박시 하나가 황제의 명을 전하였습니다. "남조가 임진년(1592)에 조선을 구원해준 은혜가 있음을 내가 안다. 병자년(1636)에 군신 모두와 온 나라 백성을 다시 살린 덕은 청국에 있다. 남조의 은혜는 선왕 때에 있었고 나의 은혜는 지금 왕에게 있으니, 집안에 비유하면 남조는 부모와 같고 나는 친부모와 같다.[12] 어찌 내 은혜를 잊고 남조를 도와

세울 수 있는가! 부마도 내가 다시 살려준 은혜를 입었으니, 또한 어찌
이 뜻을 알지 못하는가! 부마는 이것을 듣고 말 것이 아니라, 돌아가서
국왕에게 고하는 것이 마땅하다." 신익성이 대답하기를 "마땅히 황제의
명대로 국왕께 아뢰겠습니다" 하자, 곧 뜰에 내려가 절하여 사은한 뒤
에 오늘로 떠나가게 하였습니다.

[별지][13]

　신 김상헌이 이달 24일 저녁 동관에 있을 때에 정역이 아문의 뜻으
로 와서, 신에게 사신을 지휘하고 이계를 죽일 것을 주장했다는 2건
의 일을 묻기에, 신이 그런 일이 없다고 대답하였는데, 그 말은 아래
에 쓴 것과 같습니다. 한참 뒤에 아문에서 또 한거원을 보내 신을 부
르기에, 신이 곧 호부로 갔습니다. 용골대와 이름도 얼굴도 모르는
사람 하나가 함께 있었습니다. 신이 계단 위 기둥 바깥에 가서 다릿
병이 매우 고통스러워서 다른 사람의 부축을 받고 앉아서 몸을 비스
듬히 하고 발을 가로 뻗었습니다. 용골대가 번거로운 예(禮)를 요구
하지 않고 묻기를, "전일 횡의로 상소한 까닭에 붙잡혀 들어왔고, 그
죄가 심히 무겁다. 하지만 연로한 사람을 죽이는 것은 관건이 아니므
로 만상으로 내보냈다. 즉시 스스로 뉘우치고 고쳐야 할 것인데 오히

12　이 구절은 『심양일기』 계미년 2월 2일에 '남조는 조부모[大父母]와 같고 나는 친부모와 같다'
　　로 나온다.
13　이하는 장계 뒤에 별지로 첨부된 것으로, 김상헌이 심문받을 때 진술한 내용을 쓴 것이다.

려 다시 국사에 간여하고 사신을 지휘하여 방해한 것이 많았다. 심지어 재신들이 상소하여 이계를 죽이지 말도록 청하였으나, 홀로 주장하여 끝내 죽게 만들었으니 이것이 무엇 때문인가?" 하였습니다. 신이 답하기를, "나라에서 정한 일은 조정에 있는 신하라도 다시 고칠수 없는데, 하물며 죄를 입고 바깥에 있는 신하가 어찌 감히 간여했겠는가. 사신을 지휘하여 방해한 일이 많다는 것으로 말하면 더욱이죄를 입은 신하가 감히 할 수 있는 일이 아니다. 이 일은 분별하기 매우 쉬우니, 스스로 변명하지 않아도 알 수 있다. 대개 국사에 간여하고 사신을 지휘하는 것은 권세를 좋아하는 자가 하는 짓이다. 내가권세를 좋아했다면 권세 있는 벼슬을 구했을 것이다. 이제 늙고 병들어 스스로 물러났는데 다시 권세를 좋아하다니, 어찌 그럴 리가 있겠는가. 다만 이계는 할아비·아들·손자 3대가 나라를 저버린 큰 죄가있어, 내가 대간(臺諫)으로 있을 때 그 죄를 논하여 아뢰고 가죄(加罪)하였다. 이계가 이 때문에 이를 갈고 독을 품고서 늘 보복하려 꾀하였다. 이것은 온 나라가 다 아는 것이다"라고 하였습니다. 이름도 낯도 모르는 사람이 재차 힐문하였으나, 모두 처음에 물은 2건의 일을벗어나지 않았습니다. 문초를 마치고 나가라고 하였습니다.

癸未二月初二日 政院 開坼

王世子及嬪宮氣候安寧教是白乎旀, 大君亦爲平安爲白齊.

博氏之行, 前月二十四日回還, 京來申翊聖等五臣與金尙憲, 一時率來爲白有旀, 慶業妻子族屬男女二十三人, 并以押來, 入置東館爲白齊. 博氏來時, 前月十五日到鳳城, 令差使員, 宣川府使閔應騫, 前日所囚潛商高忠元·舡人申·金等八名, 領出城外行刑是置, 馳達爲白齊. 差使員, 昌洲僉使崔得男·孟山縣監李侃·錦州交代淸譯金應信等爲白有齊.

二十二日, 龍將·噶林來于館所, 辟人曰, "今來諸臣中, 東陽尉兄弟, 國王近屬云, 於世子幾寸親是旀, 於國王果切近耶?" 再三申問爲白去乙. 世子答曰, "東陽尉乃是先王駙馬, 於國王爲外叔, 其弟申翊全亦國王之戚里也. 其他諸宰, 皆以名卿, 與國同休共戚之人. 安敢作此無益之事, 以誤國家乎? 奸惡之人, 乘時搆捏, 陷害搢紳, 其爲情狀, 不言可想. 大國若用重律於諸臣, 則非但諸臣抱寃, 且售惡人之所欲. 皇上明聖, 俯燭彼此情勢, 則可知其眞僞矣." 龍將等別無所答之辭, 唯唯而罷出, 仍往衙門, 招五臣査問. 所供之辭, 則別紙謄送爲白齊.

二十三日, 龍將·噶林, 又來館中, 言於世子前曰, "國王, 以五臣無罪曖昧之狀, 東陽尉切近國戚, 懇救等語及昨日世子所請許多說話, 與五臣所供之事, 竝爲奏知, 則皇帝曰, '此人等雖有所爲之事是乃, 豈可吐實乎? 果是切近國戚, 扶擅[14]南朝以誤國事, 乃負國王親親之盛德乎? 諸臣恐惻謀殺李烓, 以爲沒跡之地, 烓若生存, 則可以辨明, 而今旣徑殺, 雖或冤抑, 査覈無路. 駙馬非一人, 宰臣亦非一人, 而拈出諸臣之名, 此非偶然, 何可盡信其所言乎? 只留六臣, 其餘人馬, 并爲出送. 云云'"爲白去乙. 世子更申昨日之事, 反覆言說, 而不爲動聽, 罷出爲白齊.

慶業妻子族屬, 自東館移置西北城隅內獄牢囚後, 其中遠族二人及奴婢七名, 合九人送館所, 曰, "此輩則無身犯之罪, 囚置無據, 皇帝特送館中, 以爲耕農之

---

14 '擅'은 원본에 '檀'으로 나온다.

補. 云云"爲白乎旀, 俊業所持卜馬三匹, 亦送館所, 善養使用爲白齊.

二十四日, 龍將等坐衙門, 招問金尙憲. 所供之事, 亦爲別紙謄送爲白齊.

二十五日, 世子敎是招諸質子·與宰臣·講官齊會, 下令曰, "國家遭此非常變, 名卿·貴戚, 橫罹不測, 綁拿異域. 自上於在調攝之中, 必勤憂念, 余之心神荒擾, 罔知所措. 親往皇家, 欲爲呈文, 竭力伸救, 以解冤枉之情, 未知如何." 臣等與諸質等, 皆以爲允當乙仍于.

二十六日朝, 世子所措辭呈文. 則帝卽許申翊聖兄弟曰, "非謂無罪而放釋. 雖或有罪, 以國王近戚, 世子來詣懇訴, 特有以爲國王·世子之光彩. 其他諸臣, 則雖世子所懇如此, 切不可輕放. 云云"爲白遣, 行茶罷送爲白齊.

世子還館後, 龍將·皮牌·噶林三人來于館所, 東陽尉兄弟, 加鎖縛手, 跪于前楹, 龍將等三人起立, 傳帝命如前. 卽爲解鎖着笠, 向帝所四拜謝恩之後, 接置於質館, 任意往來館中爲白齊. 東館所置諸臣之中, 前判書李明漢病重, 世子言于衙門送醫救療之意, 則許諾爲白乎等以, 令醫官往見爲白齊. 李之龍·沈天民等, 同置北關之後, 禁人相通, 尤極嚴密, 消息難通, 而崔鳴吉時無大段疾病云云爲白在果. 此三人則尙不提起, 結末無期爲白齊.

皇帝獵還之後, 切不出外, 或云有疾, 或云忌痘爲白乎矣, 未能的知爲白齊.

諸孫阿只氏, 未經痘疫, 此地疫疾, 處處熾發. 欲爲出送本國以避之意, 通于衙門, 則衙門卽稟帝前允許. 故朔膳人馬回還時, 行次計料爲白齊.

今朔朔膳, 前月晦日入來, 內官兪好善, 亦爲來到爲白有齊. 前日, 投來此中, 誣陷我國誅殺其妻子云云爲白有如乎, 李生妻子乙, 博氏還時, 監司押送湯站, 則見其各人面目後, 押去有弊是如, 捧招以來爲白乎矣. 同李生, 時無處置之事爲白齊.

前者被擄逃還人朴吉男, 乃開城府居生者也, 因督贖[15], 其父朴繼興之捉送
爲白有如乎. 繼興願納贖銀, 而衙門不許, 吉男刷送事乙, 累次狀啓矣. 今則許
納贖銀三百兩爲白在, 二百兩則以曾已入送者當給, 而一百兩則無出處. 且丁丑
年, 義州判官金應俊逢授金汝亮所捉人一名贖價乙, 依金通可例, 一名一千兩折
定爲白有去乙, 鄭譯多般爭辨, 以六百兩減定爲白有置. 前後通共七百兩之銀,
辦得無路哛不喩, 館所所儲竭乏, 加受四百日耕田, 耕作資用乙良置, 未由辦出,
恐失節候, 極爲悶慮爲白去等. 贖充給計無所出, 不得已, 使李馨長貸給淸人所
儲爲白有置. 上項七百兩銀子, 令該曹別定禁軍, 三月內星火入送, 俾免督責之
患爲白齊. 李夢虎貸用淸人銀子四十兩乙, 倍徵八十兩事, 前已狀啓. 今番博氏
出去時, 聞四十兩則已爲入送之言, 來卽推徵於所受人處. 其餘四十兩乙良, 夢
虎處, 急急徵送爲白去乎, 亦令該曹趁速徵送爲白齊.

趙孝信賚來, 留灣上諸臣, 依帝命處置咨文乙, 呈付該部, 則無回答之事云云
爲白齊.

頃日, 鄭譯以衙門意來言曰, “昌城屬堡廟洞傍近居人, 越江來于此邊, 刈草
積置輸運爲沙餘良, 且爲魚獵. 違禁越界, 自有其罪, 查處”亦爲白齊.

前日狀啓, 皇帝所求藥用生薑, 先送七斗, 今月初一日入來, 卽納衙門爲白有
齊. 衙譯又言, “前日, 金命吉押來到平山逃走是在奴石崇乙, 尙不捕送, 更爲狀
啓. 云云”爲白齊.

東陽尉之行, 朝日姑令遲留, 龍·賤兩將·范文程·皮牌·噶林·盧施六人及名
不知稱翰林者二人, 來于館所, 卽招申翊聖兄弟, 跪于堂中, 諸人起立, 一博氏

---

15 '贖'은 원본에 '刷'로 나온다.

傳帝命曰, "南朝於本國有壬辰拯濟之恩, 我亦知之. 丙子君臣上下一國生民再生之德, 在於淸國. 南朝之恩在先王時, 我之恩則在今王, 比之人家, 則南朝如父母, 我則如親父母. 何可忘我恩而扶植南朝乎? 駙馬亦於我有再生之恩, 亦豈不知此意? 不但駙馬聽之, 歸告國王宜矣." 申翊聖答曰, "當依帝命, 陳達於國王前"云, 則仍令下庭拜謝後, 今日使之發去爲白齊.

　臣尙憲, 今月二十四日夕, 在東館, 鄭譯以衙門之意來問臣, 以指揮使臣·主張殺娃兩件事, 臣以無此事答之, 其語如下文所云. 食頃, 衙門又使韓巨源招臣, 臣卽往戶部. 龍興名面不知一人同在. 臣之階上楹外, 脚病甚苦, 使人扶擁而坐, 側身橫足. 不責荷禮, 問曰, "前日旣以上疏橫議之故, 被逮入來, 厥罪甚重. 篤老之人, 殺之不關, 故出置灣上. 卽當懲創悛改, 而猶復干預國事, 指揮使臣, 多所阻碍. 至於諸宰臣上疏, 請勿殺李娃, 而獨爲主張, 竟致於死, 是何耶?" 臣答曰, "國家已定之事, 在朝之臣, 尙不得更改, 況被罪在外之臣, 何敢干預乎? 至於指揮使臣, 多所阻碍, 尤非被罪之臣所敢爲. 此事卜之甚易, 不待自明而可知也. 大槪干預國事, 指揮使臣, 乃好權勢者所爲. 我若好權勢, 則當求爲有權之職. 今以老病自退, 而復好權勢, 豈有此理. 但李娃祖子孫三世, 有負國大罪. 我爲臺諫, 論啓加罪. 李娃以此切齒啣毒, 常圖報復. 此乃一國所共知者也." 名面不知人再次盤詰, 都不出初問兩件之外. 問畢, 使之出矣去.[16]

---

16 '使之出矣去'는 원본에 '使之出去矣'로 나온다.

이 장계는 신익성 등 5신과 김상헌, 그리고 임경업의 일족이 심양에 붙잡혀 온 일에 대해 보고한 것이다. 1640년 김상헌 등이 심양에 끌려가 구금된 사건을 '제1차 심옥(瀋獄)'이라 하고, 이때 신익성·신익전·허계·이명한·이경여의 '척화 5신'이 끌려가 구금된 일은 '제2차 심옥'이라고 불린다. 선천부사 이계가 청에 고변한 쪽지의 내용에 따라 척화신 5인이 붙잡혀 오자, 소현세자는 나라의 명재상과 왕의 인척인 이들을 위해 청 태종에게 글을 올려 구원하고자 하였다. 청 태종은 신익성 형제를 특별히 용서하고 풀어주면서, 자신에게 재생의 은혜를 입었으니 조선에 돌아가 국왕에게 그대로 고하라고 하며 이들을 귀국하게 하였다.

그리고 한인(漢人)과 교역한 잠상 고충원 등 8명이 처형된 일, 임경업의 족속 23명을 붙들어 와 가두었다가 9인을 관소에 보내준 일, 두역이 치성하므로 제손을 조선으로 내보내기로 한 일, 관소에서 주회인의 속전과 둔전의 농사 밑천을 마련하는 일, 청이 월경 금지령을 어긴 자를 통보한 일 등을 날짜순으로 중간에 함께 보고하였다. 뒤에 다시 김상헌과 척화신 5인을 용골대 등이 아문에서 문초하였으며, 이들이 진술한 내용은 별지에 따로 써서 보냄을 알렸다.

장계 뒤에 첨부된 별지는 김상헌이 심문받고 진술한 내용을 보고한 글이다. 용골대 등이 김상헌을 호부로 불러서, 청에 보내는 사신을 지휘하고 이계를 죽이게 한 일에 대해 물었는데, 자신은 그런 일이 없다고 답하였다는 내용이다.

67

명나라에서 넘어온 조선 군병

3월 25일

왕세자와 빈궁께서는 기후 안녕하시며, 대군도 평안하십니다.

어제 피파 박시가 관소에 와서 말하기를, "경진년(1640)에 임경업이 주사를 거느리고 들어갔을 때, 명나라로 표류해 갔던 군병 10인이 방금 영원위(寧遠衛)에서 나왔습니다. 용골대 장군이 아문에서 심문하고 있는데, 심문을 마치면 세자께 와서 고할 것입니다"라고 하였습니다. 그러나 어제는 밤늦도록 오지 않았고, 오늘 신시(오후 4시)에 용장과 범문정·가리 박시 3인이 세자에게 와서 이잇석을 시켜 전언하기를, "경진년에 표류해 간 군병 10인이 어제 영원위에서 도망해 왔습니다. 황제께 여쭈니, 황제께서 관소에 압송해 넘겨 본토로 돌려보내게 하되, 그들이 집을 그리워하는 마음이 있을 것이니 내일 안으로 따로 관원 한두 사람을 정해 내보내라고 하셨습니다"라고 하였습니다. 세자가 답하기를, "그들이 죽을 지경을 당한 끝에 황상을 우러러 믿고 상국으로 귀순하였는데, 황상께서 즉시 내보내라고 하시니 황제의 덕이 망극합니다. 그들이 감읍하여 축수할 뿐만 아니라 온 나라에서 이것을 듣고 누군들 감격하지 않겠습니까"라고 하였습니다.

용장 등이 "세자가 저들에게 남조의 사정을 물어야 합니다"라고 하여, 세자가 군병들에게 물으니, 그들이 회달(回達)하기를, "저희가 저곳에 있을 때에 오삼계(吳三桂)[1] 총병이 통솔하였는데, 청의 군병이 서쪽으로 간 뒤에 큰 성 셋을 얻었고 작은 성은 셀 수 없다 합니다"라고 하였습니다. 용장이 다시 상세히 물어볼 것을 요구하자, 세자가 이어서 묻기를, "의주에서 도망갔던 최효일(崔孝一)[2]이 그곳에 있느냐? 너희들이 볼 수 있었느냐?" 하였습니다. 군병들이 아뢰기를, "최효일이 오 총병 막하에 있는데 무슨 벼슬을 하는 듯하나 어떤 직위인지 모르겠습니다. 오 총병이 정성으로 대우하고 은 30냥을 주어 집을 사서 살게 하였으나, 그가 죄다 팔아먹고 단 7냥의 은자로 두어 칸 기와집을 사서 살고

---

1 오삼계(1612~1678)는 요동 출신으로 1642년에 요동총병이 되었다. 1644년 산해관을 지키다가, 이자성 무리가 북경을 점령하자 청에 지원을 요청하여 진압하고, 청군이 북경에 입성하게 해주었다. 이 공으로 평서왕(平西王)에 봉해지고 운남(雲南)을 지키게 되었으나 뒤에 삼번의 난을 일으켰다.

2 최효일은 전 의주판관(義州判官)으로, 1640년 배를 타고 섬으로 도망했다가 명으로 가서 높은 벼슬을 받았다고 전해졌다. 그의 족속들과 소식을 통하고 몰래 한인과 교역을 한 일 등이 발각되어, 청나라에서 박시와 정명수를 내보내 의주부윤 황일호와 최효일의 족속들을 공개 처형한 일이 있다.

있는데 매우 빈궁하다 합니다" 하였습니다. 용장이 듣고 웃으며, "그가 남조에 투항해 들어가 무슨 이익이 있겠습니까"라고 하였습니다. 세자 가 "일찍이 배반한 종이 그 본래 주인을 저버리고 다른 데 투항해 들어 가서 잘사는 자를 보았습니까. 늘 고통스러울 것입니다"라고 답하자, 용장 등이 "예, 예" 하며 차를 마시고, 파하여 곧 일어나 갔습니다.

내관 장륜(張倫)·유여량(劉汝亮) 등이 마침 임기가 찼으므로 위 군병 들을 압송해 가게 하였습니다. 군병들의 명단을 책자로 만들어 비변사 로 올려 보내고, 어제 용장이 아문에서 심문한 내용도 별단으로 서계 합니다. 용장 등이 이번에 왔을 때에는 온화하게 기뻐하는 기색이 많고 으르렁대는 말이 전혀 없었습니다. 그것은 전적으로 군병들이 잘 말하 고 대답이 분명하였기 때문입니다.

承政院開坼 癸未三月二十五日

王世子及嬪宮敎是氣候安寧爲白乎㫆, 大君亦爲平安爲白齊.

昨日, 比把博氏來於館所, 曰, "庚辰年林慶業領舟師入去時, 漂泊軍兵十人, 當刻, 自寧遠衛出來. 龍將今方坐衙門盤問, 問畢後, 必爲來告世子前"是如爲 白乎矣. 昨日段, 終夕不來, 今日晡時, 龍將及范文程·噶林博氏三人, 來詣世子 前, 令李蓓石傳言曰, "庚辰年漂去軍兵十人, 昨日自寧遠衛逃來爲有去乙. 稟于 帝前, 則皇帝使之押付館所, 解還本土爲乎矣, 渠等必有思家之念, 宜於明日內, 別定一二官員, 出送"爲白去乙. 世子答曰, "渠等萬死之餘, 仰恃皇上, 歸命上 國, 而皇上卽出送, 帝德罔極, 非但渠等感泣祝手, 擧國聞之, 孰不感激? 云云."

則龍將等曰, "世子宜問南朝事情於彼輩"爲白去乙, 世子問於軍兵等處, 則軍

兵等回達曰, "渠在彼時, 爲吳摠兵所率, 淸兵赴西後, 得三大城, 小城則不知其
數云." 龍將又要詳細問之爲白去乙, 世子語次間, "自義州逃爲在崔孝一, 方在
其處乎? 汝等亦得見之耶?"云, 則軍兵等回達曰, "崔孝一亦在吳摠兵幕下, 似
做某官, 而不知何職. 吳摠兵待之甚款, 給銀三十兩, 使之買家以居, 而渠盡爲
賣食, 只以七兩銀子, 買數間瓦屋而處, 甚爲貧窮云," 則龍將聞之笑曰, "渠投
入南朝, 有何所利乎?" 世子答曰, "曾見叛奴背其本主, 投入他處, 而善爲居生
者乎? 心常痛之矣.[3]" 龍將等唯唯, 茶罷卽起去爲白去乙.

內官張倫·劉汝亮等, 適音準朔乙仍于, 同軍兵等乙, 使之押去爲白乎旀. 軍
兵等小名成册, 備邊司以上送爲白遣, 昨日, 龍將在衙門盤問說話段置, 別單書
啓爲白乎旀. 龍將等今番來詣時, 多有利悅之色, 少無咆哮之語. 專由於軍兵等
善爲說辭, 置對明白爲臥乎事是良等.

❀

이 장계는 명나라에서 도망해 온 조선 군병 10인을 청나라에서 관소
에 넘겨준 일을 보고하였다. 이 군병들은 1640년 임경업이 이끄는 수
군으로 참전하였으나 표류하여 명의 영원위로 넘어갔다가, 다시 도망
하여 심양으로 와서 투항하였다. 청 태종은 이들을 심양관에 넘겨주며
조선으로 돌려보내게 하였다. 용골대의 요청에 따라 세자가 이들에게
명군의 사정을 묻자, 이들은 오삼계 총병의 군대가 성(城)을 많이 얻었

---

3 원본에는 '心常痛之矣' 앞에 '此人投之事'가 있다.

고, 의주에서 도망해 명으로 넘어간 최효일이 오삼계 휘하에서 빈궁하게 살고 있음을 아뢰었다. 이들의 대답에 용골대 등이 기뻐하고, 세자를 대하는 태도도 온화하였다. 이것은 또 양국 관계의 가장 큰 문제였던 조선과 명의 밀통 사건에 대한 심문과 처벌이 일단락되었기 때문으로 보인다. 청은 이후에도 영원위에서 도망해 온 군병들을 몇 차례 심양관에 넘겨주었다.

68

최명길·김상헌 등의 방면

4월 3일

이달 1일 이른 아침에 아문에서 가리 박시의 아우 창내(昌乃) 박시를 보내 세자에게 여쭈기를, "만상에 유치해둔 재신이 전에 남방에 있었을 때 변산(邊山)에 성을 쌓았다던데, 성만 쌓았습니까? 아니면 곡식도 비축하였습니까? 죄의 경중은 이에 관계되지 않으니 사실대로 말씀하셔야 합니다"라고 하였습니다. 세자가 답하기를, "변산에 성을 쌓은 일이 없습니다. 약간의 군량을 마련하고 아울러 주사를 배치한 것은 다른 뜻이 없고 다만 왜를 막기 위해 대비했을 뿐입니다[1]"라고 하였습니다. 이

---

1 박황이 1640년 순검사로 가서 전라도 부안에 진(鎭)을 설치한 일이 있었다. 조선은 일본을 방비해야 한다는 구실로 성지를 수축하고 군비를 재정비하려고 하였으나, 중지하라는 청의 핍박을 받았다.

렇게 왔다 가고, 용골대 장군이 가리 박시와 함께 세자께 와서 말하기를, "황제께서 사면을 하셔서 우리가 명을 받들어 왔습니다" 하고, 이잇석을 보내 최명길을 불렀습니다. 세자께서 "김 판서도 북관에 있습니다"라고 하자, 용장 등이 "그도 석방할 것입니다" 하고, 또 한보룡을 보내 김상헌을 불렀습니다.

두 신하가 온 뒤, 용장 등이 이들을 뜰에 불러들이고, 서서 황제의 명을 전하기를, "너희는 다 죽을죄가 있으나 그 연로함을 가엾게 여기고 또 목숨을 아껴서 용서하여 죽이지 않는다. 이제 큰 은혜를 내리는 특전을 시행하므로 특별히 용서하고, 세자의 관소 근처에 둘 것이다" 하고는 곧 형구를 벗겼습니다. 세자가 거듭 감사하다고 하니, 용장이 두 신하에게 서향하여 황제의 명에 사은하게 하였습니다. 최명길이 일어서서 김상헌을 부축하여 함께 사은하려 하였습니다. 김상헌은 허리가 아프다며 예를 행하지 않고, 용장 등이 강제로 시켜도 끝내 움직이지 않았습니다. 최명길이 서향하여 사배례를 행한 뒤, 용장 등이 두 신하를 내보냈습니다.

다시 한거원을 시켜 임경업의 족속, 임형업(林亨業)·임준업(林俊業)·임흥업(林興業)·임진무(林振茂)·임중진(林重振)·임부의(林富義)·임효의(林孝義)와 여인 미영(美英)·환생(還生)·승진(承眞)·차정(次貞), 종 의현(義玄)과 여종 춘개(春介) 등을 불러, 또 용장 등이 서서 황제의 명을 전하기를, "당초에 임경업이 들어왔다면 먼저 최 정승을 풀어주고 너희도 이런 일이 없었을 것이다. 그가 망명하였기 때문에 너희를 잡아두었다. 이제 크게 사면을 행하여 이 나라의 사형에 처할 죄인을 다 석방하는

데, 조선 사람도 나의 백성이므로 고루 은택을 입게 한다" 하고, 임경업의 처와 여종 2구만 그대로 가두어둔다고 하였습니다. 의주에 유치했던 박황·신득연·조한영·채이항 등도 모두 풀어주는데, 잠시 알리지 않고 여기서 사람을 보내 풀어줄 것이라고 하고, 이어서 내관에게 4인의 이름을 적게 하였습니다. 또 시강원 서리에게 임경업 족속 각각의 이름을 쓰게 하고, 용장 등은 곧 일어나서 갔습니다.

두 신하가 대문 안에 있다가 용장이 나갈 때 최명길이 따로 용장 앞에 꿇어앉아서 황제의 은혜에 감사하였습니다. 김상헌이 그 옆에 누워 있으니, 용장이 오래도록 노려보고 갔습니다. 두 신하는 세자께 숙배한 뒤 질자관으로 나가서 머물고 있습니다. 임경업의 족속 임형업 등도 질자관에 있습니다. 박황 등을 풀어주는 일로 앞으로 차관(差官)을 내보내는 조치가 있을 것입니다.

3일 오시쯤 영원위에서 도망쳐 돌아온 군병 6명이 또 왔습니다. 이튿날 아문에서 관소에 넘겨주기에 물어보니, 이들은 전에 10명이 도망해 올 때 뒤떨어진 사람들이었습니다. 아문에서 별로 다시 물을 것이 없다기에, 삭선을 실어 온 인마와 함께 내보냅니다. 위의 도망해 온 군병들의 이름을 적은 책자는 비변사로 올려 보냅니다.

承政院開坼 癸未四月初三日
本月初一日早朝, 衙門送噶林博氏弟昌孫博氏, 稟于世子前曰, "灣上留在宰臣, 前在南方時, 築城於邊山云, 只築城耶? 抑亦儲穀耶? 罪之輕重不係於此, 從實言之爲當"云. 世子答曰, "邊山無築城之事. 措備若干軍糧, 幷設舟師者,別無他意, 只爲防倭之備而已." 如是往復後, 龍將與噶林博氏來詣世子前曰, "皇帝用赦, 俺等承命以來." 令李薖石招崔鳴吉爲白去乙. 世子教是曰, "金判書亦在北館"云, 則龍將等曰, "此亦當放." 又使韓甫龍招金尙憲.

兩臣來詣後, 龍將等招入庭中, 立傳帝命曰, "爾等俱有死罪, 而憐其年老, 且惜人命, 貸以不死矣. 今者方施大霈之典, 故特爲赦宥, 宜置世子館所近處"云, 仍卽解鎖. 世子再三稱謝, 則龍將令兩臣西向謝帝命. 崔鳴吉起立, 掖金尙憲欲一時爲之. 金尙憲以腰病不爲行禮, 龍將等强之, 則終不運動. 崔鳴吉西向行四拜禮後, 龍等出送兩臣.

且令韓巨源, 招致林慶業族屬林亨業·林俊業·林興業·林振茂·林重振·林富義·林孝義·女人美英·還生·承眞·次貞·奴義玄·婢春介等, 又立傳帝命曰, "當初慶業若入來, 則當先崔政丞放送, 汝等亦無如此之事. 以其亡命之故, 拘留汝等矣. 今用大赦, 此國死囚, 盡爲放釋, 朝鮮之人亦是我民, 故使之均被霈澤"云, 慶業妻及婢子二口哛, 仍囚是如爲白乎旀, 義州留置爲在朴潢·申得淵·曺漢英·蔡以恒等乙, 亦幷放送爲乎矣, 今姑勿通, 當自此送人以放云云, 仍令內官錄四人之名. 又使講院書吏, 書慶業族屬各人之名, 卽爲起去.

兩臣在大門之內, 龍將出去之時, 崔鳴吉別爲跪謝帝恩於龍將前. 金尙憲臥於其側, 龍將久久瞪視而去. 兩臣肅拜於世子前後, 出往質館, 仍留質處. 慶業族屬林亨業等亦在質館爲白有遣. 以朴潢等放送事, 前頭必有差官出送之擧爲白乎旀.

初三午時量, 寧遠衛逃還軍兵六名, 又爲來到. 翌日, 衙門交付于館所爲白去乙, 問之, 則此是前日十人逃來時落後之人也. 衙門別無更問之事爲白去乙, 朔膳人馬, 一時出送爲白乎旀. 同逃還軍兵等小名成冊, 備邊司以上送爲白臥乎事.

청 태종의 사면령에 따라 북관에 갇혀 있던 최명길과 김상헌, 임경업 일족, 그리고 의주의 박황과 신득연 등이 풀려나게 되었음을 보고한 장계이다. 용골대 등이 관소에 와서 최명길과 김상헌을 불러들여 황제의 명을 전하고 사은의 예를 행하게 하자, 최명길은 사배례를 하였다. 그러나 김상헌은 허리가 아프다는 핑계로 용골대의 강요에도 끝내 사은의 예를 거부하였다. 최명길과 김상헌은 석방된 뒤 질자관에 우거하다가, 소현세자가 볼모살이에서 풀려나 귀국한 1645년 봄에 함께 돌아와 향리로 낙향하였다.

칙사 접대와 세폐에 대한 경감 조치

5월 14일

　이달 4일 낮에 이형장이 정역의 뜻으로 비밀리에 와서 말하기를, "황제께서 이후 칙사 행차 때 방기(房妓)¹ 절은(折銀)²과 역참 7곳의 연향(宴享, 잔치)을 줄이고 세폐의 잡물을 반으로 줄일 것에 대하여, 지금 각 부 관원을 모아서 등록(謄錄)을 의정하고 있습니다. 이것은 제일 기쁜 소식이므로 먼저 알립니다. 이 뜻을 재신과 시강원에 말하고, 먼저 용 장군

1　방기는 수청 드는 기생을 말한다. 방기를 바치라는 청 사신의 요구에 기녀들이 죽음으로 항거한 일도 있었다.(『인조실록』 15년 11월 8일) 청의 칙사들에게 방기를 들이는 일은 으레 행해졌다.
2　절은은 절가은(折價銀)이라고도 하며, 어떤 물품 대신으로 그 값에 견주어 교환하는 은이다. 청의 칙사들은 조선에서 선사하는 예단이나 음식물 등을 은으로 값을 처줄 것을 요구하였다.

과 가리 박시에게 성의를 보여야 할 것입니다" 하였습니다. 그 뜻은 용장에게 선사할 물건을 써서 보여주고 그 마음을 굳게 하려는 것이겠으나, 일은 삼가고 조심하는 것이 중요하고 또 미리 치사하는 뜻을 보여서는 안 되므로 성사된 뒤에 조용히 형세를 보아서 주라고 하였습니다. 이형장은 이어서, "정역의 이 말은 소홀히 할 것이 아닌 듯합니다. 정역에게도 선물이 없어서는 안 될 것입니다"라고 하고, 또 "이 때문에 칙사가 또 나가게 되면 바로 농사철이어서 폐단이 크겠지만, 이는 대단한 조치인 만큼 반드시 전담할 차관(差官)을 내보내 길이 쓸 등록을 정하고 와야 하므로 나가지 않을 수 없습니다. 이러한 뜻을 아뢰십시오"라고 하였습니다. 신들이 곧 세자께 아뢰니, 세자가 답하기를 "이는 크나큰 행운이므로 그 말한 것에 따라야 할 것이다. 다만 이곳의 일은 먼저 누설하면 으레 실효에 보탬이 안 되니 가벼이 하면 안 된다. 다시 일의 추이를 보고 조치하겠다"라고 하령하였습니다.

7일 식후에 용장이 범문정·가리 박시와 함께 세자께 와서 좌정한 다음, 서서 황제의 명을 전하기를, "'칙사가 왕래할 때 한결같이 한사(漢使, 명 칙사)의 등록에 따랐기에 조선에 끼친 폐단이 많았다. 이제는 양국이 한집안이니 조선 백성이 곧 나의 백성이다. 폐단을 없앨 방도를 생각해야 하겠기에 이제 등록을 개정하였다. 즉시 칙사를 보내야 할 것이나 막 칙사 행차가 돌아왔을 뿐 아니라 바로 농사철을 당하여 민폐가 염려된다' 하시고, 우리에게 먼저 감하여 정한 절목(節目)을 보여주게 하고 칙사는 오는 가을에 보내겠다고 하셨습니다" 하고는 2장의 칙서 초본을 내보였습니다. 세자께서 꿇어앉아서 답하기를, "황상께서 우리나라에 끼치는 폐단을 염려하여 갖가지 물건을 줄여주시고, 또 민사(民事)를 염려하여 이 농사철에 한재가 이렇게 심하다 하여 우선 칙사행을 정지하였으니, 황제의 덕이 망극합니다" 하고 거듭 감사하다는 말을 하니, 용장 등이 "예, 예" 하였습니다. 세자께서 곧 보여준 2장의 칙서 초본을 베껴 쓰겠다고 하였더니 용장이 허락하기에, 베껴 써서 올려 보냅니다.[3] 칙서에 이른바 절석(折席) · 시녀(侍女)라고 한 것은 절은 · 방기를 가리켜 말한 것입니다. 칙사 행차를 가을에 보내도록 한 일은 정역이 주선한 힘이 컸다고 이형장이 와서 고하였습니다. 이번 황제의 커다란 은전은 실로 우리나라 백성의 복입니다. 세폐의 갖가지 것 외에도 칙사행의 많은 난감한 폐단을 줄이도록 지금 이미 등록을 만들었고 칙서 초본은 미리 와서 보여주기까지 하였습니다. 자랑하려는 기색이 뚜렷하여 범연히 퍼트리는 말과는 다르니, 이것이 제일 기쁜 소식입니다. 청역 최인걸(崔仁傑)을 별도로 정하여 장계를 주어 올려 보냅니다.

五月十四日 承政院開托

本月初四日午, 李馨長以鄭譯之意秘密來言曰, "皇帝, 以今後勅行時, 房妓折銀 · 七站宴享減除事及歲幣雜物半減事, 今方聚會各部之官, 議定謄錄. 此是第一喜報, 爲先報之. 宜以此意言于宰臣及講院, 爲先致意於龍將及噶林博氏"

---

3 이 장계에 이어서 '칙초등서(勅草謄書)'가 실려 있다. 칙서 초본을 베껴 쓴 이 문서에는 사신 접대와 예물을 줄이도록 정한 내용 뒤에, 칙유(勅諭)로 최명길 · 김상헌 등에 대한 사면, 세폐로 바치는 각종 물품의 수량을 줄여 정한 내용이 있다.

云. 蓋其意使欲書示贈遺之物, 箇[4]其心, 而事貴愼密, 且不可先示致謝之意, 事成之後, 從容觀勢而給之是如爲白乎旀. 李馨長仍言曰, "鄭之此言, 似非等閑. 鄭譯處亦不可無贈. 云云." 且曰, "以此勅使又當出去, 政當農節, 雖甚有弊, 此則大段擧措, 須專差出送, 永定謄錄以來, 不可不去. 以此意入達. 云云"爲白去乙, 臣等卽達于世子前, 則世子答以'此乃莫大之幸, 當依其所言, 而但此地之事, 爲先漏洩, 則例不副實, 不可輕易爲之. 當更觀事勢而處之'亦下令爲白有如乎.

初七日食後, 龍將與范文程·噶林博氏來到世子前, 坐定之後, 立傳帝命曰, "勅使往來時, 一從漢使謄錄, 故多所貽弊於本國. 今則兩國一家, 朝鮮之民卽我民也. 宜思除弊之道, 今已改定謄錄. 所當卽送勅使, 而非但勅行纏還, 正當農時, 民弊可慮.'故令俺等先示減定節目, 勅使則待秋出送云"爲白遣, 仍出示二張勅草爲白去乙. 世子敎是跪答曰, "皇上軫念我國之弊, 旣減各樣物件, 又念民事, 當此方農之節, 旱灾如此是如, 姑停勅行, 帝德罔極." 再三稱謝, 則龍將等唯唯. 世子敎是仍請謄書所示兩勅草, 則龍將許之爲白去乙, 謄書上送爲白乎旀. 勅書中所謂折席·侍女云者, 指折銀·房妓而言也. 勅行待秋發送事段, 鄭譯周旋之力居多是如, 馨長來告爲白臥乎昧. 今此皇帝廣蕩之典, 實是我國生民之福. 歲幣各樣之外, 又減勅行許多難堪之弊, 今已成謄錄, 草勅書, 至於先爲來示, 顯有誇詡之色, 與泛然傳播之說有異. 此係第一喜報乙仍于. 淸譯崔仁傑, 別定狀啓准授上送爲白臥乎事.

---

4 '箇'는 원본에 '以固'로 나온다.

청에서 칙사 접대의 폐단을 없애고 세폐의 갖가지 물품을 줄이도록 등록을 제정하였음을 보고한 장계이다. 역관 이형장이 먼저 이 소식을 은밀히 전하며 이 일에 공이 큰 용골대와 정명수 등에게 선물을 하라고 말하였다. 다시 용골대와 범문정이 와서 황제의 명으로 '등록'을 개정한 일을 말하고, 칙사는 농사철을 피해 가을에 보낼 것이라며 칙서 초본을 보여주었다. 소현세자가 감사하고 그 칙서 초본을 베껴 조정에 보고하게 한 것이다. 청은 사대 관계의 모든 일에 대해, 조선이 대국으로 섬기던 명나라의 전례와 등록에 따르도록 하였는데, 이때 청 태종의 칙유로 조선의 부담을 전보다 줄이도록 개정한 것이다. 이 장계 뒤에 첨부된 칙초등서의 내용에서, 칙사 정사·부사와 수행원 각자에게 제공하는 말과 은 및 각종 물품의 수량을 줄이고, 세폐로 바치는 면주(綿紬)·목(木) 등의 물품 수량도 줄여 정한 것을 볼 수 있다. 그러나 그 밖의 공물과 원단·동지·성절·조하(朝霞) 등의 예물은 전처럼 그대로 바치게 하였다. 이때의 등록 개정이 실제로 세폐를 줄이는 효과로 이어졌는지는 의문이다. 병자호란 직후 8년간은 칙사행이 매우 잦았던 시기이다. 칙사 접대는 매우 큰 부담이었는데, 소현세자는 특히 서도 지역에 끼치는 민폐를 걱정하여 심양관에서 은자와 물품 등을 보내게 한 일도 있었다.

청군의 회군과 전과

6월 22일

지난 겨울에 서쪽으로 들어간 군병이 이달 10일쯤부터 속속 들어오고 있습니다. 장령(將領)들은 11일 일제히 도착한다 하여, 황제가 친히 성황당에 가서 분향하고 이끌고 온다고 하므로, 세자께서 대군과 함께 갔습니다. 황제가 대궐로 돌아와 전(殿)에 좌정한 뒤 제왕 이하와 세자께서 차례로 들어가 참석하였습니다. 서쪽에서 돌아온 제장 등이 대정(大庭)에 벌여 서서 절하는 것이 마치 복명하는 것 같았으나, 입은 옷이 다 해져 형체가 없을 뿐 아니라, 모두 귀신 꼴이었습니다. 좌우로 나뉘어 예를 행하는데 그 수가 30인 남짓이어서, 작년에 들어갔던 군사의 수에 견주면 겨우 반이라고 하였습니다.

황제가 세자에게 공작 3마리와 앵무 1마리를 내보이며 말하기를, "이것은 이번에 군인이 돌아오는 도중에 얻은 것이다"라고 하였습니다. 이는 섬라국(暹羅國, 태국)에서 명나라에 조공한 물건인데, 청군이 빼앗은 것 같습니다. 황제가 이어서 세자에게 묻기를 "그대 나라에도 이 새가 있는가?" 하자, 세자가 "이것은 조선에 있는 새가 아니어서 본 적이 없습니다"라고 답하였습니다. 섬라국에서 공물을 바치러 온 사람으로, 온몸이 칠흑 같고 자주빛 머리에 용모가 괴이한 3인이 뜰 안에 있었습니다. 그중 한 사람이 한어(漢語)를 조금 알기에 역관 박경생(朴庚生)[1]이 쉽게 서로 말하여 그들이 사로잡힌 연유를 물었습니다. 그 사람이 "섬라국은 남극 대해에 있는데, 조공할 때 배를 타고 나오면 해안을 떠난 뒤에 8개월 걸려서 비로소 남경(南京)에 도착합니다. 한번 조공하는 데 자칫하면 3년이 지나야 비로소 일을 마치고 돌아갑니다. 이번에는 사신을 비롯한 30여 인이 순천부(順天府) 경내에 접근하려 했는데, 갑자기 청나라 군병을 만나서 사신 일행이 달아나거나 죽기도 하였으며, 우리 5인은 끝내 사로잡히게 되었습니다. 청나라 장수가 공작과 앵무를 보살피게 하여 들 것을 만들어 메고 왔습니다"라고 하였습니다. 박경생이 이어서 그 나라 사정을 묻자, 그 사람들이 굶주린 탓에 일일이 응답하지는 못하였습니다. 대개 말한 것은, 그 나라는 일본에서 서쪽으로 1달 거리에 있어서 우리나라와도 가까우며, 그 나라에서 조공하는 방물은

---

1 박경생은 한학(漢學) 역관으로 1638년부터 심양관에서 활동한 것으로 나온다. 원래 여진학 (女眞學) 역관이었고, 명나라 장수의 차비관으로 차출되어 가도(假島)에 들어가 중국 남북의 말을 모두 익히고 문필에 능했다고 한다.(『통문관지』 권7 인물)

서각·상아·후추·소목·진주·명주 등이라고 하였습니다.

중조(明)의 편수관으로 성이 오(吳)씨인 사람이 왕을 봉하는 일로 하남부(河南府)에 갔다가 돌아오는 길에 또한 청 군병을 만나 사로잡혀 왔는데, 아직 머리를 깎아 변발을 하지는 않았다 하지만 상세한 것은 알 수 없었습니다. 사로잡힌 한인(漢人) 2명이 마침 관소 근처에 왔기에 박경생이 몰래 중조의 소식을 물으니, 그들이 '황상²'이 술을 좋아하고 주정을 잘하여 법에 어그러지는 정사가 많았다. 작년에 화친하는 일로 이곳(청)에 차관 두세 사람을 보냈는데, 돌아왔을 적에 마침 황상이 술에 취하여 즉시 목베어 죽이라 하였다. 이튿날 황상이 차관이 간 곳을 묻기에 좌우에서 사실대로 대답하니, 황상이 또 어제 처형을 감독한 사람을 참살하였다. 그리고 화친 사신을 다시 선정하게 하였는데, 선정된 사람이 전 사신이 참살된 것을 보고서 망설이는 기색이 있다 하여 황상이 또 참살하라 하였다'고 하였습니다. 거짓이든 참이든 간에 그들이 말한 것이 이렇습니다. 내관이 권세를 부리는 것은 전과 같아서 크고 작은 정치 권력이 모두 그들의 손에 있으며, 유적(劉賊, 流賊)은 태반이 귀순하여 남로(南路)가 통하므로 왕래에 장애가 없다고 합니다.

대개 이번 전역(戰役)에서 얻은 것이 잃은 것을 보충하지 못하고, 약탈한 것은 사람과 노새·당나귀뿐이고 획득한 금과 비단의 수량은 제남(濟南)을 쳐서 약탈했을 때에 비하면 반에도 미치지 못한다 합니다. 길에서 본 것을 참고해도 그렇습니다. 성문 안팎에서 곡성이 집집마다

---

2 명의 마지막 황제 의종(毅宗) 숭정제(崇禎帝, 재위 1627~1644)를 말한다.

나는데, 이것으로 미루어보면 사망자가 매우 많다는 말이 거짓이 아닌 듯합니다. 돌아온 장령들이 군율을 어겼다 하여 그중 두두인(頭頭人)이 감금되어 있다고 합니다. 공략한 성(城)의 수는 전날 들은 것과 같은데, 큰 성은 임청(林靑)·계주(薊州) 두 곳이고, 작은 현은 70여 곳이라 합니다. 임청은 북경의 서남쪽 2천여 리 되는 곳에 있고 휘주부(徽州府)에 속하는데, 공격하여 빼앗을 때 성곽만 있었다고 하였으니, 중원에서 미리 청야(淸野)해서 그랬을 것입니다. 군병들이 오래 굶주려 곤궁하던 중에 먹을 것이나 마실 것을 얻으면 먹고서 반드시 탈이 나고 마시고는 곧 죽기도 하여, 이 때문에 숨진 자가 매우 많고 소지한 전마(戰馬)도 이러했다고 합니다. 돌아올 때 산해관 문에 이르러 5일간 차단당하여, 겨우 작은 성벽 문으로 탈출해 42일을 행군하고서야 이곳에 도착했다고 합니다.

承政院開坼 秘密 癸未六月二十二日

前多西入之軍, 自今月旬間, 陸續入來. 將領等段十一日齊到是如, 皇帝親往城隍堂焚香, 領來乙仍于, 世子教是與大君同往. 皇帝還闕, 坐殿之後, 諸王以下·世子教是次第入參. 西還諸將等羅拜於大庭, 有若復命者然, 而所着衣服破盡無形疕不喩, 皆作鬼形. 分左右行禮, 其數約可三十餘人, 比之上年其軍入去之數, 僅滿其半云云爲白齊.

皇帝出示孔雀三首·鸚鵡一隻於世子前曰, "此乃今番軍人回還時, 中路所得" 云. 蓋是暹羅國所貢之物, 而被掠者也. 皇帝仍問世子曰, "爾國亦有此鳥乎?" 世子教是答曰, "此非本國所産之鳥, 故未曾見之"是如爲白齊. 暹羅國進貢之人, 渾身如柒髮紫貌怪者三人, 亦在庭內. 而其中一人稍解漢語爲白去乙, 譯官朴庚生從便相語, 問其被擄緣由, 則其人曰, "暹羅國在於南極大海中, 於朝貢之時, 乘舡出來, 則下岸之後, 消了八箇月, 始達南京以故, 一番朝貢動經三年, 始得竣事而還. 今番則使臣幷三十餘人, 將近順天府境內, 猝逢淸兵, 使臣一行或逃或死, 俺等五人則終至被擄. 淸將仍使看護孔雀 · 鸚鵡, 作杠擔來. 云云." 庚生仍問其國事情, 則其人等餒乏, 不能一一酬答. 而槪言, 其國距日本西一月程, 而與我國亦近, 本國所貢方物則犀角 · 象牙 · 胡椒 · 蘇木 · 海珠 · 土紬等物云云爲白齊.

中朝編修官吳姓人, 以封王事, 往河南府爲有如可, 回還之路, 亦遇淸兵, 被擄而來, 而時不剃頭是如爲白乎矣, 未能祥知爲白乎旀. 被擄漢人二名適到館所近處是白有去乙, 朴庚生潛問中朝消息. 則皇上喜飮酗酒, 政多乖方. 上年以和事, 送數三差官於此處, 回還之際, 適値皇上醉酒之時, 卽令斬殺, 翌日皇上問差官去處, 左右以實對之, 則皇上又斬殺昨日監殺之人. 仍令更差和使, 則逢差之人見殺前使之擧, 似有遲難之色是如, 皇上又令斬殺云云. 虛實間, 渠等所言如此爲白乎旀. 內官用事, 猶夫前日, 大小政柄, 都在其手, 劉賊則太半歸順, 南路已通往來無碍是如云云爲白齊.

大槪今番之役, 得不補失, 其所搶掠, 只是人口驢騾, 而金帛所得之數, 則比之濟南攻掠之時, 太半不及云. 而參以道路所見, 亦如是爲白乎旀. 城門內外, 哭聲連屋, 以此推之, 則死亡甚多之說, 似非虛語. 回還將領等, 失律是如, 其中頭頭人方爲囚禁云云爲白乎旀. 攻城之數, 則與前日所聞大槪相同, 大城則林靑 · 薊州兩城, 小縣則七十餘云. 所謂林靑, 在北京西南間二千餘里, 而屬徽州府, 攻取之時, 只有城郭, 必是中原預爲淸野而然. 軍兵等久在飢困之中, 或得食物水飲, 則食必生病, 飲或卽死, 以此殞命之數甚多, 所持戰馬亦如之. 回還之時, 到關門, 被遮五日, 僅得脫出小墻關口, 行軍四十二日, 始到于此爲白臥乎事.

❋

대명전쟁에 나갔던 청군이 회군한 일과 그 전과에 대해 보고한 비밀 장계이다. 먼저 청이 승리했다고 하지만 회군한 군병들의 모습으로 보아 의심스럽다고 하였다. 장계 뒷부분에도 청이 이번 전역에서 임청과 계주 2성을 얻었으나 많은 군병과 전마가 굶주려 죽고, 회군 때 산해관에서 차단당해 겨우 탈출해 돌아왔음을 보고하였다. 그런데 청군은 회군하는 길에 섬라국(태국)에서 명에 조공하러 온 사신을 붙잡고, 그들이 가져온 공작과 앵무 등 진기한 물건들을 가져왔다. 청 태종은 이것을 대궐에 벌여놓고 세자를 불러 자랑하였다. 그 자리에서 역관 박경생이 섬라국 사신과 대화하여 그들이 붙잡혀 온 연유와 그 나라 사정 등을 알아본 일도 보고하였다. 또 사로잡혀 온 한인들에게 들은 명 숭정제의 어지러운 정사와 내관의 전횡에 대해서도 보고하였다.

숭정제는 즉위 초 정치를 일신하려고 노력하기도 했으나, 잘못된 인사와 재정 파탄으로 실패하였다. 만주족의 청이 크게 일어나 국경을 침범하며 화의를 제안하자, 명은 오랑캐와 화친할 수 없다는 원칙론으로 대처하였다. 1642년 금주와 송산이 함락되고 홍승주가 포로가 된 뒤에는 다시 화친을 제의하고 청과 교섭에 나섰으나, 그 사실이 누설되는 바람에 중지되었다. 이자성이 이끄는 농민군이 북경으로 진격하여 성을 포위하자, 숭정제는 자금성 북쪽 경산(景山)에서 자결하였다.

71

황제의 죽음과 장례

8월 26일

세자께서는 기후 안녕하시며, 빈궁께서는 가입기제청신산(加入旣濟淸神散)[1] 15첩을 드신 뒤 전에 앓은 병을 예방하기 위해 중완(中脘)·관원(關元) 혈에 연속해서 뜸 100장을 뜨고 멈추었습니다. 증세에 대한 기록은 의관의 서계에 상세히 있습니다. 대군도 평안합니다.

이달 8일에 황제가 사위를 맞아 잔치를 베풀었습니다. 세자와 대군을 전(殿) 위로 인도해 들여, 밤을 새고 파하였습니다.

---

1 기제청신산에 몇 가지 약재를 첨가한 약이다. 기제청신산은 중초(中焦)에 열이 있어 가슴이 답답하고 오후마다 미열이 나며 기침과 식은땀, 갈증이 있고 몸이 노곤하면서 어지러운 데 쓰는 처방이다.

9일 한밤에 황제가 갑자기 붕어하였습니다.[2] 세자께서 즉시 궐로 나아가고 대군과 종신들이 다 배종해 가서 외정(外庭)에서 기다렸습니다. 새벽에 정역이 예부의 말을 전하기를, "상복을 바꾸어 입는 절목은 조선의 예법에 따르되, 복을 입고 싶은 사람은 입고, 입고 싶지 않은 사람은 입지 마십시오"라고 하였습니다. 세자께서 소복으로 갈아입고, 종신 이하 원역도 다 소복을 입었습니다. 오시에 세자와 대군을 내정으로 인도하여 들어갔으나, 종신 이하는 그대로 외정에 두었습니다. 해가 진 뒤에 입관하고 전에 안치하였는데, 시위와 의물(儀物)은 생시와 같이 하였습니다. 제왕 이하가 귀천 없이 모두 대자리 위에서 홍사개(紅絲蓋)를 벗고 흰 띠[素帶]를 하였는데, 작위 고하에 따라 비단을 쓰거나 베를 썼습니다. 이날 밤에 세자와 대군은 내정(內庭)에서 지내고 나오지 못하였습니다.

11일, 아문에서 면포 14필을 관소에 보내며, "배종 원역 24인은 상복을 지어 입으십시오"라고 하여, 즉시 지어서 입고 따라가 참석하였습니다. 세자와 대군이 밤이 깊은 뒤에 관소로 돌아왔다가, 12일 날이 밝기 전에 궐내에 나아가 참석하였습니다. 제왕과 고관은 백릉의(白綾衣)를 입고, 그 이하 참석자는 모두 소복을 입었습니다. 세자와 대군에게도 상복을 만들어 입으라고 아문에서 백릉(白綾)을 내주었다고 합니다. 세

---

2 청 태종은 3월에 병이 위중하여 비밀리에 조선에서 약술(藥術)에 뛰어난 의관과 침의 유달을 급히 들여보내도록 청한 일이 있었다. 그러나 그 뒤로 병세에 대한 기록은 나오지 않으며, 8월 4일, 6일, 8일에는 잔치를 베풀어 세자가 참석하였다.(『심양일기』 계미년 3월 28일, 8월 4일~8일)

심양 소릉(북릉) 능문과 봉분
능문. 능도(陵道), 융은문(隆恩門), 융은전
(隆恩殿), 명루(明樓)를 지나면 지하 궁전
위에 쌓은 보정(寶頂, 봉분)이 있다.

자와 대군은 밤에 관소로 돌아왔습니다.

13일, 세자와 대군이 아침·점심·저녁으로 출입하며 제사에 참석하
였습니다. 배종 원역은 문덕문(文德門) 안으로 인도하여 따라가 참여하
게 하였습니다. 14일에는 아침·저녁 제사에 참석하였습니다. 15일부터
19일까지는 세자와 대군이 아침 제사에 가서 참여하고 곧 관소로 돌아
왔습니다. 20일 이후에는 아침 제사에도 참석하지 않았습니다. 23일에
는 완렴을 위한 큰 모임이 있어서, 세자와 대군이 첫새벽에 예궐하여

내정에 들어가 참석하였습니다. 종신 이하는 외정에 머물러 있었습니다.

비변사 관문에 따라 백광조(白光祖)의 일은 이형장을 시켜 일일이 정역을 설득하게 하고 아문에 알렸습니다.[3] 백광조의 진술이 모두 사실이라 해도 고발자의 말과 서로 크게 다르므로, 반드시 들어와서 맞대면하여 신문해야 그 허실을 알고 처결할 수 있다 하며 조금도 들어줄 뜻이 없었습니다.

방어사 민응건[4]이 이달 13일 미시(오후 2시)에 성첩한 장달, "11일 인시(오전 4시)쯤 도착한 인산첨사(麟山僉使) 최응천의 치보에, '장자도(獐子島) 서쪽에 알 수 없는 배 7척이 정박하였다가 2척이 먼저 거우도(車牛島)로 향하고 5척도 이어서 떠났다' 하여, 군병을 모아 즉각 이끌고 배를 띄워 바다로 들어갔습니다"라고 한 장달이 18일 오시 심양에 도착하였기에, 아문에 바쳤습니다. 아문에서 뜯어본 뒤에 정역이 가지고 와서 면대하여 전해주었습니다. 평안병사 신 변사기(邊士紀)가 같은 날 해시(오후 10시)에 성첩한 장달의 내용도 다 한선의 출몰 상황에 대한 것인데, 민응건의 장달과 차이가 없었습니다. 이 장달은 이달 21일 미시에 도착하였기에, 먼저 아문에 바쳤습니다. 정역이 직접 장달을 가지고

---

3 백광조는 창주첨사(昌洲僉使)인데, 피로인으로 강을 건너 도망한 자들을 찾아 보내라는 청 수보장의 말에 응답하지 않다가, 계속 힐책을 받고서 낱낱이 추쇄하여 심양에 바치겠다고 하였다.(『심양장계』계미년 6월 9일) 이 일로 청은 백광조를 심양으로 들여보내라고 요구하였는데, 비변사에서는 백광조의 진술서를 보내며 그것으로 청을 설득하도록 한 것이다.

4 민응건은 선천부사로서 이때 방어사를 겸한 듯하다.

와서 면대하여 전해주었는데, 따로 아문에서 분부한 말이 없었으나, 정역이 "작년에 한선의 일은 다 방어사 민응건에게 맡기고 감사와 병사는 그동안 간여하지 말게 하였으니, 추포하든 못하든 간에 방어사가 스스로 책임을 감당해야 할 것입니다. 이번에 병사가 자신이 해야 할 일이 아닌데도 이처럼 치달하여 출입하는 폐단을 끼쳤습니다. 이 뒤로 반드시 합당하게 처리하지 않으면 다시 사달이 날 염려가 있습니다"라고 하였습니다.

22일 오시쯤, 평안감사·병사와 방어사의 장달이 일시에 들어왔는데, 다 한선을 망보고 추포한 상황에 대한 것이었습니다. 23일 미시쯤에 선천 군관 전예록(田禮祿)이 한선을 붙잡은 일[5]로 방어사 민응건의 장달을 가져왔는데, 아문에서 선천 군관 전예록만 이튿날 아침에 관소로 보냈습니다.

이형장을 시켜 정역에게 묻기를 "진하사가 이제 들어올 것인데 황제의 상중이니 이 일은 어떻게 할까요?"라고 갖추어 말하자, 정역이 아문에서 재결했으니 사신은 들여보내지 말고, 둘째 대군(인평대군)이 진향사(進香使, 국상에 향과 제문을 가지고 가는 사신)로 들어오는 것이 좋겠다고 하였습니다.

이번 황제의 상을 알리는 칙사 행차의 상사는 어사거 박시, 부사는

---

5 한선 9척이 나타나 사람을 잡아가고 운량선(運糧船)에서 식량을 탈취해 갔는데, 선천부사 민응건이 추격·교전하여 한인 9명을 붙잡고 한선을 노획하였다는 보고를 올린 일이 있다. (『인조실록』 21년 8월 18일)

우시랑(右侍郎) 할송가(割送可)이고, 각각 가정 2명을 거느리며, 아문 역관은 이잇석이라고 합니다.

마침 일이 많은 때에 보덕 신 유경집(柳景緝)[6]이 심한 속병과 감기[7]를 앓아 달을 넘겨도 낫지 않고 줄곧 심해져 회복될 기약이 없습니다. 빈객 신 이소한(李昭漢)[8]과 사서 신 이정영(李正英)[9]은 영을 받들어 나가고, 빈객 신 임광(任絖)[10]은 아직 들어오지 않아서 배종하여 출입할 때 체모가 말이 아닐 뿐 아니라, 국상이 막 나서 형세가 전과 다릅니다. 신 혼자서[11] 직분을 다하지 못하고 있으므로 매우 걱정됩니다. 빈객과 사서를 재촉하여 들여보내십시오.

承政院開坼 癸未八月二十六日

世子教是氣候安寧, 嬪宮教是進復加入旣濟淸神散十五貼後, 爲預防前患, 連灸中脘‧關元兩血百壯, 而後停止爲白在果. 證錄段, 詳在醫官書啓之中爲白

---

6 유경집(1587~?)은 지평‧헌납‧장령 등을 지내고, 1643년 보덕으로 심양에 갔다.

7 이 부분의 원문은 '내상외감(內傷外減)'이다. 내상은 음식을 잘못 먹었거나 과로나 신경쇠약 등으로 생기는 질환, 외감은 고르지 못한 기후 때문에 생기는 감기 등 질병을 이른다.

8 이소한(1598~1645)은 1643년 우부빈객으로 심양에 갔다. 1632년 원종 추숭을 반대하다 파직당했으나 다시 등용되어 진주목사‧예조참의 등을 지냈다. 1644년 심양에서 돌아온 뒤 형조참판 겸 비변사당상을 지냈다.

9 이정영(1616~1686)은 1636년 문과에 급제하고, 1643년 사서로 심양에 갔다.

10 임광(1579~1644)은 1643년 좌빈객으로 심양에 갔다. 1624년 문과 급제 후 정언‧장령‧필선 등을 지내고 통신사로 일본에 다녀왔으며, 승지‧한성우윤‧형조참판‧황해감사‧도승지 등을 역임하였다.

11 당시 관소에 문학 이진(李衽)만 있었고, 이 장계도 그가 작성한 것이다. 이진(1600~?)은 1635년 문과 급제 후 교리‧수찬 등을 지내고, 1643년 문학으로 심양에 갔다.

乎旀. 大君亦爲平安爲白齊.

本月初八日, 皇帝迎婿設宴. 世子教是及大君引入殿上, 終夕而罷.

初九日夜半, 皇帝暴崩. 世子教是卽爲詣闕, 大君及諸從臣, 盡以陪往, 待候於外庭爲白如乎. 平明, 鄭譯傳禮部之言曰, "變服節目, 依本朝之禮爲之, 而欲服者服之, 不欲者不服"亦說道爲白去乙. 世子教是變着素服, 從臣以下員役亦皆素服. 日午時, 引入世子·大君於內庭, 而從臣以下仍置外庭爲白乎旀. 日沒之後, 入棺殯於殿中, 侍衛儀物一依生時. 諸王以下無貴賤, 簟之上盡祛紅絲盖, 而皆以素帶爲白乎矣, 隨其爵之高下, 用帛用布爲白乎旀. 是夜, 世子教是及大君經過內庭, 而不得出爲白齊.

十一日, 衙門送綿布十四匹於館所曰, "陪從員役二十四人, 造服喪衣"亦爲白乎等以, 卽爲製着隨參爲白遣. 世子教是及大君夜深後還館, 十二日未明時, 進參闕內爲白齊. 諸王及職高者着白綾衣, 其下入參之人亦皆素服. 世子教是及大君亦以白綾爲服, 而衣次, 自衙門出給是如爲白乎旀. 世子教是及大君夜還館所爲白齊.

十三日, 世子教是及大君三時出入參祭. 而陪從員役, 引文德門內, 使之隨參爲白齊. 十四日, 進參朝夕之祭爲白乎旀. 自十五日至十九日, 世子教是及大君往參朝祭, 卽還館所是白如乎. 二十日以後, 亦不進參朝祭爲白乎旀. 二十三日, 有完斂大會之擧, 故世子教是及大君, 曉頭詣闕, 入參內庭. 從臣以下留在外庭爲白齊.

備邊司關據白光祖事段, 使李馨長一一開諭於鄭譯, 告知衙門爲白乎矣. 白光祖招辭, 萬分眞實爲白乎喩良置, 與告者之言, 大相經庭, 必須入來面質對卞, 然後可知其虛實而處決是如爲白遣, 小無回聽之意爲白齊.

防禦使閔應騫月十三日未時成貼狀達內, "十一日寅時量到付, 麟山僉使崔應天馳報內, '獐子島西邊, 未辦船七隻止泊爲有如可, 二隻先爲指向車牛島, 五隻亦爲繼發'是如爲白乎等以, 聚會軍兵, 卽刻領率, 發船入海"是如爲白臥乎事, 十八日午時到灣, 呈於衙門, 坼見後, 鄭譯持來面傳爲白乎旀. 平安兵使臣邊士紀, 同日亥時成貼狀達辭緣, 皆是漢船形止, 而與閔應騫狀達無異. 同二十一日未時來到, 先呈衙門. 鄭譯亦自持來面傳, 而別無衙門分付之說是白乎矣, 鄭譯曰, "上年漢船一事乙, 皆屬於防禦使閔應騫, 監司·兵使段使不干預於其間, 捕不捕間, 防禦使自當其責是去乙. 今者, 兵使非渠所當爲, 而有此馳達, 以貽出入之弊. 此後必不處置之得當, 復有生梗之患"是如云云爲白齊.

二十二日午時量, 平安監·兵使及防禦使狀達, 一時入來爲白有矣, 皆是漢舡瞭望追捕等項形止是白乎旀. 二十三日未時量, 宣川軍官田禮祿, 以漢舡捉得事, 防禦使閔應騫狀賚來, 而同宣川軍官田禮祿弩, 翌朝送于館所是白乎旀.

使李馨長問於鄭譯曰, "進賀使今將入來, 而皇帝旣喪, 此一節何以爲之?"措辭言之, 則定奪於衙門, 勿令入送, 而二大君, 以進香使入來爲好云云爲白齊.

今此哀勅之行, 上使於思介博氏, 副使右侍郎割送可, 以各率家丁二名, 衙譯則李蓗石是如爲白齊.

適當多事之時, 輔德臣柳景緝重得內傷外減之證, 彌月沈綿, 一向危重, 差復無期. 賓客臣李昭漢·司書臣李正英奉令出去, 賓客臣任統未及入來, 陪從出入, 事體埋沒莈不喩, 國喪新出, 形勢異前是白去乙. 臣獨尸居, 極爲悶慮爲白置. 賓客·司書催促入送爲白只爲.

청 태종이 8월 9일 밤에 갑자기 붕어하였음을 알리는 장계이다. 심양관에서는 예부의 말에 따라 소현세자와 봉림대군 이하 관원들이 상복을 입고, 날마다 예궐하여 장례 절차에 참석하였다. 그리고 인평대군을 진향사로 들여보내도록 하고, 황제의 부음을 알리는 칙사가 나갈 것임을 보고하였다. 이 칙사는 고애사(告哀使)로, 조선에서 황제의 부음을 듣고 어떻게 상례를 행하는지 보기 위해 8월 26일 순치제가 즉위한 날 급히 조선으로 나갔다. 이후의 장계에는 청나라가 국상에 쓰기 위한 종이·단목·괴화 등의 대량 구매를 요구하고, 급히 보내도록 조선에 독촉한 일들이 나온다. 또 백옥과 청옥을 채취해 보내고, 석수(石手)·옥공(玉工) 등도 들여보내도록 요청하였는데, 이것은 황제의 능을 조성하는 데 필요한 물자와 인력이었다. 심양 북쪽에 조성된 청 태종의 능은 소릉(昭陵) 또는 북릉으로 불린다.

72

황위 승계

8월 26일 [5]

14일에 제왕이 모두 대아문에 모이자, 대왕(귀영개)이 발언하기를, "호구는 황제의 맏아들이니 대통을 이어받아야 할 것이다" 하였습니다. 호구가 "복이 적고 덕이 박하여 감당할 바가 아닙니다"라고 하며 고사하고 물러갔습니다. 대책을 정하는 의논이 하나로 모아지지 않았는데, 황제의 수하 장령들이 칼을 차고 나아가 말하기를 "우리는 황제에게 의탁하여 먹고 황제에게 의탁하여 입으며 살았으니, 길러준 은혜가 하늘처럼 큽니다. 황제의 아들을 세우지 않는다면 차라리 죽어서 지하에서 황제를 따를 뿐입니다" 하였습니다.[1] 대왕이 "내가 황제의 형으로서 평상시 정사에도 늙어서 간여하지 않았는데, 어찌 이 의논에 참여할 수 있겠는가"라고 하고 곧 일어나서 갔습니다. 팔왕이 따라 나가고 십왕은 묵묵히 한마디 말이 없었습니다. 구왕이 응대하기를 "너희들의 말이 옳다. 호구왕은 사양하고 물러갔으니 대통을 이을 뜻이 없다. 마땅히 황제의 셋째 아들을 세워야 할 것인데 나이가 어리다. 팔고산의 군병을, 나와 우진왕이 반씩 나누어 맡아 좌우에서 정사를 돕다가,[2] 장성하면 즉시 정사를 돌려줄 것이다" 하고, 하늘에 맹세하고서 파하였다고 하였습니다. 이른바 셋째 아들은 나이가 이제 6세라고 합니다.

준왕(俊王)[3]과 소퇴가 대왕에게 비밀히 말하기를, "이제 어린아이를 세우다니 국사(國事)를 알 만합니다. 빨리 조치해야 합니다" 하자, 대왕이 "이미 황제로 세우고 하늘에 맹세하였는데 어찌하여 이런 말을 하는가? 다시는 다른 뜻을 내지 말라"고 하였습니다. 그들이 구왕에게 가서 물으니, 구왕도 굳게 거절하고 들어갔습니다. 십왕 집에 가서 만나기를 청하니, 십왕이 "지금은 서로 방문할 때가 아니다" 하고 끝내 나와 보지 않았습니다. 다시 대왕에게 물으니, 대왕이 "어찌하여 다시 망언을 하는가! 화가 닥칠 것이니 너희가 하고 싶은 대로 하라" 하고 즉시 고발하였습니다. 구왕이 "나도 들어서 알고 있다"라고 하였습니다. 16일 저녁에

---

1 뒤에 황제 고산의 장수들이 모반을 꾀하였다는 투서가 있어, 구왕이 이들을 처형한 사실이 전한다.(『심양장계』 계미년 9월 2일)
2 이때 황제의 정식 후비 소생은 모두 제위에 오를 자격이 있었다. 효장황후(장비)와 구왕 도르곤은, 청 태종의 제9자 푸린(福臨)을 황제로 옹립하고 도르곤이 섭정하기로 타협을 하였다. 순치제 초기에 효장황후는 태후로서, 남편의 형제들과 동맹을 맺어 정치적 영향력을 행사하였다고 한다.
3 준왕은 이때 예부왕이었다. 준왕의 처형 뒤에 익한패자(匿漢貝子)가 예부를 맡았다고 나온다(『심양장계』 계미년 9월 15일)

준왕과 소퇴를 아문에 잡아다가 몸을 드러내 결박하고, 준왕의 어미와 소퇴의 아내는 모두 즉시 목을 매어 죽였습니다. 요토의 아들과 준왕의 아우 두 사람은 결박했다가 즉시 풀어주고, 그 잔당은 다 다스리지 않고, 준왕의 재산과 군병은 적몰하여 대왕에게 들이고, 소퇴의 재산과 군병은 적몰하여 구왕에게 들였습니다. 소퇴와 준왕은 대왕의 아들과 손자입니다. 형정(刑政)과 인사 등 크고 작은 국사를 구왕이 장악하고, 출병 등의 일은 다 우진왕에게 붙였습니다. 팔왕은 어린아이를 세우려는 마음이 아니었으므로 스스로 물러간 뒤 병을 핑계로 나오지 않았고, 황제의 국상 절차에 한 번도 오가지 않았다고 하였습니다. 소퇴에게 적몰한 재산은 구왕 자신이 다 차지하지 않고, 거느리는 군인들에게 나누어주고, 말 800필은 장관들에게 나누어 주었습니다. 범문정 이하 한인(漢人) 300명은 황제의 고산에 옮겨 보내고, 그 나머지 군졸 3,300명은 직접 거느린다고 하였습니다. 호구왕이 말하기를, "준왕의 두 아우는 다 어리고 의지할 곳이 없다. 골육을 버릴 수 없으니 데려가 기르겠다"라고 하였습니다.

22일, 구왕이 팔왕에게 사람을 보내서, "병환이 있더라도 황제의 상사에 오래도록 참여하지 않는 것은 사리로 헤아리면 매우 부당할 뿐 아니라 모양새가 이상합니다. 줄곧 물러나 엎드려 있어서는 안 되니, 오늘 완렴 모임에는 병을 참고 와서 참여하십시오"라고 하였습니다. 팔왕이 안으로 인도하여 들여서 "병세가 위중하여 움직이지 못한다. 이 지경에 이르지 않았다면 어찌 인도하여 들이고 나가지 않을 리가 있겠는가"라고 답하여 보냈다 하는데, 팔왕은 이튿날 아침 완렴에 병든 몸을

부축받아 와서 참석했다고 하였습니다. 거짓이든 참이든 간에 들은 대
로 치계합니다.

承政院開坼 秘密 癸未九月[4]二十六日

十四日, 諸王皆會於大衙門, 大王發言曰, "虎口, 帝之長子, 當承大統"云, 則
虎口曰, "福小德薄, 非所勘當." 固辭退去. 定策之議, 未及歸一, 帝之手下將領
之輩, 佩劍而前曰, "吾屬食於帝衣於帝, 養育之恩, 與天同大. 若不立帝之子,
則寧死從帝於地下而已." 大王曰, "吾以帝兄, 常時朝政, 老不預知, 何可參於
此議乎?" 卽起去. 八王亦隨而出. 十王默無一言. 九王應之曰, "汝等之言是矣.
虎口王旣讓退出, 無繼統之意, 當立帝之第三子, 而年歲幼稚. 八高山軍兵, 吾
與右眞王, 分掌其半, 左右補政, 年長之後, 當卽歸政." 誓天而罷云. 所謂第三
子, 年今六歲是如爲白乎旀.

俊王及小退密言于大王曰, "今立稚兒, 國事可知. 不可不速爲處置"云, 則大
王曰, "旣立誓天, 何出此言? 更勿生他意." 往問於九王, 則九王亦牢拒而入, 往
十王家, 要見, 則十王曰, "此非相訪之時" 終始不出見. 復問於大王, 則大王曰,
"何爲再發妄言? 禍必立至, 任汝所爲." 旋卽發告. 九王曰, "吾亦聞知"云. 而十
六日夕, 捉致俊王·小退於衙門, 露體綁縛, 竝其俊王母及小退妻, 卽縊殺之. 要
退子及俊王弟二人, 旣縛而旋釋, 黨餘皆不治. 俊王財産·軍兵沒入大王, 小退
財産·軍兵沒入九王. 小退·俊王卽大王之子與孫也. 刑政·除拜大小國事, 九王
專掌之, 出兵等事, 皆屬右眞王. 八王則心非其立幼, 自退出之後, 稱病不出, 帝

---

4 '九月'은 '八月'의 오기이다.

之喪次, 一不往來云云爲白乎旀. 小退籍沒之財, 九王皆不入己, 散給率下軍人, 馬八百匹, 分與將官等. 范文程以下漢人三百名, 移送於皇帝高山, 其餘軍卒三千三百名, 自領是如爲白乎旀. 虎口王曰, "俊王兩弟, 皆幼無小依歸. 骨肉不可棄也, 率去養育"是如爲白乎旀.

　二十二日, 九王送人於八王曰, "雖有病患, 皇帝喪事, 久不來參, 揆而事理, 殊甚不當叱不喩, 形跡異常. 不可一向退伏, 今日完斂大會, 强疾來參爲可"云, 則八王引入於內曰, "病勢危重, 不可運動, 若不至此, 豈有引入不出之理乎?" 答送云云爲白如乎. 八王, 翌朝完斂, 扶病來參是如爲白昆. 虛實間 隨所聞馳啓爲白臥乎事.

❋

　귀영개(다이산) 대왕이 주재하는 의정회의에서 새 황제로 청 태종의 제9자 푸린이 결정된 과정을 보고한 장계이다. 황위계승자를 결정하는 회의에서 청 태종의 장자인 하오거가 대통을 사양하고, 청 태종의 수하 장령들이 청 태종의 아들로 황제를 세워야 한다고 의견을 밝힌 데 이어, 구왕 도르곤이 나이 6세의 푸린을 황제로 세우고 자신과 우진왕(지르갈랑)이 좌우 보정(補政)으로 정사를 살피겠다고 제의하여 새 황제가 결정되었다. 이 결정에 준왕과 소퇴가 반발하자, 황실의 가장 연장자인 대왕이 이들을 막았고, 준왕과 소퇴의 재산과 군병은 적몰 처분되었다. 또 병을 핑계 삼던 팔왕도 구왕의 권유로 청 태종의 완렴에 참여하였다. 이로써 새 황제 즉위에 대한 반발이 신속히 마무리되었다.

팔기제로 상징되는 만주족의 전통으로는 후계자를 미리 결정하는 관습이 없었고, 황제의 아들을 태자로 옹립하는 제도도 없었다. 홍타이지의 아들과 아울러 누르하치의 아들도 후계자가 될 수 있었다. 그러나 한창 대명전쟁을 벌이고 있는 상황에서 제위 계승을 놓고 권력투쟁이 일어나면, 대청은 분열되고 위기를 맞을 수도 있었다. 도르곤은 장비 소생의 푸린만이 청 태종의 정식 후비 소생임을 내세워 그의 즉위를 성사시키고 사태 수습을 주도하였다. 이때 순치제(順治帝)의 즉위로 대청 황위의 부자 계승 원칙이 정해졌다. 이로써 제왕 사이의 대립 갈등을 신속히 해소하고 다시 단결하여 대명전쟁에 나서는 모습을 보였다. 이 장계는 순치제의 즉위가 결정되는 과정을 전하는 중요 사료로 평가된다. 같은 날의 다음 장계에는 새 황제 즉위의 하례 행사에 소현세자와 심양관 관원이 모두 참석하였다는 내용이 실려 있다.

금주의 승전보

10월 12일

세자와 빈궁께서는 기후 안녕하시며, 대군도 평안합니다.

금군 박여남(朴汝楠)이 유의(襦衣, 동옷)·유고(襦袴, 솜바지)를 맡아 가지고 가서 금주(錦州)의 군대에 넘겨준 뒤에 즉시 돌아왔습니다. 당초 아문에서 정한 포수 60명과 화병(火兵) 30명 외에, 두 왕이 와서 곧 포수 40명과 화병 10명을 더 뽑아서 나누어 거느리고 서행하였습니다.[1] 군중에 여역(癘疫)이 크게 치성하여 사망자가 매우 많다고 합니다. 갈진(曷盡) 몽골왕이 전 황제의 상에 제사 지내고 곧 돌아갔다고 합니다. 사

---

1 팔왕과 우진왕이 금주를 공략하러 공유덕·경중명·상가희·심지상 등을 거느리고 출병하였다.

서 이정영이 지난달 27일에 도로 들어왔습니다. 의주부 장관 장진원(張進元)이 비변사에서 보낸 유의·유고·구피(狗皮) 등 물건을 가지고 지난달 29일 삭선과 함께 들어왔기에, 이달 2일 금주 군영으로 곧 보냈습니다.

이달 3일, 새벽부터 사문(四門)에서 북을 치고 제왕과 제장을 대아문에 모았습니다. 세자께서 대군을 거느리고 나아가 참석하였습니다. 그 까닭을 물으니, 팔왕과 우진왕이 영원위·사하소(沙河所)를 버려두고 곧바로 서쪽으로 50리를 질러 중후소(中後所)로 달려가서 24일 박성(薄城) 아래로 나아갔고, 25일 새벽부터 일제히 홍이포를 쏘아 성첩이 무너지니 군병을 풀어 곧바로 쳐들어가 무찌른 끝에 남녀 모두 1만여 구(口)와 소·말·당나귀·노새 등 총 7,000여 마리를 수습하여 그곳에 두고, 이어서 서쪽으로 갔는데, 중후소는 서쪽으로 산해관까지 겨우 80리 거리라고 하였습니다.

삭주부사 맹원빈(孟元賓)이 배[生梨]를 맡아 가지고 이달 3일 들어와서 즉시 아문에 바친 다음, 뒤따라 들어올 것이 아직 오지 않아서 수효에 맞추어 바칠 때까지 우선 머물러 대기하고 있습니다.

지난달 27일, 아문의 분부에 '임경업의 처가 여러 달 병을 앓다가 마침내 옥중에서 죽었다. 그 노비를 부릴 것인지는 관소에서 마음대로 하고, 주검은 편의에 따라 운송해야 한다'라고 하였습니다. 그래서 이번 인마가 돌아갈 때에 주검을 실어가게 하고 그 노비도 내보내고, 의주부윤에게도 이러한 내용으로 공문을 보냈습니다.

신 이소한이 압록강을 건넌 뒤, 배를 운반하는 말이 지쳐서 쓰러지므

로 조금씩 앞으로 가서 이달 9일에야 들어왔습니다.[2]

10일 인정(人定) 즈음에 전날 한 것처럼 사문에서 북을 쳤습니다. 역관 박경생과 신계암 등에게 탐문하게 하니, 범문정과 피파 박시의 말이 '팔왕과 우진왕이 중후소를 격파하고 곧바로 전둔위(前屯衛)·중전소(中前所)를 쳤다. 6일과 7일 두 성을 나누어 공격하여 모두 승전할 즈음, 산해관에서 총병 3인과 부총·참장·유격 등 23인이 각각 그 군병을 이끌고 또 몽골병 5,000을 거느리고 와서 구원하였으나 다 싸움터에서 죽었다. 두 성의 군병을 모두 무찔렀고, 다만 남녀와 노약자를 아울러 5,000여 명을 사로잡아 돌아온다 하였다. 8일 전령이 승전을 보고하였으므로 빼앗은 물건은 아직 상세히 알지 못한다. 세 성을 얻기는 하였으나 고립된 군사가 깊이 들어간 다음, 앞에는 산해관이 있어 쉽게 나아가 침범하기 어려운 형세이고[3] 뒤에는 영원·사하 두 진이 있어서 막힐 걱정이 없지 않으니, 우선 물러가 병력을 쉬게 하고 다시 진격을 꾀할 계략으로 12일 회군하여 24일에 심양으로 돌아왔다' 하였습니다. 거짓이든 참이든 들은 것이 이와 같습니다. 밤이 깊었기 때문에 제왕이 모이지 않았으며, 세자께서도 나아가지 않았습니다.

지난달 24일 내관 고예남(高禮南)이 나갈 때 아문의 뜻으로 아직 바치지 못한 종이 140괴(塊)와 단목·괴화 등 물건을 기한까지 들여보

---

2 이소한은 7월 26일 대명전쟁의 승전보를 알리는 칙서를 가지고 조선에 나갔다가, 이때 심양관으로 돌아왔다.

3 산해관은 명의 총병 오삼계가 지키고 있었다.

낼 것⁴을 치계하였습니다. 어제 한보룡과 이잇석이 또 아문의 뜻으로
와서 말하기를, "변난이 종이를 받아들이는 일 때문에 봉황성에 오래
머물고 있는데, 일이 매우 불편하여 도로 들어오게 하였습니다. 아직
들이지 못한 종이는 곧바로 심양으로 운반하여 직접 아문에 바칠 것을
한편으로 치계하고, 한편으로 평안감사에게 공문을 보내십시오"라고
하였습니다. 호조에서 이대로 거행하도록 하십시오.

내관 유호선이 탄일과 동지 문안을 하러 오늘 출발합니다. 각 항의
사유를 아울러 낱낱이 치계합니다.

承政院開坼 十月十二日

世子及嬪宮教是氣候安寧爲白乎旀, 大君亦爲平安爲白齊.

禁軍朴汝楠領襦衣·襦袴, 交付錦州軍前後, 卽爲還來爲白有在果, 當初衙
門定砲手六十名·火兵三十名之外, 兩王到卽加抄砲手四十名·火兵十名, 分領
西行爲白乎旀. 軍中癘疫大熾, 死亡甚多是如爲白齊. 曷盡蒙古王段, 前帝之喪
致祭, 卽還是如爲白齊. 司書李正英, 前月二十七日, 還爲入來爲白有齊. 義州
府將官張進元領備邊司所送襦衣·襦袴·狗皮等物, 前月二十九日, 朔膳一時入
來爲白有去乙, 今月初二日, 錦州軍前以仍爲起送爲白有齊.

今月初三日, 自曉四門擊鼓, 會集諸王諸將于大衙門乙仍于. 世子教是率大
君, 亦爲進參爲白有在果. 問其曲折, 則八王及右眞王, 舍寧遠衛·沙河所, 直西

---

4 8월 25일에 청 태종의 장례에 쓸 종이·괴화·단목 등을 급히 보내라고 요청하였는데, 뒤에
   다시 청에서 원래 요구한 수효에서 모자란 것을 보내라고 재촉하였다.(『심양장계』 계미년 8월
   26일, 9월 24일)

五十里, 徑趨中後所, 二十四日, 進薄城下, 二十五日曉頭始吐, 齊放紅夷砲, 城堞崩壞, 縱兵直擣, 斯殺之餘, 收拾男女幷萬餘口·牛馬驢騾幷七千餘頭, 留置其處, 仍卽西向, 而中後所西距山海關纔八十餘里是如爲白齊.

朔州府使孟元賓領生梨, 今月初三日入來, 卽納衙門之後, 追後入來者未及來到之故, 准納間姑爲留待爲白齊.

前月二十七日衙門分付內, '林慶業妻身病累月, 竟死獄中爲有置. 其奴婢使喚與否, 則館所任意爲之爲乎有在果, 屍身則不可不隨便運送'是乙仍于. 今此人馬之還, 使之載屍, 幷其奴婢出送爲白乎旀, 義州府尹處, 以此意亦爲移文爲白齊.

臣昭漢越江之後, 生梨載運馬疲弊顚躓, 寸寸前進, 今月初九日始爲入來爲白有齊.

初十日人定量, 四門擊鼓如前日之爲爲白去乙, 譯官朴庚生·申繼黯等探問, 則范文程及皮牌博氏言內, '八王·右眞王自破中後所, 直擣前屯衛·中前所. 初六日·初七日, 分攻兩城, 幷爲勝捷之際, 關內摠兵三人及副摠·參將·遊擊等二十三人, 各領其兵, 且率蒙兵五千赴援, 皆死於戰所乙仍于. 兩城軍兵盡爲斯殺, 只男女老弱幷五千餘人, 擄還爲旀. 初八日急走報捷之故, 所搶物種段, 時未祥知爲在果. 三城雖得, 而孤軍深入之後, 前有山海關, 勢難率以進犯, 後有寧遠·沙河兩鎭, 不無見阻之弊, 姑爲退休兵力, 更圖進取之計, 十二日旋軍, 二十四日還瀋'是如. 虛實間所聞如此爲白果. 諸王, 因夜深, 不爲會集爲白乎等用良, 世子敎是亦不進參爲白齊.

前月二十四日, 內官高禮男出去時, 以衙門意, 未收紙一百四十塊及丹木·槐花等物及期入送事, 旣已馳啓爲白有如乎. 昨日韓甫龍·李蓓石, 以衙門意來言,

"卜難以紙塊捧上事, 久留鳳凰城, 事甚難便乙仍于, 使之還爲入來爲去乎. 同未收紙則直輸瀋陽, 自納衙門事乙, 一邊馳啓爲旀, 一邊平安監司處, 移文"亦爲白置. 令該曹依此擧行爲白齊.

內官兪好善, 以誕日及冬至問安事, 當日發行爲白乎等以. 各項緣由, 并以枚擧馳啓爲白臥乎事.

✴

청이 금주에서 승전한 사실을 보고한 장계이다. 먼저 금주위의 조선 군병에게 방한복을 보낸 일을 쓰고, 팔왕과 우진왕이 군대를 이끌고 출병하며 조선군 포수와 화기병을 추가로 뽑아간 일을 썼다. 이어서 10월 3일과 10일, 청군이 중후소와 전둔위·중전소에서 승전한 소식을 알렸으나, 산해관은 공략하기 어려워 회군하였다는 사실을 탐문하여 보고하였다. 청군의 산해관 입관은 1644년에 이루어졌다. 이자성의 농민군 무리를 물리치려는 오삼계의 구원 요청에 따라 도르곤이 출병하여 함께 유적을 물리친 다음, 명군의 안내를 받으며 북경에 입성하였다. 이 과정은『심양일기』에 자세히 전하는데, 소현세자도 구왕 도르곤을 따라 참전하여, 산해관을 거쳐 북경에까지 갔다 왔다.

세자와 강빈의 귀근

11월 28일

이달 27일 아침에 용골대 장군과 피파·가리 박시가 세자께 와서 좌우를 물리치고 정역을 시켜 아뢰기를, "지금 제왕이 대아문에 모여 세자를 조선으로 돌려보내는 일을 함께 의논하고 있습니다. 한결같이 선황제가 생시에 정한 규례에 따라 세자만 귀근(歸覲)하고 돌아오되, 세자가 나가기 전에 원손과 제손이 들어와야 한다고 합니다"라고 하였습니다. 세자께서 답하기를, "대조(大朝)께서 오랫동안 병환 중에 계시니 돌아가 탕약을 시중드는 일이 하루하루가 다급합니다. 제왕이 이토록 유념하시니 감읍해 마지않습니다. 다만 빈궁이 들어온 지 7년인데 아직 한 번도 나가지 못하였습니다. 상의 기후가 미령하시나 귀성하지 못하였고, 곤전(坤殿)을 다시 모신 일[1]이 있었어도 아직 뵙지 못하였습니다.

또 사사로운 정으로 말하면 접때 부친상²을 당하였으나 아직 곡하고 제사하는 예(禮)를 펴지 못하였고, 모친의 병이 오래도록 낫지 않아도 가뵐 길이 없었습니다. 이제 함께 다녀오도록 허락한다면 더욱 다행하기 그지없겠습니다"라고 하였습니다. 용장 등이 서로 돌아보며 비밀히 의논하고는 알았다고 하고 갔다가, 이윽고 돌아와서 제왕의 뜻으로 전하기를, "세자가 나가게 되면, 빈궁이 가고 머무는 일은 관소에 관계되는 것이므로 수행 여부를 번거로이 청할 필요가 없습니다. 세자와 빈궁이 함께 간 뒤에 국왕의 증후가 어떠한지를 보아서 돌아올 기일을 늦추거나 빨리 잡도록 하되, 그동안은 원손과 제손 및 두 대군이 이곳에 머물러야 합니다. 원손과 제손 및 인평대군 부인이 들어와야 한다는³ 뜻을 급히 조정에 아뢰어 속히 행장을 차리게 하고, 그 행차 기일을 헤아려서 양궁이 여기서 출발하여 책문에서 서로 교대하십시오. 봉림대군은 세자가 돌아오거든 또한 부인을 데리고 다녀오게 할 것입니다"라고 하였습니다.

저녁 무렵에 정역이 시강원에 와서 신들에게 직접 말하기를, "이번에 돌아가겠다고 청할 때 대조의 병환 때문이라고 했으니, 늦추려는 계획은 세우지 마십시오. 장계배지가 조선에 도착할 날짜와 원손 등의 행

---

1 1638년 겨울에 인조가 가례를 올리고 계비(장렬왕후)를 맞이한 일을 말한다.
2 강빈의 부친 강석기는 1643년 6월 13일 세상을 떠났다. 그의 부음은 6월 22일 심양관에 전해졌다.
3 인평대군은 청 태종의 장례에 진향 겸 진위사(陳慰使)로 10월 20일 심양에 들어와서 머물고 있었다.

차가 들어올 날짜를 상의하여 마련해서 먼저 아문에 말하십시오"라고
하였습니다. 그가 스스로 일정을 헤아려 장계가 들어갈 날짜는 다음
달 2일로 정하고, 원손 등의 행차는 사흘 동안 행장을 꾸리는 것으로
한정하기에, 신들이 거듭 설득하여 "장계가 5일 만에 도달한다는 것은
너무 촉박하고, 여러 행차가 행장을 차리는 날짜도 너무 적습니다. 또
대군 부인의 행차가 있고 나이 어린 아기씨와 부인의 행차는 결코 그렇
게 빨리 출발하기 어렵습니다"라고 하였습니다. 정역이 "알아서 기일에
맞추어 행장을 차리십시오" 하며 다시 고쳐주지 않고, "사흘간 행장을
차리고, 6일 떠나서 20일에 봉황성 책문에 도착해야 합니다"라고 하였
습니다. 신들이 또 "이처럼 극심한 추위에 그렇게 길을 곱잡아 빨리 행
차하는 것은 매우 걱정스럽습니다"라고 하자, 정역이 "참(站)마다 쉬며
행차해도 이르지 못할 걱정은 없을 것입니다" 하고 날짜를 물려 정하지
않았습니다. 그가 이처럼 말했더라도 형편을 헤아리면 이렇게 정한 날
짜에 도착할 수 없을 것입니다. 오직 묘당에서 참작하여 날짜를 정하고
빨리 들여보내는 데 달렸습니다. 양궁이 여기서 떠날 날짜는 내달 15일
로 정해졌습니다. 모든 일에 대한 조치가 다 매우 급박하므로 몹시 염
려스럽습니다.

이번에 제왕 등이 정한 뜻은 칙사 행차가 조선에 있을 때 했던 말과
다소 차이가 있는 듯합니다. 그러나 처음에는 세자가 나가는 것만 허
락하였다가, 이윽고 또 양궁이 함께 가는 것을 허락하고, 마침내는 상
의 기후가 나으신 뒤에 돌아오라는 말로 맺었으므로 점차 좋은 일이 있
을 징조인 듯합니다. 이는 실로 나라의 크나큰 경사입니다. 일은 신속

한 것이 중요하고 기회를 그르쳐서는 안 되니, 묘당에서 신속히 선처하도록 하십시오. 일이 긴급하므로 금군 박희복(朴希福)·김경일(金擊日)을 따로 장계배지로 정해 파발마를 주어 밤낮없이 올려 보냅니다.

承政院開坼 秘密 癸未十一月二十八日巳時

本月二十七日朝, 龍將及皮牌·噶林兩博氏來詣世子前, 辟左右, 使鄭譯告達曰, "卽者諸王會于大衙門, 共議世子東還之事. 而一依先皇帝生時所定之規, 只世子歸覲還來, 而世子亦還之前, 則元孫及諸孫當入來云". 世子教是答曰, "大朝久在違豫之中, 歸侍湯藥, 日忙一日. 諸王留念至此, 不勝感泣. 第嬪宮入來七年, 尙不得一番出往. 上候未寧, 而不得歸

省, 壺儀再整, 而亦尙未見. 且以私情言之, 頃遭父喪, 未伸哭奠之禮, 母病沈痼, 亦無往見之路. 今若一時許令往還, 則尤不勝幸甚"云. 則龍將等相顧密議, 唯唯而去, 俄而還來, 以諸王之意傳之曰, "世子出往, 則嬪宮去留, 當係於此, 隨行與否, 不必煩請. 世子與嬪宮偕往之後, 觀國王證候如何, 以爲還期遲速之地, 而其間元孫·諸孫及兩大君當留於此. 元孫·諸孫及麟坪大君夫人入來之意, 急速啓知于朝廷, 使之速爲治行, 計其行期, 兩宮自此離發, 相替於柵門, 而鳳林大君則待世子回還, 亦率其夫人往來爲當"是如爲白乎旀.

向夕, 鄭譯來到講院, 親言於臣等曰, "今此請還, 以大朝病患爲言, 不可作遲緩計. 狀啓陪持到本國日子及元孫各行入來日子, 相議磨鍊, 先言於衙門"是如爲白遣. 渠親自計日計程, 狀啓入去日子則以開月初二日爲定, 元孫各行治行日子則以三日治裝爲限爲白去乙, 臣等再三開諭曰, "狀啓五日得達, 已極促迫, 各行治裝日數甚少, 且有大君夫人之行, 年少阿只氏及婦人行次, 決難如許速發"

云. 則鄭譯曰, "自可及期治行"是如爲白遣, 不爲更改爲白乎旀, "三日治行, 初六日離發, 二十日當到鳳凰柵門"是如爲白去乙. 臣等又言, "其如此極寒, 如是兼程遄行, 極爲可慮"云, 則鄭譯曰, "雖站站作行, 必無未及之憂"是如爲白遣, 不爲退定日子爲白臥乎所. 渠雖如是言之, 揆以事勢, 必不得及此所定之日. 惟在廟堂斟酌定日, 從速入送爲白齊. 兩宮自此離發日子段, 以開月十五日爲定. 而凡事措置, 俱甚急迫, 極爲可慮爲白齊.

大槪今此諸王等所定之意, 似與勅行在本國時云云之語, 有所參差. 而初則只許世子出往, 俄又幷許兩宮偕行, 終以上候差歇後回還之語爲結, 似是漸入佳境之兆. 此實國家莫大之慶. 而事貴神速, 機不可誤是白置, 令廟堂速爲善處教矣. 事係緊急, 禁軍朴希福·金擎日, 別定准授騎撥, 罔夜上送爲白臥乎事.

❋

소현세자와 강빈이 일시 귀국하게 되었음을 보고한 장계이다. 이때에도 인조의 병이 위중하다는 것 때문이었다. 제왕회의에서 귀근이 결정되었다는 통고를 받은 세자는 빈궁도 함께 가게 해달라고 청하였다. 강빈이 심양에 온 지 7년이 되었고, 부왕이 새로 맞아들인 왕비를 아직 뵙지 못했으며, 지난해에 부친상을 당하고 모친의 병환에도 가 뵙지 못하였다며 사정하였다. 청은 이것을 허락하고, 대신 원손과 제손을 심양으로 들여보내고, 봉림대군과 인평대군 모두 심양에 머물러 있어야 한다고 하였다.

이때의 세자와 강빈의 귀국 통고는 예상하지 못한 일이었다. 인조는 조선에서 청하지도 않았는데 갑자기 세자를 귀국시킨다는 청조의 의도를 의심하였다. 혹여 자신을 입조하게 하고 왕위를 교체하려는 것이 아닌가 하는 의심이 깊었다. 그래서 귀국한 세자와 강빈에게도 냉담하게 대하였다. 강빈이 친정에 가는 일은 신료들까지 간청하였으나 인조의 허락을 받지 못하였다. 강빈은 부친의 영전에 곡하는 예를 갖추지도 못하고, 병석의 모친을 한 번 뵙지도 못하고 심양으로 되돌아가야 했다.

　『심양장계』에 나오는 사건과 사실을 중심으로『심양일기』·『인조실록』·『청사고』등을 참조하여 정리하였다. 소현세자의 심양 도착 이후의 사항은 대체로 심양에서 일어난 일들이다. 조선에서 있었던 일은 비고란에 밝혀두었다. 또한 비고란에 '청'이나 '명'은 해당 사항의 주체를 명기한 것이며, '대명전쟁'은 대명전쟁과 관련된 일이다. 청조의 행사, 조선에 대한 요구와 힐책, 소현세자의 동정 등은 반복하여 제시하지 않았다.

연월일	사항	비고
정축년 (인조15, 1637)		
1월 30일	인조가 삼전도에서 청 태종에게 항복하다.	조선
2월 2일	청 태종이 청나라로 돌아가다.	조선
2월 7일	세자 일행이 구왕의 철군 행렬을 따라 심양으로 떠나다.	조선
3월 29일	세자 일행이 압록강을 건너다.	조선
4월 10일	세자 일행이 심양에 도착하다.	
4월 12일	가도(椵島)를 함락하다.	청
4월 19일	윤집과 오달제가 심양에서 처형되다.	청
윤4월 5일	청 태종이 세자를 초청하여 잔치를 베풀다.	청
윤4월 25일	사은사 이성구가 심양에 오다.	
5월 7일	세자 일행이 새 관소 심양관으로 이사하다.	
5월 17일	심양에 피로인 시장이 열리다.	청
5월 18일	사은사가 표(表)를 바치다.	
5월 19일	가도 토벌에 공을 세운 임경업에게 상을 내리다.	청
6월 6일	조선 사신이 받아온 명의 칙서를 들여보내라고 요구하다.	청
6월 16일	속환사 신계영이 심양에 오다.	
6월 19일	세자가 청 태종의 태묘 제사에 참석하다.	청
7월 7일	신계영이 속환인 600여 명을 데리고 돌아가다.	
7월 26일	세자가 시사(試射)에 참석하다	청
7월 27일	가도에서 도피한 명장과 조선의 통교를 추궁하다.	청
8월 17일	주회인 쇄송과 향화인·한인(漢人) 쇄환을 독촉하다.	청
	인열왕후의 대상(大祥)을 위해 세자의 귀국을 요청하다.	
9월 5일	혼인과 시녀를 바치는 일에 대해 힐문하다.	청
10월 1일	청조에서 반력(頒曆)을 행하다.	청
10월 2일	조선인의 월경 채삼을 힐책하다.	청
10월 24일	사은사 최명길이 심양에 오다.	
10월 25일	청 태종의 성절 하례에 세자와 봉림대군이 참석하다.	청
10월 26일	용골대·마부대가 칙사로 조선으로 나가다.(조선국왕 책봉)	청

연월일	사항	비고
무인년 (인조16, 1638)		
1월 1일	세자가 청 태종의 성황당 기도와 조하례에 참석하다.	청
1월 21일	예부에서 삼전도비의 비문 수정을 요구하다.	청
2월 3일	청 태종이 몽골 정벌에 나서다.	청
2월 11일	무우낭청 성익 일행이 심양에 오다.	
2월 19일	성익 일행이 청인들과 함께 몽골 땅으로 가다.	
2월 21일	가도에서 탈주한 명군과 심지상이 청에 투항하다.	청
3월 1일	호부에서 찬값 은 1,000냥을 심양관에 보내주다.	청
5월 24일	성익이 조선으로 돌아가다.	
7월 2일	진주사 홍보가 심양에 오다.	
7월 10일	군병 징발 문제를 힐책하다.	청
8월 21일	조선에서 뽑아 보낸 시녀 10명이 심양에 오다.	
8월 27일	청이 명을 공략하는 대군을 일으키다.	대명전쟁
10월 8일	영의정 최명길이 징병 철회를 요청하러 심양에 오다.	
10월 10일	청 태종의 출병에 봉림대군이 수행하다.	대명전쟁
12월 3일	인조가 계비 장렬왕후와 가례를 올리다.	조선
12월 14일	청이 구매를 요구한 홍시와 배를 봉황성에서 넘겨주다.	
기묘년 (인조17, 1639)		
1월 12일	몽골왕을 책봉하는 행사에 세자가 참석하다.	청
1월 21일	형부에서 정명수·김돌시 고발 사건을 조사하다.	청
1월 18일	조선에 웅도 공략을 명하다.	청
2월 14일	청 태종의 출병에 봉림대군이 수행하다.	청
2월 15일	주청사 윤휘 일행이 심양에 오다.	
4월 18일	정뇌경과 강효원이 처형되다.	청
4월 20일	청 태종이 전장에서 돌아와 패전을 질책하다.	청
6월 5일	마부대가 칙사로 조선으로 나가다.(조선왕비 책봉)	청
7월 4일	제왕이 잔치를 베풀어 세자와 대군이 참석하다.	청
9월 14일	사은사 신경진 일행이 심양에 오다.	

연월일	사항	비고
기묘년 (인조17, 1639)		
9월 22일	심양 황궁에서 세자의 책봉 의례를 행하다.	청
11월 5일	마부대가 칙사로 조선으로 나가다.	청
12월 5일	삼전도비의 건립이 완료되다.	조선
경진년 (인조18, 1640)		
2월 10일	인평대군이 심양관에 들어오다.	
2월 13일	세자가 인조의 병구완을 위해 귀국길에 오르다.	
4월 13일	원손이 심양에 도착하다.	
5월 20일	이사 김신국이 심양에 오다.	
6월	임경업의 조선 수군이 명군과의 전투를 회피하다.	대명전쟁
6월 21일	봉림대군이 귀국길에 오르다.	
10월 5일	강화 약조를 어긴 12건의 일을 힐책하다.	청
10월 15일	용골대가 칙사로 조선으로 나가다.	청
12월 26일	용골대가 김상헌 등 4인을 끌고 조선에서 돌아오다.	청
신사년 (인조19, 1641)		
1월 19일	진주사 이덕인 일행이 심양에 오다.	
3월 25일	조선 군병과 영병대장 유림이 이주 전장에 도착하다.	대명전쟁
4월 11일	청이 임경업 수군의 일로 조선과 명의 내통을 의심하다.	청
5월 3일	명 홍승주가 지원병 6만을 끌고 금주에 도착하다.	명
5월	유림의 조선 군병이 금주에서 명과 교전하다.	대명전쟁
5월 7일	금주의 조선 군병을 교체하며 계속 참전할 것을 통고하다.	청
5월	조선에 한선(漢船)을 탐지해 보고하고, 막을 것을 명하다.	청
6월	청군이 금주성을 포위하고, 송산을 공략하다.	대명전쟁
8월 14일	청 태종이 금주로 출병하다.	대명전쟁
8월 15일	세자와 봉림대군이 참전하다.	대명전쟁

연월일	사항	비고
신사년 (인조19, 1641)		
8월 20일	청이 송산에서 승전하다.	청
9월 18일	청 태종이 급히 심양으로 돌아오다.(신비 사망)	청
9월 28일	이사 이경석이 심양에 오다.	
10월 13일	세자와 봉림대군이 청 태종의 사냥에 수행하다.	청
12월 12일	심양관에 전지를 떼어주며 농사지어 식량을 해결하게 하다.	청
12월 21일	김상헌 등을 의주로 내보내 유치하게 하다.	청
임오년 (인조20, 1642)		
2월 18일	일본이 일광산 사당을 준공하고 조선에 편액·시문 등을 청하다.	조선
3월 10일	청의 금주 승전과 명장 조대수의 항복 소식이 들어오다.	대명전쟁
3월 19일	공미 5,000석을 바치라고 요구하다.	청
4월 27일	행산의 승전과 명의 강화 요청 소식을 조선에 전하게 하다.	청
5월 5일	청에 투항한 명장 홍승주·조대수의 항복 의식이 열리다.	청
6월 14일	명나라의 강화 사신이 심양에 오다.	명
6월 22일	진하사 인평대군 일행이 심양에 오다.	
8월	한선을 나포하지 못한 일로 조선을 힐책하다.	청
10월 6일	조선·명 밀통 사건 조사를 위해 세자가 용골대 등과 봉황성으로 가다. 최명길·이현영 등을 소환하다.	청
10월 28일	최명길이 봉황성에 오다	청
11월 8일	조선에서 임경업이 도망했다는 보고가 오다.	
11월 12일	용골대 등이 최명길을 신문하다.	청
11월 22일	세자가 용골대 등과 함께 심양으로 돌아오다.	
	최명길이 심양 북관에 투옥되다.	청
윤11월 22일	용골대·천타마 등이 민성휘를 신문하다.	청

연월일	사항	비고
계미년 (인조21, 1643)		
1월 22일	척화 5신과 김상헌, 임경업 일족 등이 투옥되다.	청
1월 26일	신익성 · 신익전이 방면되다.	청
2월 13일	이경여 · 이명한 · 허계를 석방하고 속은을 바치게 하다.	청
3월 25일	명에 표착했다가 넘어온 조선 군병을 심양관에 보내주다.	청
4월 1일	김상헌 · 최명길 등이 방면되다.	청
5월 7일	칙사 접대의 폐단과 세폐 부담을 경감하는 칙유가 내리다.	청
6월 22일	강석기의 부음이 심양관에 전해지다.	
8월 9일	청 태종이 사망하다.	청
8월 14일	제왕의 의정회의가 열리다.	청
8월 26일	새 황제(순치제)가 즉위하다.	청
9월 11일	청의 팔왕과 우진왕이 명나라 공략에 나서다.	대명전쟁
9월 21일	청 태종의 국장 발인에 세자가 호행하다.	청
10월 20일	진향 겸 진위사 인평대군 일행이 심양에 오다.	
11월 1일	세자와 봉림 · 인평 대군이 제왕의 사냥에 참가하다.	청
12월 15일	세자와 강빈이 근친하러 귀국길에 오르다.	

1. 사료

『瀋陽狀啓』(奎貴 1878, 奎貴 9918)

『瀋陽日記』(奎 12825-1, 奎 12825-2)

『仁祖實錄』

『國朝五禮儀』

『魯庵集』

『燃藜室記述』

『通文館志』

『淸太宗實錄』

『淸史稿』(趙爾巽 等撰)

『盛京通志』(呂耀會 等編)

[교감본]

京城帝國大學 法文學部, 1935,『瀋陽狀啓』, 奎章閣叢書 第一, 京城

滿蒙叢書刊行會, 1921,『滿蒙叢書 第九卷: 瀋陽日記』, 東京

[번역본]

민족문화추진회, 1966,『국역 연려실기술』

세종대왕기념사업회, 1998,『국역 통문관지』

세종대왕기념사업회, 1980,『국역 증보문헌비고』

세종대왕기념사업회, 2000,『국역 심양장계』

김종수 외, 2008,『역주 소현심양일기』, 민속원

정하영 외 역주, 2008,『심양장계: 심양에서 온 편지』, 창비

조영임 역주, 2014,『연행일기(정세규 저)』, 학민사

2. 연구논저

[단행본]

강신항, 2000,『韓國의 譯學』, 서울대출판부

계승범, 2009,『조선시대 해외파병과 한중관계』, 푸른역사

구범진, 2012,『청나라, 키메라의 제국』, 민음사

국사편찬위원회, 1995,『한국사 29: 조선 중기의 외침과 그 대응』, 탐구당

국사편찬위원회, 1998,『한국사 30: 조선 중기의 정치와 경제』, 탐구당

국사편찬위원회, 2007,『역사 속 외교 선물과 명품의 세계』, 두산동아

김용덕, 1977,『조선후기 사상사연구』, 을유문화사

김종원, 1999,『근세 동아시아관계사 연구』, 혜안

김태준·이승수·김일환, 2005,『문명의 연행길을 가다』, 푸른역사

김한규, 1999,『한중관계사』, 대우학술총서, 아르케

소재영 외, 2004,『연행노정, 그 고난과 깨달음의 길』, 박이정

손승철, 2006, 『조선시대 한일관계사 연구』, 경인문화사

오수창, 2010, 『조선시대 정치, 틀과 사람들』, 한림대출판부

이화자, 2007, 『조청 국경문제연구』, 집문당

임계순, 2000, 『청사: 만주족이 통치한 중국』, 신서원

전해종, 1970, 『한중관계사연구』, 일조각

주돈식, 2007, 『조선인 60만 노예가 되다』, 학고재

최소자, 1997, 『명청시대 중·한관계사 연구』, 이화여대출판부

최소자, 2005, 『청과 조선』, 혜안

한명기, 1999, 『임진왜란과 한중관계』, 역사비평사

한명기, 2009, 『정묘·병자호란과 동아시아』, 푸른역사

한명기, 2013, 『역사평설 병자호란』, 푸른역사

한명기 외, 2010, 『조선의 통치철학』, 푸른역사

기시모토 미오·미야지마 히로시, 김현영·문순실, 2003, 『조선과 중국: 근세 오백년을
　　　가다』, 역사비평사

데라다 다카노부, 서인범·송정수, 2006, 『중국의 역사 대명제국』, 혜안

러우칭시, 이주노, 2002, 『중국 고건축 기행』, 컬처라인

마스이 츠네오, 이진복, 2004, 『대청제국』, 학민사

마크 C. 엘리엇, 이훈·김선민, 2009, 『만주족의 청제국』, 푸른역사

유소맹, 이훈·이선애·김선민, 2013, 『여진 부락에서 만주 국가로』, 푸른역사

이블린 S. 로스키, 구범진, 2010, 『최후의 황제들: 청황실의 사회사』, 까치

이시바시 다카오, 홍성구, 2009, 『대청제국』, 휴머니스트

장페이페이 외, 김승일, 2005, 『한중관계사』, 범우

줄리아 로벨, 김병화, 2007, 『장성, 중국사를 말하다』, 웅진지식하우스

토마스 바필드, 윤영인, 2009, 『위태로운 변경』, 동북아역사재단

피터 C. 퍼듀, 공원국, 2012, 『중국의 서진: 청의 중앙유라시아 정복사』, 길

[논문]

강성문, 2002, 「丁卯・丙子胡亂期의 捕虜送還 硏究」, 『軍史』 46, 국방부 군사편찬연
　　구소

김갑주, 1980, 「병자호란 후 對淸貢女考」, 『동국사학』 14, 동국사학회

김남윤, 2006, 「『瀋陽日記』와 昭顯世子의 볼모살이」, 『규장각』 29, 서울대 규장각한국
　　학연구원

김남윤, 2007, 「병자호란 직후(1637~1644) 조청 관계에서 '淸譯'의 존재」, 『한국문화』
　　40, 서울대 규장각한국학연구원

김남윤, 2007, 「조선여인이 겪은 호란, 이역살이, 환향의 현실과 기억」, 『역사연구』
　　17, 역사학연구소

김남윤, 2013, 「소현세자빈 강씨의 심양관 생활」, 『역사연구』 24, 역사학연구소

김동진, 2013, 「병자호란 전후 우역 발생과 농우 재분배 정책」, 『역사와 담론』 65, 호서
　　사학회

김두현, 1989, 「淸朝政權의 성립과 발전」, 『강좌중국사』 4, 지식산업사

김선민, 2014, 「朝鮮通事 굴마훈, 淸譯 鄭命壽」, 『명청사연구』 41, 명청사학회

김성수, 2013, 「17세기초 滿蒙關係와 내륙 아시아」, 『중국사연구』 82, 중국사학회

남미혜, 2008, 「병자호란기 조선 被擄人의 胡地 체험과 삶」, 『동양고전연구』 32, 동양
　　고전학회

류승주, 2005, 「朝・淸聯合軍의 椵島 明軍討伐考」, 『사총』 61, 고려대 역사연구소

문희순, 2013, 「17세기 여성CEO 조애중의 인간경영」, 『도서관』 387, 국립중앙도서관

박용옥, 1964, 「丁卯亂 朝鮮被擄人 刷・贖還考」, 『사학연구』 18, 한국사학회

박용옥, 1964, 「丙子亂被擄人贖還考」, 『사총』 9, 고려대 역사연구소

배우성, 2010, 「서울에 온 청의 칙사 馬夫大와 삼전도비」, 『서울학연구』 38, 서울시립
　　대 서울학연구소

송미령, 2008, 「천총연간 지배체제의 확립과정과 조선정책」, 『중국사연구』 54, 중국
　　사학회

송미령, 2008, 「입관 전 청조의 심양관 통제양상」, 『명청사연구』 30, 명청사학회

안유림, 2010, 「명청교체기 瀋陽館의 역할」, 『한국문화』 50, 서울대 규장각한국학연구원

우경섭, 2000, 「17세기 전반 滿洲로 歸附한 조선인들」, 『조선시대사학보』 48, 조선시대사학회

원정식, 2005, 「명청시대 담배의 정치·사회경제사적 의의」, 『명청사연구』 24, 명청사학회

원정식, 2007, 「담배」, 『명청시대 사회경제사』, 이산

이영춘, 2006, 「병자호란 전후의 조선·명·청 관계와 金堉의 朝京日錄」, 『조선시대사학보』 38, 조선시대사학회

이영학, 2005, 「조선후기 담배의 급속한 보급과 사회적 영향」, 『역사문화연구』 22, 한국외국어대 역사문화연구소

이용범, 1965, 「成釳의 蒙古牛 貿入과 枝三·南草」, 『진단학보』 28, 진단학회

이은순, 1988, 「이경석의 정치적 생애와 삼전도비문 시비」, 『한국사연구』 60, 한국사연구회

정병진, 2012, 「입관전 청의 조선에 대한 '三色人' 쇄환 요구」, 『명청사연구』 37, 명청사학회

鄭炳喆, 2005, 「明末 遼東 沿海 일대의 '海上勢力'」, 『명청사연구』 23, 명청사학회

허태구, 2012, 「소현세자의 심양 억류와 인질 체험」, 『한국사상사학』 40, 한국사상사학회

허태구, 2013, 「최명길의 주화론과 대명의리」, 『한국사연구』 162, 한국사연구회

홍성구, 2009, 「청조의 일본인식」, 『역사교육논집』 42, 역사교육학회

지은이

심양관(瀋陽館)

심양관은 소현세자가 병자호란 직후 청나라의 볼모로 심양에 있을 때 머물렀던 관소
이다. 조청관계의 통로 역할을 했으며, 양국 간의 현안과 소현세자의 동정 등 모든 일을
장계로 보고하였다. 장계는 소현세자의 배종 신료 가운데 주로 재신이 작성하여 승정원
에 보낸 보고문이다. 심양관의 재신은 세자 빈객이나 이사를 겸하고 있었다.

역해자

김남윤

현재 서울대학교 규장각한국학연구원 책임연구원. 서울대학교 대학원 국사학과에
서 학위과정을 수료하고 문학박사 학위를 받았다. 2002년부터 규장각 소장 조선후기
자료연구 사업에 참여하여, 문집·동궁일기·의궤·지리지 자료 등을 연구하였다. 역주서
(공역)로『소현심양일기』·『소현동궁일기』·『진종동궁일기』등이 있고, 논문으로「병자
호란 직후 조청관계에서 청역의 존재」·「정조의 왕세손 책례 연구」등이 있다.

심양장계

1판 1쇄 찍음 | 2014년 8월 21일
1판 1쇄 펴냄 | 2014년 8월 29일

지은이 | 심양관
역해자 | 김남윤
펴낸이 | 김정호
펴낸곳 | 아카넷

출판등록 2000년 1월 24일(제2-3009호)
100-802 서울시 중구 남대문로 5가 526 대우재단빌딩 16층
대표전화 6366-0511(편집) · 6366-0514(주문) | 팩시밀리 6366-0515
책임편집 | 박수용
www.acanet.co.kr

Printed in Seoul, Korea.

ISBN 978-89-5733-382-2 94910
ISBN 978-89-5733-230-6 (세트)

이 도서의 국립중앙도서관 출판시도서목록(CIP)은
서지정보유통지원시스템 홈페이지(http://seoji.nl.go.kr)와
국가자료공동목록시스템(http://www.nl.go.kr/kolisnet)에서
이용하실 수 있습니다.(CIP제어번호: CIP2014024578)